***ACCESO GRATIS** a la Lectura en la Nube*

Para visualizar el libro electrónico en la nube de lectura envíe junto a su nombre y apellidos una fotografía del código de barras situado en la contraportada del libro y otra del ticket de compra a la dirección:

ebooktirant@tirant.com

En un máximo de 72 horas laborales le enviaremos el código de acceso con sus instrucciones.

LOS DERECHOS DE LA INFANCIA Y LA ADOLESCENCIA EN CONTEXTOS MIGRATORIOS

LOS DERECHOS DE LA INFANCIA Y LA ADOLESCENCIA EN CONTEXTOS MIGRATORIOS

Coords.:

VICENTE CABEDO MALLOL
ISAAC RAVETLLAT BALLESTÉ

tirant lo blanch
Valencia, 2024

En caso de erratas y actualizaciones, la Editorial Tirant lo Blanch publicará la pertinente corrección en la página web www.tirant.com.

Obra financiada por la Generalitat Valenciana (Subvenciones para la organización y difusión de congresos, jornadas y reuniones científicas, tecnológicas, humanísticas o artísticas de carácter internacional de carácter internacional —CIAORG/2021/54—)

© TIRANT LO BLANCH
EDITA: TIRANT LO BLANCH
C/ Artes Gráficas, 14 - 46010 - Valencia
TELFS.: 96/361 00 48 - 50
FAX: 96/369 41 51
Email: tlb@tirant.com
www.tirant.com
Librería virtual: www.tirant.es
DEPÓSITO LEGAL: V-1078-2024
ISBN: 978-84-1056-594-4

Si tiene alguna queja o sugerencia, envíenos un mail a: *atencioncliente@tirant.com*. En caso de no ser atendida su sugerencia, por favor, lea en *www.tirant.net/index.php/empresa/politicas-de-empresa* nuestro procedimiento de quejas.

Responsabilidad Social Corporativa: http://www.tirant.net/Docs/RSCTirant.pdf

Índice

Inclusión de niñas, niños y adolescentes migrantes y sus familias en el sistema normativo español
Luís Jimena Quesada

De los MINA y los MENA a niños, niñas y adolescentes sin referentes familiares: veinticinco años de un fenómeno migratorio particular
Vicente Cabedo Mallol

Menores extranjeros no acompañados en España: Una visión desde el Derecho Civil
Francisca Ramón Fernández

Una propuesta de mejora para las denominadas devoluciones en caliente de jóvenes y personas menores de edad. La necesaria garantía de la dignidad de las personas y de los derechos fundamentales a partir de los estándares democráticos constitucionales e internacionales
Juan Carlos de Bartolomé Cenzano

El tránsito a la vida adulta desde el sistema de protección de jóvenes sin referente familiar: el caso de Euskadi

Joana Miguelena Torrado
Aintzane Rodríguez Poza
Luís Ma. Naya Garmendia
Paulí Dávila Balsera

Derecho a la comunicación in(directa) de niños, niñas y adolescentes con progenitores extranjeros privados de libertad

Isaac Ravetllat Ballesté

Tramitación de visas de niños, niñas y adolescentes que ingresan por paso no habilitado en Chile. Una deuda pendiente
JULIANA SALOMÉ DÍAZ PANTOJA

Menores no acompañados en situación de "espera" en Francia: razones jurídicas y administrativas
DANIEL SENOVILLA HERNÁNDEZ

Prólogo

La adolescencia y, en particular, la infancia son dos de los colectivos más vulnerables de nuestra sociedad, expuestos a constantes violaciones de sus derechos y libertades, y sujetos, por ende, a situaciones de violencia. Pero si a la minoría de edad de estos colectivos le sumamos la condición de ser personas migrantes o, si se prefiere, de hallarse en situaciones transfronterizas, su posición empeora en mayor medida. Y es que, pese a que debe siempre primar el hecho de encontrarnos en presencia de un niño o una niña, las legislaciones de extranjería no han garantizado sus derechos reconocidos y recogidos en la Convención sobre los Derechos del Niño.

La obra que sigue recoge buena parte de las aportaciones de los/as expertos/as, especialistas e investigadores/as en la materia, tanto nacionales como de Europa y de América Latina, que participaron en el Congreso Internacional "Protección de los Derechos de la Infancia y la Adolescencia en Contextos Migratorios: una mirada comparada y aportes desde la investigación", celebrado en la ciudad de Vila-real (Castellón), en noviembre de 2022. Así, entre otros muchos trabajos, se recogen en este libro las reflexiones sobre la infancia migrante de la profesora Ángeles Lara, en el ámbito nacional, y del experto Pablo Ceriani, integrante del Comité sobre los Derechos de Todos los Trabajadores Migratorios y de sus Familiares de las Naciones Unidas, en el plano internacional.

Todos los trabajos coinciden, eso sí, en mostrarnos la vulnerabilidad de esta infancia migrante o que se encuentra en contextos migratorios, ya se trate de España o de otros países de Europa o de otras latitudes como América Latina. Los derechos de estos niños, niñas y adolescentes, pese a la normativa internacional e incluso nacional de los distintos países, no quedan efectiva ni eficientemente garantizados en la práctica. En todo caso, siempre se sitúa en peor condición al niño, niña o adolescente no nacional que al nacional. Estamos, pues, ante una infancia y adolescencia criminalizada en muchas ocasiones e invisibilizada en otras, en especial en el caso de las niñas y las adolescentes.

Estudios como el que ahora se presenta deben servir para propiciar una verdadera toma de conciencia de esta situación de vulnerabilidad, de violación de los derechos de esta niñez y adolescencia, que se traduzca en legislaciones que garanticen los mismos, no solo en la teoría sino también en la práctica.

La organización del referido Congreso corrió a cargo de la Cátedra de Infancia y Adolescencia, de la Universitat Politècnica de València, y del Centro de Estudios sobre Derechos de la Infancia y Adolescencia, de la Universidad de Talca (Chile), cuyos respectivos directores han coordinado también la presente obra.

Por último, debe dejarse constancia que la publicación de este libro ha sido posible gracias la financiación otorgada por la Generalitat Valenciana, en el marco de las Subvenciones para la organización y difusión de congresos, jornadas y reuniones científicas, tecnológicas, humanísticas o artísticas de carácter internacional de carácter internacional -CIAORG/2021/54-.

VICENTE CABEDO MALLOL
Director de la Cátedra de Infancia y Adolescencia
ISAAC RAVETLLAT BALLESTÉ
Director del Centro de Estudios sobre Derechos de la Infancia y Adolescencia

Infancia y juventud migrante tutelada: Materialización de la obligación de diligencia debida del estado de la residencia en la normativa de extranjería y nacionalidad[1]

ÁNGELES LARA AGUADO
Profa. Titular de Derecho Internacional Privado
Universidad de Granada
anlara@ugr.es

I. INTRODUCCIÓN

La protección de los derechos de la infancia y juventud (migrante) es una obligación de los poderes públicos, especialmente, cuando estas personas están bajo la tutela de las instituciones que deben satisfacer el interés superior del menor como objetivo prioritario. Sin embargo, las niñas, niños y jóvenes en movimiento sufren múltiples formas de violencia, cuya prevención no se logra, pese a las previsiones del ordenamiento jurídico para erradicar la violación de derechos de la infancia y juventud migrante. Lejos de ver protegidos sus derechos, este grupo poblacional resulta invisibilizado, al pasarse por alto su minoría de edad y su identificación como víctimas de trata, cuando

---

1 Este trabajo se enmarca en el Proyecto PID2019-108526RB-I00/AEI/10.13039/501100011033: "Violencias de Género y subordinación estructural: implementación del principio del *gender mainstreaming*", IP: Juana María Gil Ruiz; en el Proyecto I+D+i PID2020-113061GB-I00/AEI/10.13039/501100011033: "El derecho al respeto a la vida familiar transfronteriza en una Europa compleja: cuestiones abiertas y problemas de la práctica", IP's: María Victoria Cuartero Rubio y José Manuel Velasco Retamosa y en el Proyecto interinstitucional otorgado por la Secretaría de Investigación de la Universidad Siglo 21 de Córdoba (Argentina): "Aspectos internacionales en la protección de las personas migrantes y refugiadas: la transversalidad de la perspectiva de género", IP's Carmen Ruiz Sutil y Candela Villegas.

lo son. Ni la normativa de extranjería ni la de nacionalidad protegen óptimamente los derechos de estas personas, pues olvidan su doble condición de menores y de víctimas. Por eso, el Estado debe asumir su obligación de diligencia debida para optimizar sus derechos.

II. INFANCIA Y JUVENTUD EN MOVIMIENTO

1. *Migración infantil y juvenil en cifras*

Las migraciones irregulares infantiles y juveniles sin referentes familiares —término este que se prefiere al acrónimo MENA, "menor extranjero no acompañado", por las connotaciones peyorativas que tiene este último[2] y porque engloba en una misma categoría jurídica a todos los niños, niñas, adolescentes y jóvenes de nacionalidad extranjera desde su nacimiento hasta 18 años, que llegan a otro país sin la compañía de un adulto que se haga responsable de ellos con arreglo a la legislación o la práctica vigente, o que, con posterioridad a su entrada en el país son dejados solos, sin tener en cuenta las múltiples circunstancias por las que han iniciado el proceso migratorio[3]—, se han convertido en un fenómeno globalizado, que va al alza desde la década de los 90 y que afecta principalmente a chicos y chicas adolescentes en edades cercanas a la mayoría de edad, entre dieciséis y diecisiete años[4], aunque también migran menores de todas las edades, dependiendo de la situación personal de cada uno[5].

En efecto, el Departamento de Asuntos Económicos y Sociales de Naciones Unidas, informa de que en 2020 había 35,5 millones de niños y niñas desplazados en todo el mundo, es decir, más del doble que en los últimos diez años, habiéndose incrementado la proporción de menores refugiados que viven fuera de su país de nacimiento un 60% respecto a 2005[6], debido a conflictos prolongados, a la violencia, a la persecución política, religiosa o por razones de género,

---

2 HADJAB (2022), pp. 51-53.

3 SERRANO (2018), pp. 135-169; SERRANO (2022), pp. 151-160.

4 VIVES (2020), pp. 29-44.

5 FAGGIANI y GARRIDO (2022); GARRIDO (2023), pp. 1-39.

6 UNITED NATIONS (2020). Disponible en: https://www.un.org/development/desa/pd/content/international-migrant-stock; UNITED NATIONS (2021). Dispo-

a golpes de Estado, a la frágil situación de sus países de origen, a las consecuencias del cambio climático con el consiguiente agotamiento de recursos naturales, etc. Esta cifra se incrementó en 2022 hasta un nivel nunca visto, alcanzando los 37 millones de menores migrantes y eso que esta cifra no incluye a los desplazados por desastres climáticos y medioambientales, ni a los afectados por la invasión rusa de Ucrania[7]. Según el Informe de ACNUR relativo a las tendencias globales sobre desplazamientos forzados en 2022, los menores representan el 30% de la población mundial, pero superan el 40% de todas las personas obligadas a desplazarse internacionalmente[8]. Del total de personas refugiadas, el 41% son niños y niñas, llegando las mujeres y niñas al 51% del total[9]. Este informe también destaca que en 2022 solicitaron asilo cerca de 51.700 menores no acompañados o separados, es decir, un 89% más que en el año anterior. A todo ello hay que unir los 4.4 millones de personas apátridas o con nacionalidad indeterminada, entre los que han de incluirse menores nacidos en procesos migratorios, lo que supone un incremento del 2% con respecto a 2021, que corresponde a los nacimientos de menores apátridas, por no transmitirles su nacionalidad sus madres, debido a las discriminaciones por razón de sexo en las normativas de nacionalidad de 24 países[10].

Por lo que a Europa se refiere, las migraciones infantiles y juveniles se producen en todos los Estados miembros de la UE, aunque en 2019 un 60% se registró en cuatro países (Grecia, Alemania, Bélgica y Países Bajos), siendo 13.800 solicitantes de protección internacional en los 27 Estados miembros de la Unión Europea menores no acompañados. "*A escala de la UE, los MENA representaron el 7% de todos los solicitantes de asilo menores de 18 años. La mayoría de ellos eran varones (85%). Dos tercios tenían 16 o 17 años (unas 9.200 personas), los de 14*

---

nible en: https://www.unrwa.org/what-we-do/relief-and-social-services/unrwa-registered-population-dashboard

7 UNICEF (2023). Disponible en: https://www.unicef.org/media/136926/file/Humanitarian%20Action%20for%20Children%202023%20Overview.pdf

8 UNHCR (2022), p. 3. Disponible en: https://www.unhcr.org/global-trends-report-2022

9 *Ibíd.*, p. 18.

10 *Ibíd.*, p. 43.

o 15 años representaban el 22% de los menores no acompañados (3.100 personas) y los menores de 14 años constituían el 11% (1.500 personas)"[11]. Y, según Eurostat, de "*las personas que pidieron asilo en 2021, 183.600 tenían menos de 18 años y casi un 13% de ellas (23.300) eran menores no acompañados. La mayoría de los menores no acompañados procedía de Afganistán, Bangladés y Siria*"[12].

España también es uno de los principales países receptores de niños y niñas y jóvenes migrantes no acompañados de adultos que se responsabilicen de ellos. La frontera con Marruecos es una de las más peligrosas para la infancia migrante, que sufre en este proceso migratorio graves violaciones de derechos humanos, al ser estas rutas migratorias caldo de cultivo para la trata de seres humanos. De este modo, según la Memoria de la Fiscalía General del Estado presentada al Gobierno en el año 2022[13], durante el año 2021 se elevan a 3.048 los menores extranjeros sin referentes familiares que han llegado a España en pateras u otras embarcaciones frágiles, de los cuales, 2.934 son niños y 114 niñas, procedentes, en su mayoría de Marruecos (1.304), Argelia (540) y Mali (381) y, en menor medida, de Guinea y Costa de Marfil[14].

Aparte de los menores que llegan sin la compañía de un adulto responsable, hay que prestar atención a la infancia migrante acompañada de adultos que afirman tener un vínculo paterno o materno-filial con los niños y niñas, aunque no lo acrediten de manera fehaciente. En el año 2021 se ha producido un incremento de estos menores que han llegado a España en patera, siendo un total de 986 (530 niños y 456 niñas) —frente a los 550 menores que llegaron en el año 2020—, procedentes de Costa de Marfil (379) y Argelia (296)[15].

---

11 COMITÉ ECONÓMICO Y SOCIAL EUROPEO (2020), p. 25.

12 EUROSTAT (2022). Disponible en: https://commission.europa.eu/strategy-and-policy/priorities-2019-2024/promoting-our-european-way-life/statistics-migration-europe_es#:~:text=De%20las%20personas%20que%20pidieron,de%20Afganist%C3%A1n%2C%20Banglad%C3%A9s%20y%20Siria

13 FISCALÍA GENERAL DEL ESTADO (2022), p. 727. Disponible en: https://www.fiscal.es/documents/20142/0/MEMFIS22+%281%29.pdf/6573e7b3-f1e6-d3e6-2b0b-f07123e41c0a?t=1662544190402

14 *Ibid.* p. 727.

15 *Ibid.* p. 727.

Por Comunidades Autónomas, Canarias es la que más menores acoge (2.399), según la Memoria de la Fiscalía General del Estado, seguida de Andalucía (1.980) y Cataluña (1.192), debiendo destacarse el alto volumen de menores registrado en Ceuta (921)[16]. Respecto a los menores bajo tutela o acogimiento de los servicios de protección, según la mencionada Memoria de la Fiscalía General del Estado, a 31 de diciembre de 2021 constan inscritos en el Registro de Menores Extranjeros No Acompañados un total de 9.294 menores (8.282 niños y 1012 niñas)[17].

Por lo que se refiere a la Comunidad Autónoma andaluza, del Informe de la Defensoría de la Infancia y Adolescencia de Andalucía correspondiente al año 2021 se desprende que, durante ese año "*se registraron 1.267 nuevos ingresos de niños, niñas y adolescentes migrantes no acompañados en el Sistema de Protección de Menores (SPM) de Andalucía, lo que supone un incremento del 32,8% respecto a 2020 (954 nuevos ingresos)*"[18]. De estos ingresos, el 93,4% corresponde a niños y el 6,6% a niñas, teniendo el 10,7% de estas personas menos de 15 años, el 7,1% 15 años, el 19,6% 16 años, el 36,0% 17 años y el 26,7% 18 años. Dicho informe también indica que la provincia andaluza con un mayor número de ingresos de menores migrantes no acompañados es Cádiz, con un 45,5% de los mismos; seguida de Almería, con un 21,4%, Málaga con un 11,9% y Granada con un 11,2%. En cambio, se encuentran entre las provincias cuyo Sistema de Protección de Menores registra el menor número de ingresos, "*Jaén (0,2%), Sevilla (2,4%), Córdoba (3,2%) y Huelva (4,3%)*". Atendiendo a la procedencia de estos menores, el 66,0% son marroquíes, el 14,1% argelinos, el 4,7% de Gambia, el 3,3% de Mali, el 3,3% senegaleses, el 1,7% de Guinea y el 1,7% rumanos. Su forma de llegada es mayoritariamente en patera (56,0%) y en menor medida en los bajos de camiones (11,2%) o como polizones en barcos (7,3%), si bien el 24,0% de los niños, niñas y adolescentes no ha declarado su forma de llegada a España. Por otro lado, el citado informe especifica que, a 31 de diciem-

---

16 *Ibid.* p. 728.

17 *Ibíd.*, p. 728.

18 Defensor del Pueblo Andaluz (2021). Disponible en: https://www.defensordelpuebloandaluz.es/sites/default/files/informe-anual-de-menores-2021/desgloses/desglose.php#c5

bre de 2021, se encuentran acogidos en el Sistema de Protección de Menores de Andalucía "*1.142 niños, niñas y adolescentes migrantes, un 7,8% menos que el año anterior. El 83,6% son niños y el 16,4% niñas*", cifra que no concuerda con la de ingresos, lo que evidencia la necesidad de mejorar el sistema de recogida de datos.

Y es que las cifras de niños, niñas y adolescentes migrantes sin referentes familiares en España y en la Unión Europea no se conocen con exactitud, puesto que no todos los países tienen un Registro estatal donde se recojan estos datos, e, incluso allí donde existen, como sucede en España con el Registro de Menores Extranjeros no Acompañados, este está controlado solo por Policía Nacional (Secretaría General de la Comisaría General de Extranjería y Fronteras) y no se elabora realizando una correcta identificación de las distintas categorías de menores que se incluyen en el mismo, pues no se hacen entrevistas especializadas para detectar todas las situaciones de vulnerabilidad en las que se encuentran estos menores, ni, por tanto, se deja constancia de todos los datos relevantes para una mejor comprensión de sus necesidades.

Tampoco existe un registro estatal interconectado de centros de protección de menores de España, que permitiera seguir la pista de todos los niños, niñas y jóvenes migrantes que entran en el sistema de protección de menores, según su perfil personal y estatus migratorio, así como si acceden a la nacionalidad española o si se trasladan de Comunidad Autónoma. Menos aún existe un registro con interconexión entre los centros de protección de menores de los Estados miembros de la UE, que permita identificar la migración infantil, adolescente y juvenil y conocer su paradero cuando se traslada de país, lo que conduce a que se pierda su pista, dejando en papel mojado la cooperación internacional en aras de la protección de sus derechos[19].

La inexistencia de estos registros y datos es muy negativa para la protección de los derechos de los menores, pues conocer las cifras certeras de la población infantil y juvenil migrante sin referentes familiares que llega irregularmente al país y que entra en el sistema de protección de menores, así como conocer su paradero y su perfil

[19] SERRANO (2022), pp. 161-163.

concreto es imprescindible para saber cómo es esta población, cuál es su número exacto y valorar cuáles son las necesidades a las que deben atender las autoridades y coordinarse para poner en marcha la adopción de medidas de protección inicial o tras su localización en otra Comunidad Autónoma o en otro Estado Miembro para conseguir una mayor efectividad de sus derechos.

Debe tenerse en cuenta que esta migración es autónoma con respecto a la de sus familiares, pues las circunstancias que llevan a estos chicos y chicas a emprender su proceso migratorio son específicas y los objetivos que persiguen, sus recursos y necesidades son distintos de los de su familia[20], siendo una obligación del sistema de protección de menores satisfacer sus necesidades y salvaguardar sus derechos.

Por eso, la necesidad de recoger datos referentes a esta población infantil y juvenil venía impuesta ya por el art. 3 a) del Reglamento (CE) 862/2007, del Parlamento Europeo y del Consejo, de 11 de julio de 2007, sobre las estadísticas comunitarias en el ámbito de la migración y la protección internacional[21], lo que viene reiterado en el Reglamento (UE) 2021/2303 del Parlamento Europeo y del Consejo de 15 de diciembre de 2021 relativo a la Agencia de Asilo de la Unión Europea y por el que se deroga el Reglamento (UE) nº 439/2010[22], que considera que la Agencia es un "*centro de recopilación de información pertinente, fiable, objetiva, precisa y actualizada sobre terceros países pertinentes de manera transparente e imparcial, que utilizará información de interés, incluida información específica sobre los menores e información específica de género e información selectiva sobre las personas pertenecientes a grupos vulnerables y minorías*" (art. 9). La tarea de recopilar estos datos se ha encargado al Centro de Conocimiento sobre Migración y Demografía de la Comisión Europea (KCMD)[23]. Pese a ello, aún no se ha satisfecho esta obligación y quedan muchos aspectos de la recogida de datos por mejorar, lo que va en detrimento de la efectividad de los derechos de estas personas.

---

20 Durán (2021), p. 24.

21 DOUE L 199, de 31 de julio de 2007.

22 DOUE L 468, de 30 de diciembre de 2021.

23 Comisión Europea (2021). Disponible en: https://knowledge4policy.ec.europa.eu/migration-demography_en

2. *Perfil de la población infantil y juvenil migrante sin referentes familiares*

El perfil de la población infantil y juvenil migrante sin referentes familiares es muy variado, ya que las causas de sus proyectos migratorios son múltiples: desde la búsqueda de mejores opciones profesionales fuera de sus Estados de origen, hasta la huida de situaciones de violencia en sus países (como la mutilación genital femenina, abusos y explotación sexual, matrimonios forzados, castigos y violencias por pertenecer al colectivo LGTBI), y otras formas de migraciones forzadas (debidas a conflictos bélicos, desastres ecológicos, etc.), es decir, motivadas por circunstancias que no dejan otra alternativa a estos chicos y chicas que la de emigrar.

En efecto, aunque algunos de estos jóvenes buscan aventuras, es más frecuente que tengan un proyecto vital, consistente en la búsqueda en el país de destino de un trabajo con el que ganarse la vida y mejorar su futuro y el de sus familiares. La mayoría no tiene entre sus objetivos continuar sus estudios para alcanzar una formación académica que le haga prosperar en el mundo laboral, sino que desea encontrar trabajo cuanto antes y conseguir dinero para su mantenimiento y el de su familia. Otros, en cambio, aunque vinieron con el propósito de encontrar trabajo, se muestran menos reticentes a seguir un ciclo formativo y completar sus estudios y ven en nuestro país una oportunidad para mejorar su formación educativa, pues no quieren consagrar su vida a trabajos de baja calidad y poco remunerados. Decididos a llevar a cabo sus planes, ante las dificultades de entrar en el país por vías legales, se valen de las redes organizadas para salir de su región.

El deseo de encontrar un trabajo en el país de destino también mueve a las chicas, si bien en su caso se añaden otros factores. Algunas saben que cuando lleguen al lugar de destino van a ser prostituidas, pero lo aceptan como algo inevitable y preferible a ser explotadas sexualmente en sus propios países, donde sufren formas de violencia que consideran más graves que las que creen que van a encontrar en el país de destino. Otras, en cambio, caen en las redes de trata y son engañadas por los tratantes, que les prometen ofertas laborales que nada tienen que ver con las diversas formas de explotación sexual a las que son sometidas cuando llegan a su lugar de destino. Muchas chicas jóvenes son engañadas por sus *lover boys*, que fingen estar enamorados de ellas y las animan a salir del país para formar una familia en el extranjero, encontrándose posteriormente de bruces con la explotación sexual. También es normal que el viaje lo inicien convencidas por sus progenitores de que deben mejorar su nivel de vida y el de su familia, asumiendo su sentido africano del yo colectivo[24], lo que hace que las chicas carguen con el peso de la responsabilidad familiar. Este sacrificio de las niñas y jóvenes está tan arraigado en las sociedades de origen que la trata se ha convertido en una forma estructural de mantenimiento de la economía de muchos países, al enriquecer a la familia, al pueblo y al país. En estos Estados, la vida y los derechos de las mujeres y niñas no valen nada[25], lo que se ve reforzado por el desprecio fáctico a estos derechos de las mujeres en el país de destino, donde está normalizada la mercantilización del cuerpo de mujeres y niñas, porque se tiende a concebir el intercambio de "sexo" por dinero como una forma de trabajo y donde la hipersexualización de las chicas es el destino natural de las mujeres. En las sociedades de origen, el sacrificio de las niñas y jóvenes las convierte en líderes en su comunidad. Por eso, son conscientes de que deben hacer todo lo necesario para ganar dinero para sus familias, incluso si para ello deben sufrir violencia y explotación sexual.

Otros muchos chicos y chicas inician el proceso migratorio para escapar de matrimonios infantiles y forzados[26], lo que constituye una violación de derechos humanos, por cosificar a las niñas y niños y prescindir de su consentimiento. Además, en el caso de las chicas, las somete a violencia sexual y suelen ir acompañados de un incremento de las posibilidades de sufrir embarazos durante la adolescencia, con los consiguientes riesgos para la salud de la madre y del feto; las aleja del ámbito escolar, poniendo fin a su formación, lo que les dificulta acceder a un empleo y a su independencia económica; las aísla de su familia y amigos, al recluirlas en el hogar del cónyuge, donde deben dedicarse a su cuidado y al de sus hijos, con el consiguiente perjuicio para su salud mental. Sin embargo, esta violación de los derechos de

---

24 Hadjab (2021).

25 De Miguel (2015).

26 Adam (2023), pp. 1067-1096.

la infancia está muy arraigada en algunos países por diversas razones: estereotipos de género, bajo nivel educativo, pobreza, para obtener una buena dote, reducir gastos de manutención para su familia, obtener medios de subsistencia para las hijas forzadas a casarse, crear alianzas familiares, prevenir venganzas por delitos de honor, búsqueda para las niñas de protección frente a la violencia sexual, prevención de embarazos fuera del matrimonio, evitar lapidaciones y la relegación de la chica a la prostitución tras una violación…

Pese a las múltiples violaciones de derechos humanos que el matrimonio infantil conlleva, es difícil de erradicar, porque no existe una regulación a nivel internacional que determine cuál es la edad núbil y que prohíba la celebración de matrimonios antes de la edad de 18 años por falta de madurez de los niños y niñas. Hasta España, que es uno de los países alineados en la lucha por la defensa de los derechos humanos, también permite el matrimonio a partir de los 16 años, siempre que el chico o chica esté emancipado (art. 46 del Código civil)[27], aunque esta no sea una edad idónea para asumir las responsabilidades del matrimonio. Esta permisividad conduce a que haya cifras tan elevadas de mujeres vivas que han contraído matrimonio cuando eran niñas (640 millones). Y la cifra de mujeres en el mundo de entre 20 y 24 años que han contraído matrimonio en la infancia se eleva a 1 de cada 5 mujeres. De ellas, casi la mitad proceden del sur de Asia, un 20% del África subsahariana, un 15% del Este de Asia y del Pacífico y un 9% de América Latina y del Caribe[28]. Igualmente, en el caso de los niños, los matrimonios forzados constituyen una violación de sus derechos humanos y les afecta, aunque de desigual manera y en un porcentaje inferior: 115 millones de niños, esto es, 1 de cada 30 varones, predominando esta práctica sobre todo en la República central africana (28%), Nicaragua (19%) y Madagascar (13%)[29].

---

27 LARA (2023), pp. 171-177.

28 UNICEF (2023). Disponible en: https://data.unicef.org/resources/is-an-end-to-child-marriage-within-reach/?_gl=1*a1mqha*_ga*MTY5NjYxMzIwNy4xNjg1NDQyNzc5*_ga_9T3VXTE4D3*MTY4NTQ0Mjc3OC4xLjEuMTY4NTQ0Mjc3OC4wLjAuMA.

29 UNICEF (2019). Disponible en: https://www.unicef.org/press-releases/115-million-boys-and-men-around-world-married-children-unicef

Otra causa de las migraciones infantiles y juveniles es la huida de la mutilación genital femenina, que es una forma de violación de derechos humanos que está normalizada y muy arraigada en algunos países como Guinea o Somalia [30] y que suele practicarse a niñas entre la edad infantil y los 15 años. En estos países, la ablación del clítoris es necesaria para poder contraer matrimonio y no practicarla conduce a la familia al ostracismo. Esta forma de violencia de género y grave violación de derechos humanos afecta a 200 millones de niñas y mujeres de 31 países de tres continentes y más de 4 millones de niñas están en riesgo de sufrirla. Aunque la tendencia está disminuyendo[31], hay que destacar que se produce una paradoja, pues los pequeños avances hacia la modernización que se están produciendo en algunos países de origen no van acompañados de la misma modernización en el pensamiento de los ciudadanos emigrados, que siguen anclados en su mentalidad cuando salieron del país y piensan que esta práctica forma parte de su cultura de origen. Por eso, en muchos países europeos esta práctica se lleva a cabo cuando la familia se desplaza a sus lugares de origen, creyendo cumplir de este modo, con las normas de sus países natales.

También hay chicos y chicas que pertenecen al colectivo LGTBI y huyen de la discriminación que sufren en sus países, donde son "*blanco de homicidios, violencia sexual y de género, agresiones físicas, maltrato y tortura, detenciones arbitrarias, acusaciones de conducta inmoral, "desviada" o "antinatural", y de limitación, restricción o exclusión en goce de los derechos de reunión, de expresión y de información, entre otros*"[32]. Desgraciadamente, huir de estas violaciones de derechos humanos en sus países de origen no les garantiza que no sufrirán discriminaciones por estas mismas causas en algunos países de destino, donde existe todavía un rechazo social hacia este colectivo.

Son, por tanto, múltiples los factores que llevan a la infancia y juventud migrante a iniciar sus proyectos migratorios, todos ellos

---

30 Adam (2021), pp. 269-291.

31 UNICEF (2021). Disponible en: https://www.unicef.org/es/historias/lo-que-debes-saber-sobre-la-mutilacion-genital-femenina

32 UNHCR/ACNUR (2014), p. 3. Disponible en: https://www.acnur.org/fileadmin/Documentos/Publicaciones/2014/9872.pdf

marcados por una gran vulnerabilidad, pues se trata de menores sin referentes familiares.

De esta vulnerabilidad en la que se encuentra la infancia y juventud migrante que trata de escapar de todas estas formas de violencia y violaciones de derechos humanos que sufren en sus países de origen se aprovechan las redes de trata, que captan a los niños, niñas y jóvenes para someterlos a diversas formas de explotación en los países de tránsito y destino. Desgraciadamente, en gran medida esta infancia migrante tiene tan normalizada la violencia, que no se reconoce como víctima, pues considera que todo lo que le sucede es normal y que debe soportarlo, pues su obligación es ayudar a la familia. O bien se responsabiliza de lo que está padeciendo, por haber deseado salir de su país. Muchos menores sienten miedo, vergüenza o culpabilidad, por lo que no solicitan ayuda y reparación de sus derechos. Todo ello se ve agravado porque la violencia la tienen muy normalizada, al haber sufrido muchos de ellos múltiples violaciones por parte de familiares, como tíos, padrastros, hermanos, etc., o por la explotación que han sufrido en sus pueblos o ciudades de origen, sin contar con la protección del sistema policial o judicial. Es frecuente que la sociedad culpabilice a las chicas simplemente por ser mujeres y las acuse de ser ellas quienes van provocando. En estas sociedades, las denuncias de estas violaciones ante las fuerzas del orden de su país no sirven de nada, pues ni se investiga a los delincuentes, ni se les imponen penas y, en cambio, ellas son estigmatizadas y culpabilizadas. Para rematar, muchos chicos y chicas que deciden huir de estas formas de violencia brutales, vuelven a encontrar la violencia en el camino, siendo habitual que las chicas hayan sufrido violencia sexual, ya sea en origen o en tránsito.

Gran parte de la responsabilidad de estas violencias es achacable a las políticas migratorias restrictivas de los Estados en relación con el control de los flujos migratorios, que conduce a estos niños y niñas, adolescentes y jóvenes migrantes a valerse de redes organizadas para acceder a los países de destino sin seguir los cauces previstos por la normativa de extranjería de estos Estados[33]. Esto implica que, a las situaciones difíciles a las que se han tenido que enfrentar en sus

---

33 COMITÉ ECONÓMICO Y SOCIAL EUROPEO (2021), p. 24.

países de origen, haya que añadir todas las violencias y violaciones de derechos humanos que sufren en su trayecto a través de las rutas migratorias, lo que no debe perderse de vista en ningún momento cuando se aborda su protección en el Estado de destino. Es decir, hay que conocer el perfil de estos menores sin referentes familiares, para que las políticas públicas que se arbitren y las medidas que se adopten en relación con la protección de sus derechos sea acorde a sus necesidades. Así lo establecía la Declaración de Ginebra sobre los derechos del niño de 1924, "*la Humanidad ha de otorgar al niño lo mejor que pueda darle*".

Teniendo en cuenta sus circunstancias, estos niños y niñas y adolescentes migrantes se encuentran en buena medida en disposición de solicitar el asilo o la protección internacional. Así se desprende del art. 60.1 del Convenio del Consejo de Europa sobre prevención y lucha contra la violencia contra la mujer y la violencia doméstica, hecho en Estambul el 11 de mayo de 2011[34] (en adelante, Convenio de Estambul), según el cual, "*Las Partes adoptarán las medidas legislativas o de otro tipo necesarias para que la violencia contra la mujer basada en el género pueda reconocerse como una forma de persecución en el sentido del artículo 1, A (2) del Convenio, relativo al estatuto de los refugiados de 1951 y como una forma de daño grave que da lugar a una protección complementaria o subsidiaria*".

Siendo conscientes de estas realidades y del alcance de la violencia que sufren la infancia, adolescencia y juventud migrante sin referentes familiares, se hace evidente la obligatoriedad de adoptar una política claramente comprometida con la protección y reparación de sus derechos y una normativa totalmente intolerante con cualquier forma de violencia sobre mujeres y niñas. Así lo exige el art. 39 de la Convención sobre los derechos del niño, adoptada por la Asamblea General de las Naciones Unidas el 20 de noviembre de 1989, ratificada por España en 1990[35] (en adelante, CDN): "*Los Estados Partes adoptarán todas las medidas apropiadas para promover la recuperación física y psícológica y la reintegración social de todo niño víctima de cualquier forma*

---

34 BOE N° 137, de 6 de junio de 2014.

35 Instrumento de ratificación por España en BOE N° 313, de 31 de diciembre de 1990.

de abandono, explotación o abuso, tortura u otra forma de tratos o penas crueles, inhumanos o degradantes, o conflictos armados". Al abordar la protección de la infancia y juventud migrante no acompañada es fundamental adoptar una perspectiva de infancia y de derechos humanos, dejando a un lado la condición de no nacionales o extranjería de estas personas y, por tanto, la política de control de los flujos migratorios, que debe ceder frente a la condición de menores de estas personas. El acento debe ponerse en lo relevante, que es su condición de personas en situación de triple vulnerabilidad: 1) son niños y niñas; 2) son migrantes y 3) no cuentan con el acompañamiento de adultos familiares que se hagan responsables de ellos. Todo ello obliga al Estado de acogida o nueva residencia de los menores a asumir su obligación de adoptar medidas de protección de los menores que se hallan en su territorio, tal y como se desprende de los arts. 7 y 11 del Reglamento (UE) núm. 2019/1111 del Consejo, de 25 de junio de 2019, relativo a la competencia, el reconocimiento y la ejecución de resoluciones en matera matrimonial y de responsabilidad parental, y sobre la sustracción internacional de menores[36] y del art. 5.1 del Convenio relativo a la competencia, la ley aplicable, el reconocimiento, la ejecución y la cooperación en materia de responsabilidad parental y de medidas de protección de los niños, hecho en La Haya el 19 de octubre de 1996[37]; obligaciones de protección de sus derechos que no deben olvidarse en ningún momento.

3. Bajas del sistema de protección de niños, niñas y adolescentes

Precisamente por el deber que tiene el Estado donde se halla el menor de asumir la obligación de protección de los derechos de la infancia, adolescencia y juventud migrante sin referentes familiares que ha acogido en su territorio, un aspecto sobre el que debe prestarse atención es el de las bajas de los chicos y chicas migrantes en el sistema de protección de menores. El Defensor del Pueblo Andaluz informa de que a "*lo largo de 2021 se dieron de baja del Sistema de Protección de Menores andaluz 1.399 niños, niñas y adolescentes migrantes*"[38],

---

36 DOUE N° L 178, de 2 de julio de 2019.

37 BOE N° 291, de 2 de diciembre de 2010.

38 DEFENSOR DEL PUEBLO ANDALUZ (2021).

cifra que, aunque es un 10,8% menos que en 2020, es realmente preocupante. Entre quienes se dan de baja, predominan los niños, que representan el 94,2%, mientras que el 5,8% son niñas.

Es importante analizar cuáles son los motivos de estas bajas, para actuar en consecuencia. El 48,7% de estas bajas se deben a que estos chicos y chicas han cumplido los 18 años de edad (el 48,9% de los cuales son chicos y el 46,9% chicas), lo que obliga a cuestionarse si, tras su paso por el sistema de protección de menores, se ha logrado el objetivo de encontrar una solución duradera a su situación, en el sentido de haber conseguido ofrecerles facilidades para su integración en la sociedad de acogida o si, por el contrario, tras culminar su estancia en los centros de protección de menores y alcanzar los 18 años, estos chicos y chicas se encuentran en situación de extrema vulnerabilidad. A este problema ha tratado de dar solución la reciente reforma del Real Decreto 557/2011, de 20 de abril, por el que se aprueba el Reglamento de la Ley Orgánica 4/2000, sobre derechos y libertades de los extranjeros en España y su integración social, tras su reforma por Ley Orgánica 2/2009[39] (en adelante, RLOEx), llevada a cabo a través del Real Decreto 903/2021, de 19 de octubre[40], previendo una serie de medidas de reforma del art. 35 de la Ley Orgánica 4/2000, de 11 de enero, sobre derechos y libertades de los extranjeros en España y su integración social (en adelante, LOEx), para facilitar la obtención y renovación de autorizaciones de residencia para menores ex tutelados, que serán analizadas *infra* para valorar si son suficientes para garantizar la óptima efectividad de los derechos de la migración infanto-juvenil.

Igual de preocupantes son las bajas por abandono voluntario, que alcanzan al 43,2% de las mismas (el 45,4% corresponde a chicos y el 6,2% a chicas), lo que significa un fracaso del sistema de protección de menores. Por un lado, este fracaso puede ser debido a que este sistema no es capaz de satisfacer las expectativas de estos niños y

---

39 BOE N° 103, de 30 de abril de 2011.

40 Real Decreto 903/2021, de 19 de octubre, por el que se modifica el Reglamento de la Ley Orgánica 4/2000, sobre derechos y libertades de los extranjeros en España y su integración social, tras su reforma por Ley Orgánica 2/2009, aprobado por el Real Decreto 557/2011, de 20 de abril, BOE N° 251, de 20 de octubre de 2021.

niñas y adolescentes migrantes. En primer lugar, porque en España se trata a los chicos y chicas como menores, cuando en sus países de origen, aun siéndolo, han debido enfrentarse a muchas dificultades, han tenido que madurar a la fuerza y allí son tratados como adultos. Muchos de estos jóvenes reclaman acceso al mercado laboral para encontrar medios económicos con los que satisfacer las necesidades de sus familiares, antes que seguir un programa de formación académica, aunque ello redundara en la protección de su salud y en mejores expectativas laborales en el futuro[41]. Por eso, su opinión debe ser tomada en consideración a la hora de elaborar su proyecto vital futuro, lo que viene exigido por los arts. 12 y 13 de la CDN. Escuchar a estos chicos y chicas es imprescindible para que el programa de acogida a estos menores sea exitoso.

Por otro lado, en parte, este fracaso del sistema se debe también a la descoordinación entre la normativa de extranjería y la de protección de menores, porque en el Derecho de extranjería el interés superior del menor carece del protagonismo que le atribuyen la Constitución y los convenios internacionales ratificados por nuestro país, como se analizará más adelante. Por ello, estos chicos y chicas, en vez de crecer, recuperarse de los traumas que han sufrido y desarrollar libremente su personalidad con los medios que les proporciona el sistema de protección de menores, se ven obligados a crecer pendientes de la obtención de la documentación administrativa que les habilite para residir legalmente en España y para poder trabajar si tienen la edad para ello. Los menores tutelados viven atemorizados por el momento en el que alcanzarán la mayoría de edad, porque en ese momento deben seguir cumpliendo con los requisitos para la obtención o renovación de la autorización de residencia y trabajo. La obtención de documentación se vuelve más importante que la recuperación física y psíquica de unas personas que son menores y que han sufrido formas de violencia brutales, lo que no es acorde en absoluto con el interés superior del menor.

Más graves son las dimensiones alarmantes que están alcanzando las desapariciones de menores migrantes[42]. Esto constituye un fra-

---

41 DURÁN (2021), pp. 32-33.

42 JIMÉNEZ (2019), p. 170.

caso de todo el sistema, que es incapaz de impedir que los chicos y chicas sean extraídos de los centros de protección por las redes de tratantes. Y es que, los centros de protección de menores están en el punto de mira de las redes de trata, que se han convertido en lugares de reclutamiento de niños y niñas, desde donde los sacan para explotarlos, especialmente a las chicas, que son destinadas a la explotación sexual[43]. Al catalogarse a todos los menores como MENAs, aquellos entran en centros abiertos, con menores de la misma red, que se comunican con los tratantes y los alertan de su presencia[44]. Algunas chicas incluso llegan a los centros marcadas con algunos tipos de tatuajes y otras marcas que indican su pertenencia a la red, lo que permite activar la voz de alarma en cuanto son detectadas en los centros.

De estos centros, las chicas se escapan voluntaria o forzadamente, para ser desplazadas por toda Europa por sus explotadores, que las van cambiando de sitio para no despertar sospechas y para ir variando la oferta sexual a los "clientes". A veces, quienes las sacan de los centros son sus pseudo novios, que las esperan para que salgan para explotarlas sexualmente en pisos y otros lugares donde aguardan los "clientes"[45]. Estos *lover boys* las convencen de que las siguen queriendo pese a las agresiones sexuales que sufren por parte de los "clientes", haciéndoles creer que no hay nada de malo en "tener relaciones sexuales" con amigos de sus novios. La mayoría se escapan de estos centros por la coerción y fuertes amenazas que reciben de parte de sus tratantes para que paguen las deudas, o porque necesitan dinero para obtener drogas, cuya dependencia ha sido provocada por los propios tratantes para hacerlas más sumisas, pues para obtener ese dinero, deben someterse a la explotación a la que las obligan los tratantes. En otras ocasiones, las chicas (y chicos) son secuestradas por sus tratantes o sus pseudo novios para explotarlas en prostíbulos, pisos, etc., ya sea en la misma ciudad donde se encuentra el centro de menores donde está siendo tutelada o bien en otros destinos, tanto dentro, como fuera de España. Tanto en un caso como en el otro,

---

43 Aguiló (2022); Kohan (2022).

44 European Migration Network (2020). Disponible en: https://home-affairs.ec.europa.eu/system/files/2020-04/inform_missing_uam_final_15042020_0.pdf

45 Aguiló (2022).

los tratantes se benefician de los centros donde se alojan los chicos y chicas, sin tener que incurrir en ningún gasto para su manutención. Con ello, se disparan sus ganancias, pues solo tienen ingresos derivados de la explotación a la que los someten y solo gastan pequeñas cantidades de dinero que les entregan para que sigan colaborando con su explotación.

Sea cual sea el motivo del abandono del centro, estas "fugas" no deben verse como un deseo voluntario de los jóvenes de salir del sistema de protección de menores, ni como un motivo para dar de baja a estas personas y de descargar a la Administración de su responsabilidad respecto a la protección de estos niños, niñas y jóvenes. Ante esta situación de desapariciones de niños, niñas y jóvenes, los servicios de protección de menores no deberían descargarse de su responsabilidad. Es inadmisible que el art. 172 del Código civil disponga en su párrafo 5 que "*La Entidad Pública cesará en la tutela que ostente sobre los menores declarados en situación de desamparo cuando constate, mediante los correspondientes informes, la desaparición de las causas que motivaron su asunción, por alguno de los supuestos previstos en los artículos 276 y 277.1, y cuando compruebe fehacientemente alguna de las siguientes circunstancias:*

> *a) Que el menor se ha trasladado voluntariamente a otro país[...].*
> *[...] c) Que hayan transcurrido doce meses desde que el menor abandonó voluntariamente el centro de protección, encontrándose en paradero desconocido*".

A estos efectos, hay que recordar que, según la Circular 3/2001, de 21 de diciembre, sobre actuación del Ministerio Fiscal en materia de extranjería[46], "*incumbe al Fiscal «la superior vigilancia de la tutela, acogimiento o guarda de los menores» (art. 174.1 CC), independientemente de cuál sea la nacionalidad de éstos*", *para lo cual, deberá "comprobar al menos semestralmente*[47] *la situación de los menores que son objeto de medidas de protección (art. 174.2 CC), así como ejercer la vigilancia sobre todos los centros que acojan a menores (art. 21.4 de la LOPJM), sin distinguir entre menores*

---

46 FISCALÍA GENERAL DEL ESTADO (2001). Disponible en: https://www.boe.es/buscar/abrir_fiscalia.php?id=FIS-C-2001-00003.pdf

47 No parece que, siendo el Ministerio Fiscal el garante del interés superior del menor, sea suficiente con que las visitas al centro se hagan al menos semestralmente, ya que debería haberse previsto un plazo más corto de tiempo.

nacionales o extranjeros. Para ejercer esta vigilancia deberá hacer uso de la facultad que para visitar los centros de internamiento de cualquier clase le confiere el art. 4.2 EOMF". Por eso, el Capítulo VII sobre Guarda y tutela de MENA del Protocolo Marco sobre determinadas actuaciones en relación con los Menores Extranjeros No Acompañados[48], dispone con buen acierto en el "*Apartado tercero. Actuaciones de supervisión del Ministerio Fiscal del correcto ejercicio de las funciones asignadas a la Entidad pública de protección de menores.*

1. La fuga o abandono del menor del Centro de protección de menores que tuviera asignado para residir no será considerada causa de extinción de la tutela, que deberá seguir ejerciéndose para la localización del menor o para el caso que apareciere. De acuerdo con la legislación vigente, el Ministerio Fiscal impugnará cualquier resolución de cese de tutela indebidamente motivada.

2. Las Secciones de Menores de las Fiscalías y las Entidades públicas de protección de menores deberán realizar un especial seguimiento en los supuestos en los que estas últimas ejerzan las funciones tutelares mediante convenio, a través de organizaciones no gubernamentales, fundaciones u otras entidades dedicadas a la protección de menores".

Si la protección de esta infancia y juventud migrante sin referentes familiares es responsabilidad de las entidades públicas que tienen asumida su tutela o acogimiento, no es admisible despreocuparse, bajo el pretexto de que se han fugado. En este sentido, el Convenio de Varsovia del Consejo de Europa sobre la lucha contra la trata de seres humanos (Convenio nº 197 del Consejo de Europa), de 16 de mayo de 2005[49] (en adelante, Convenio de Varsovia), prevé que los Estados parte "*podrán prever el reforzamiento de su cooperación en la búsqueda de personas desaparecidas, en particular menores, si de las informaciones disponibles pueda deducirse que son víctimas de la trata de seres humanos. A tal fin, las Partes podrán concertar entre ellas tratados bilaterales o multilaterales*" (art. 33). Dada la importancia que tiene la protección de la infancia y juventud migrante víctima de trata, debería hacerse uso de esta posibilidad con más frecuencia, por lo que es una lástima que el Convenio solo lo haya previsto como posibilidad y no como obligación. Este es un aspecto que debe ser reforzado. Por eso, la Co-

---

48 BOE N° 251, de 16 de octubre de 2014.

49 BOE N° 219, de 10 de septiembre de 2009.

municación de la Comisión al Parlamento y al Consejo "Protección de menores migrantes" de 12 de abril de 2017[50], anima a los Estados miembros a establecer protocolos y procedimientos para informar sistemáticamente y actuar en todos los casos de menores no acompañados que desaparezcan. En este sentido, las personas implicadas en el cuidado de los menores deben informar a la policía de los menores desaparecidos y esta "*debe alertar sobre la desaparición en el Sistema de Información de Schengen (SIS) y mantenerse en contacto con la oficina nacional SIRENE. Los Estados miembros deben también solicitar que se dicte una orden de Interpol sobre personas desaparecidas, haciendo que también participe cuando proceda, Interpol. Entre las medidas para lograr una mayor sensibilización sobre la cuestión de los menores desaparecidos podrían incluirse también campañas de información en lugares públicos pertinentes*"[51]. A estos efectos, hubiera sido deseable reducir la edad para la toma de impresiones dactilares e imágenes faciales de los 14 a los 6 años, para facilitar la localización de los menores desaparecidos[52], aunque los menores de 12 años están exentos de la obligación de facilitar sus impresiones dactilares, según el art. 17.3 del Reglamento (UE) 2017/2226, del Parlamento Europeo y del Consejo, de 30 de noviembre de 2017, por el que se establece un Sistema de Entradas y Salidas (SES) para registrar los datos de entrada y salida y de denegación de entrada relativos a nacionales de terceros países que crucen las fronteras exteriores de los Estados miembros, se determinan las condiciones de acceso al SES con fines policiales y se modifican el Convenio de aplicación del Acuerdo de Schengen y los Reglamentos (CE) nº 767/2008 y (UE) nº 1077/2011[53]

En menor medida, el 6,1% del total de bajas de menores de los centros de protección se debe a reunificación familiar (3,9% niños y 40,7% niñas)[54]. Pero, incluso en relación con este grupo de menores, habría que hacer un control de la situación de estos chicos y chicas posteriormente a dicha reunificación en su Estado de origen o en

---

50 COM (2017) 211 final. Disponible en: https://eur-lex.europa.eu/legal-content/ES/TXT/PDF/?uri=CELEX:52017DC0211&from=DA

51 *Ibíd.*, pp. 7-8.

52 DURÁN (2021), p. 101.

53 DOUE L 327, de 9 de diciembre de 2017.

54 DEFENSOR DEL PUEBLO ANDALUZ (2021).

terceros Estados, ya sea de la Unión Europea o de otros países, para comprobar que, tras esa reunificación, aquellos no están sufriendo las mismas formas de violencia o similares a las que sufrían cuando decidieron migrar. Es decir, la responsabilidad de España, en cuanto Estado de destino de los menores, no debería concluir con la puesta de los niños, niñas, adolescentes y jóvenes a disposición de las familias en el Estado al que hayan sido trasladados para su reunificación familiar. A estos efectos, sería imprescindible activar la cooperación internacional de autoridades, para que se haga un seguimiento de estos menores en el nuevo Estado de destino, que asume, desde el traslado del menor a su territorio, la responsabilidad de garantizarle sus derechos[55]. Esta cooperación será más fácil cuando el traslado se haya producido a otro Estado de la Unión Europea o del Convenio relativo a la competencia, la ley aplicable, el reconocimiento, la ejecución y la cooperación en materia de responsabilidad parental y de medidas de protección de los niños, hecho en La Haya el 19 de octubre de 1996 (en adelante, Convenio de La Haya de protección de menores)[56], pues, tanto el Reglamento (UE) 2019/1111 del Consejo, de 25 de junio de 2019, relativo a la competencia, el reconocimiento y la ejecución de resoluciones en materia matrimonial y de responsabilidad parental, y sobre la sustracción internacional de menores[57] (en adelante, RB II ter) [arts. 76-91], como el Convenio de La Haya (arts. 29-39) prevén mecanismos de cooperación para salvaguardar el objetivo de protección de los menores. Cuando el niño, niña, adolescente o joven haya sido desplazado a un tercer país, también deberían activarse mecanismos de cooperación internacional de autoridades y condicionar la cooperación al desarrollo al cumplimiento de estos compromisos de cooperación internacional. Así lo destaca también la Comisión Europea en la citada Comunicación COM(2017) 211 final, cuando insiste en la necesidad de que exista una estrecha colaboración entre las autoridades responsables del bienestar del menor en cada Estado miembro cuando estos menores sean objeto de transferencia transfronteriza dentro de la Unión Europea, ya sea en aplicación del Reglamento (UE) nº 604/2013 por el

---

55 Ortiz (2019), p. 417.

56 BOE N° 291, de 2 de diciembre de 2010.

57 DOUE N° 178, de 2 de julio de 2019.

que se establecen los criterios y mecanismos de determinación del Estado miembro responsable del examen de una solicitud de protección internacional[58] (Reglamento de Dublín), de otras normas.

III. OBLIGACIONES DEL SISTEMA DE PROTECCIÓN A LA INFANCIA Y JUVENTUD MIGRANTE NO ACOMPAÑADA O SEPARADA DE SU FAMILIA: MARCO NORMATIVO

1. Derechos de la infancia y la juventud migrante y su interés superior y correlativas obligaciones para el Estado

La satisfacción óptima de los derechos de la infancia y juventud migrante separada y no acompañada de sus familiares impone una serie de obligaciones a los Estados de destino de estos niños, niñas y jóvenes, que vienen impuestas por normas de origen institucional, convencional y autónomo. De hecho, como se ha indicado, el art. 5.1 del Convenio relativo a la competencia, la ley aplicable, el reconocimiento, la ejecución y la cooperación en materia de responsabilidad parental y de medidas de protección de los niños, hecho en La Haya el 19 de octubre de 1996 atribuye a las "*autoridades, tanto judiciales como administrativas, del Estado contratante de la residencia habitual del niño*" competencia "*para adoptar las medidas para la protección de su persona o de sus bienes*". Y el art. 6.1 del mismo Convenio dispone que "*Para los niños refugiados y aquellos niños que, como consecuencia de desórdenes en sus respectivos países, están internacionalmente desplazados, las autoridades del Estado contratante en cuyo territorio se encuentran como consecuencia del desplazamiento ejercen la competencia prevista en el apartado primero del artículo 5*". Las autoridades del Estado en el que se encuentre el menor son también competentes en caso de niños cuya residencia habitual no pueda determinarse. Por tanto, es claro que las autoridades españolas tienen una obligación de protección de todos los menores que se hallen en su territorio.

El punto de partida es el 39 de la Constitución española, que impone como obligación de los poderes públicos la protección de las

---

[58] DOUE L 180, de 29 de junio de 2013.

personas menores de edad y de los derechos que les confieren los convenios internacionales. Aunque no se refiere expresamente a los niños y niñas y jóvenes migrantes, no hay duda de que esta protección también les es aplicable. Así se desprende del art. 10.2 de la Constitución, según el cual, "*Las normas relativas a los derechos fundamentales y a las libertades que la Constitución reconoce se interpretarán de conformidad con la Declaración Universal de Derechos Humanos y los tratados y acuerdos internacionales sobre las mismas materias ratificados por España*". Y también el art. 39. 3 de la Constitución dispone que "*Los niños gozarán de la protección prevista en los acuerdos internacionales que velan por sus derechos*".

Pues bien, precisamente, el art. 2 de la CDN establece la prohibición de discriminación de los niños por cualquier motivo, de modo que obliga a los Estados a asegurar la aplicación de la Convención "*a cada niño sujeto a su jurisdicción, sin distinción alguna, independientemente de la raza, el color, el sexo, el idioma, la religión, la opinión política o de otra índole, el origen nacional, étnico o social, la posición económica, los impedimentos físicos, el nacimiento o cualquier otra condición del niño, de sus padres o de sus representantes legales*".

Del mismo modo, aunque no menciona específicamente a la migración infantil y juvenil no acompañada, es especialmente aplicable a los niños y niñas y jóvenes migrantes no acompañados, que han sufrido distintas formas de violencia y de violación de derechos humanos, lo dispuesto en el art. 39 de la CDN, que obliga a los Estados Partes a adoptar "*todas las medidas apropiadas para promover la recuperación física y psicológica y la reintegración social de todo niño víctima de cualquier forma de abandono, explotación o abuso, tortura u otra forma de tratos o penas crueles, inhumanos o degradantes, o conflictos armados. Esa recuperación y reintegración se llevará a cabo en un ambiente que fomente la salud, el respeto de sí mismo y la dignidad del niño*". Concretamente, este mandato debe entenderse imperativo en el marco de la normativa de extranjería, pues la recuperación y la reintegración social de estos menores es prioritaria frente a la situación administrativa en que aquellos se encuentren.

Uno de los preceptos fundamentales para la protección de la infancia y juventud es el art. 3 de la CDN, que convierte su interés superior en una consideración primordial a la que debe atenderse "*en todas las medidas concernientes a los niños que tomen las instituciones públicas o privadas de bienestar social, los tribunales, las autoridades administrativas o los órganos legislativos*". Esta obligación impuesta a todas las autoridades públicas e instituciones privadas de realizar todos los actos relativos a menores tomando el interés superior del menor como una consideración primordial, viene también impuesta en el ámbito de la Unión Europea por el art. 24 de la Carta de derechos fundamentales. La satisfacción del "interés superior del menor" incumbe, pues, a todas las autoridades e instituciones cualquiera que sea la situación en que se encuentre el niño o la niña, esto es, incluyendo también a quienes se hallen en situaciones de movilidad internacional o transfronteriza, como son los menores migrantes no acompañados o separados de su familia. Para concretar este principio jurídico indeterminado que es el interés superior del menor, ha sido de gran utilidad la Observación general Nº 14 (2013) del Comité de los derechos del niño, sobre el derecho del niño a que su interés superior sea una consideración primordial (artículo 3, párrafo 1)[59], que ha destacado tres vertientes del mismo:

> *"a) Un derecho sustantivo: el derecho del niño a que su interés superior sea una consideración primordial que se evalúe y tenga en cuenta al sopesar distintos intereses para tomar una decisión sobre una cuestión debatida, y la garantía de que ese derecho se pondrá en práctica siempre que se tenga que adoptar una decisión que afecte a un niño, a un grupo de niños concreto o genérico o a los niños en general. El artículo 3, párrafo 1, establece una obligación intrínseca para los Estados, es de aplicación directa (aplicabilidad inmediata) y puede invocarse ante los tribunales.*
>
> *b) Un principio jurídico interpretativo fundamental: si una disposición jurídica admite más de una interpretación, se elegirá la interpretación que satisfaga de manera más efectiva el interés superior del niño. Los derechos consagrados en la Convención y sus Protocolos facultativos establecen el marco interpretativo.*
>
> *c) Una norma de procedimiento: siempre que se tenga que tomar una decisión que afecte a un niño en concreto, a un grupo de niños concreto o a los niños en general, el proceso de adopción de decisiones deberá incluir una estimación de las posibles repercusiones (positivas o negativas) de la decisión en el niño o los niños interesados. La evaluación y determinación del interés superior del niño requieren garantías procesales. Además, la justificación de las decisiones debe dejar patente que se ha*

---

59 Disponible en: https://www.observatoriodelainfancia.es/ficherosoia/documentos/3990_d_CRC.C.GC.14_sp.pdf

> *tenido en cuenta explícitamente ese derecho. En este sentido, los Estados partes deberán explicar cómo se ha respetado este derecho en la decisión, es decir, qué se ha considerado que atendía al interés superior del niño, en qué criterios se ha basado la decisión y cómo se han ponderado los intereses del niño frente a otras consideraciones, ya se trate de cuestiones normativas generales o de casos concretos".*

Atendiendo a estas precisiones, el legislador español, en el art. 2.1 de la Ley Orgánica 1/1996, de 15 de enero, de Protección Jurídica del Menor, de modificación parcial del Código Civil y de la Ley de Enjuiciamiento Civil[60] (en adelante, LOPJM), reformada por la Ley Orgánica 8/2015, de 22 de julio, de modificación del sistema de protección a la Infancia y a la Adolescencia[61], concibe el interés superior del niño y de la niña como el interés primordial a valorar. Y así, dispone que "*Todo menor tiene derecho a que su interés superior sea valorado y considerado como primordial en todas las acciones y decisiones que le conciernan, tanto en el ámbito público como privado. En la aplicación de la presente ley y demás normas que le afecten, así como en las medidas concernientes a los menores que adopten las instituciones, públicas o privadas, los Tribunales, o los órganos legislativos primará el interés superior de los mismos sobre cualquier otro interés legítimo que pudiera concurrir*". Más aún, el art. 2.4 de la mencionada LOPJM afirma que, "*En caso de concurrir cualquier otro interés legítimo junto al interés superior del menor deberán priorizarse las medidas que, respondiendo a este interés, respeten también los otros intereses legítimos presentes.*

En caso de que no puedan respetarse todos los intereses legítimos concurrentes, deberá primar el interés superior del menor sobre cualquier otro interés legítimo que pudiera concurrir".

De este modo, el legislador español ha ido más allá de lo que exige el art. 3.1 de la CDN, que solo dice que "*...una consideración primordial a que se atenderá será el interés superior del niño*", no que este sea el que debe primar sobre cualquier otro interés. Y es que, afirmar que el interés del niño o de la niña es superior "*implica una prevalencia, una primacía, colocarlo por encima de los demás intereses en juego*"[62],

---

[60] BOE N° 15, de 17 de enero de 1996.

[61] BOE N° 175, de 23 de julio de 2015.

[62] Lara (2023), p. 167.

que es por lo que ha optado el legislador español, mientras que afirmar que hay que buscar el mejor interés, "*the best interest of the child*", implica una valoración entre varias opciones, no que se tenga que imponer su interés por encima del interés de las demás personas[63]. Esta distorsión del principio del interés superior del menor procede de la traducción al castellano que se hizo de la versión original en inglés, siguiendo la versión francesa[64], lo que puede llegar a provocar resultados absurdos cuando haya que ponderar diferentes intereses y derechos en concurrencia[65]. Por eso es tan necesario evitar en las traducciones en ámbitos supranacionales las "*interferencias terminológicas por proximidad lingüística*" en las distintas versiones de un mismo instrumento normativo[66] y proporcionar "*Formación en las lenguas de trabajo de las personas profesionales de la traducción, revisión de las distintas versiones lingüísticas y prestar atención a las traducciones entre lenguas de origen latino*"[67].

Sin embargo, pese a la importancia que alcanza el principio del interés superior del menor en todas las actuaciones de las autoridades públicas y privadas en relación con la infancia y juventud, es reseñable que su concreción en los casos concretos no se lleve a cabo del modo óptimo para la infancia y juventud migrante. Esto es, el interés superior de la infancia y juventud migrante no acompañada y separada no se ve satisfecho, unas veces, por carencia de normativa adecuada y otras, por la aplicación de dicha normativa. Un ejemplo de esto lo evidencia la inexistencia de equipos interdisciplinares formado por profesionales de la mediación intercultural, psicología, interpretación, trabajo social y abogacía especializados en infancia y violencias de género, que conozcan el idioma de los menores y su cultura de origen y que atiendan a la infancia y juventud migrante en su llegada a territorio español, de modo que les hagan una entrevista con unas preguntas y una metodología adecuadas para poder detectar las diferentes vulnerabilidades en que se pueden encontrar

---

63 *Ibíd.*, p. 167.

64 LENTI (2016), pp. 88-89.

65 GARCÍA (2020), pp. 17-18. Disponible en: https://idibe.org/doctrina/sirve-interes-superior-del-menor/. Asimismo, GARCÍA (2020), pp. 1075-1090.

66 ACUYO (2022), pp. 473-474.

67 *Ibíd.*, pp. 474-475.

estos niños y niñas y jóvenes migrantes no acompañados y les ayuden a elaborar su itinerario de integración adaptado a sus necesidades, a fin de prevenir situaciones de exclusión social.

Otra muestra de las deficiencias del sistema en orden a la satisfacción del interés superior del menor radica en la prevalencia de los acogimientos residenciales frente a los familiares, cuando aquellos deberían tener un carácter subsidiario y temporal[68]. Por ejemplo, de los 1.379 menores extranjeros no acompañados que se registraron en el año 2020 en Andalucía, acogidos en centros de protección, solo 41 fueron acogidos en familias. Esta primacía de los acogimientos residenciales no es acorde con el interés superior del menor, siendo como es el acogimiento familiar "*una alternativa preferente al acogimiento en centros de menores*"[69]. La familia es esencial para el desarrollo emocional y social de las personas, para inculcar valores y para conseguir apegos sanos, que favorezcan el desarrollo de la personalidad, tan necesarios para prevenir que los niños y niñas sean objeto de violencia y de explotación sexual. Pero el predominio de los acogimientos residenciales frente a los familiares se explica por el reparto de competencias entre la Administración Central y las Autonómicas en relación con diferentes aspectos que afectan a los menores, En este sentido, al corresponder la tutela de los menores extranjeros a las Comunidades Autónomas, el nivel de protección de los mismos difiere de una a otra Comunidad Autónoma, puesto que son ellas las que deciden los medios que invierten en su tutela, siendo, por tanto, muy dispares los recursos que se ponen a su disposición. A ello se suma la interferencia de la normativa de extranjería, que no olvida la condición de extranjeros de estos menores, lo que conduce a que los retrasos en la obtención de la documentación para la identificación de estos niños y niñas y jóvenes migrantes, así como a la hora de concederles las autorizaciones de residencia, ralenticen también su entrada en el sistema de acogimiento familiar[70]. A todo esto hay que unir la edad de estos menores, entre 16-18 años, que no es la más propicia para el acogimiento familiar. Y, lo más importante, al ser

---

68 Cabedo y Ravetllat (2022), p. 199.

69 Puyo (2021), p. 1.

70 *Ibíd.*, p. 1.

jóvenes especialmente vulnerables, porque han sufrido la adversidad temprana derivada de la violencia de las redes de trata o han sido víctimas de extorsión y/o de violencia sexual en origen y/o durante el trayecto, suelen desarrollar procesos disociativos (trastornos psicológicos, del sueño, de conducta, de memoria...). Esto los hace más rebeldes y, aunque tienen una gran capacidad de resiliencia, otros menores tardan más en recuperarse, por lo que sus tiempos son diferentes y deben respetarse, debiendo recibir el apoyo y tratamiento psicológico especializado para lograr la reparación integral del daño psicológico sufrido, pero, al mismo tiempo, son peores candidatos para el acogimiento familiar. Y, sin embargo, si no son identificadas sus situaciones de vulnerabilidad desde el primer momento, por la inexistencia de una entrevista realizada por personal cualificado y especializado en estos temas, su interés superior no se satisface.

Diferentes normas destacan también la condición de los menores como titulares de múltiples derechos, de los que derivan las correlativas obligaciones para los poderes públicos. Así, el párrafo 1º del art. 24 de la Carta de derechos fundamentales de la Unión Europea reconoce el derecho de los menores "*a la protección y a los cuidados necesarios para su bienestar*" y que los menores podrán "*expresar su opinión libremente*", la cual, "*será tenida en cuenta en relación con los asuntos que les afecten, en función de su edad y de su madurez*". Este derecho de la infancia y juventud migrante no acompañada a ser oída y a expresar su opinión también viene recogido en los arts. 12 y 13 de la CDN y adquiere gran relevancia en el marco de los procesos de extranjería y nacionalidad, en particular, a la hora de decidir si prefieren ser reagrupados con sus familiares en el país de origen o en otro Estado o si optan por permanecer en España, así como, si desean adquirir la nacionalidad española en los términos previstos legalmente.

También el art. 10.3 de la LOPJM se refiere a los menores extranjeros no acompañados como grupos especialmente vulnerables, al igual que los que "*presenten necesidades de protección internacional, los menores con discapacidad y los que sean víctimas de abusos sexuales, explotación sexual, pornografía infantil, de trata o de tráfico de seres humanos*" y les reconoce derecho a educación, asistencia sanitaria y prestaciones básicas en las mismas condiciones que los españoles. Sin embargo, como ha destacado Cabedo Mallol, el hecho de que la LOPJM se refiera a los servicios y prestaciones sociales básicas parece dar a entender que los menores extranjeros solo tienen derecho a estas prestaciones y servicios básicos y no a los que no sean básicos y, sin embargo, no es así, porque la LOPJM establece la plena igualdad entre menores españoles y extranjeros[71].

A los "*menores solicitantes de protección internacional que hayan sido víctimas de cualquier forma de abuso, negligencia, explotación, tortura, trato cruel, inhumano, o degradante, o que hayan sido víctimas de conflictos armados*" se refiere expresamente el art. 46 de la Ley 12/2009, de 30 de octubre, reguladora del derecho de asilo y de la protección subsidiaria[72] y afirma que "*recibirán la asistencia sanitaria y psicológica adecuada y la asistencia cualificada que precisen*".

En esta línea, resulta relevante lo dispuesto específicamente para los menores extranjeros no acompañados en el art. 10 de la Directiva 2008/115/CE del Parlamento Europeo y del Consejo de 16 de diciembre de 2008, relativa a normas y procedimientos comunes en los Estados miembros para el retorno de los nacionales de terceros países en situación irregular[73]. Según este precepto, antes de que las autoridades adopten una decisión de retorno respecto de un menor no acompañado, tienen que concederles "*la asistencia de los servicios pertinentes distintos de las autoridades encargadas de la ejecución del retorno, teniendo debidamente en cuenta el interés superior del niño*" y, antes de su expulsión, "*las autoridades de ese Estado miembro se cerciorarán de que será entregado a un miembro de su familia, a un tutor designado o a unos servicios de acogida adecuados en el Estado de retorno*". Así lo ha destacado también el Tribunal de Justicia de la Unión Europea en su sentencia (Sala Primera) de 14 de enero 2021, Asunto C-441/19, *Staatssecretaris van Justitie en Veiligheid*[74], donde destaca la necesidad de que antes de adoptar una decisión de retorno, se haga "*una apreciación general y exhaustiva de la situación de este menor, teniendo debidamente en cuenta el interés superior del niño*", debiendo tener en cuenta la edad del menor, incluso si tienen más de 15 años. Y la Circular 3/2021, de la Fiscalía General del Estado también afirma que solo podrá hacerse "tras la

---

71 Cabedo (2016), pp. 54-55.

72 BOE N° 263, de 31 de octubre de 2009.

73 DOUE L 348, de 24 de diciembre de 2008.

74 ECLI:EU:C:2021:9

verificación de que no existe riesgo o peligro para la integridad del menor, de su persecución o la de sus familiares"[75], lo que también recuerda el art. 62.4 RLOEx. Esta obligación de cerciorarse de que la persona que se hará cargo del menor es adecuada no debe limitarse a averiguar que dicha persona tiene una vinculación familiar con el menor o que existe un servicio de acogida de menores en el Estado de retorno, sino que debería conllevar una obligación de seguimiento de dicho retorno por un tiempo prudencial, a fin de prevenir la revictimización de estos menores. Para cumplir esta obligación, juega un papel esencial la cooperación internacional de autoridades, como se ha indicado *supra.*

2. *Obligación de protección reforzada en casos de menores víctimas de trata y otras formas de violencia*

La cooperación también juega un papel esencial en el marco de la protección de los niños, niñas y jóvenes frente a la trata y otras formas de violencia de género. En este sentido, existe un amplio elenco de normas, como el art. 34 de la CDN, que obliga a proteger al niño contra todas las formas de explotación y abuso sexuales y su art. 35 concede al niño también protección frente al secuestro, la venta o la trata de niños para cualquier fin o en cualquier forma. El art. 1 del Convenio (de Lanzarote) del Consejo de Europa para la protección de los niños contra la explotación y el abuso sexual, hecho en Lanzarote el 25 de octubre de 2007[76], se refiere a la necesidad de prevenir y combatir la explotación y el abuso sexual de los niños y en su art. 4 obliga a las Partes a adoptar las medidas legislativas o de otro tipo que sean necesarias para prevenir todas las formas de explotación y abuso sexual de los niños y para protegerlos. En su art. 5 dispone que cada Parte adoptará todas las medidas legislativas o de otro tipo que sean necesarias para promover la sensibilización en cuanto a la protección y los derechos de los niños por parte de las personas que mantienen un contacto habitual con ellos en los sectores de la educación, la sanidad, la protección social, la justicia y las fuerzas del orden, así como

---

75 FISCALÍA GENERAL DEL ESTADO (2021), p. 23.

76 Instrumento de ratificación por España en BOE N° 274, de 12 de noviembre de 2010.

en los ámbitos relacionados con el deporte, la cultura y el ocio, de modo que posean conocimientos adecuados acerca de la explotación y el abuso sexual de los niños y de los medios para detectarlos.

El Protocolo de Palermo para prevenir, reprimir y sancionar la trata de personas, especialmente mujeres y niños, que complementa la Convención de las Naciones Unidas contra la delincuencia organizada transnacional, hecho en Nueva York el 15 de noviembre de 2000[77], dispone que los Estados tendrán en cuenta "*las necesidades especiales de los niños, incluidos el alojamiento, la educación y el cuidado adecuados*" (art. 6.4); que los Estados se comprometen a "*Proteger a las víctimas de trata de personas, especialmente las mujeres y los niños, contra un nuevo riesgo de victimización*" (art. 9.1 b)); que adoptarán medidas para desalentar la demanda que favorece la explotación especialmente de niños (art. 9.5). Igualmente, el Convenio de Varsovia dispone que los Estados adoptarán "medidas concretas para reducir la vulnerabilidad de los menores a la trata de seres humanos, en particular mediante la creación de un entorno protector para esos menores" (art. 5); que se dotarán de personal cualificado y formado para asistir e identificar a las víctimas, especialmente a las mujeres y menores (art. 10); que las "*víctimas menores de edad no serán repatriadas a un Estado cuando, tras un estudio sobre posibles riesgos y seguridad, se determine que dicho retorno no redundaría en el interés superior del menor*" (art. 16.7); que a "*los menores se les prestarán medidas de protección especiales que tengan en cuenta su interés superior*" (art. 28.3)

También el Objetivo 5 de Desarrollo Sostenible de la Agenda 2030 de Naciones Unidas[78] establece entre sus metas la eliminación de todas las formas de violencia contra las mujeres y las niñas en los ámbitos público y privado, el matrimonio infantil, precoz y forzado y la mutilación genital femenina. Y el Objetivo 8 pretende suprimir el trabajo forzoso, las formas contemporáneas de esclavitud y la trata.

Por su parte, la reciente Ley Orgánica 10/2022, de 6 de septiembre, de garantía integral de la libertad sexual[79] dispone que "*las vio-*

---

77 BOE N° 296, de 11 de diciembre de 2003.

78 Naciones Unidas Disponible en: https://www.un.org/sustainabledevelopment/es/objetivos-de-desarrollo-sostenible/

79 BOE N° 215, de 7 de septiembre de 2022.

lencias sexuales constituyen quizá una de las violaciones de derechos humanos más habituales y ocultas de cuantas se cometen en la sociedad española, que afectan de manera específica y desproporcionada a las mujeres y a las niñas, pero también a los niños". Y que las violencias sexuales no son una cuestión individual, sino social; que "*no se trata de una problemática coyuntural, sino estructural, estrechamente relacionada con una determinada cultura sexual arraigada en patrones discriminatorios que debe ser transformada*". Además, considera violencias sexuales la mutilación genital femenina, el matrimonio forzado, el acoso con connotación sexual y la trata con fines de explotación sexual, la difusión de actos de violencia sexual a través de medios tecnológicos, la pornografía no consentida y la extorsión sexual. Sin embargo, el legislador español parece no tomarse demasiado en serio este compromiso con la lucha contra la trata, pues la Ley Orgánica 10/2022 deja fuera de la enumeración de las formas de violencia sexual a la explotación sexual y solo considera violencia sexual la pornografía no consentida, cuando la pornografía es la escuela de violencia sexual por excelencia[80].

En cuanto al Protocolo Marco de protección de víctimas de trata de seres humanos de 2011[81], en el punto XIV.B. relativo a las víctimas menores de edad extranjeras no acompañadas, dispone que "*1. Se adoptarán las medidas necesarias para establecer la identidad, nacionalidad y/o lugar de procedencia de la persona menor de edad y, en caso de no estar acompañada, se dispondrán los medios necesarios para la localización de su familia, así como para garantizar su representación [...]*

[...] 3. La solución duradera sobre su futuro deberá adoptarse en el plazo más breve posible y podrá consistir en el retorno y la reintegración en el país de origen, la concesión del estatuto de protección internacional o la concesión de la autorización de residencia o de residencia y trabajo cuando proceda"[82].

Y en el punto XIV.A, dispone, "*1. A la víctima menor de edad se le prestará inmediatamente asistencia, apoyo y protección. Las medidas que se adopten estarán dirigidas a su seguridad, su recuperación física y psicosocial,*

---

80 ALARIO (2021).

81 *Protocolo Marco de protección de las víctimas de trata de seres humanos,* Disponible en: https://violenciagenero.igualdad.gob.es/va/otrasFormas/trata/normativaProtocolo/marco/docs/protocoloTrata.pdf

82 *Ibíd.*, p. 17.

su educación y a encontrar una solución duradera a su caso [...y] se emprenderán tras una evaluación individual de las circunstancias específicas de la víctima y teniendo en cuenta su opinión, sus necesidades e intereses.

[...] 3. La institución pública responsable de la tutela legal de una víctima menor de edad o el Ministerio Fiscal podrán proponer su derivación a recursos específicos para víctimas de trata de seres humanos por razones de protección o de asistencia especializada. Estos recursos deberán garantizar la debida separación entre menores y mayores de edad" [83].

Por lo que se refiere al Protocolo de actuaciones para la detección y atención de víctimas de trata de seres humanos menores de edad (2017), Anexo al Protocolo marco de protección de víctimas de trata, aprobado por en sesión extraordinaria del Pleno del Observatorio de la Infancia celebrada el 1 de diciembre de 2017[84], exige la cooperación interinstitucional para evitar la victimización primaria a través de la prevención (educación, atención especializada) y la detección temprana (conociendo indicadores de trata) y la actuación inmediata (siguiendo los protocolos) para evitar la victimización secundaria en el proceso de su identificación (como menores y como víctimas de trata) y para prevenir que los niños y las niñas vuelvan a ser objeto de trata en la vida adulta (empoderándolas y ofreciéndoles la mejor solución en su interés superior).

Este marco normativo es lo suficientemente garantista como para que los derechos de los niños, niñas y jóvenes migrantes se vean protegidos en sus derechos y para que sean protegidos frente a la trata de seres humanos, incluyendo la que tiene por fin la explotación sexual. Los derechos que se derivan de estas normas conllevan obligaciones para el Estado de hacer que tales derechos se hagan efectivos, por lo que conlleva una obligación de diligencia debida para el Estado, tanto para garantizar que no se producen violaciones de esos derechos, como para reparar el daño causado por no haber podido impedir su violación. Y tal obligación debe tomarse en serio.

---

83 *Ibíd.*, pp. 16 y 17.

84 Observatorio de la Infancia del Ministerio de Sanidad, Servicios Sociales e Igualdad. Disponible en: http://www.observatoriodelainfancia.mscbs.gob.es/productos/pdf/Anexo_Protocolo_Marco_Menores_Victimas_TSH_aprobado_por_Pleno1_12_2017.pdf

3. Obligación e identificación de la infancia y juventud migrante no acompañada y separada

Para considerar a una persona como menor y poner en marcha el mecanismo del sistema de protección de menores, debe, en primer lugar, precisarse cuándo dicha persona es menor. A estos efectos se suele atender a la edad de dieciocho años de manera generalizada. Así se desprende del art. 2 del Convenio de La Haya de protección de menores de 19 de octubre de 1996, que es aplicable a los "*niños a partir de su nacimiento y hasta que alcancen la edad de 18 años*". Esta precisión es importante, porque prescinde de cuál sea la edad a la que se alcanza la mayoría de edad en sus Estados de origen, permitiendo que los Estados de acogida adopten medidas de protección de los menores y de sus bienes que se encuentren en su territorio. No obstante, el art. 1 de la Convención sobre los derechos del niño "*entiende por niño todo ser humano menor de dieciocho años de edad, salvo que, en virtud de la ley que le sea aplicable, haya alcanzado antes la mayoría de edad*". Alineado con la CDN, el art. 1 de la LOPJM extiende el régimen protector de dicha Ley a "*los menores de dieciocho años que se encuentren en territorio español, salvo que en virtud de la ley que les sea aplicable hayan alcanzado anteriormente la mayoría de edad*".

Esta remisión a la ley aplicable, en defecto de norma de conflicto de origen institucional o convencional, se refiere a la ley personal del menor, tal y como se desprende del art. 9.1 del Código Civil, lo que implica diversidad de criterios para decidir cuándo una persona deja de ser menor. De este modo, si, según su ley nacional, el chico o la chica hubiera alcanzado antes de los dieciocho años la mayoría de edad, habría que considerarlo mayor de edad y no gozaría de la protección que le otorga el Derecho español. Por este motivo, debe entenderse que remitir a la ley personal para ver cuándo una persona es menor de edad no favorece el interés de la infancia y juventud migrante, ya que, la mayoría de edad puede originar problemas en la práctica. Y es que la ley nacional del niño o la niña puede establecer un límite temporal para alcanzar la mayoría de edad superior o inferior al de la ley del foro, lo que repercute negativamente en el nivel de protección de los derechos de estas personas. Aunque la mayoría de edad está fijada en España en los 18 años —en virtud del art. 12 de la Constitución española—, así como en los demás Estados miembros de la Unión Europea, hay países en los que aquella se alcanza antes o después. Así, por ejemplo, en algunas provincias canadienses, como British Columbia, se alcanza a los 19 años[85] o en Puerto Rico se fija en 21 años[86]. De este modo, por ejemplo, si, de conformidad con su ley personal, el niño o la niña ha alcanzado la mayoría de edad antes de los dieciocho años fijados por el art. 12 de la CE, esto conducirá a extraerlos del marco de la normativa protectora de menores.

La diversidad de criterios respecto a cuándo se alcanza la mayoría de edad, conduce a que, si la ley nacional entiende que una persona no es mayor de edad, aunque haya cumplido los 18 años de edad, no será aplicable el Convenio de La Haya de 1996. En cambio, a una persona menor de 18 años considerada mayor de edad conforme a su ley personal sí le será aplicable dicho Convenio[87]. Para evitar distorsiones derivadas de la aplicación de la ley nacional para decidir si una persona es o no mayor de edad, el Reglamento (UE) 2019/1111 del Consejo, de 25 de junio de 2019, relativo a la competencia, el reconocimiento y la ejecución de resoluciones en materia matrimonial y de responsabilidad parental, y sobre la sustracción internacional de menores (RB II ter), aplicable a partir del 1 de agosto de 2022, dispone en su considerando 17 que el Reglamento "*debe aplicarse a todos los menores de 18 años, incluso cuando hayan adquirido capacidad antes de esa edad en virtud de su ley personal, por ejemplo en casos de emancipación por matrimonio*". También el Reglamento de Dublín III contiene una definición de menor en el mismo sentido, al entender por tal "el nacional de un tercer país o el apátrida menor de 18 años" e, igualmente, lo considera menor, aunque esté casado (art. 8). De este modo, el RB II ter, el Convenio de La Haya de 1996 y el Reglamento de Dublín III comparten el mismo concepto de menor, aunque no el del CDN[88].

Más coherente con el interés superior del menor es aplicar la normativa española del país de acogida protectora de los menores en

---

85 De conformidad con la *Age of Majority Act*, RSBC 1996, c 7. Disponible en: https://canlii.ca/t/5224c

86 Art. 97 del Código Civil de Puerto Rico de 2020, Ley Núm. 55 de 1 de junio de 2020, según enmendado. Disponible en: https://bvirtualogp.pr.gov/ogp/Bvirtual/leyesreferencia/PDF/55-2020.pdf

87 Chéliz (2021), p. 40.

88 Requejo (2017), p. 495.

aquellos casos en que, de conformidad con su ley nacional, esta persona hubiera alcanzado la mayoría de edad después de los dieciocho años, pues garantizaría que ninguna persona menor de edad quedara sin protección. En este sentido, debería atenderse a la recomendación del Comité de los Derechos del Niño del Alto Comisionado de las Naciones Unidas para los Derechos Humanos, en cuyo Informe sobre Prevención y eliminación del matrimonio infantil, precoz y forzado, de 2 de abril de 2014, ha exhortado a los Estados partes a que revisen la mayoría de edad, si se encuentra por debajo de los dieciocho años, para mejor garantía y efectividad de los derechos de la niñez, adolescencia y juventud[89].

En cualquier caso, aunque la normativa permite considerar mayor de edad a personas menores de dieciocho años, si lo son según su ley nacional, en la práctica, serán pocos los supuestos en que dejará de aplicarse el régimen protector de la normativa española a menores de dieciocho años, aunque ya sean mayores de edad según su ley personal, debido a "*la falta de conocimiento por la Administración de la legislación interna de gran número de países, la dificultad para alegar dicha legislación por parte del supuesto menor, los problemas de identificación de la procedencia del menor, etc*".[90]. Por ello, según la citada Circular 3/2001, de 21 de diciembre, sobre la actuación del Ministerio Fiscal en materia de extranjería "*se puede establecer con carácter general la presunción «iuris tantum» de que es menor todo extranjero que no haya cumplido aún los dieciocho años*"[91]. Y así debe mantenerse esta presunción de minoría de edad a favor de cualquier joven que se presente como tal, como dice el Comité Económico y Social Europeo "*hasta que exista una sentencia firme*"[92].

Uno de los principales problemas que se plantean respecto a la edad de los menores es la acreditación de su edad. Cuando los niños, niñas y jóvenes migrantes sin referentes familiares dispongan de documentación que acredite tal edad, esta documentación deberá ser aceptada, salvo que sea evidente su falsedad. Si no se les concede

89 LARA (2022), pp. 43-49.

90 DURÁN (2021), p. 28.

91 FISCALÍA GENERAL DEL ESTADO (2021), p. 19.

92 COMITÉ ECONÓMICO Y SOCIAL EUROPEO (2020), p. 25.

valor a los documentos de identidad que portan y se les remite a las pruebas de determinación de la edad, se está infringiendo la obligación legal de presumir la minoría de edad[93], impuesta por numerosas normas vinculantes. Por un lado, el art. 12.4 de la LOPJM establece que "*Cuando no pueda ser establecida la mayoría de edad de una persona, será considerada menor de edad a los efectos de lo previsto en esta ley, en tanto se determina su edad. A tal efecto, el Fiscal deberá realizar un juicio de proporcionalidad que pondere adecuadamente las razones por las que se considera que el pasaporte o documento equivalente de identidad presentado, en su caso, no es fiable. La realización de pruebas médicas para la determinación de la edad de los menores se someterá al principio de celeridad, exigirá el previo consentimiento informado del afectado y se llevará a cabo con respeto a su dignidad y sin que suponga un riesgo para su salud, no pudiendo aplicarse indiscriminadamente, especialmente si son invasivas*". En este sentido se ha pronunciado también la STS 3817/2014, de 24 de septiembre de 2014[94], que establece que el inmigrante de cuyo pasaporte o DNI se desprenda su minoría de edad, no puede considerarse como extranjero indocumentado, debiendo presumirse legal su documentación y no podrá determinarse su edad a través de los procedimientos establecidos en el RLOEx.

Además, en relación con la infancia y juventud víctima de trata, el art. 10.3 del Convenio de Varsovia, dispone que, "*En caso de incertidumbre en cuanto a la edad de la víctima, y cuando existan razones para creer que se trata de un menor, se presumirá que es un menor y se le aplicarán medidas de protección especiales hasta que pueda verificarse su edad*". Esta previsión también está contemplada en el art. 11.2 del Convenio (de Lanzarote) del Consejo de Europa para la protección de los niños contra la explotación y el abuso sexual, que dispone que "*Cada Parte adoptará las medidas legislativas o de otro tipo que sean necesarias para que, en caso de incertidumbre en cuanto a la edad de la víctima y habiendo razones para creer que se trata de un niño, se le concedan las medidas de protección y de asistencia previstas para los niños, a la espera de que se averigüe su edad*". Además, el art. 13.2 de la Directiva 2011/36/UE del Parlamento Europeo y del Consejo de 5 abril de 2011 relativa a la prevención y lucha

---

93 Alcázar y Fábregas (2023), pp. 667-691; Cuartero (2018), pp. 139-170; Núñez (2023), pp. 731-775.

94 ECLI:ES:TS:2014:3817

contra la trata de seres humanos y a la protección de las víctimas y por la que se sustituye la Decisión marco 2002/629/JAI del Consejo[95] dispone que "*Los Estados miembros garantizarán que, cuando la edad de una persona que haya sido víctima de la trata de seres humanos sea incierta y existan razones para creer que es un menor, sea considerada como tal a fin de que pueda recibir inmediatamente asistencia, apoyo y protección de conformidad con los artículos 14 y 15*".

A todo ello hay que unir la jurisprudencia derivada de la Sentencia del Tribunal de Justicia de la Unión Europea de 2 de diciembre de 1997, asunto *Dafeki*, C-336/94[96], de la que se desprende que a los documentos procedentes de Estados miembros de la Unión Europea hay que otorgarles la misma fuerza probatoria en otro Estado miembro de la Unión Europea que a los autorizados por las propias autoridades, salvo contrariedad con el orden público del Estado requerido y que existan sospechas muy fundadas de que el documento es falso. En todo caso, en los supuestos en que el Ministerio Fiscal ordene la determinación de la edad, no es de recibo que este no se entreviste con el menor, después de recibir la información por parte de los Miembros de las Fuerzas y Cuerpos de Seguridad del Estado[97]

Por otro lado, se hace preciso distinguir entre "menores extranjeros no acompañados" y "menores extranjeros separados", tal y como se desprende de la Observación General núm. 6 (2005) del Comité de Derechos del Niño de Naciones Unidas, de 1 de septiembre de 2005, Trato de los menores no acompañados y separados de su familia fuera de su país de origen[98]. Se considera menores no acompañados "*los menores que están separados de ambos padres y otros parientes y no están al cuidado de un adulto al que, por ley o costumbre, incumbe esa responsabilidad. En cambio, son menores separados, "los menores separados de ambos padres o de sus tutores legales o habituales, pero no necesariamente de otros parientes*".

El art. 189 del RLOEx extiende la protección prevista bajo el epígrafe "Menor extranjero no acompañado" "*al extranjero menor de die-*

95 DOUE L 101, de 15 de abril de 2011.

96 ECLI:EU:C:1997:579

97 GONZÁLEZ y CARRIZO (2023), pp. 791-792.

98 NACIONES UNIDAS. COMITÉ DE LOS DERECHOS DEL NIÑO (2005).

ciocho años que llegue a territorio español sin venir acompañado de un adulto responsable de él, ya sea legalmente o con arreglo a la costumbre, apreciándose riesgo de desprotección del menor, mientras tal adulto responsable no se haya hecho cargo efectivamente del menor, así como a cualquier menor extranjero que una vez en España se encuentre en aquella situación". Ahora bien, este precepto admite la posibilidad de que a estos menores les sean aplicables las reglas de los arts. 59 de la LOEx, si se trata de menores que colaboran contra redes organizadas, o el art. 59 bis de la LOEx, en caso de menores víctimas de trata, así como el régimen de la protección internacional previsto en la Ley 12/2009, de 30 de octubre, reguladora del derecho de asilo y de la protección subsidiaria[99], si son menores solicitantes de estas formas de protección. Más aún, según el Defensor del Pueblo, deberían ser las propias autoridades las que detectaran si estos chicos y chicas se encuentran objetivamente en peligro de persecución por razones de raza, religión, nacionalidad, pertenencia a determinado grupo social opinión política o si están en riesgo de sufrir daños graves, aunque los menores no verbalicen expresamente su deseo de solicitar protección internacional[100], de tal manera que, no se satisface el interés superior del menor, si no se tramitan las solicitudes de protección internacional presentadas por menores si no son ratificadas por su tutor legal[101].

La diferencia entre menores extranjeros no acompañados y menores extranjeros separados es relevante, por el nivel de protección a los derechos de la infancia y juventud migrante que hay que activar en uno y otro caso. Mientras que los menores separados pueden necesitar ser declarados en desamparo o no, dependiendo de su situación, pudiendo encontrarse bajo el cuidado del adulto, en situación de guardia de hecho, aunque aquel no sea su responsable legal, en el caso de los menores no acompañados, su situación de abandono requiere la necesaria declaración de desamparo. De conformidad con el art. 172.1 del Código civil, el menor se encontrará en esta situación cuando "*queden privados de la necesaria asistencia moral o material [...] a*

---

99 BOE N° 263, de 31 de octubre de 2009.

100 Arenas (2023), p. 1431.

101 Defensor del Pueblo (2021), p. 272. Disponible en: https://www.defensordelpueblo.es/wp-content/uploads/2021/05/Informe_anual_2020-1.pdf

causa del incumplimiento, o del imposible o inadecuado ejercicio de los deberes de protección establecidos por las leyes para la guarda de los menores".

En tal caso, cuando el menor sea declarado en desamparo, el art. 18 de la LOPJM, obliga a la entidad pública a asumir por ministerio de la ley su tutela y a adoptar las medidas de protección que se consideren oportunas, así como a ponerlo en conocimiento del Ministerio Fiscal y, en su caso, del Juez que acordó la tutela ordinaria. Como consecuencia de la asunción de la tutela de los menores por parte de la entidad pública, esta asume una serie de obligaciones y responsabilidades, que vienen impuestas por normas de diverso origen, tanto institucionales y convencionales, como de origen autónomo (estatales y autonómicas), como los principios derivados de la CDN: igualdad y no discriminación y los que se han mencionado en el epígrafe anterior.

IV. LUCES Y SOMBRAS DE LA PROTECCIÓN DE LOS DERECHOS DE LA INFANCIA Y JUVENTUD MIGRANTE TUTELADA EN LAS NORMATIVAS DE EXTRANJERÍA Y DE NACIONALIDAD

1. *Insuficiente protección a pesar de los cambios introducidos en la normativa de extranjería*

En el marco de la normativa de extranjería se abordan algunas cuestiones atinentes a los niños, niñas y jóvenes migrantes sin referentes familiares bajo la denominación de "menores no acompañados", a través del art. 35 de la LOEx, que regula aspectos como la determinación de su edad, el procedimiento de repatriación y su documentación con autorización de residencia, que son desarrollados en los arts. 189-198 del RLOEx. Aparte de estas reglas específicamente dedicadas a los menores no acompañados, hay otras disposiciones aplicables a las personas extranjeras adultas que también son extensibles a la infancia y juventud migrante, como el régimen previsto para las víctimas de trata o el de la protección internacional y el asilo.

Por lo que se refiere al régimen de extranjería aplicable específicamente a los menores no acompañados, hay que destacar que la documentación de los menores es un aspecto muy relevante, tanto durante su minoría de edad, como una vez que han alcanzado los 18 años. Sin embargo, no parece existir un convencimiento pleno de la necesidad de atender al interés superior del menor en toda esta regulación. Tampoco parece entenderse plenamente la necesidad de buscar soluciones duraderas, como recuerda el Comité Económico y Social Europeo[102], aunque se han dado pasos para solucionar los problemas de interpretación y aplicación que generaba el art. 196, a través de la reforma llevada a cabo a través del Real Decreto 903/2021, de 19 de octubre.

De conformidad con el régimen anterior, las Delegaciones y Subdelegaciones del Gobierno solo procedían a conceder autorizaciones de residencia a los menores cuando hubiera transcurrido el plazo de 9 meses desde que el menor hubiera sido puesto a disposición de los servicios de protección de menores sin que este hubiera sido repatriado por no responder dicho retorno a su interés superior. Esto daba lugar a que los menores se encontraran bajo la guarda o tutela de la Administración sin estar documentados con una autorización de residencia y, por tanto, en situación de irregularidad administrativa. En consecuencia, muchos menores llegaban a la mayoría de edad sin autorización de residencia, dando al traste con las inversiones realizadas en los sistemas de protección a la infancia, al cesar el programa de protección en cuanto los jóvenes cumplían los 18 años, rompiéndose en ese momento los esfuerzos por alcanzar su plena integración social. En un intento de corregir esta situación, el nuevo art. 196 del RLOEx ya reformado, deja claro que la Oficina de Extranjería correspondiente al domicilio del menor "iniciará, de oficio, por orden superior o a instancia de parte, el procedimiento relativo a la autorización de residencia [...] una vez haya quedado acreditada la imposibilidad de repatriación del menor y, en todo caso, transcurridos noventa días desde que haya sido puesto a disposición de los servicios competentes de protección de menores". De este modo, se agilizan los plazos, pues la decisión sobre si el menor va a ser repatriado o no, se debe adoptar en el plazo de 90 días, procediéndose a su documentación en esos tres meses.

---

102 Comité Económico y Social Europeo (2020), p. 26.

A pesar de este cambio, el plazo de 90 días para conseguir la autorización de residencia para los menores es excesivo, por dos motivos. En primer lugar, porque, con independencia de que se hagan las averiguaciones oportunas para decidir si va en su interés superior su retorno con su familia, nada impide que se inicien paralelamente los trámites para documentarlo, dejando sin efecto la autorización de residencia que se le hubiera concedido, si llegara a decretarse que procede la repatriación para favorecer su interés superior[103]. En segundo lugar, porque la Administración es capaz de documentarlos en un plazo inferior, si así lo requiere el legislador. Así lo demuestra la práctica seguida durante el proceso de tramitación de la protección temporal para la población ucraniana desplazada a raíz de la invasión de Ucrania por Rusia, por mandato del art. 5.3 de la Orden PCM/169/2022, de 9 de marzo, por la que se desarrolla el procedimiento para el reconocimiento de la protección temporal a personas afectadas por el conflicto en Ucrania, que dispone que la resolución debe recaer en el plazo de 24 horas desde la solicitud[104]. Nada impide, por tanto, documentar a los menores migrantes sin referentes familiares en un plazo similar, sin perjuicio de que se vayan haciendo todas las averiguaciones pertinentes y de que se tomen las decisiones que más convengan a su interés superior. Eso sería coherente con el principio 50 de las Directrices del Consejo de Europa sobre Justicia Adaptada a los niños, adoptadas por el Comité de Ministros el 17 de noviembre de 2010 en el 1098° encuentro de los ministros[105], según el cual, "*En todos los procedimientos en que haya niños y niñas involucrados, el principio de urgencia debe ser aplicado para otorgar una respuesta rápida que proteja el interés superior de cada niño o niña en la medida que esto sea compatible con el principio de legalidad*".

En todo caso, en interés superior del menor, debería considerarse que su residencia es legal desde el momento en que es puesto a disposición de los servicios de protección de menores, pues la demora de la Administración en documentarlo no debe repercutir en perjuicio del menor y, aunque una vez documentado se retrotraen los

---

103 CABEDO (2006), p. 89.

104 BOE N° 59, de 10 de marzo de 2022.

105 Disponibles en: file:///C:/Users/Usuario/Downloads/Directrices-del-Consejo-de-Europa-sobre-justicia-adaptada-a-los-ninos-Anexo-2010.pdf

efectos al momento en que fue puesto a disposición de los servicios de protección de menores, ello no obsta para que durante todo el período que transcurre hasta su documentación, la efectividad del ejercicio de sus derechos puede verse en entredicho, a pesar de que el art. 35.7 de la LOEx disponga que "*La ausencia de autorización de residencia no impedirá el reconocimiento y disfrute de todos los derechos que le correspondan por su condición de menor*". Lo cierto es que la ausencia de documentación genera a los jóvenes migrantes una ansiedad incompatible con el interés superior del menor, máxime en las situaciones de vulnerabilidad en que se encuentran.

Otro reforma importante comenzó a fraguarse con la Instrucción 1/2020, de la Secretaría de Estado de Migraciones, por la que se habilita a trabajar a menores extranjeros en edad laboral[106]. Frente al criterio seguido con anterioridad, que no habilitaba a los menores extranjeros mayores de 16 años a trabajar salvo que, excepcionalmente, obtuvieran la propuesta favorable de la entidad protectora de menores, si esta consideraba dicho trabajo adecuado para su integración social, a diferencia de los menores nacionales tutelados cuando llegaban a esa edad, que sí estaban habilitados para acceder a un empleo. En la práctica, ello implicaba que tenían que solicitar previamente autorización para trabajar, que se concedía de conformidad con el art. 41.1 de la LOEx, sin que ello constara en la autorización de residencia de que disponían. La Instrucción 1/2002 vino a cambiar este criterio, por cuanto dispuso que "*la concesión de la autorización de residencia, expedida a favor de los menores extranjeros, habilitará para el ejercicio de la actividad laboral por cuenta ajena en el momento en el que éstos alcancen 16 años de edad, sin necesidad de ningún otro trámite administrativo en materia de extranjería*". El contenido de esta Instrucción se incorporó en el art. 196 del RLOEx, de modo que, en el plazo de un mes desde la notificación de la resolución, el representante del menor debe solicitar personalmente ante la Oficina de Extranjería o Comisaría correspondiente la Tarjeta de Identidad de Extranjero que, ahora ya sí indicará expresamente que "*habilita para trabajar de conformidad con el 36.1 y el 41.1 de la Ley Orgánica 4/2000*". Esta mo-

---

106 Disponible en: https://inclusion.seg-social.es/documents/410169/2156490/report_final_200305_Instruccion_MENAS.pdf/4d4adf40-8a23-d846-f39e-7748e2399f6d?t=1686920964581

dificación normativa ha permitido que, a finales de 2022, el 99% de los menores tutelados mayores de 16 años cuentan con autorización de residencia que habilita a trabajar y que solo un 1% tenga autorización de residencia no lucrativa, que no permite trabajar.

Otro aspecto que requería ser modificado se refiere a la duración de las autorizaciones de residencia iniciales, que, antes de la reforma se concedían con una vigencia de 1 año, lo que no era compatible con el interés superior del menor. Tratándose de menores que están bajo la guarda o tutela de la Administración, lo más lógico es que las autorizaciones de residencia se concedan por todo el período en que los menores están tutelados por los servicios de protección de menores, sin que tenga que procederse a su renovación cada x tiempo. Aunque se han producido cambios respecto a la vigencia de estas autorizaciones de residencia, no obstante, el art. 196.4 del RLOEx solo ha ampliado la vigencia de "*la autorización de residencia que habilita para trabajar a partir de los 16 años para aquellas actividades que, a propuesta de la entidad de protección de menores, favorezcan su integración social*" a "*dos años, retrotrayéndose su eficacia a la fecha de la puesta a disposición del menor del servicio de protección de menores*". Esta autorización podrá renovarse por tres años, cuando subsistan las circunstancias que motivaron su concesión inicial, salvo que corresponda una autorización de residencia de larga duración (art. 196.5 del RLOEx). Esto es, la autorización inicial será de dos años renovables por períodos de tres años mientras los chicos y chicas sean menores de edad, salvo que corresponda la autorización de residencia de larga duración. Pero, como se ha indicado, lo más acorde con el interés superior del menor es que este obtenga una autorización de residencia inicial que se extienda durante todo el tiempo que esté bajo la tutela o guarda de los servicios de protección de menores, por ser menores de edad, sin necesidad de renovación o que, al menos, la renovación sea automática, sin necesidad de solicitud.

Igualmente, se ha reformado el art. 197 del RLOEx, relativo a las renovaciones de las autorizaciones de residencia de los menores que llegaran a los 18 años contando ya con una autorización de residencia. Frente a la práctica anterior de considerar extinguidas las autorizaciones de residencia en el momento de llegar a los 18 años, a pesar de que la autorización inicial de residencia se hubiera concedido por un año y estuviera en vigencia en ese momento, el art. 197 permite extender la vigencia de dicha autorización hasta la finalización de su vigencia ordinaria, pudiendo solicitarse su renovación en la Oficina de Extranjería de su residencia "*durante los sesenta días naturales previos a la fecha de expiración de su vigencia*", de modo que la solicitud de renovación en ese plazo "*prorrogará la validez de la autorización anterior hasta la resolución del procedimiento de renovación*". Igualmente se permite la renovación "*dentro de los noventa días naturales posteriores a la fecha en que hubiera finalizado la vigencia de la anterior autorización, sin perjuicio de la incoación del correspondiente procedimiento sancionador por la infracción en la que se hubiese incurrido*".

Además, se corrigen los efectos derivados del régimen normativo anterior, conforme al cual, a los menores que no contaban con un contrato de trabajo por un año, se les aplicaba el régimen de la autorización de residencia no lucrativa. El art. 197.2.a) exigía acreditar medios económicos propios de, al menos, el 100% del Indicador Público de Rentas de Efectos Múltiples (IPREM), sin que pudieran ser suplidos por ayudas sociales. Requisito este que no están en condiciones de cumplir la inmensa mayoría de los menores españoles, por la dificultad de acceder a un empleo a esas edades, por lo que no tenía sentido exigírselo a los menores extranjeros ex tutelados. Esta exigencia, en la práctica, hacía casi imposible conceder las renovaciones de las autorizaciones de residencia a estos menores, haciendo que todo el sistema de protección de menores fracasara en su proyecto de integración de los mismos en la sociedad española, una vez que estos llegaban a la mayoría de edad, pues los colocaba en situación de irregularidad administrativa, con las consecuencias que ello tiene para las personas adultas, en relación con el goce y ejercicio de derechos. Por eso, el nuevo art. 197 reformado dispone que si el menor extranjero ex tutelado llega a la mayoría de edad documentado, podrá renovar su autorización si acredita que tiene medios económicos suficientes, entendiendo que lo son, "*cuando se acrediten unos ingresos y rentas mensuales que superen la cuantía mensual individual de la renta garantizada prevista en el Real Decreto Ley 20/2020, de 29 de mayo, por el que se establece el Ingreso Mínimo Vital, o bien, que se acredite que su sostenimiento queda asegurado dentro de un programa desarrollado por una institución pública o privada*".

Sin embargo, también esta reforma plantea problemas. En primer lugar, porque son reducidas las plazas para acceder a esos programas desarrollados por entidades públicas o privadas que permitan el sostenimiento económico de los menores, y la reforma no ha incluido una previsión normativa para exigir a las Administraciones que provean plazas suficientes para las personas ex tuteladas, lo que hará harto difícil que estos chicos y chicas puedan acreditar el cumplimiento del requisito de tener medios propios de subsistencia[107]. Por otro lado, entre los requisitos que también exige el art. 197.3 c) se incluye el informe emitido "*por otras entidades o instituciones privadas relativos al cumplimiento satisfactorio de los objetivos educativos o de inclusión sociolaboral del programa, haya éste finalizado o esté en curso*". Tratándose de menores que han sufrido diferentes formas de violencia y que han experimentado situaciones muy difíciles y duras en su vida, su recuperación varía de persona a persona, y su capacidad de resiliencia no es siempre la esperada por el legislador, de ahí que sea necesario adaptarse a sus tiempos. Si estos chicos y chicas son rebeldes, no siempre van a poder contar con estos informes positivos de integración socioeducativa y, sin embargo, estos informes no deben pesar en contra de la concesión de la renovación de su autorización de residencia. Lo último que necesitan estos menores es que se les abandone por no poder superar sus traumas en el tiempo que se estima "razonable". A ello hay que unir la falta de unificación de criterios para la expedición de estos informes, lo que puede originar diferencias de trato en las distintas Comunidades Autónomas, al no estar objetivados los criterios[108].

También se ha previsto la situación de los menores extranjeros que estuvieran bajo la tutela, guarda o protección provisional de la Administración cuando llegan a los 18 años y que no hayan podido ser documentados durante su minoría de edad, por lo que no cuentan con autorización de residencia al llegar a loso 18 años. El art. 198 del RLOEx se ha reformado para permitirles obtener una autorización temporal de residencia por circunstancias excepcionales por dos años, renovables por otros dos si se mantienen las condiciones y siempre que concurran una serie de requisitos. Concretamente, se les exige la acreditación de medios económicos en los mismos térmi-

107 LÁZARO (2022), p. 243.

108 *Ibíd.*, p. 244.

nos que dispone el art. 197, lo que será complicado de acreditar, ya que estos menores, al no estar documentados, tampoco están habilitados para trabajar a partir de los 16 años, por lo que les será difícil conseguir un trabajo. Además, se les exige obtener informes positivos de integración socio educativa aportados por las entidades públicas o privadas, acreditando su participación o continuidad en acciones formativas y actividades educativas programadas por estas entidades. Este requisito no siempre estarán estos chicos y chicas en condiciones de poder cumplirlo, por las circunstancias vitales que les afectan. Si no pueden obtener el informe positivo, porque, debido a los traumas que les ha generado la violencia que han sufrido, no pueden seguir con aprovechamiento las acciones formativas o actividades educativas programadas, no podrán acreditar su cumplimiento, por lo que no podrán obtener la autorización temporal de residencia por circunstancias excepcionales. El legislador debería haber tenido en cuenta esta problemática a la hora de establecer requisitos que dificultan sobremanera la obtención de las autorizaciones de residencia para menores ex tutelados.

Ahora bien, como se ha indicado *supra*, para una óptima protección de los derechos de los niños, niñas y jóvenes migrantes, es necesario realizar una categorización de los menores sin referentes familiares, que distinga según las situaciones particulares en que se encuentran y que permita una mejor selección de la normativa protectora específica. En particular, esta categorización es muy importante para conocer a los menores sin referentes familiares que pueden ser víctimas de trata, porque en la base de datos de víctimas de trata solo se incluye a los menores cuando son hijos e hijas de las víctimas de trata, mientras que el resto se incluyen todos en el Registro de MENAS, cualquiera que sea la situación en que se encuentren, lo que coadyuva a su invisibilización[109]. Cuando llegan a España menores sin referentes familiares, se pone en marcha el protocolo MENA, lo que conduce a la aplicación de las reglas del art. 35 de la LOEx[110], que hemos analizado, sin que se proceda a su identificación formal como víctimas de trata. Sin embargo, la identificación de estos niños,

---

109 Serrano (2023), pp. 701-724.

110 BOE N° 10, de 12 de enero de 2000.

niñas y jóvenes migrantes como víctimas de trata, cuando lo sean, es imprescindible para salvaguardar la totalidad de sus derechos.

Si se les identificara formalmente como víctimas de trata, tendrían los derechos de la Ley 4/2015, de 27 de abril, del Estatuto de la víctima del delito[111], que establece un decálogo de derechos procesales y extraprocesales, como el derecho a recibir información en un lenguaje claro y sencillo, a protección de testigos, a alojamiento y asistencia material, a asistencia sanitaria gratuita, a asistencia psicológica especializada, a asistencia jurídica gratuita y especializada, a participación en el proceso penal, a traducción e interpretación gratuita, a interponer recursos, a representación legal y a ser indemnizada (lo cual es obligatorio según los arts. 12 y 17 de la Directiva 2011/36/UE)[112].

Al no identificar como víctimas de trata a la juventud migrante sin referentes familiares, estos chicos y chicas entran en el sistema ordinario de protección de cada Comunidad Autónoma como MENA y van a permanecer en centros residenciales, donde carecen de apoyos, referentes y apegos sanos, porque los acogimientos residenciales son centros demasiado grandes, despersonalizados y allí no tienen el apoyo emocional de una familia. Además, tienen una gran vulnerabilidad, al estar sometidas a la normativa de extranjería, lo que les genera una presión por tener que independizarse a los 18 años, ganar dinero y tener un trabajo para regularizar su situación administrativa o mantener las sucesivas renovaciones de las autorizaciones de residencia y trabajo que vayan obteniendo. Esto las hace más vulnerables a la explotación sexual por la falta de alternativas reales de un proyecto vital real, lo que hace que para ellas sea altamente complicado salir del círculo de la trata. Y, aunque tuvieran expectativas laborales, tienen más precariedad laboral y más paro y unos índices de fracaso escolar más altos. Además, desconocen el idioma, porque tienen otra cultura y no aceptan fácilmente tratamiento psicológico, por las connotaciones que tiene en sus países de origen. Por todo ello, es necesario que reciban asistencia jurídica y psicológica especializada. Si fueran identificados como víctimas de trata, serían derivados hacia

---

111 BOE N° 101, de 28 de abril de 2015.

112 CABEDO y RAVETLLAT (2022), pp. 24-37.

recursos específicos por razones de protección o de asistencia especializada, para que reciban atención integral, con separación entre mayores y menores de edad, al menos en una primera acogida necesaria hasta que se hayan recuperado y adquirido cierta confianza en el sistema. Por ello, el Anteproyecto de Ley Orgánica integral contra la trata y la explotación de seres humanos[113], promovido por los Ministerios de Justicia, de Interior, de Inclusión, Seguridad Social y Migraciones y el de Igualdad y aprobado por el Consejo de Ministros, de 29 de noviembre de 2022, prevé en su art. 51 que "*La identificación provisional del menor se llevará a cabo por unidades especializadas en trata y explotación de menores de las Fuerzas y Cuerpos de Seguridad del Estado y de los servicios sociales de las comunidades autónomas, si los hubiere, con presencia en todo caso de la entidad pública de protección de menores a la que hubiera sido derivado*". Por otro lado, si los niños, niñas y jóvenes migrantes sin referentes familiares fueran identificados como víctimas de trata tendrían derecho de resarcimiento legal y a indemnización (que podría obtenerse con el decomiso de los bienes de los tratantes o a cargo del Estado), mientras que, si solo son identificados como MENA, este derecho no se hace efectivo, vulnerándose así sus derechos.

Que la infancia y juventud migrante sin referentes familiares sea identificada como víctima de trata no es incompatible con que se les documente con la celeridad que prevé el art. 35 de la LOEx para los menores no acompañados. De ese modo, se salvaguarda lo más posible su interés superior del menor. En efecto, mientras sean menores de edad, es beneficioso para estas personas ser documentadas como MENA, puesto que el proceso de documentación es más rápido que si se iniciara conforme al art. 59 bis de la LOEx. De hecho, el apartado 5 del art. 59 bis de la LOEx dispone que "*Las previsiones del presente artículo serán igualmente de aplicación a personas extranjeras menores de edad, debiendo tenerse en cuenta la edad y madurez de éstas y, en todo caso, la prevalencia del interés superior del menor*". Sin embargo, no especifica en qué consisten estas adaptaciones a la edad, madurez

---

[113] MINISTERIO DE JUSTICIA, MINISTERIO DE INCLUSIÓN, SEGURIDAD SOCIAL y MIGRACIONES y MINISTERIO DE IGUALDAD, Anteproyecto de Ley Orgánica integral contra la trata y la explotación de seres humanos. Disponible en: https://www.mjusticia.gob.es/es/AreaTematica/ActividadLegislativa/Documents/Anteproyecto%20de%20Ley%20Org%C3%A1nica%20Trata%20TAIP.pdf

e interés superior del menor. A las víctimas de trata adultas se les concede un período de reflexión de hasta 90 días, en el cual solo gozan de estancia, no de autorización de residencia, lo cual no les beneficia para el cómputo del plazo de residencia en España para poder adquirir la nacionalidad española, pues para ello no basta la estancia, sino que se requiere la residencia legal. Por otro lado, para poder gozar de la autorización de residencia y trabajo, han debido ser exoneradas de responsabilidad por infracción del art. 53.1 a), siendo dicha exoneración potestativa. Por tanto, es positivo que las niñas, niños y jóvenes de nacionalidad extranjera víctimas de trata sean documentados conforme a las reglas del art. 35 de la LOEx, como menores no acompañados. No obstante, una vez que lleguen a la mayoría de edad, deberán seguir cumpliendo los requisitos para la obtención o renovación de sus autorizaciones de residencia, lo que requiere informes de integración social y educativa, que no siempre pueden conseguir, en especial, si se trata de personas rebeldes por sus experiencias traumáticas.

Aparte de este derecho a ser identificados como víctimas de trata cuando concurran en ellos y ellas los requisitos, el art. 190.5 del RLOEx obliga al servicio de protección de menores a informar a los menores migrantes sin referentes familiares de manera fehaciente y en un idioma comprensible, del contenido básico del derecho a la protección internacional y del procedimiento de solicitud, lo que está en consonancia con la Comunicación de la Comisión Europea COM(2017) 211 final, que exhorta a los Estados miembros a garantizar que los menores reciben información sobre sus derechos y los procedimientos que les puedan afectar de forma adapta a sus necesidades específicas y teniendo en cuenta su edad y su situación[114]. Hay que recordar que, aunque la persecución por razón de género no está incluida entre los motivos que habilitan para obtener el estatuto de refugiado o la protección internacional subsidiaria según el Convenio de Ginebra, sin embargo, el art. 60.1 del Convenio de Estambul sí da pie a considerar que la violencia contra las mujeres basada en el género es una forma de persecución en los términos del art. 1, A (2) de la Convención sobre el Estatuto de los Refugiados, hecha en

---

[114] COM (2017) 211 final, p. 18.

Ginebra el 28 de julio de 1951[115] y como una forma de daño grave que da lugar a una protección complementaria o subsidiaria.

Poder gozar de alguno de estos estatutos es positivo para estos menores, porque cuando lleguen a la mayoría de edad, no tendrán que someterse a las rígidas exigencias de la normativa de extranjería para la renovación de sus autorizaciones de residencia y trabajo. No obstante, ninguna de las dos opciones son la panacea para la infancia y juventud migrante sin referentes familiares tutelada. La concesión del estatuto de refugiado impide a los menores volver a sus países de origen, so pena de perder la condición de refugiado, por lo que es un gran inconveniente, para estos menores que tienen familia en sus países de origen, a la que quieren volver a ver y con la que desean tener contacto. Por otro lado, la concesión de la protección internacional subsidiaria, aparte de ese inconveniente, tiene otro: no permite obtener la nacionalidad española por el plazo abreviado de residencia de 5 años, que sí está previsto para las personas refugiadas, conforme al art. 22.1 del Código civil.

Todo ello pone de manifiesto, que la normativa de extranjería en su conjunto no es la panacea en orden a la protección de los derechos de la infancia y juventud migrante sin referentes familiares, si bien hay que aplicarles aquellas disposiciones que más les beneficien, tanto de un régimen normativo (el aplicable a los MENA) como de los otros (el aplicable a las víctimas de trata y el de los refugiados y el de la protección internacional).

2. *Opciones de protección a través de la normativa de nacionalidad*

2.1. Luces y sombras de la protección otorgada por la normativa de nacionalidad a la infancia y juventud migrante tutelada y ex tutelada sin referentes familiares y/o víctimas de distintas formas de violencia de género

La normativa de nacionalidad puede convertirse en uno de los aliados para la optimización de la efectividad de los derechos de la población infantil y juvenil migrante tutelada y ex tutelada. Una de

115 BOE N° 252, de 21 de octubre de 1978.

las opciones poco exploradas es el art. 22.2 c) del Código civil, que prevé que puede adquirir la nacionalidad española por un año de residencia en territorio español "*El que haya estado sujeto legalmente a la tutela, curatela con facultades de representación plena, guarda o acogimiento de un ciudadano o institución españoles durante dos años consecutivos, incluso si continuare en esta situación en el momento de la solicitud*". Las instituciones españolas que tienen asumida la tutela o la guarda provisional de las personas menores migrantes deben solicitarles la nacionalidad española a estos chicos y chicas bajo su tutela en cuanto cumplan el requisito de llevar dos años consecutivos bajo la tutela de la institución española, siempre que, en el momento de presentar la solicitud, el niño, niña, adolescente o joven hubiera estado ya residiendo legalmente en España un año.

Sin embargo, no es frecuente que las instituciones que ostentan la representación legal de la infancia y juventud migrante sin referentes familiares les soliciten la nacionalidad española por esta vía, aunque la obtención de la nacionalidad española redunda en su interés superior: si fueran españoles, no tendrían que regularizar su situación administrativa en España una vez que alcancen la mayoría de edad y dejen de estar tutelados por la entidad protectora de menores[116]. Es cierto que la reforma del Reglamento de extranjería llevada a cabo en virtud del Real Decreto 903/2021, de 19 de octubre, ha mejorado sustancialmente su situación, pero no los exime de tener que cumplir los requisitos para la renovación de la autorización de residencia.

Como se ha indicado, en caso de que los niños, niñas y jóvenes migrantes tutelados sean titulares de una autorización residencia cuando alcanzan la mayoría de edad, deberán solicitar la renovación 60 días antes o 90 días después de que expire la vigencia de esta autorización, para lo cual, deberán cumplir una serie de requisitos: acreditación de medios económicos (ingreso mínimo vital o ayuda de institución pública o privada), carecer de antecedentes penales y presentar un informe emitido por la entidad pública de protección de menores u otras entidades o instituciones privadas sobre el cumplimiento de los objetivos educativos y de inclusión sociolaboral del programa que hayan finalizado o estén cursando (art. 197 del

---

116 MARTÍNEZ, MUYOR y LÓPEZ (2021), pp. 393-416.

RLOEx). En caso de que no contaran con la autorización de residencia cuando alcanzaran la mayoría de edad, podrán solicitar una autorización de residencia temporal por circunstancias excepcionales, siempre que acrediten que han participado en acciones formativas y actividades programadas por la entidad para favorecer su integración social (art. 198 del RLOEx). Ambas autorizaciones de residencia tendrán una duración de 2 años, renovables por períodos de 2 años, si se mantienen los requisitos, salvo que proceda la autorización de residencia de larga duración. Sin embargo, estos certificados de integración no siempre serán positivos ni se podrán obtener, en particular, cuando el niño, niña o joven migrante no haya logrado dicha integración, por mantener una conducta rebelde. Tal y como se ha indicado, esta conducta es muy frecuente, dada la situación personal de estos chicos y chicas que han sufrido en su corta trayectoria vital situaciones de extrema violencia, precisando un tiempo muy variable para su completa recuperación. Por ello, es mucho más favorable a sus intereses que se les conceda la nacionalidad española, para no depender de estas renovaciones de las autorizaciones de residencia.

Aun así, utilizar esta vía, a veces es un camino lleno de obstáculos, lo que explica que no siempre se lleguen a realizar las solicitudes de nacionalidad española por residencia para estos menores. De un lado, porque, para tramitarles la residencia legal —que es imprescindible para la adquisición de la nacionalidad española por residencia—, se exige la presentación del certificado de tutela expedido por la entidad competente, según el art. 10.4 de la LOPJM. El cómputo del plazo de los dos años de residencia legal requeridos no puede empezar a contar desde que la tutela legal es efectiva[117], pues sería absurdo, ya que la efectividad de la tutela legal debería producirse automáticamente, como afirma la Fiscalía General del Estado: "*No es preciso que la entidad pública haya dictado formalmente la resolución en que aprecia el desamparo y asume la tutela, ya que —al margen de la práctica de las administraciones de documentar la constitución de la tutela con posterioridad a la detección de la situación de desamparo, sobre todo por motivos de seguridad jurídica y para posibilitar un eventual recurso— ésta se produce en realidad «ope legis» de manera automática, tan pronto como se constata el*

[117] Moya (2019), p. 365.

desamparo"[118]. Por otro lado, muchos de estos chicos y chicas llegan a España cuando están próximos a cumplir la mayoría de edad, por lo que no están el tiempo suficiente bajo la tutela de la entidad protectora española. Estas disposiciones no responden al interés superior del menor, por lo que no deberían ser de aplicación a la infancia y juventud migrante tutelada.

Tomarse en serio la realización del interés superior del menor en todos los actos y actuaciones de las autoridades e instituciones públicas y privadas exige cambiar el enfoque en relación con esta infancia y juventud migrante. En interés superior del menor, debería considerarse que dichos menores se encuentran en situación de residencia legal desde el momento en que se hallan bajo la tutela de la Administración. Así podría desprenderse del art. 35.7 de la LOEx, según el cual, se considera regular la residencia de los y las menores que sean tutelados en España por una Administración Pública o, en virtud de resolución judicial, por cualquier entidad. La Fiscalía General del Estado, en su Circular 3/2021 afirma que "*Durante todo el tiempo que un menor extranjero sea tutelado por una entidad pública, su estancia en España se considerará regular a todos los efectos (art. 35.4 LE). Por ello, aunque el actual RE no lo afirme expresamente con la rotundidad con que lo hacía el art. 13 del Reglamento derogado, los menores extranjeros que se encuentran en España en situación de desamparo no pueden ser objeto de una medida de expulsión [...] Por idéntico motivo, cuando finalmente se documenta mediante el correspondiente permiso de residencia la legalidad de la situación del menor, los efectos de ésta se retrotraen «al momento en que el menor hubiese sido puesto a disposición de los servicios de protección de menores», lo cual conforme a la ley ha de tener lugar tan pronto como se tenga conocimiento de su situación de desamparo (arts. 13.1 y 14 de la LOPJM). Asimismo, el art. 10.4 de la LOPJM impone a las entidades públicas la obligación de facilitar a los menores extranjeros sometidos a su guarda o tutela la documentación acreditativa de su situación. Sin embargo, el permiso de residencia sólo se tramitará «una vez que haya quedado acreditada la imposibilidad de retorno con su familia o al país de origen»*"[119].

---

118 FISCALÍA GENERAL DEL ESTADO (2021), p. 22.

119 FISCALÍA GENERAL DEL ESTADO (2021), p. 22.

Sin embargo, estas previsiones no son suficientes, porque, en todo caso, para que los efectos de la autorización de residencia legal se retrotraigan al momento en que el menor haya sido puesto a disposición de los servicios de protección de menores, es preciso que el menor haya sido documentado y haya obtenido la autorización de residencia. La duración de todo este proceso de tramitación y obtención de la documentación que acredite la residencia legal de la infancia y juventud migrante puede prolongarse más allá del momento en que el menor cumpla los dieciocho años, lo que dejaría sin posibilidad de utilizar esta vía que ofrece el art. 22.2 c) del Código civil. De hecho, la Fiscalía habla de estancia regular, en vez de hacerlo de residencia, para referirse a ese período desde la puesta a disposición de los servicios de protección de menores hasta que estos han sido documentados con autorización de residencia, lo que es relevante a efectos de adquisición de la nacionalidad española por residencia. Por ello, debe interpretarse en interés del menor, que todo ese período de tiempo en que el menor está bajo la tutela de la Administración se halla en situación de residencia legal, con independencia de que haya obtenido o no la documentación relativa a su autorización de residencia. }

Asimismo, debería considerarse que hay continuidad en la tutela asumida por la Administración y en su residencia legal, pese a que los chicos y chicas hayan abandonado el centro y hubiera asumido la tutela otra Comunidad Autónoma donde después sean localizados[120].

Más aún, a los menores ex tutelados debería computárseles en el plazo de 2 años de tutela requerido para la adquisición de la nacionalidad española el tiempo que pasan realizando programas para ex tutelados cuando llegan a la mayoría de edad —Programa +18—, si es que en ese momento no han cumplido esos años bajo la tutela de la entidad protectora de menores[121]. Estas interpretaciones pro infancia y juventud migrante tienen una justificación: no tiene sentido que al llegar a la mayoría de edad desaparezca toda consideración al interés superior del menor que hasta ese momento ha debido preva-

120 Durán (2021), pp. 286-287.

121 *Ibíd.*, p. 366.

lecer y todos los esfuerzos por conseguir su integración en la sociedad española se vuelvan inútiles[122].

Hay un aspecto que sido reformado, porque adolecía de la falta de enfoque de infancia. Las entidades protectoras de menores se encuentran a veces con grandes dificultades para obtener la documentación de los niños, niñas y jóvenes migrantes sin referentes familiares que no tienen pasaporte ni han obtenido la cédula de inscripción a tiempo para que puedan completar el plazo de 1 año de residencia legal y de sujeción a la tutela por dos años antes de llegar a la mayoría de edad. Cuando los menores llegan sin pasaporte, es necesario que obtengan el certificado de nacimiento a través de sus familiares, a fin de que el Consulado de su nacionalidad les expida el pasaporte. Este trámite suele retrasarse unos meses y, en algunos casos, no se obtiene respuesta de las autoridades nacionales de algunos países. En tales casos, se presenta un acta notarial acreditando que el consulado de origen no expide el pasaporte, tal y como prevé el art. 211 del RLOEx, a fin de que la Subdelegación o Delegación del Gobierno les expida la cédula de inscripción. Para agilizar el proceso y, en interés del menor, ya se permite prescindir de la presentación del acta notarial para acreditar que el menor no puede ser documentado por la misión diplomática u oficina consular correspondiente, en los casos de las autorizaciones reguladas en los arts. 196 a 198 del RLOEx. En su lugar, basta con presentar el informe de la entidad pública que ostenta su tutela o medida de protección o que la hubiera ostentado. Esto es, se admite que sea la propia entidad protectora de menores quien acredite que se ha solicitado y es imposible obtener la documentación del Estado de origen.

Ciertamente, una vez obtenida la autorización de residencia para estas personas menores, se retrotraen sus efectos al momento en que el niño o la niña fue puesto a disposición de los servicios de protección, empezando a computar los plazos desde ese momento. Debe recordarse, no obstante, que la concesión de la nacionalidad por esta vía no es automática, pues puede denegarse por motivos de orden público o de interés nacional, lo que evidencia que, pese a todo, esta no es la solución idónea para la infancia y juventud migrante sin

---

122 DURÁN (2020), pp. 17-52.

referentes familiares, aunque sí es una vía que debe explorarse con más frecuencia, mientras el legislador no arbitre otra opción para la naturalización de estas personas.

No puede alegarse que la adquisición de la nacionalidad es un acto personalísimo y que es mejor esperar a que los y las menores alcancen la mayoría de edad, para que sean ellos y ellas quienes decidan, pues es un acto que repercute en su interés y que previene muchos problemas en el futuro. Por más que se haya modificado la normativa de extranjería para facilitar la renovación de las autorizaciones de residencia a los y las menores que han estado bajo tutela de los servicios de protección de menores, no hay punto de comparación entre la situación de quien tiene la nacionalidad española y quien debe cumplir los requisitos previstos en la normativa de extranjería para acceder y mantener la regularidad de su situación administrativa en España, con sujeción a la normativa de extranjería. Con más interés aún debería solicitarse la nacionalidad española a estas personas menores de edad que hayan sido víctimas de distintas formas de violencia de género, como la trata, para facilitarles una mayor tranquilidad psicológica, una vez que lleguen a la mayoría de edad. De este modo, entre los motivos de preocupación a los que tengan que hacer frente, no se encontrarán con otro añadido, como es la regularización de su situación administrativa en España.

Además, es un derecho que les concede el ordenamiento jurídico, por lo que los niños, niñas y jóvenes deben ser informados de esta posibilidad que tienen a su alcance, tal y como dispone el art. 10.1 de la LOPJM, según el cual, "*Los menores tienen derecho a recibir de las Administraciones Públicas, o a través de sus entidades colaboradoras, la información en formato accesible y asistencia adecuada para el efectivo ejercicio de sus derechos, así como a que se garantice su respeto*". A la infancia y juventud migrante sin referentes familiares se la debe escuchar y su opinión debe ser tomada en consideración, debiendo tomarse la decisión por quienes tienen asumida su representación legal, conjuntamente con los chicos y las chicas, valorando todas las circunstancias y actuando siempre en su interés superior.

Entre la información que debe proporcionarse a estos chicos y chicas hay que comunicarles que, cuando tengan 14 años pueden ser ellos mismos quienes soliciten la nacionalidad española, asistidos por sus representantes legales, en este caso, la institución protectora, tal y como prevé el art. 21.3.b) del Código civil, lo que permite despreocuparse de que se trate de un acto que deba decidir la propia persona por ser un acto personalísimo. Deben saber también que, como son menores de edad, no tendrán que renunciar a su anterior nacionalidad cuando adquirieran la española, pues así viene previsto en el art. 23.b) del Código civil, lo que constituye un argumento más para solicitarles la nacionalidad española o proporcionarles toda la información y asistencia necesaria para que sean ellos quienes la soliciten con su asistencia, sin tener que esperar a que cumplan los 18 años para que tomen sus propias decisiones, pues legalmente ya está previsto que la tomen a partir de los 14 años, siempre que puedan prestar una declaración por sí.

Algo positivo que tiene la normativa de nacionalidad es que ha previsto que los menores de 18 años no tienen que realizar el examen para la obtención del certificado DELE, acreditativo de que tienen un nivel de conocimientos de español equivalente a un A2, ni para la obtención del CCSE (certificado de conocimientos constitucionales y socioculturales español), pues su exención está prevista en el art. 10.6 de la Orden JUS/1625/2016, de 30 de septiembre, sobre la tramitación de los procedimientos de concesión de la nacionalidad española por residencia[123]. No obstante, el legislador vuelve a carecer de perspectiva de derechos humanos y de infancia, al exigir que tengan que aportar un certificado del centro de formación, residencia, acogida o educación especial en el que se encuentren inscritos, indicando la fecha de matriculación en el centro, si asiste con regularidad al mismo, el grado de conocimiento de la lengua española, la participación de los padres en la vida escolar, si hay causas de falta de integración del menor o de sus representantes legales. Según dispone el mencionado art. 10.6 de la Orden, "*Este certificado será obligatorio en menores en edad de escolarización obligatoria y siempre que el menor o persona con la capacidad modificada judicialmente esté inscrito en alguno de estos centros*". Si ya han superado la edad de escolarización obligatoria, el certificado no es necesario.

En todo caso, la exigencia de aportación de este certificado no es compatible con el interés superior del menor en los casos en que

---

123 BOE N° 246, de 11 de octubre de 2016.

estos chicos y chicas migrantes hayan sufrido graves formas de violencia, como es el caso de las víctimas de trata de personas con fines de explotación sexual, porque estas personas no están bien adaptadas, ya que suelen tener una conducta complicada, violenta, de falta de integración, lo que daría lugar a que el informe en ese caso sea negativo. Esta falta de adaptación es debida al bloqueo que sufren como consecuencia del sentimiento de "pérdida ambigua"[124] que tienen, comparable al trastorno de estrés postraumático, como consecuencia de haber perdido a los adultos que han jugado un papel relevante a lo largo de su vida. Si ese sufrimiento es extremo, les genera "apatía, anestesia emocional y la sensación de que a uno ya no le importa nada"[125], por lo que se crean una especie de escudo protector. Por eso, debería apreciarse el interés superior del menor y tener en cuenta el grado de violencia al que han tenido que hacer frente estos chicos y chicas, puesto que, si una persona menor tiene una conducta rebelde, está llamando la atención sobre la necesidad de recibir ayuda y apoyo. Y las secuelas que le han quedado por las violencias sufridas no pueden servir para revictimizarlas de nuevo, impidiéndoles el acceso a la nacionalidad española porque su comportamiento denota falta de integración. En este punto, el deber de diligencia debida del Estado de la residencia de estos niños, niñas y jóvenes migrantes debe aflorar, asumiendo su obligación de reparación del daño causado y cuya comisión no se ha podido impedir.

La redacción de este informe de integración debería hacerse también con enfoque de infancia y de derechos humanos y debería destacar sobre todo aquellas causas que han provocado que su conducta sea difícil y poner de manifiesto la necesidad de que se le conceda la nacionalidad española como forma de reparación.

Más aún, es el propio legislador el que debería incorporar la perspectiva de la infancia y de los derechos humanos en la normativa de nacionalidad y debería prever *de lege ferenda* que la condición de víctima de trata u otras formas de violencia de género son motivo para la concesión de la nacionalidad como forma de compensación por el daño que han sufrido estos chicos y chicas migrantes y que no

---

124 Prieto (2023), pp. 1341-1361.

125 Frankl (2015), p. 118.

se ha podido prevenir en España. Esta posibilidad sería a través de la concesión de la nacionalidad española por carta de naturaleza, por concurrir en el interesado circunstancias excepcionales, en los términos del art. 21 del Código civil.

Si el legislador se tomara verdaderamente en serio el interés superior del menor y la lucha contra todas las formas de violencia de género, como es la trata, la mutilación genital femenina, los matrimonios forzados…, debería completar la normativa de nacionalidad con una previsión expresa de concesión de la nacionalidad española por opción o por carta de naturaleza a estas víctimas, por concurrir en ellas circunstancias excepcionales para la concesión de dicha nacionalidad[126]. De este modo se las compensaría por la imposibilidad de impedir que en nuestro territorio se produzcan estas situaciones de violencia y de trata de personas.

En el caso de menores víctimas de trata, aunque la explotación de estos niños y niñas no se haya llegado a producir en nuestro país, los menores que han sido tratados y desplazados a España con la finalidad de explotarlos en España, son víctimas de trata, puesto que este delito no requiere que la explotación se lleve a cabo, solo que la conducta típica prevista en el art. 177 bis del Código Penal (captar, transportar, trasladar, acoger o recibir) se realice con la finalidad de explotar a la persona y es claro que los tratantes han captado y trasladado a estas chicas y chicos hasta España para explotarlas, por lo que la conducta típica se ha producido.

España no puede eludir la responsabilidad internacional que le incumbe de prevenir la comisión de delitos en su territorio y de evitar que se cometan violaciones de derechos humanos en él, y, especialmente reforzada es la obligación de garantizar la plenitud de derechos a la infancia, adolescencia y juventud. Esta obligación tiene dos vertientes: una positiva, hacer todo lo posible porque se respeten los derechos humanos en su territorio y otra negativa, impedir que se violen dichos derechos en su territorio. Como contrapartida, esta

---

126 Más lejos llega María Jesús Jiménez Linares, quien se muestra partidaria de que se le atribuya la nacionalidad española de origen a la menor que sufra violencias sexuales en los términos del art. 111 del Código civil por parte de un español. JIMÉNEZ (2023), pp. 1119-1146.

obligación de diligencia debida tiene un deber de reparación del daño causado, cuando no se ha podido impedir la comisión del acto lesivo.

La reparación del daño causado por la violación de derechos sufrida por las víctimas (menores de edad) de trata que se hallan en España, se podría realizar concediéndoles la posibilidad de adquirir la nacionalidad española por carta de naturaleza o incluso, *de lege ferenda,* por opción, mediante una simple declaración ante el Encargado del Registro civil del domicilio, siempre que acrediten la condición de víctimas. Esta posibilidad se considera más adecuada que la concesión de un período de reflexión para que decidan si quieren colaborar con las autoridades judiciales o policiales en la lucha contra la trata, pues les ofrece mayores garantías de estabilidad en cuanto a su situación administrativa en España. Además, de esta forma se sustraería el tema de la protección de las víctimas de trata del marco de la normativa de extranjería, que no es el lugar idóneo para afrontar el abordaje de la protección de las víctimas de trata.

Para cumplir con su obligación de diligencia debida en este sentido, el legislador español tiene dos posibilidades *de lege ferenda.* En primer lugar, puede prever que la violación de derechos humanos que han sufrido las víctimas de estas formas de violencia en nuestro territorio es un requisito para poder realizar la opción a la nacionalidad española ante el Encargado del Registro civil del domicilio de la persona interesada, siempre que acredite el cumplimiento de los requisitos, esto es, que acredite su condición de víctima. En segundo lugar, puede prever que la condición de víctima es una circunstancia excepcional que concurre en el peticionario y que lo habilita para solicitar la nacionalidad española por carta de naturaleza. Esta última posibilidad es la que se utilizó en el Real Decreto 453/2004, de 18 de marzo, sobre concesión de la nacionalidad española a las víctimas de los atentados terroristas del 11 de marzo de 2004[127], que habilitaba la concesión de la nacionalidad española a las víctimas de tales atentados y a sus familiares, por concurrir en ellos circunstancias excepcionales.

---

127 BOE N° 70, de 22 de marzo de 2004.

Tratándose de niños, niñas y jóvenes migrantes que han sufrido grandes violencias, es de extrañar que el legislador no haya dado el paso para promulgar una disposición de este tipo para las personas que sufren cualquiera de las graves manifestaciones de violencia ejercida contra mujeres, niñas y niños, por la grave violación de derechos humanos que supone. Cualquiera de las formas de violencia que ha sufrido la infancia y juventud migrante sin referentes familiares, requeriría un resarcimiento. Por ello, de *lege ferenda* sería necesario que el legislador promulgara una norma específica que habilitara a la infancia y juventud migrante sin referentes familiares, especialmente a menores víctimas de trata (y de cualquier forma de violencia de género), no ya a obtener autorizaciones de residencia específicas, sino a adquirir la nacionalidad española por opción o, al menos, por carta de naturaleza.

La concesión de la nacionalidad española por carta de naturaleza es de concesión discrecional por el Gobierno, por lo que no es la mejor forma de optimizar el interés superior del menor. Por ello, es preferible, de *lege ferenda*, que el legislador promulgara una norma para arbitrar una causa de adquisición de la nacionalidad española por opción, basada en la violencia de género sufrida por las víctimas. De momento, el legislador español no ha tomado ni una ni otra decisión. Ni siquiera lo ha hecho en el Anteproyecto de Ley Orgánica integral contra la trata y la explotación de seres humanos[128], promovido por los Ministerios de Justicia, de Interior, de Inclusión, Seguridad Social y Migraciones y el de Igualdad y aprobado por el Consejo de Ministros, de 29 de noviembre de 2022.

Sin embargo, las entidades tutelares de menores pueden agotar todos los recursos disponibles y solicitar la nacionalidad española por carta de naturaleza para menores víctimas de trata o de cualquier forma grave de violencia, que estén bajo su tutela. También pueden informar a estos menores para que soliciten la nacionalidad por esta vía ellos mismos, asistidos por sus representantes legales, si tienen 14

---

128 MINISTERIO DE JUSTICIA, MINISTERIO DE INCLUSIÓN, SEGURIDAD SOCIAL Y MIGRACIONES Y MINISTERIO DE IGUALDAD, Anteproyecto de Ley Orgánica integral contra la trata y la explotación de seres humanos. Disponible en: https://www.mjusticia.gob.es/es/AreaTematica/ActividadLegislativa/Documents/Anteproyecto%20de%20Ley%20Org%C3%A1nica%20Trata%20TAIP.pdf

años, como prevé el art. 21.3.b) del Código civil. De este modo, el Gobierno tendrá que decidir si concede o no la nacionalidad española y valorar las circunstancias que concurren en estas personas menores víctimas de distintas formas de violencia que solicitan la concesión de la nacionalidad española. Los servicios de protección de menores, en colaboración con las Fuerzas y Cuerpos de Seguridad del Estado y del Ministerio Fiscal, podrían redactar un informe explicativo de las circunstancias excepcionales que concurren en la infancia y juventud migrante víctimas de estas formas de violencia, que justifican la concesión de la nacionalidad española por carta de naturaleza por parte del Gobierno mediante Real Decreto. Esta posibilidad existe actualmente, aunque no se esté utilizando y debería ser explorada, mientras el legislador decide dar un paso más allá en la protección de los derechos de la infancia y juventud migrante sin referentes familiares víctima de violencia de género, promulgando normas que prevean expresamente esta condición como requisito para la adquisición de la nacionalidad española por otras vías.

2.2. ¿Cómo puede proteger la normativa de nacionalidad a los hijos e hijas nacidos en España de jóvenes migrantes sin referentes familiares y/o víctimas de distintas formas de violencia de género?

También se puede recurrir a la normativa de nacionalidad para optimizar la protección de menores nacidos en España de jóvenes migrantes sin referentes familiares y/o de víctimas de distintas formas de violencia de género, como la trata y que se hallan en España tutelados por las entidades de protección de menores. Estos menores nacidos en España podrían llegar a ser españoles por dos vías.

En primer lugar, hay que recordar que, si su madre también nació en España, su hijo o hija nacido en España será español o española de origen, según el art. 17.1 b) del Código civil. Siendo la madre víctima de trata, no será habitual que se conozca al padre de la criatura, aunque, si estuviera determinada su filiación paterna, igualmente podría tener atribuida la nacionalidad española de origen, si su padre hubiera nacido también en España. El único requisito es que cualquiera de los progenitores y el menor, hayan nacido en territorio español. Puesto que esta regla está ya prevista legalmente, no hay dificultad en transmitir la nacionalidad española a estos menores. No se requiere ninguna actividad por parte de las entidades protectoras de menores, salvo la tramitación del expediente de declaración de nacionalidad española con valor de simple presunción, para acreditar la nacionalidad española de estos niños y niñas nacidos en España, de conformidad con el art. 92 de la Ley 20/2011, de 21 de julio, del Registro Civil.

En segundo lugar, estos menores nacidos en España tendrán atribuida la nacionalidad española si la legislación nacional de su madre (o padre) no le atribuye su nacionalidad al hijo o hija. Así lo prevé el art. 17.1 c) del Código civil, como forma de prevenir las situaciones de apatridia, dando lugar a la transmisión de la nacionalidad española de origen. Para que estos niños y niñas nacidos en España sean españoles de origen, es necesario que no adquieran la nacionalidad extranjera de sus progenitores. Para cerciorarse de que el Derecho de nacionalidad correspondiente a la nacionalidad de ambos progenitores no transmite la nacionalidad al hijo o hija, se debe iniciar un expediente de declaración de nacionalidad española con valor de simple presunción, que confirmará si el niño o la niña tiene la nacionalidad española. Y es que, para determinar si un niño o una niña nacido en España es o no español/a por haber nacido en territorio español —no concurriendo otros requisitos de atribución de la nacionalidad española, como podría ser el *ius sanguinis* (art. 17.1 a) del Código civil), o el nacimiento también en España de alguno de sus progenitores (art. 17.1.b) del Código civil), hay que constatar que la normativa de nacionalidad de los progenitores no le atribuyan la nacionalidad del padre o la de la madre. Para ello, hay que conocer la normativa de nacionalidad de los distintos países de los que proceden los y las extranjeros/as que se hallan en España, normativa que puede diferir considerablemente de lo dispuesto en el Derecho de nacionalidad español. Para una interpretación correcta de esta normativa no basta saber cuáles son los preceptos relativos a la atribución de la nacionalidad de ese país en el momento del nacimiento del niño o de la niña y retrotraerse a momentos anteriores, como el del nacimiento del padre y/o de la madre o de los abuelos y abuelas, sino que es preciso conocer todo el ordenamiento jurídico extranjero en su conjunto, en especial, sus normas de Derecho de familia y su interpretación y aplicación por sus propias autoridades[129].

Hay que tener en cuenta que para que el hijo o hija de una joven migrante sin referentes familiares (víctima de trata) y que sea apátrida, pueda tener atribuida la nacionalidad española por el art. 17.1.c) del Código civil, es necesario que no se le haya atribuido otra nacionalidad de conformidad con las leyes de otro Estado. Esto puede deberse a que el país de la nacionalidad de sus progenitores no transmite la nacionalidad a la descendencia de sus propios/as ciudadanos/as, sino que se base en el *ius soli*. Pero también puede ser voluntad de los progenitores de no dar cumplimiento al requisito exigido por su país de origen para la transmisión de la nacionalidad (inscripción en el Registro consular del nacimiento del niño o niña nacido en el extranjero, no fijación del domicilio en el Estado de origen, no opción por la nacionalidad de su país de origen…). También puede deberse a la imposibilidad de dar cumplimiento a los requisitos exigidos por la normativa del país de origen de los progenitores del niño o niña, lo cual será bastante frecuente, si los progenitores son refugiados o solicitantes o gozan de protección internacional.

A estos efectos, si la madre (o padre) de los niños y niñas nacidos en España es refugiada, desplazada o goza de la protección internacional y su Estado nacional requiere un acto de registro para la transmisión de la nacionalidad, en estas situaciones, los niños o niñas no pueden adquirir la nacionalidad de la madre (o padre), debido a la imposibilidad de contactar con las autoridades de su Estado de origen, ya que hacerlo, podría poner en peligro su vida o su integridad física o psíquica. Al no poder inscribir al niño o niña en el Registro civil consular del Estado de origen de los progenitores, sus hijos o hijas se convertirían en apátridas y para evitarlo, a los hijos o hijas de la joven migrante sin referentes familiares (víctima de trata) se les atribuye la nacionalidad del país de nacimiento de su descendencia, en este caso, la española.

Pueden darse situaciones problemáticas, en los casos en que la nacionalidad extranjera se transmita por *ius sanguinis*. Así sucederá con los hijos o hijas de la joven migrante refugiada, pues pueden en-

---

129 Rueda y Lara (2020).

contrarse en una situación de apatridia *de facto*, porque no es posible contactar con las autoridades extranjeras para la documentación de su hijo o hija, debido a la situación de peligro en que se encuentran. Y lo mismo sucede en caso de que el Estado no confirme si un menor es o no nacional de ese país. En tales supuestos, la normativa de nacionalidad debería atender al interés superior del menor, y debería prever vías para atribuir la nacionalidad del Estado de nacimiento. Es decir, tanto la apatridia *de iure* como la apatridia *de facto* deberían permitir la puesta en marcha del mecanismo subsidiario de transmisión de la nacionalidad española a los niños y a las niñas que han nacido en territorio español, en aras de una mejor satisfacción del interés superior del menor que se halle en nuestro país. Debe recordarse que es obligación del Estado adoptar medidas de protección de los menores que se hallen en su territorio, tal y como impone el Convenio relativo a la competencia, la ley aplicable, el reconocimiento, la ejecución y la cooperación en materia de responsabilidad parental y de medidas de protección de los niños, hecho en La Haya el 19 de octubre de 1996[130]. Y una de las formas de proteger a estos menores es impidiendo que se queden en una situación de apatridia *de facto*.

La normativa de nacionalidad contempla otras posibles vías para que pueda naturalizarse como español el niño o niña nacido en España de una joven migrante sin referentes familiares (víctima de trata), en los casos en que ese hijo o hija ya ostente la nacionalidad de la madre (o del padre, si es conocido). Se trata de la adquisición de la nacionalidad española por el plazo abreviado de residencia de 1 año, de conformidad con el art. 22.2.a) del Código civil, por haber nacido en España. El requisito imprescindible en tal caso es que la residencia del niño o niña sea legal, continuada e inmediatamente anterior a la solicitud. De conformidad con el art. 185 del Reglamento de extranjería, "*Los hijos nacidos en España de extranjero que se encuentre residiendo en España adquirirán automáticamente la misma autorización de residencia de la que sea titular cualquiera de sus progenitores*". Ahora bien, si la madre (o padre) del niño o de la niña no tienen residencia legal en nuestro país, esta vía de adquisición de la nacionalidad española quedaría impedida para su hijo o hija.

---

130 Instrumento de ratificación por España en BOE N° 291, de 2 de diciembre de 2010.

Si la joven madre ha sido identificada como víctima de trata, tendrá la posibilidad de ser documentada con una autorización de residencia y trabajo provisional por circunstancias excepcionales por cinco años, en virtud del art. 59 bis de la Ley de extranjería, siempre que sea exonerada de responsabilidad por infracción del art. 53.1.a) de la Ley de extranjería, por colaboración o en atención a su situación personal. En tal caso, si la madre es identificada como víctima de trata, la residencia de la madre víctima directa de la trata y la de su hijo o hija será legal, por lo que habilitaría al menor a adquirir la nacionalidad por residencia de un año por haber nacido en España, debiendo presentar la solicitud el representante legal del menor, que será la madre, salvo que esta haya sido privada de la patria potestad y aquella corresponda a la entidad protectora de menores.

Desde octubre de 2022 cabe otra posibilidad, y es que la madre se ampare en el art. 31 bis de la Ley de extranjería, reformado en virtud de la disposición final 6 de la Ley Orgánica 10/2022, de 6 de septiembre, de garantía integral de libertad sexual, que permite a la mujer obtener una autorización de residencia y trabajo temporal por ser víctima de violencia de género o de violencia sexual, ya que la trata se incluye entre las modalidades de violencia sexual. Para ello es imprescindible que la madre presente una denuncia por violencia sexual y que, posteriormente, recaiga sentencia judicial condenatoria, o bien se haya procedido al archivo por paradero desconocido o sobreseimiento por expulsión del tratante. Sin embargo, si la sentencia fuera absolutoria, se abrirá a la mujer expediente administrativo sancionador por infracción del 53.1 a) de la LOEx. Ante estas eventualidades, no es muy previsible que la mujer presente denuncia en su situación, dada la dificultad de prueba en estos procesos y el miedo y coerción que sufren las víctimas.

Más problemas plantea la situación, en caso de que la madre no haya sido identificada formalmente como víctima de trata y no tenga residencia legal en España. En tal caso, sus hijos e hijas, tanto los nacidos en España como los que hayan entrado en nuestro país con ellas, tendrán más dificultades para la adquisición de la nacionalidad española por residencia, al no poder acreditar su residencia legal en el país, salvo que haya sido privada la madre de la patria potestad y su tutela haya sido asumida por las entidades de protección de menores, en cuyo caso, estas tienen que promover la documentación de los niños y niñas para legalizar su situación administrativa en España. En los demás casos, esto es, cuando estén a cargo de sus madres y estas no tengan residencia legal en nuestro país, porque, pese a ser víctimas de trata, no se las haya podido identificar formalmente como tales o no quieran por múltiples motivos colaborar, esto no es óbice para promover la satisfacción del interés superior del menor, que también es víctima indirecta de trata, por lo que deberían poder aplicárseles las opciones que se han barajado *supra* de la carta de naturaleza o de la opción, si bien, las dificultades recaerán en la prueba de tal condición.

Nada de esto obsta para que el legislador *de lege ferenda* decida ampliar los supuestos de atribución de la nacionalidad española por *ius soli,* lo que redundaría, sin duda, en el superior interés del menor, ya que garantizaría la nacionalidad española a todas las personas nacidas en España; opción esta que no está en el programa político de alguna candidatura, sino justo al contrario, la restricción de los supuestos de atribución de la nacionalidad española por *ius soli.*

IV. CONCLUSIONES

Las migraciones infantiles y juveniles sin referentes familiares son un fenómeno cada vez más globalizado y creciente, que obliga a los Estados de destino a asumir obligaciones respetuosas con los derechos de estos niños, niñas, adolescentes y jóvenes y que satisfagan al máximo el interés superior del menor, tal y como imponen las normas institucionales, convencionales y autónomas.

Conocer con precisión cuáles son las circunstancias personales en que se encuentran estos menores es crucial para hacer una buena categorización de su situación y poder proporcionarles la asistencia y protección más adecuada a sus necesidades. Para ello es imprescindible que desde el mismo momento de su llegada a España sean atendidos por un equipo multidisciplinar compuesto por letrados, psicólogos, mediadores interculturales, trabajadores sociales…, con formación especializada y conocimientos del idioma de estos niños, niñas y jóvenes, capaces de plantearles las preguntas necesarias, con una metodología adecuada, para poder obtener de ellos la información más completa posible, sin revictimizarlos.

Todos los datos recogidos de esa entrevista deberían constar en Registros interconectados para que pudieran acceder a los mismos las distintas administraciones, Central y Autonómicas, con competencias en materia de protección de menores, de modo que todas las entidades protectoras pudieran conocer la situación en que se encuentran los niños, niñas y adolescentes tutelados, cuando abandonan voluntariamente o no el centro en el que estaban.

El interés superior del menor debe guiar toda la actuación del legislador y de las autoridades con competencia en materia de protección de menores. Aunque la normativa de extranjería ha sido recientemente reformada para facilitar la obtención y renovación de autorizaciones de residencia y trabajo para los menores ex tutelados, sigue teniendo carencias importantes, porque sigue colocando el acento en la condición de extranjeros de estos chicos y chicas y no en su condición de menores sin referentes familiares y en situación de gran vulnerabilidad. Por ello, se considera que la normativa de nacionalidad puede ser una opción útil para mejorar la protección de estos niños, niñas y jóvenes migrantes, que debería ser más utilizada por las entidades tutelares de los menores. Aun así, el legislador debería dar un paso más, incorporando la perspectiva de la infancia y de los derechos humanos en esta normativa y prever opciones más acordes con las necesidades de protección de estos menores, en especial, cuando son víctimas de graves violaciones de derechos humanos, como las derivadas de la violencia de género, en especial, la trata y arbitrar un derecho de opción a la nacionalidad española en tales circunstancias.

Bibliografía citada

Acuyo Verdejo, María del Carmen, "La traducción e interpretación en la exploración de los y las menores migrantes", en Lara Aguado, Ángeles (Coord.), *Guía de buenas prácticas para la efectividad de los derechos de la niñez, adolescencia y juventud en situaciones de movilidad transfronteriza desde las perspectivas de género y de la infancia*, Tirant lo Blanch, Valencia, 2022, pp. 473-474.

Adam Muñoz, María Dolores, "La influencia del fenómeno migratorio en el matrimonio infantil y forzado: el papel del Derecho internacional privado", en Lara Aguado, Ángeles (Dir.), *Protección de menores en situaciones transfronterizas: análisis multidisciplinar desde las perspectivas de género, de los derechos humanos y de la infancia,* Tirant lo Blanch, Valencia, 2023, pp. 1067-1096.

ADAM MUÑOZ, María Dolores, "La mutilación genital femenina como causa del ejercicio del derecho de asilo por mujeres y niñas en España: una visión desde el Derecho internacional privado", en DURÁN RUIZ, Francisco Javier (Dir.), *Retos de las migraciones de menores, jóvenes y otras personas vulnerables en la UE y en España. Respuestas jurídicas desde la perspectiva de género,* Aranzadi/Thomson Reuters, Cizur Menor, 2021, pp. 269-291.

ALARIO GAVILÁN, Mónica, *Política sexual de la pornografía. sexo, desigualdad y violencia,* Cátedra, 2021.

ALCÁZAR HIGUERAS, Paula y FÁBREGA RUIZ, Cristóbal F., "Práctica española y doctrina de la Convención de derechos del niño: Crónica de un desencuentro", en LARA AGUADO, Ángeles (Dir.), *Protección de menores en situaciones transfronterizas: análisis multidisciplinar desde las perspectivas de género, de los derechos humanos y de la infancia,* Tirant lo Blanch, Valencia, pp. 667-691.

ARENAS HIDALGO, Nuria, "El derecho de acceso al procedimiento de protección internacional de la infancia extranjera no acompañada. Interés superior del menor y enfoque de género en el sistema europeo de asilo", en LARA AGUADO, Ángeles, *Protección de menores en situaciones transfronterizas: análisis multidisciplinar desde las perspectivas de género, de los derechos humanos y de la infancia,* Tirant lo Blanch, Valencia, pp. 1419-1446.

CABEDO MALLOL, Vicente y RAVETLLAT BALLESTÉ, Isaac, "El derecho al acceso a la información de la infancia y la adolescencia", *Métodos de Información,* vol. 13, N° 24, 2022, pp. 24-37.

CABEDO MALLOL, Vicente y RAVETLLAT BALLESTÉ, Isaac, "Acogimiento", en LARA AGUADO, Ángeles (Coord.), *Guía de buenas prácticas para la efectividad de los derechos de la niñez, adolescencia y juventud en situaciones de movilidad transfronteriza desde las perspectivas de género y de la infancia,* Tirant lo Blanch, Valencia, 2022, pp. 197-200.

CABEDO MALLOL, Vicente, "Principales novedades incorporadas por las leyes de reforma del sistema de protección a la infancia y la adolescencia: luces y sombras", en CABEDO MALLOL, Vicente y RAVETLLAT BALLESTÉ, Isaac (Coords.), *Comentarios sobre las leyes de reforma del sistema de protección a la infancia y la adolescencia,* Valencia, Tirant lo Blanch, 2016, pp. 49-86.

CABEDO MALLOL, Vicente, "La protección e integración de los menores inmigrantes no acompañados", *Cuadernos Constitucionales de la Cátedra Fadrique Furio Ceriol,* N° 56, 2006, pp. 81-95.

CHÉLIZ INGLÉS, María del Carmen, "El laberinto jurídico de la protección de los menores migrantes abandonados: una aproximación desde el Derecho internacional privado", *REDI,* vol. 73, N° 2, 2021, pp. 37-51.

CUARTERO RUBIO, Mª Victoria, "La determinación de la edad de los menores extranjeros no acompañados y la eficacia probatoria de los documentos públicos extranjeros", en Velasco Retamosa, José Manuel (Dir.), *Menores extranjeros: problemas actuales y retos jurídicos*, Tirant lo Blanch, Valencia, 2018, pp. 139-170.

De Miguel, Ana, *Neoliberalismo sexual. El mito de la libre elección*, Cátedra, Madrid,

2015.

Durán Ruiz, Francisco Javier, *Los menores extranjeros no acompañados desde una perspectiva jurídica, social y de futuro*, Aranzadi/Thomson Reuters, Cizur Menor, 2021.

Durán Ruiz, Francisco Javier, "MENA y ex tutelados. La cuestión de las autorizaciones de residencia de los menores extranjeros no acompañados tras la mayoría de edad y la jurisprudencia", *Revista de Derecho migratorio y extranjería*, N° 55, 2020, pp. 17-52.

Faggiani, Valentina (Dir.), *Desafíos y límites de la política migratoria en Europa y América. Perspectivas de Derecho comparado*, Aranzadi, Cizur Menor, 2022.

Frankl, Viktor E., *El hombre en busca de sentido*, Herder, Barcelona, 2015.

García Rubio, Mª Paz, "¿Qué es y para qué sirve el interés superior del menor?", *Actualidad Jurídica Iberoamericana*, N° 13, agosto 2020. Disponible en: https://idibe.org/doctrina/sirve-interes-superior-del-menor/ (Consultado: 25 de noviembre de 2023).

García Rubio, Mª Paz, "Aproximación al significado, contenido y alcance del interés del menor" en Álvarez González, Santiago; Arenas García, Rafael; De Miguel Asensio, Pedro; Sánchez Lorenzo, Sixto; y Stampa Casas, Gonzalo (Ed.), *Relaciones transfronterizas, globalización y derecho. Homenaje al Profesor Doctor José Carlos Fernández Rozas*, Civitas-Thomson Reuters, Cizur Menor, 2020, pp. 1075-1090.

Garrido Carrillo, Francisco Javier, "La inteligencia artificial en el control de los flujos migratorios en la Unión Europea. La necesidad de un marco normativo garantista de los derechos fundamentales", *Revista General de Derecho Europeo*, N° 60, 2023, pp. 1-39.

González Martín, Nuria y Carrizo Aguado, David, "Reflexiones jurídicas respecto de los niños, niñas y adolescentes extranjeros no acompañados: desafíos y oportunidades", en Lara Aguado, Ángeles (Dir.), *Protección de menores en situaciones transfronterizas: análisis multidisciplinar desde las perspectivas de género, de los derechos humanos y de la infancia*, Tirant lo Blanch, Valencia, 2023, pp. 777-800.

Hadjab Boudiaf, Habiba, "Recomendación Preliminar II: Primar la condición de niños y niñas de las personas menores de edad, con independencia de su origen étnico, social, nacionalidad, condición de migrante o extranjería, situación económica o aptitudes", en Lara Aguado, Ángeles (Coord.), *Guía de buenas prácticas para la efectividad de los derechos de la niñez, adolescencia y juventud en situaciones de movilidad transfronteriza desde las perspectivas de género y de la infancia*, Tirant lo Blanch, Valencia, 2022, pp. 51-53.

Hadjab Boudiaf, Habiba, *Trata de seres humanas & Infancia. Cuatro historias, cuatro vidas*, ed. SG, Granada, 2021.

Jiménez Álvarez, Mercedes Gema, "Desapariciones de menores extranjeros no acompañados en España: una primera aproximación a sus significados", *Anuario CIDOB de la inmigración*, N° 1, noviembre 2019, pp. 168-188.

Jiménez Linares, María Jesús, "Propuesta *de lege ferenda* de atribución de la nacionalidad española a la menor extranjera no acompañada que ha sido madre como consecuencia de un delito en los términos del artículo 111 del Código Civil", en Lara Aguado, Ángeles (Dir.), *Protección de menores en situaciones transfronterizas: análisis multidisciplinar desde las perspectivas de género, de los derechos humanos y de la infancia*, Tirant lo Blanch, Valencia, 2023, pp. 1119-1146.

Lara Aguado, Ángeles, "El interés superior de la niñez, adolescencia y juventud en situaciones transfronterizas desde las perspectivas de género, de los derechos humanos y de la infancia. Algunos casos concretos·", en Lara Aguado, Ángeles (Dir.), *Protección de menores en situaciones transfronterizas: análisis multidisciplinar desde las perspectivas de género, de los derechos humanos y de la infancia*, Tirant lo Blanch, Valencia, 2023, pp. 163-207.

Lara Aguado, Ángeles, "Recomendación Preliminar I: Llegar a un compromiso internacional sobre el concepto de niño y niña, adolescente y joven que incluya a todas las personas de hasta dieciocho años cumplidos", en Lara Aguado, Ángeles (Coord.), *Guía de buenas prácticas para la efectividad de los derechos de la niñez, adolescencia y juventud en situaciones de movilidad transfronteriza desde las perspectivas de género y de la infancia*, Tirant lo Blanch, Valencia, 2022, pp. 43-49.

Lázaro González, Isabel E., "Llegada a la edad adulta de las personas menores extranjeras sin referentes familiares", en Lara Aguado, Ángeles (Coord.), *Guía de buenas prácticas para la efectividad de los derechos de la niñez, adolescencia y juventud en situaciones de movilidad transfronteriza desde las perspectivas de género y de la infancia*, Tirant lo Blanch, Valencia, 2022, pp. 242-247.

Lenti, Leonardo, "Note crítiche in tema di interesse del minore", *Riv.dir. civ.*, 2016, pp. 86-111.

Martínez Salvador, Isabel María; Muyor Rodríguez, Jesús y López San Luís, Rocío, "La emancipación de los jóvenes desde los centros de protección de menores: la visión profesional", *OBETS. Revista de Ciencias Sociales*, vol. 16, N° 2, 2021, pp. 393-416

Moya Escudero, Mercedes, "Adquisición de la nacionalidad española por los menores no acompañados", en García Garnica, María del Carmen y Marchal Escalona, Nuria (Dirs.), *Aproximación interdisciplinar a los retos actuales de protección de la infancia dentro y fuera de la familia*, Aranzadi/ Thomson Reuters, Cizur Menor, 2019, pp. 357-379.

Núñez Herrera, Vladimir E., "Procedimiento para la evaluación de la edad de la infancia migrante sin referentes familiares en la LO 8/21, de protección integral a la infancia y la adolescencia frente a la violencia y en el Anteproyecto: mito o realidad", en Lara Aguado, Ángeles (Dir.), *Protección de menores en situaciones transfronterizas: análisis multidisciplinar desde las perspectivas de género, de los derechos humanos y de la infancia*, Tirant lo Blanch, Valencia, pp. 731-775.

Ortiz Vidal, Mª Dolores, "Los menores extranjeros no acompañados en la Unión Europea: soluciones previstas y principio del interés superior del menor", en García Garnica, María del Carmen y Marchal Escalona, Nuria (Dirs.), *Aproximación interdisciplinar a los retos actuales de protección de la infancia dentro y fuera de la familia*, Aranzadi/Thomson Reuters, Cizur Menor, 2019, pp. 397-418.

Prieto Castro, María Ángeles, "La pérdida ambigua en los procesos de integración de los niños, niñas y adolescentes migrantes no acompañados", en Lara Aguado, Ángeles (Dir.), *Protección de menores en situaciones transfronterizas: análisis multidisciplinar desde las perspectivas de género, de los derechos humanos y de la infancia*, Tirant lo Blanch, Valencia, 2023, pp. 1341-1361.

Requejo Isidro, Marta, "La protección del menor no acompañado solicitante de asilo: entre Estado competente y Estado responsable", *Cuadernos de Derecho Transnacional* (Octubre 2017), Vol. 9, N° 2, pp. 482-505.

Rueda Valdivia, Ricardo y Lara Aguado, Ángeles (Dirs.), *Normativas de nacionalidad en Derecho comparado*, Tirant lo Blanch, Valencia, 2020.

Serrano Caballero, Enriqueta, "Protección de los menores extranjeros no acompañados en la Unión Europea", *Revista del Colegio de San Luis*, vol. 8, N° 15, enero-abril 2018, pp. 135-169.

Serrano Sánchez, Lucia, "Competencia y cooperación internacional de autoridades. El interés superior de la y el menor no acompañado como eje en la identificación y reubicación", en Lara Aguado, Ángeles (Dir.), *Protección de menores en situaciones transfronterizas: análisis multidisciplinar desde las perspectivas de género, de los derechos humanos y de la infancia*, Tirant lo Blanch, Valencia, 2023, pp. 693-729.

Serrano Sánchez, Lucía, "Identificación de la migración infantil, adolescente y juvenil en frontera: propuestas para el legislador estatal", en Lara Aguado, Ángeles (Coord.), *Guía de buenas prácticas para la efectividad de los derechos de la niñez, adolescencia y juventud en situaciones de movilidad transfronteriza desde las perspectivas de género y de la infancia*, Tirant lo Blanch, Valencia, 2022, pp. 151-160.

Serrano Sánchez, Lucía, "Identificación de la migración infantil, adolescente y juvenil en frontera: propuestas para el legislador europeo", en

LARA AGUADO, Ángeles (Coord.), *Guía de buenas prácticas para la efectividad de los derechos de la niñez, adolescencia y juventud en situaciones de movilidad transfronteriza desde las perspectivas de género y de la infancia*, Tirant lo Blanch, Valencia, 2022, pp. 161-166.

VIVES, Luna, "Child Migration in the US and Spain: Towards a Global Border Regime?", *International Migration*, vol. 58, N° 9, 2020, pp. 29-44.

OTROS RECURSOS

AGUILÓ, Josep María, "Europa indaga en el escándalo de las niñas tuteladas prostituidas en Mallorca", *Mallorcadiario.com*, 10 de abril de 2022. Disponible en: https://www.mallorcadiario.com/europa-busca-mas-datos-menores-tuteladas-prostituidas-baleares (Consultado: 25 de noviembre de 2023).

COMISIÓN EUROPEA, *Knowledge Centre on Migration and Demography*. Disponible en: https://knowledge4policy.ec.europa.eu/migration-demography_en (Consultado: 25 de noviembre de 2023).

COMITÉ ECONÓMICO Y SOCIAL EUROPEO, *Dictamen del Comité Económico y Social Europeo sobre «La protección de los menores migrantes no acompañados en Europa» (Dictamen de iniciativa)* (2020/C 429/04), DOUE N° C 429, de 11 de diciembre de 2020.

COMUNICACIÓN DE LA COMISIÓN AL PARLAMENTO Y AL CONSEJO, *Protección de menores migrantes* de 12 de abril de 2017, COM (2017) 211 final. Disponible en: https://eur-lex.europa.eu/legal-content/ES/TXT/PDF/?uri=CELEX:52017DC0211&from=DA (Consultado: 25 de noviembre de 2023).

CONSEJO DE EUROPA, *Comité de Ministros, Directrices del Consejo de Europa sobre Justicia Adaptada a los niños, adoptadas por el Comité de Ministros el 17 de noviembre de 2010 en el 1098° encuentro de los Ministros*. Disponible en: file:///C:/Users/Usuario/Downloads/Directrices-del-Consejo-de-Europa-sobre-justicia-adaptada-a-los-ninos-Anexo-2010.pdf (Consultado: 25 de noviembre de 2023).

DEFENSOR DEL PUEBLO, *Informe anual 2020*, volumen I, Informe de Gestión, Madrid. Disponible en: https://www.defensordelpueblo.es/wp-content/uploads/2021/05/Informe_anual_2020-1.pdf (Consultado: 25 de noviembre de 2023).

DEFENSOR DEL PUEBLO ANDALUZ, *Informe de la Defensoría de la Infancia y Adolescencia de Andalucía*, 2021. Disponible en: https://www.defensordelpuebloandaluz.es/sites/default/files/informe-anual-de-menores-2021/desgloses/desglose.php#c5 (Consultado: 25 de noviembre de 2023).

EUROPEAN MIGRATION NETWORK, *How do EU Member States treat cases of missing unaccompanied minors?*, 2020. Disponible en: https://home-affairs.ec.europa.eu/system/files/2020-04/inform_missing_uam_final_15042020_0.pdf (Consultado: 25 de noviembre de 2023).

Eurostat, *Estadísticas sobre la emigración a Europa.* Disponible en: https://commission.europa.eu/strategy-and-policy/priorities-2019-2024/promoting-our-european-way-life/statistics-migration-europe_es#:~:text=De%20las%20personas%20que%20pidieron,de%20Afganist%C3%A1n%2C%20Banglad%C3%A9s%20y%20Siria (Consultado: 25 de noviembre de 2023).

Fiscalía General del Estado, *Circular 3/2001, de 21 de diciembre, sobre actuación del Ministerio Fiscal en materia de extranjería,* FIS-C-2001-00003. Disponible en: https://www.boe.es/buscar/abrir_fiscalia.php?id=FIS-C-2001-00003.pdf (Consultado: 25 de noviembre de 2023).

Fiscalía General del Estado, *Memoria elevada al Gobierno de S.M. presentada al inicio del año judicial por el Fiscal General del Estado, Capítulo III. Fiscales coordinadores y delegados para materias específicas,* Madrid, 2022. Disponible en: https://www.fiscal.es/documents/20142/0/MEMFIS22+%281%29.pdf/6573e7b3-f1e6-d3e6-2b0b-f07123e41c0a?t=1662544190402 (Consultado: 25 de noviembre de 2023).

Kohan, Marisa, "La Comunidad de Madrid desatendió a las menores que una mafia obligaba a prostituirse y que vivían en sus centros de acogida", *Público,* 4 de enero de 2022. Disponible en: https://www.publico.es/sociedad/comunidad-madrid-desatendio-menores-mafia-obligaba-prostituirse-pesar-vivir-centros-acogida.html (Consultado: 25 de noviembre de 2023).

Ministerio de Justicia; Ministerio de Interior; Ministerio de Inclusión, Seguridad Social y Migraciones; y Ministerio de Igualdad, *Anteproyecto de Ley Orgánica integral contra la trata y la explotación de seres humanos.* Disponible en: https://www.mjusticia.gob.es/es/AreaTematica/ActividadLegislativa/Documents/Anteproyecto%20de%20Ley%20Org%C3%A1nica%20Trata%20TAIP.pdf (Consultado: 25 de noviembre dc 2023).

Naciones Unidas, *Objetivos de desarrollo sostenible 2030.* Disponible en: https://www.un.org/sustainabledevelopment/es/objetivos-de-desarrollo-sostenible/ (Consultado: 25 de noviembre de 2023).

Naciones Unidas. Comité de los Derechos del Niño, *Observación General N° 6, 2005, Trato de los menores no acompañados y separados de su familia fuera de su país de origen,* CRC/GC/2005/6, 1 de septiembre de 2005. Disponible en: https://www.acnur.org/fileadmin/Documentos/BDL/2005/3886.pdf (Consultado: 25 de noviembre de 2023).

Observatorio de la Infancia, Ministerio de Sanidad, Servicios Sociales e Igualdad, *Protocolo Actuaciones para la detección y atención de víctimas de trata de seres humanos (TSH) menores de edad. Anexo al Protocolo marco de protección de víctimas de TSH.* Disponible en: http://www.observatoriodelainfancia.mscbs.gob.es/productos/pdf/Anexo_Protocolo_Marco_Menores_Victimas_TSH_aprobado_por_Pleno1_12_2017.pdf (Consultado: 25 de noviembre de 2023).

PUYO, Álvaro (Coord.), *La acogida de menores migrantes en España*, Observatorio de la Infancia, Fundación por Causa, 2021.

UNHCR/ACNUR, *La protección internacional de las personas LGTBI*, México, 2014. Disponible en: https://www.acnur.org/fileadmin/Documentos/Publicaciones/2014/9872.pdf (Consultado: 25 de noviembre de 2023).

UNHCR, *Global Trends. Forced Displacement in 2022*. Disponible en: https://www.unhcr.org/global-trends-report-2022 (Consultado: 25 de noviembre de 2023).

UNICEF, *Acción humanitaria para la infancia 2023, Panorama general*. Disponible en: https://www.unicef.org/media/136926/file/Humanitarian%20Action%20for%20Children%202023%20Overview.pdf (Consultado: 25 de noviembre de 2023).

UNICEF, *Is an End to Child Marriage within Reach? Latest trends and future prospects*", mayo 2023. Disponible en: https://data.unicef.org/resources/is-an-end-to-child-marriage-within-reach/?_gl=1*a1mqha*_ga*MTY5NjYxMzIwNy4xNjg1NDQyNzc5*_ga_9T3VXTE4D3*MTY4NTQ0Mjc3OC4xLjEuMTY4NTQ0Mjc3OC4wLjAuMA. (Consultado: 25 de noviembre de 2023).

UNICEF, *115 million boys and men around the world married as children*, 6 junio 2019. Disponible en: https://www.unicef.org/press-releases/115-million-boys-and-men-around-world-married-children-unicef (Consultado: 25 de noviembre de 2023).

UNICEF, *¿Qué es la mutilación genital femenina?* Disponible en: https://www.unicef.org/es/historias/lo-que-debes-saber-sobre-la-mutilacion-genital-femenina (Consultado: 25 de noviembre de 2023).

UNITED NATIONS, *Migrant Stock 2020*, 2020. Disponible en: https://www.un.org/development/desa/pd/content/international-migrant-stock (Consultado: 25 de noviembre de 2023).

UNITED NATIONS, *Relief and Works Agency for Palestine Refugees in the Near East, dashboard*, 2021. Disponible en: https://www.unrwa.org/what-we-do/relief-and-social-services/unrwa-registered-population-dashboard (Consultado: 25 de noviembre de 2023).

Inclusión de niñas, niños y adolescentes migrantes y sus familias en el sistema normativo español

LUÍS JIMENA QUESADA
Catedrático de Derecho Constitucional
Universitat de Valencia
luis.jimena@uv.es

I. PREMISAS Y CONSIDERACIONES INTRODUCTORIAS: HABLAMOS DE SISTEMA GLOBAL DE DERECHOS HUMANOS

El Comité de los Derechos del Niño de las Naciones Unidas destacó la ausencia de estadísticas, estudios o metodologías de trabajo específicas para niños, niñas y adolescentes (en adelante, NNA) que viven y se desarrollan como personas con uno de sus progenitores encarcelados. En consecuencia, esos NNA se tornan en seres invisibles para el sistema, lo que dificulta enormemente el reconocimiento de su realidad y la garantía de sus derechos.

De entrada, es menester recordar que, cuando nos referimos a inclusión, hablamos inexorablemente de derechos humanos y, en el caso de la infancia y adolescencia y de sus familias migrantes, de situaciones de vulnerabilidad y, por tanto, de medidas positivas frente a potenciales situaciones de múltiple discriminación. A este respecto, conviene discernir entre la plena inclusión y la mera integración: no es lo mismo que a una niña o un niño se dé acogida en un aula ordinaria y se sienta parte de ella que, diversamente, se le haga un simple hueco sin adoptar las medidas positivas requeridas para evitar su exclusión.

Una ilustración de cómo esa mera integración, sin un apoyo inclusivo, comporta una vulneración discriminatoria del derecho a la educación, la ofrece la Sentencia del Tribunal Europeo de Derechos Humanos (STEDH) *G.L. c. Italia* de 10 de septiembre de 2020. Mediante dicho pronunciamiento, la Corte de Estrasburgo condenó a las autoridades italianas por vulneración conjunta del artículo 14 del Convenio Europeo de Derechos Humanos (CEDH; igualdad y no discriminación) y del artículo 2 del Protocolo N° 1 (derecho a la educación), al no haber adoptado las medidas positivas necesarias previstas legalmente para dotar de apoyo escolar especializado a una niña autista en sus dos primeros años de educación primaria. Dichas medidas pasan, especialmente, por la capacitación del personal docente[1].

Por otra parte, cuando aludimos a la situación migratoria, en el caso de España no pueden desconocerse las competencias compartidas entre los distintos niveles territoriales (Estado y Comunidades Autónomas, además del cometido básico de las entidades locales al proveer a la satisfacción de servicios, públicos esenciales para todas las personas en ese espacio geográfico más próximo). Así, por ejemplo, resulta conveniente distinguir entre la mera permanencia de una persona migrante en territorio nacional y las condiciones de inclusión asociadas a un mínimo existencial básico; lo cual, lógicamente, requiere la necesaria coordinación y colaboración entre las diversas administraciones territoriales implicadas, sin que sean aceptables limbos jurídicos de desprotección o supuestos de irresponsabilidad pública.

Una ilustración del reproche a esa falta de sintonía interadministrativa la suministra la Sentencia del Tribunal Superior de Justicia (TSJ) de la Comunitat Valenciana (Sala de lo Contencioso-Administrativo, Sección 3.ª) N° 1542/2000 de 13 de octubre de 2000 (rollo de apelación N° 145/2000). En ella se declara contrario al ordenamiento jurídico un procedimiento de expulsión al que se somete a una persona extranjera que disfruta de una renta mínima de inserción reconocida por una autoridad regional (pongamos por caso, 350€/mes) y, pese a ello, es considerada como insuficiente por la autoridad estatal a efectos de recursos económicos para permanecer en territorio nacional (verbigracia, la normativa estatal exige 500€/mes); dicha expulsión, al margen de incumplir el mandato constitucional de coordinación y colaboración entre administraciones públicas, se apartaría al mismo tiempo del mandato de suficiencia

1 TORRES; PINOS; y CRESPO (2021), pp. 138-147.

económica de las prestaciones sociales impuesto por el artículo 41 de la Constitución Española (CE), además del derecho a la asistencia social o recursos mínimos garantizados del artículo 13 de la Carta Social Europea (CSE)[2].

En fin, cuando abordamos la situación migratoria (especialmente de las personas vulnerables que nos ocupan, infancia y adolescencia) y la articulación de los diversos niveles territoriales internos, es irremediable tomar en consideración las sinergias dentro del sistema global de derechos humanos desde esa óptica de la protección multinivel que debe reconducirse necesariamente al estándar más favorable en aras del principio *favor libertatis* o *pro personae*[3].

En las dos ilustraciones precedentes se ha puesto de manifiesto la interacción entre estándares nacionales y europeos: obviamente, los estándares europeos forman parte del ordenamiento interno con los efectos derivados de los mandatos constitucionales interpretativo (artículo 10.2 CE) y aplicativos (artículos 93 a 96 CE). Lo mismo sucede con un ulterior ejemplo que resulta pertinente traer a colación, en donde las medidas estatales y regionales confluyeron en la grave conculcación de los parámetros europeos en perjuicio de personas migrantes (incluidas infancia y adolescencia) pertenecientes a minorías étnicas: se trata de la Decisión de fondo del Comité Europeo de Derechos Sociales (CEDS) de 25 de junio de 2010 sobre la reclamación colectiva N° 58/2009, *Centre on Housing Rights and Evictions —COHRE— c. Italia.*

No es impertinente detenerse en este asunto. En efecto, el CEDS aceptó básicamente las denuncias formuladas por la organización reclamante, la cual recriminaba a las autoridades italianas que la legislación de emergencia adoptada para hacer frente a la situación de las personas gitanas (población romaní y sinti) habría provocado sometimiento de éstas a un discurso racista y xenófobo, así como a

[2] Véase el FJ 4° de dicha Sentencia. Esta ilustración brinda un ejemplo de los diversos grados de justiciabilidad de los derechos sociales, que no siempre se refieren a una aproximación de reconocimiento "positivo" de un derecho subjetivo sino, en ocasiones, una vez reconocido tal derecho, a una vía "negativa" o de reacción sustentada en una adecuada y combinada interpretación constitucional e internacional. Jimena (2022), p. 278.

[3] Salvioli (2020), p. 429.

campañas ilegales de expulsiones de los campamentos y del territorio italiano, con vulneración de los artículos 16 (protección social, jurídica y económica de la familia), 19 (protección y asistencia de los trabajadores migrantes y sus familias), 30 (protección contra la pobreza y la exclusión social) y 31 (derecho a la vivienda), invocados autónomamente y en conexión con la cláusula de no discriminación del artículo E de la CSE revisada.

La Decisión de fondo del CEDS presenta diversos aspectos de interés[4]. Así, en el plano procedimental, deben destacarse dos elementos preliminares:

- por una parte, en su Decisión de admisibilidad de 8 de diciembre de 2009 acordó utilizar el procedimiento preferente y sumario previsto en el artículo 26 del Reglamento del CEDS, a la vista de la gravedad de las violaciones denunciadas en la reclamación colectiva;
- y, por otra parte, el CEDS decidió organizar una audiencia pública en interés de la buena administración de justicia, que tuvo lugar en la sede del TEDH el 21 de junio de 2010.

En el terreno sustancial, procede asimismo resaltar tres cuestiones previas:

- primeramente, tras tomar nota de que la reclamación no solo denunciaba que las autoridades italianas habrían incumplido la previa Decisión de fondo adoptada el 7 de diciembre de 2005 con motivo de la Reclamación Nº 27/2004 sino que, además, habrían agravado la situación apreciada con anterioridad al adoptar medidas regresivas, el CEDS recuerda que la realización de los derechos sociales fundamentales reconocidos por la CSE está guiada por el principio de progresividad;
- en segundo lugar, aunque el grupo vulnerable objeto de la reclamación comprenda no únicamente personas de nacionalidad italiana y otros nacionales con residencia legal en terri-

---

4 Esta decisión, así como otras importantes adoptadas por el CEDS en el marco del procedimiento de reclamaciones colectivas, han llevado a la doctrina a afirmar que dichas decisiones "hacen pensar que él [el CEDS] está dispuesto a asumir el papel de guardián europeo del Estado social frente a las múltiples agresiones de las que es objeto este modelo". IVARD (2014), p. 97.

torio italiano, sino asimismo personas en situación irregular que no responderían a la definición del ámbito personal de aplicación previsto en el Anexo a la Carta, la ausencia de posibilidades de identificación y las cifras relativas a este segundo colectivo no pueden conducir a privarles de los derechos a la vida y a la dignidad;

- y, en tercer lugar, el CEDS afronta el alcance del principio de no discriminación recordando su propia jurisprudencia y, sobre todo, la del TEDH para enfatizar que el artículo E CSE revisada prohíbe no únicamente la discriminación directa sino asimismo todas las formas de discriminación indirecta, que la carga de la prueba en asuntos de discriminación sobre personas vulnerables debe prever una inversión o desplazamiento apropiados, que la discriminación basada en el origen étnico constituye una forma de discriminación racial que no tiene cabida en una sociedad democrática contemporánea fundada en los principios de pluralismo y diversidad cultural, y que las personas de etnia gitana constituyen un minoría desfavorecida y vulnerable necesitada de protección especial[5].

Por lo demás, el núcleo de esa Decisión de fondo de 25 de junio de 2010 sobre la Reclamación N° 58/2009 está constituido por cuatro partes:

- en la primera se declara la violación del artículo E (no discriminación) en combinación con el artículo 31 (derecho a la vivienda) de la CSE revisada, por la situación de exclusión social y condiciones deplorables sufridas por las personas de etnia gitana, ubicadas en guetos en la periferia de las ciudades (párrafo 1); por la estigmatización de esas personas provocada por las «medidas de seguridad» (conocidas como "*emergenza rom/* emergencia gitana") adoptadas por las autoridades italianas[6],

---

[5] Se citan especialmente las SSTEDH *Timichev c. Rusia* de 13 de diciembre de 2005 y *Orsus c. Croacia* de 16 de marzo de 2010.

[6] Guisasola (2020), p. 49. En este sentido, la citada autora, al criticar el "pacchetto sicurezza" en el que se inscribía la problemática abordada por el CEDS, señala que «la dirección político-criminal de las últimas intervenciones legislativas italianas en materia de inmigración es unívoca, y se caracteriza por una exasperación punitiva aplicable al extranjero que permanece en el país sin un válido

que no sólo habrían permitido la perpetración de violencia generalizada por individuos y grupos organizados contra campamentos y asentamientos gitanos, sino que habrían contribuido a favorecer dicha violencia por medio de reprochables intervenciones y omisiones policiales (párrafo 2); y por la falta de acreditación por parte de las autoridades italianas de la adopción de medidas, sin perjuicio del nivel territorial competente en la materia, tendentes a facilitar el acceso a viviendas sociales sin discriminación (párrafo 3):

- en la segunda parte de la Decisión de fondo de 25 de junio de 2010 se constata por el CEDS una violación del artículo E con conjunción con el artículo 30 (derecho a protección contra la pobreza y la exclusión social), tanto por las condiciones de pobreza derivadas de la segregación y marginación engendradas en los campamentos gitanos, como por la exclusión social de las personas de etnia gitana de toda posible participación ciudadana y política, a lo que habrían contribuido los poderes públicos italianos al poner obstáculos al respeto de la identidad étnica y las opciones culturales de esa minoría en la cultura, los medios de comunicación y los diferentes niveles administrativos, así como al no facilitar la obtención de los documentos de identidad que permiten acceder a la condición de elector; y de nuevo se trae aquí a colación por el CEDS el principio de indivisibilidad de los derechos humanos;
- en la tercera parte se declara la violación del artículo E en relación con el artículo 16 (protección de la familia), tanto en la vertiente clásica de protección social y acceso a la vivienda como en la faceta civil novedosa (de hecho, se trata de una jurisprudencia nueva del CEDS, elaborada por analogía con respecto a la jurisprudencia del TEDH sobre privacidad y protección de datos personales derivada del artículo 8 CEDH)[7] relativa a la tutela frente a las injerencias injustificadas y discriminatorias en la vida familiar de las personas de etnia gitana, por

título de estancia». En el asunto abordado por el CEDS las medidas punitivas se extendieron incluso a nacionales italianos por el hecho de ser de etnia gitana.

7 MARGUÉNAUD y MOULY (2011), pp. 685-716.

el modo en que se ha producido el censo e identificación de dichas personas en los campamentos (huellas digitales, almacenamiento de datos fotométricos e incluso en algunos casos una etiqueta identificativa para acceder al campamento), lo cual no habría comportado un respeto de las normas internacionales en la materia[8];

- por último, en la cuarta parte de la Decisión se concluye la violación del artículo E combinado con el artículo 19 (derecho de los trabajadores migrantes y sus familias a protección y asistencia), por la flexibilización de la legislación antidiscriminatoria sobre incitación al odio racial y la violencia, así como por la propaganda racista engañosa contraria a los inmigrantes romanís y sintis tolerada o emanada directamente de las autoridades públicas; por la discriminación contra esa población inmigrante gitana en situación regular en el acceso al alojamiento subvencionado y ayudas sociales; y por haber utilizado las «medidas de seguridad» como dispositivo normativo discriminatorio tendente a expulsar colectivamente a personas de etnia gitana[9], incluso a muchas de ellas que reunían las condiciones para ostentar la nacionalidad italiana pese a no poder demostrarla por las trabas administrativas en el acceso a la documentación de identidad.

Estas premisas y consideraciones introductorias, con los ejemplos reseñados, nos dan pie para ubicar la inclusión de niñas, niños y adolescentes migrantes y sus familias en el sistema normativo español, que a su vez se inserta en el más amplio sistema global de derechos humanos. En ello se abundará a continuación.

---

8 Se mencionan por el CEDS (párrafo 119) los principios de declaración individual voluntaria y de autoidentificación; cooperación con los órganos de supervisión nacionales e internacionales, y consulta con las ONG que representan o trabajan con esos colectivos vulnerables; confidencialidad, "habeas data" y compilación de respuestas múltiples relativas a la pertenencia étnica por parte de personal cualificado.

9 Se cita en apoyo la STEDH *Conka c. Bélgica* de 5 de febrero de 2002.

II. BASES DEL SISTEMA NORMATIVO ESPAÑOL EN MATERIA DE INFANCIA Y ADOLESCENCIA («SÍ, PERO»)

Como es de sobra conocido, la base sobre la que pivota el sistema normativo español en materia de infancia y adolescencia es el artículo 39 CE, que ubica la garantía del estatuto de los sujetos protagonistas de nuestro estudio en la más amplia protección social, económica y jurídica de la familia en su apartado 1; a renglón seguido se refiere a la protección integral y no discriminatoria de los hijos y a la asistencia "durante su minoría de edad y en los demás casos en que legalmente proceda" en sus apartados 2 y 3, respectivamente; y especifica en su apartado 4 que "los niños gozarán de la protección prevista en los acuerdos internacionales que velan por sus derechos".

Por lo pronto, cabe extraer dos observaciones iniciales. La primera radica en que no se dedica un artículo autónomo a la infancia y la adolescencia (a diferencia de los tratados básicos ratificados por España, pudiendo mencionarse la CSE, tanto la originaria de 1961 como la revisada de 1996), sino que su protección se inscribe al lado de la familia y, además, con una concepción todavía de índole tutelar que ha considerado a las niñas, niños y adolescentes como objetos de protección, y no como sujetos titulares. La segunda tiene que ver con la remisión específica del apartado 4 a los estándares internacionales en el terreno de la infancia y la adolescencia, que es único en el Texto Constitucional de 1978 (al margen del mandato genérico de apertura internacional que se contiene en los mencionados mandatos de los artículos 10.2 y 93 a 96) y que, sobre todo, sirve como pasarela para asumir el nuevo paradigma (infancia y adolescencia como sujetos titulares de derechos fundamentales) que se introdujo mediante la Convención sobre los Derechos del Niño, adoptada por la Asamblea General de las Naciones Unidas el 20 de noviembre de 1989[10].

---

10 Instrumento de Ratificación publicado en el BOE N° 313, de 31 de diciembre de 1990. Véanse, asimismo, el Instrumento de Aceptación por parte de España de la Enmienda al párrafo 2 del artículo 43 de la Convención, hecho en Nueva York el 12 de diciembre de 1995 (BOE N° 190, de 9 de agosto de 2000); la Resolución de 11 de septiembre de 2000, de la Secretaría General Técnica, sobre la comunicación de entrada en vigor de dicha Enmienda (BOE N° 226, de 20 de septiembre de 2000); el Instrumento de Ratificación del Protocolo Facultativa de la Convención, relativo a la venta de niños, la prostitución infantil y la utili-

Esa técnica de reenvío a los estándares internacionales tiene su antecedente en nuestro constitucionalismo social histórico, concretamente en el artículo 43 de la Constitución española de 1931[11]; dicha disposición introdujo como novedad los mismos deberes de los progenitores con respecto a los hijos matrimoniales y extramatrimoniales, equiparando a ambos y poniendo fin a la discriminación secular que habían soportado los primeros, mandándose por la Constitución que las leyes civiles regularan la investigación de la paternidad y "con esta tajante afirmación se quería terminar con una jurisprudencia machista que había negado reiteradamente esta posibilidad"[12]. Sin embargo, resulta curioso recordar que la referencia segundo-republicana fue sorprendentemente objeto de olvido en el inicial borrador de la Ponencia constitucional de 1978, dando lugar a una presión social y política que condujo a la específica introducción de los parámetros internacionales en el apartado 4 del artículo 39 de la Carta Magna española vigente[13].

---

zación de niños en la pornografía, hecho en Nueva York el 25 de mayo de 2000 (BOE N° 27, de 31 de enero de 2002); el Instrumento de Ratificación del Protocolo facultativo de la Convención, sobre participación de niños en conflictos armados, hecho en Nueva York el 25 de mayo de 200 (BOE N° 92, de 17 de abril de 2002); el Instrumento de Aceptación por parte de España de la Enmienda al párrafo 2 del artículo 43 de la Convención (BOE N° 9, de 10 de enero de 2003); la Resolución de 16 de enero de 2006, de la Secretaría General Técnica, relativa a la Objeción de España a la reserva formulada por Omán al Protocolo facultativo de la Convención, sobre la participación de niños en conflictos armados (BOE N° 21, de 25 de enero de 2006), y el Instrumento de Ratificación del Protocolo facultativo de la Convención, relativo a un procedimiento de comunicaciones, hecho en Nueva York el 19 de diciembre de 2011.

11 Dicha disposición se inscribe en el capítulo segundo del título III (artículos 43-50) de la Constitución de la Segunda República (dedicado a "Familia, economía y cultura"), que efectivamente contiene la expresión más sustancial de la Carta Magna republicana y, consecuentemente, de nuestro constitucionalismo social histórico. Jimena (2021), pp. 143-158.

12 Oliver (1997), p. 114. No obstante, como es sabido, esa jurisprudencia machista no logró superarse hasta la vigencia de nuestro ordenamiento constitucional actual, merced a la importante STC 7/1994, de 17 de enero.

13 Alzaga (2016), p. 244. Este apartado cuarto del artículo 39 "es hijo de la polvareda que se organizó a la vista del olvido que al respecto sufrió el Borrador de la Ponencia. En los actos organizados con motivo del Día Mundial del Niño (9 de noviembre), UNICEF-España inició la campaña pro reconocimiento de los derechos del niño, hasta ahora consagrados en diversas declaraciones interna-

Como curiosidad adicional, la última frase del artículo 43 de la Constitución de 1931, al apostar por los cánones internacionales aludió incluso a los programáticos o declarativos, apelando a la "Declaración de Ginebra o tabla de los derechos del niño". Como se ha adelantado, es asimismo el último apartado (4) del actual artículo 39 el que sigue un meridiano paralelismo con el precedente republicano, pero ya con referencia lógica a los estándares vinculantes. La diferencia cualitativa (*soft-law* versus *hard-law*) es objetivamente relevante; ahora bien, incluso la experiencia reciente de nuestra jurisprudencia constitucional ha revelado la paradoja de no hacerse eco del mandato interpretativo del artículo 10.2 con relación a tratados ya incorporados al ordenamiento interno y, al contrario, asumir como canon hermenéutico instrumentos internacionales no vinculantes[14].

El caso es que, sin perjuicio de esa remisión a los tratados sobre derechos de la infancia y la adolescencia operada por el artículo 39.4 de la Constitución de 1978, algunos autores han resaltado que no resulta desdeñable constitucionalizar esos derechos reconocidos en la Convención sobre los Derechos del Niño de 1989. A este respecto, se ha subrayado que no resulta redundante positivizar en la Carta Magna derechos de los niños, niñas y adolescentes aunque ya estén consagrados en el régimen general de derechos y libertades, porque históricamente los niños, niñas y adolescentes no han sido considerados sujetos de derecho, titulares, por tanto, de derechos, y de ahí la importancia de reconocer, al menos, un núcleo duro de sus derechos, como la vida, la supervivencia y el desarrollo; la participación; la educación; o la igualdad y no discriminación. Precisamente, aten-

---

cionales, y especialmente en la llamada Declaración de los Derechos del Niño, aprobada en la ONU en 1959. Posteriormente, se sumaron a esta reivindicación la Subdirección General de la Familia de la Dirección General de Desarrollo Comunitario del Ministerio de Cultura, y diversos partidos y asociaciones ciudadanas".

14 Como ejemplo emblemático de desconocimiento de tratados internacionales (pese al mandato interpretativo del artículo 10.2 de nuestra Carta Magna de 1978) cabe mencionar la STC 119/2014, de 16 de julio (con críticos votos particulares discrepantes). Correlativamente, conviene citar ilustraciones de asunción, como canon hermenéutico, de Declaraciones (por ejemplo, STC 41/2002, de 25 de febrero) o Recomendaciones de la OIT (verbigracia, ya la STC 38/1981, de 23 de noviembre). Esa paradoja, con tales ilustraciones, viene enfatizada en la monografía de ALFONSO (2014), pp. 66-67.

diendo al grado o nivel de constitucionalización que los derechos de la niñez y la adolescencia han alcanzado en los diversos Estados europeos dichos autores han constatado la existencia de diferentes criterios de recepción, visibilización e incluso desarrollo, es decir: 1) Las Constituciones que reconocen expresamente uno o más derechos a los niños, niñas y adolescentes; 2) Las que, si bien aluden a la existencia de sus derechos, no concretan ninguno de ellos; y 3) Las que no hacen mención alguna a los derechos de la infancia y la adolescencia[15].

La Constitución española vigente se integraría en este último grupo, lo que se explica en parte por ser anterior (1978) a la adopción de la Convención de Naciones Unidas (1989). No obstante, la legislación española infraconstitucional sí se ha hecho eco de ese nuevo paradigma representado por la Convención de 1989, tanto en el ámbito estatal como en el autonómico, lo cual se percibe no solamente en el contenido, sino incluso en el título de cada ley. Así, en el terreno estatal comprobamos este tránsito evolutivo si tomamos en consideración la Ley Orgánica 1/1996, de 15 de enero, de protección jurídica del menor, y la Ley Orgánica 8/2021, de 4 de junio, de protección integral a la infancia y adolescencia frente a la violencia; esta última, por cierto, se hace eco explícitamente de la doctrina elaborada por el Comité de los Derechos del Niño de Naciones Unidas[16]. En el terreno autonómico, por su lado, bastará constatar dicho tránsito por referencia a Andalucía, en donde la anterior Ley 1/1998, de 20 de abril, de los derechos y atención al menor ha sido prácticamente sus-

---

15 Cabedo y Ravetllat (2020), p. 44.

16 En particular, en su Preámbulo declara: "Los principales referentes normativos de protección infantil circunscritos al ámbito de Naciones Unidas son los tres protocolos facultativos de la citada Convención y las Observaciones Generales del Comité de los Derechos del Niño, que se encargan de conectar este marco de Derecho Internacional con realidades educativas, sanitarias, jurídicas y sociales que atañen a niños, niñas y adolescentes. En el caso de esta ley orgánica, son especialmente relevantes la Observación General número 12, de 2009, sobre el derecho a ser escuchado, la Observación General número 13, de 2011, sobre el derecho del niño y la niña a no ser objeto de ninguna forma de violencia y la Observación General número 14, de 2014, sobre que el interés superior del niño y de la niña sea considerado primordialmente".

tituida por la Ley 4/2021, de 27 de julio, de infancia y adolescencia de Andalucía.

Por supuesto, la infancia y adolescencia migrante queda incluida en dicha legislación: así, la Ley Orgánica 8/2021 dispone en su artículo 2 (ámbito de aplicación) que se aplica "a las personas menores de edad que se encuentren en territorio español, con independencia de su nacionalidad y de su situación administrativa de residencia" (apartado 1); por su parte, la Ley andaluza 4/2021 establece en su artículo 2 (*ámbito de aplicación*) que ella se aplica "a todas las personas menores de dieciocho años que se encuentren en el territorio de la Comunidad", dedicando una disposición específica a la protección de "niños, niñas y adolescentes migrantes no acompañados" (artículo 131).

Es cierto, por tanto, que la legislación española se va haciendo paulatinamente eco del paradigma de Naciones Unidas relativo a los derechos de la infancia y la adolescencia. También es verdad que España tiene alguna asignatura pendiente en cuanto a la asunción de otros estándares universales que, si bien ubican a niñez y adolescencia como parte de los familiares, establecen parámetros protectores nada despreciables. Es el caso de la Convención Internacional sobre todos los trabajadores migratorios y sus familiares de 1990, todavía no ratificada por España[17]. Sí forma parte del ordenamiento interno, en cambio, el artículo 19 (*derechos de los trabajadores migrantes y sus familias a recibir protección y asistencia*) de la Carta Social Europea

---

17 En realidad, hasta finales de junio de 2023 ningún Estado de la Unión Europea había ratificado dicho Convenio internacional. Ni siquiera el Parlamento Europeo, que suele ser más incisivo en materia de derechos humanos que las demás instituciones de la Unión, ha pedido formalmente a los Estados que ratifiquen dicho Convenio de Naciones Unidas. Así, por ejemplo, en la *Resolución del Parlamento Europeo, de 19 de mayo de 2021, sobre la protección de los derechos humanos y la política exterior de la Unión en materia de migración* (2020/2116(INI)), se limita a decir en la parte introductoria, en dos ocasiones: "Vista la Convención…", y "Vista la Nota orientativa conjunta sobre los impactos de la pandemia de la COVID-19 en los derechos humanos de los migrantes, de 26 de mayo de 2020, del Comité de las Naciones Unidas para la Protección de los Derechos de Todos los Trabajadores Migratorios y de sus Familiares y del relator especial de las Naciones Unidas sobre los derechos humanos de los migrantes".

revisada de 1996 (ratificada por España en 2021[18]), que contempla en sus párrafos 11 y 12 la inclusión de la infancia y adolescencia migrante a través del favorecimiento de derechos lingüísticos relacionados con el país de acogida y de origen, respectivamente[19]; debe resaltarse que estos dos párrafos no figuraban en el artículo 19 de la CSE originaria de 1961 (ratificada por España en 1980[20]), que contenía diez párrafos. Cabalmente, se ha resaltado que favorecer la instrucción de la infancia y la adolescencia migrante en la lengua del país de acogida y mantener la lengua materna constituye una de las respuestas básicas para favorecer su inclusión[21].

Como recapitulación, comprobamos que la legislación española "sí" está reflejando los estándares internacionales, "pero" el ordenamiento interno tiene todavía alguna asignatura pendiente (como la recién mencionada Convención universal de 1990). Con carácter añadido, es constatable que el TC español "sí" está utilizando esos cánones internacionales con apoyo en el mandato del artículo 10.2 de la Carta Magna, "pero" al mismo tiempo declara que no forman parte del "bloque de constitucionalidad". Esa paradójica afirmación (dice una cosa y la contraria), que la efectuó de manera ostensible en la STC 236/2007, de 7 de noviembre (en la que los estándares internacionales jugaron de un modo favorable a los derechos de la infancia y la adolescencia)[22], y la ha seguido reiterando en importan-

---

18 BOE N° 139, de 11 de junio de 2021.

19 A tenor del párrafo 11 del artículo 19, los Estados deben "promover y facilitar la enseñanza de la lengua nacional del Estado de acogida o, en caso de existir varias, de una de ellas a los trabajadores migrantes y a los miembros de su familia"; mientras el párrafo 12 obliga a los Estados "a promover y facilitar, en tanto que sea posible, la enseñanza de la lengua materna del trabajador migrante a los hijos de éste".

20 BOE N° 153, de 26 de junio de 1980.

21 Janta y Harte (2016), p. 15.

22 Véase, especialmente, el FJ 8°, en el que, entre otros estándares internacionales, se acude al artículo 26 de la Declaración Universal de 1948, al artículo 2 del Protocolo N° 1 al CEDH y a la jurisprudencia del TEDH en materia educativa, sosteniéndose así "la inequívoca vinculación del derecho a la educación con la garantía de la dignidad humana, dada la innegable trascendencia que aquélla adquiere para el pleno y libre desarrollo de la personalidad, y para la misma convivencia en sociedad, que se ve reforzada mediante la enseñanza de los valores democráticos y el respeto a los derechos humanos, necesarios para

tes pronunciamientos posteriores (como la STC 140/2018, de 20 de diciembre, que consagró el "control de convencionalidad" en su FJ 6º[23]) puede ser germen de fluctuaciones en la propia jurisprudencia constitucional y, por consiguiente, proyectar incertidumbre en los demás operadores jurídicos a la hora de enfrentarse a una aparente o eventual colisión entre canon constitucional y canon internacional.

III. LA RECIENTE OPTIMIZACIÓN DE DICHAS BASES NORMATIVAS (MÁS «SÍ», Y MÁS «PERO»)

Como se ha anticipado, una reciente optimización del sistema normativo español ha venido de la mano de la ratificación, el 17 de mayo de 2021, de la CSE revisada de 1996 (cuya firma se produjo el 23 de octubre de 2000), aceptándose al tiempo el procedimiento de reclamaciones colectivas ante el CEDS sobre la base habilitante del artículo D (incluido en la parte IV) del texto revisado[24]. Así pues, si los derechos valen tanto como las garantías, ha sido crucial que el

---

"establecer una sociedad democrática avanzada, como reza el preámbulo de nuestra Constitución". Y ello para concluir, tras el examen del recurso de inconstitucionalidad (N° 1707-2001, interpuesto por el Parlamento de Navarra), que el precepto controvertido (punto 7 del artículo primero de la Ley Orgánica 8/2000, que daba nueva redacción al apartado 3 del artículo 9 de la Ley Orgánica 4/2000, estableciendo el derecho a la educación de naturaleza no obligatoria solo para los extranjeros residentes) no era constitucionalmente legítimo.

[23] En particular, en la misma STC 140/2018, el relevante FJ 6° se ve precedido por un FJ 5° en el que la Jurisdicción Constitucional española reitera su previa jurisprudencia declarando que los tratados no son "parámetro directo de la constitucionalidad de las normas internas". Y ello resulta disfuncional porque, en sustancia, sí integran dicho parámetro convirtiéndose "en cierto modo en el contenido constitucionalmente declarado de los derechos y libertades" (STC 236/2007, FJ 5°).

[24] En el instrumento de ratificación (BOE N° 139, de 11 de junio de 2021) se incluye la siguiente declaración: "En relación a la parte IV, artículo D, párrafo 2, de la Carta Social Europea (revisada), España declara que acepta la supervisión de sus obligaciones contraídas en la Carta según lo que establece el procedimiento recogido en el Protocolo Adicional a la Carta Social Europea que desarrolla un sistema de reclamaciones colectivas, hecho en Estrasburgo, el 9 de noviembre de 1995". Más tarde, sin ser necesario, España ratificó de manera autónoma ese Protocolo de reclamaciones colectivas de 1995: instrumento de ratificación publicado en el BOE N° 263 d 2 de noviembre de 2022.

mayor reconocimiento de derechos (también para la infancia y la adolescencia sobre la base, por ejemplo, de los citados apartados 11 y 12 del artículo 19 de la Carta) haya ido acompañado de la aceptación del procedimiento de reclamaciones colectivas.

De hecho, la primera reclamación formulada contra España (N° 206/2022, *DCI, FEANTSA, MEDEL, CCOO y ATD-Cuarto Mundo c. España*, registrada el 2 de marzo de 2022) alega la vulneración de múltiples derechos reconocidos en la CSE revisada (artículos 31, 16, 17, 30, 23, 11, 15, 11, 20, 27 y la cláusula de no discriminación del art. E, autónomamente o en combinación con los anteriores) en relación con la privación de electricidad y sus consecuencias para la población en los sectores 5 y 6 de Cañada Real, en Madrid. Es preciso subrayar que las denuncias afectan también a población infantil, nacional y migrante, razón por la cual se invoca el art. 17 CSE (*derecho de los niños y jóvenes a protección jurídica, social y económica*), cuyo tenor literal es el siguiente: "Para garantizar el ejercicio efectivo del derecho de los niños y los jóvenes a crecer en un medio que favorezca el pleno desarrollo de su personalidad y de sus aptitudes físicas y mentales, las Partes se comprometen a adoptar, bien directamente o bien en cooperación con las organizaciones públicas o privadas, todas las medidas necesarias y adecuadas encaminadas: 1.a) a garantizar a los niños y jóvenes, teniendo en cuenta los derechos y deberes de sus progenitores, los cuidados, la asistencia, la educación y la formación que necesiten, en particular disponiendo la creación o el mantenimiento de instituciones o servicios adecuados y suficientes a tal fin; b) a proteger a los niños y jóvenes contra la negligencia, la violencia o la explotación; c) a garantizar una protección y una ayuda especial por parte del Estado a los niños y jóvenes que se vean privados temporal o definitivamente del apoyo de su familia; 2. a garantizar a los niños y jóvenes una educación primaria y secundaria gratuita, así como a fomentar la asistencia regular a la escuela".

Dicho lo cual, este "sí" en cuanto al reconocimiento de mayores garantías con la aceptación del procedimiento de reclamaciones colectivas a través de la ratificación de la CSE revisada, ha tenido un lamentable "pero" con motivo de la ratificación autónoma del Protocolo de 1995 que, como se apuntó, no era en absoluto necesaria[25]: ese «pero» consiste en haber aprovechado esa ratificación para incluir una declaración que pretende desvirtuar el ámbito personal de protección de la CSE revisada, extendiendo pretendidamente dicha restricción a la infancia y adolescencia migrante.

La declaración se expresa en estos términos: "El Reino de España queda comprometido por el anexo a la Carta Social Europea revisada "Ámbito de aplicación de la Carta Social (revisada) en lo que se refiera a las personas protegidas" de acuerdo a la literalidad de sus términos, sin que pueda entenderse que el disfrute de los derechos señalados se extienda a extranjeros que no se encuentren en situación regular, salvo que exista autorización previa y expresa por parte de las autoridades españolas en la que se especifique el alcance y forma en que dicha protección hubiera de ser garantizada". Sobre el particular, téngase en cuenta que el citado anexo incluye a efectos de las restricciones la disposición específica sobre derechos de la infancia y la adolescencia (artículo 17)[26].

Por el contrario, semejante declaración restrictiva de España debería tenerse por no puesta. Al menos por dos motivos: el primero, porque el propio anexo de la CSE revisada, en las cláusulas interpretativas sobre el alcance de sus diversas disposiciones, dice con res-

---

25 Se alude, en efecto, a una "aplicación provisional del Protocolo» que resulta curiosa, puesto que dicha aplicación sobre la base habilitante del artículo D de la CSE revisada es perfectamente asumible como definitiva, sin necesidad de proceder a la ratificación del Protocolo de 1995. Si acaso, podría argüirse que esa "aplicación provisional" ha sido el pretexto para publicar el texto del Protocolo (el cual podría haberse incluido asimismo con el texto ratificado de la CSE revisada) y que la ratificación autónoma del Protocolo de 1995 dota seguramente de mayores garantías de estabilidad (frente a posibles denuncias u otras posibles maniobras de un futuro Gobierno tendentes a desvincularse del procedimiento de reclamaciones colectivas).

26 El anexo de la CSE revisada, cuando se refiere al ámbito de aplicación subjetivo, declara: "Sin perjuicio de lo dispuesto en el artículo 12, párrafo 4, y en el artículo 13, párrafo 4, las personas a que se refieren los artículos 1 a 17 y 20 a 31 sólo comprenden a los extranjeros que, siendo nacionales de otras Partes, residan legalmente o trabajen habitualmente dentro del territorio de la Parte interesada, entendiéndose que los artículos citados se interpretarán a la luz de las disposiciones contenidas en los artículos 18 y 19. Esta interpretación no excluye la extensión de derechos análogos a otras personas por cualquiera de las Partes".

pecto al artículo 17 que "se entiende que esta disposición se refiere a todas las personas menores de 18 años"; el segundo, sobre todo, porque la jurisprudencia del CEDS ha fraguado una interpretación evolutiva del artículo 17 tomando en consideración el paradigma de la Convención internacional de 1989 acerca de la infancia y la adolescencia como sujeto titular de derechos.

Esta jurisprudencia tiene su punto de arranque en la decisión de fondo de 7 de septiembre de 2004 (Reclamación N° 14/2003, *Federación internacional de ligas de derechos humanos c. Francia*). En concreto, al abordar el alcance del derecho a la asistencia médica (artículo 13 CSE) en conexión con el derecho de los niños, niñas y adolescentes a la protección (artículo 17 CSE), el CEDS entiende que incluso la restricción que figura en el Anexo de la Carta consistente en asociar el goce de tales derechos a la situación de regularidad de las personas extranjeras debe ceder porque "dicha restricción afecta a un derecho que reviste una importancia fundamental para el individuo, puesto que dicho derecho se encuentra ligado al mismo derecho a la vida y afecta directamente a la dignidad del ser humano. Por añadidura, la restricción penaliza en este caso a niños que se encuentran expuestos al riesgo de no poder beneficiarse de un tratamiento médico" (párrafo 30). Y refuerza dicha argumentación declarando que "la dignidad humana representa el valor fundamental que se encuentra en el corazón del Derecho europeo positivo en materia de derechos humanos —tanto si se trata de la Carta Social Europea como si se trata del Convenio Europeo de Derechos Humanos— y la atención sanitaria constituye una condición previa esencial para la preservación de la dignidad humana" (párrafo 31). Y, en definitiva, lo más interesante es la consecuencia general que extrae el CEDS, al afirmar que "el Comité estima que una legislación o una práctica que niegue el derecho a la asistencia médica a los ciudadanos extranjeros, en el territorio de un Estado parte, aun cuando estén en situación irregular, es contraria a la Carta" (párrafo 32).

Adicionalmente, agrega el CEDS que "el artículo 17 de la Carta revistada está por lo demás directamente inspirado en la Convención de Naciones Unidas sobre derechos del niño. Garantiza de manera general el derecho de los niños y adolescentes, incluidos los menores no acompañados, a los cuidados y a la asistencia. Sin embargo, el Comité observa que: a) el grupo en cuestión solo tiene derecho a la asistencia médica en caso de situaciones que ponga en juego el pronóstico vital; b) los hijos de inmigrantes en situación irregular solo son beneficiarios del sistema de asistencia médica tras un cierto período de presencia en el territorio» (párrafo 36); por tales razones, el CEDS considera que «la situación no es conforme al artículo 17" (párrafo 37)[27].

IV. CONCLUSIONES Y REFLEXIONES FINALES: ELEMENTOS PARA LA MEJORA DE LA INCLUSIÓN («SÍ», SIN «PERO»)

Llegados a este punto, cabría interrogarse si la reseñada optimización de las bases normativas ha comportado algún avance en términos de protección o garantía de los derechos de la infancia y la adolescencia. Pues bien, si volvemos la mirada hacia la reciente ratificación por parte de España de la CSE revisada, acompañada por la aceptación del procedimiento de reclamaciones colectivas, podemos concluir que ello "sí" (sin "pero") cabe catalogarlo como un importante avance. En efecto, la mencionada Reclamación n.º 206/2022 (*DCI, FEANTSA, MEDEL, CCOO y ATD-Cuarto Mundo c. España*), cuya resolución está pendiente en cuanto al fondo en el momento de cerrar el presente trabajo, está llamada seguramente a tener un gran impacto en España[28]; y en la praxis ya lo ha tenido, al haber decretado el CEDS medidas cautelares (denominadas «medidas inmedia-

---

27 Esta posición del CEDS se reafirmó, con relación nuevamente a los derechos de la infancia y la adolescencia, con motivo de la decisión de fondo de 20 de octubre de 2009 (Reclamación N° 47/2008, *Defence for Children International -DCI- c. Países Bajos*), así como de la decisión de fondo de 23 de octubre de 2012 (Reclamación N° 69/2011, *DCI c. Bélgica*). Dicha jurisprudencia fue objeto de extensión a personas adultas migrantes en situación irregular a través de las decisiones de fondo de 1 de julio de 2014 (Reclamación N° 90/2013, *Confederación de Iglesias Europeas c Países Bajos*) y de 2 de julio de 2014 (Reclamación N° 86/2012, *FEANTSA c. Países Bajos*).

28 Al referirse a esa primera Reclamación contra España (N° 206/2022), y a la segunda formulada en el mismo mes de marzo de 2022 (la Reclamación N° 207/2022, *UGT c. España*, que fue registrada el 24 de marzo de 2022, y en ella se denuncia la contrariedad al artículo 24 CSE revisada de la legislación española sobre despidos individuales sin causa y el carácter insuficiente y no disuasorio de las indemnizaciones), ha anticipado SALCEDO (2022), p. 53.

tas», cuya adopción es excepcional) para evitar daños irreparables a un gran número de personas en situación de vulnerabilidad, entre ellas niños, niñas y adolescentes[29].

Este avance cabe ciertamente cifrarlo como un elemento para la mejora de la inclusión de la infancia y la adolescencia migrante en España. A condición, eso sí, de explotar igualmente las sinergias entre ese mecanismo de reclamaciones colectivas ante el CEDS y otros procedimientos de protección internacional como las demandas y peticiones individuales ante el TEDH o ante el Comité de Derechos del Niño de la ONU. Expresado lo cual, es sabido que estos mecanismos de comunicación individual adolecen de cierta lentitud, al estar guiada su operatividad por el principio de subsidiariedad y su corolario, o sea, el agotamiento de los recursos internos. Diversamente, el procedimiento de reclamaciones colectivas ante el CEDS posee la ventaja de no regirse por el requisito del agotamiento de las vías nacionales; y, con carácter añadido, puede generar un intenso debate social y político para poner en juego la coordinación, colaboración y responsabilidad de los poderes públicos implicados, sin perjuicio de la responsabilidad de los progenitores en el caso de la infancia y la adolescencia (migrante y no migrante).

Con tal filosofía, para cerrar el presente apartado de conclusiones y reflexiones finales es indudable que la mejora de la inclusión de la infancia y la adolescencia migrante pasa, ante todo, por el respeto de los derechos educativos. En este sentido, se ha mencionado más arriba que la legislación estatal española se refiere a personas menores de edad con independencia de su nacionalidad y de su situación administrativa de residencia (artículo 2 de la Ley Orgánica 8/2021) y, de igual manera, la legislación autonómica acomete la protección de niños, niñas y adolescentes migrantes no acompañados (por ejemplo, artículo 131 de la Ley andaluza 4/2021). Desde este punto de vista, la optimización de ese marco normativo nacional puede verse favorecida por la eventual formulación de reclamaciones colectivas sobre situaciones controvertidas en España que afecten a la infancia y la adolescencia migrante; y ello a la vista de algunos perfiles jurispru-

---

29 Salcedo (2023), pp. 1-19.

denciales de interés delimitados por el CEDS. Veamos brevemente algunos de esos apuntes.

Una primera decisión de fondo de interés, de fecha 16 de octubre de 2017, resolvió la Reclamación N° 109/2014 (*Centro de Defensa de los Derechos de las Personas con Discapacidad Mental/ Mental Disability Advocacy Center c. Bélgica*). En ella, la organización reclamante denunciaba la violación de los artículos 15 (derechos de las personas con discapacidad) y 17 CSE revisada (protección social, jurídica y económica de niños y adolescentes) en relación con el derecho a una educación inclusiva de niñas y niños con discapacidad. En su decisión, el CEDS concluyó que se había producido una violación tanto del artículo 15§1 (por cuanto no se garantizaba efectivamente en la Comunidad flamenca de Bélgica el derecho a la educación inclusiva de los niños, niñas y adolescentes afectados por discapacidad intelectual y no existía un recurso efectivo contra la inadmisión en el sistema general de enseñanza) como del artículo 17§2 (en razón de la inaccesibilidad para dichas personas a los centros de enseñanza y programas educativos ordinarios).

Un segundo pronunciamiento relevante lo ofrece la decisión de fondo de 24 de enero de 2018 de resolución de la Reclamación N° 114/2015 (*Comité europeo de acción especializada para el niño y la familia en su medio de vida, EUROCEF, c. Francia*) en la que se alegaba la violación de diversas disposiciones de la CSE revisada (artículos 7, 11, 13, 14, 17, 30 y 31, solos o en combinación con el artículo E) en relación con la acogida de menores extranjeros no acompañados (MENA). En su decisión de fondo, el CEDS concluyó la violación del artículo 7§10 (debido al alojamiento inapropiado de dichos menores y quedar expuestos a convertirse «niños de la calle»), de los artículos 11§1 y 13§1 (a causa del deficitario acceso a la salud y a la asistencia social, respectivamente, de esos MENA), del artículo 17§1 (por las carencias del dispositivo nacional de acogimiento y alojamiento de los MENA, su detención en establecimientos inadecuados, el uso inadaptado e ineficaz de los tests óseos para determinar la edad y la inefectiva de los recursos jurídicos en la materia), del artículo 17§2 (por el deficitario acceso a la educación de los MENA de entre 16 y 18 años) y del artículo 31§2 (de nuevo, por la deficitaria provisión de alojamiento de dichos menores).

Por el contrario, el CEDS desestimó por 11 votos contra 4 que hubiera violación del artículo 30 (protección contra la pobreza y la exclusión social), pese a reconocer "que la situación de algunos menores podría exponerles a pobreza y exclusión social" (§185), una paradoja que puso de manifiesto en su voto particular discrepante Petros Stangos en clave de lucha contra la infantilización de la pobreza. Naturalmente, esta jurisprudencia del CEDS debería contribuir a superar uno de los límites del estatuto de los MENA en Francia (a tenor de las constataciones efectuadas asimismo por la Defensora de los Derechos), que "reside en el hecho de que los menores no acompañados se consideran migrantes y no niños. En otras palabras, las normas que se les aplican están más próximas a las del Derecho de extranjería y muy alejadas de las del Derecho común de protección de la infancia. Estos menores están sujetos a disposiciones especiales que se adaptan mal a los niños y que resultan discriminatorias con respecto a otras categorías de niños en situación de riesgo. También hay que tener en cuenta que además de la vulnerabilidad debida a su edad y su situación, a menudo son el blanco de redes de delincuencia, en particular las implicadas en la trata de seres humanos"[30]. Evidentemente, estas consideraciones son extensibles a España y a otros países.

Una tercera resolución importante tiene que ver igualmente con la protección del interés superior del niño, niña y adolescente, concretamente la decisión de fondo de 5 de diciembre de 2017 sobre resolución de la Reclamación N° 119/2015 (*Foro europeo de las personas de etnia gitana e itinerantes c. Francia*); en ella se denunciaba básicamente la violación de los artículos 10§§ 3 y 5, 16, 17§2, 30 y 31 CSE revisada, de modo autónomo o en conjunción con la cláusula de no discriminación del artículo E, especialmente en lo que concierne al acceso a la educación y la formación profesional de los niños y niñas de etnia gitana. El CEDS acogió la mayor parte de esas denuncias, determinando la violación del artículo 17§2 (solo y en combinación con el artículo E), así como de esa misma cláusula antidiscriminatoria (artículo E) en combinación con los artículos 10§§ 3 y 5, 17§2, 30 y 31, como consecuencia de esa exclusión de las citadas personas

---

30 BOURDOT; DANESI; y DUCLOS (2023), p. 6.

menores de la escolarización obligatoria e inestabilidad de las condiciones de vida en los campamentos gitanos, de las discriminaciones (de orden administrativo, social y económico), de las evacuaciones sucesivas que comportan segregación y ausencia de inclusión en el tejido social y en el sistema educativo, y de las condiciones habitacionales irrespetuosas con la dignidad.

Por último, en el mismo terreno cabe mencionar la decisión de fondo de 16 de octubre de 2018, de resolución de la Reclamación N° 121/2016 (*Equal Rights Trust, ERT, c. Bulgaria*); en ella se denunciaba la violación de los artículos 12§3, 16 y 17§2, considerados autónomamente o en combinación con el artículo E de la CSE revisada, como consecuencia de la Ley búlgara sobre las prestaciones familiares para niñas y niños (por la modalidad de pago de esas prestaciones, por la posible suspensión de ellas en caso de absentismo escolar e incluso por el fin de la percepción si el niño se convierte en padre, aspectos que podrían constituir una discriminación racial en perjuicio de la comunidad gitana). En su decisión de fondo, tras recalificar las alegaciones y descartar la pertinencia de la aplicación de los artículos 12§3 17§2, reconduciendo la problemática a la protección de la familia del artículo 16, el CEDS declaró que hubo violación del citado artículo 16 por dos motivos (con relación a la suspensión o supresión de las prestaciones familiares mensuales si el niño o la niña deja de asistir a la escuela, así como si la supresión de ellas se produce si la persona menor se convierte en padre), además de una violación del propio artículo 16 en conjunción con el artículo E (discriminación indirecta, con impacto desproporcionado por los dos citados motivos, en perjuicio de la comunidad gitana, y más particularmente de las personas menores de etnia gitana).

Siendo relevante este último pronunciamiento, cabe lamentar que el CEDS no haya incidido (y ni siquiera mencionado) en la doctrina de las obligaciones positivas que pesan sobre las autoridades públicas (y no solamente sobre los progenitores) en materia de aseguramiento de la escolaridad obligatoria y frente al absentismo escolar (a diferencia de lo que sí hizo el CEDS en su precedente decisión de fondo de 19 de marzo de 2013 sobre la Reclamación N° 82/2012, *EUROCEF c. Francia*).

En definitiva, las obligaciones positivas comportan una congruencia con la responsabilidad, para que el ejercicio de los derechos de los niños, niñas y adolescentes migrantes no sea meramente ilusorio, sino efectivo. Y, a tal efecto, si como acostumbramos a expresar, los derechos valen tanto como las garantías, debemos seguir insistiendo en que estas valen tanto como la voluntad positiva de ponerlas en práctica (voluntad positiva jurídica y judicial, social, mediática, política y académica).

Bibliografía citada

Alfonso Mellado, Carlos, *Constitución, Tratados internacionales y Derecho del trabajo*, Madrid, Fundación 1° de Mayo, 2014.

Alzaga Villaamil, Óscar, *Comentario sistemático a la Constitución española de 1978 (Artículo 39)*, Madrid, Marcial Pons, 2016.

Bourdot, Marie-Ange; Danesi, Emmanuelle; y Duclos, Elisa, "Les constats préoccupants de la Défenseure des droits sur la situation des droits de l'enfant en 2022", *La Revue des Droits de L'Homme, Actualités Droits-Libertés*, 2023.

Cabedo Mallol, Vicente y Ravetllat Ballesté, Isaac, *Los derechos de la infancia y adolescencia en las Constituciones Europeas*, Valencia, Tirant lo Blanch, 2020,

Guisasola Lerma, Cristina, "Reformas penales y tendencias político-criminales en materia de inmigración", *La Ley Penal. Revista de Derecho Penal, Procesal y Penitenciario*, N° 67, 2010.

Janta, Barbara y Harta, Emma, *Education of migrant children. Education policy responses for the inclusion of migrant children in Europe*, Rand Europe, Santa Monica/Cambridge, 2016.

Jimena Quesada, Luís, "La aplicación judicial de la Carta Social Europea en España: nuevas garantías para los derechos sociales tras la ratificación de la versión revisada", *Teoría y Realidad Constitucional*, N° 50, 2022, pp. 247-290.

Jimena Quesada, Luís, "Los derechos y deberes de los españoles. Familia, economía y cultura (Título III, Capítulo segundo: arts. 43-50)", en Oliver Araujo, Joan, y Ruiz Robledo, Agustín (Dirs.), *Comentarios a la Constitución española de 1931 en su 90 aniversario*, Madrid, Centro de Estudios Políticos y Constitucionales, 2021, pp. 143-158.

Marguénaud, Jean Pierre; y Mouly, Jean, "Le Comité européen des droits sociaux, un laboratoire d'idées sociales méconnu", *Revue du droit public et de la science politique en France et à l'étranger*, N° 3, 2011, pp. 685-716.

Nivard, Carole, "Le Comité européen des Droits sociaux, gardien de l'État social en Europe?", Civitas Europa, N.° 33, 2014, pp. 95-109.

Salcedo Beltrán, Carmen, "La efectividad de la Carta Social Europea en la Cañada Real Galiana: análisis jurídico de las pioneras medidas inmediatas instadas al gobierno español por el Comité Europeo de Derechos Sociales", *Lex Social*, Vol. 13, N° 1, 2023, pp. 1-19.

SALCEDO BELTRÁN, Carmen, "Rumbo a la Carta Social Europea: navegando en aguas procelosas hacia el reconocimiento de los derechos sociales", *Documentación Laboral*, Vol. 1, N° 125, 2022, pp. 33-55.

SALVIOLI, Fabioli, *Introducción a los derechos humanos. Concepto, fundamentos, características, obligaciones del Estado y criterios de interpretación jurídica*, Valencia, Tirant lo Blanch, 2020.

TORRES MONTALVO, Marcia; PINOS BENAVIDES, Carilina; y CRESPO DÁVILA, Esthela, "Educación Inclusiva en Estudiantes con Trastorno del Espectro Autista", *Revista Científica Hallazgos*, Vol. 6, N° 2, 2021, pp. 138-147.

De los MINA y los MENA a niños, niñas y adolescentes sin referentes familiares: veinticinco años de un fenómeno migratorio particular

VICENTE CABEDO MALLOL
Director de la Cátedra de Infancia y Adolescencia
Universitat Politècnica de València
Presidente de la Red de Universidades por la Infancia y la Adolescencia
vicamal@urb.upv.es

I. INTRODUCCIÓN

Un fenómeno migratorio particular irrumpió en Europa en los años ochenta y noventa del pasado siglo, consistente en la llegada a países de la Unión Europea de menores de edad no acompañados, provenientes de terceros países. En puridad, no puede calificarse este fenómeno migratorio como "nuevo", dado que, con anterioridad, ya se habían detectado en Europa adolescentes no acompañados de terceros países. La novedad fue el aumento exponencial de los mismos, en particular a partir de la década de los noventa[1].

En España, este "nuevo" tipo de migración tomará carta de naturaleza a mediados de los noventa[2]. Sin embargo, el punto de inflexión cabe situarlo a finales de esa década. Vestri y González afirman que se pasó de detectar a un menor no acompañado en 1993 a 6.475 en 2007[3]. En la primera década del siglo XXI, de acuerdo con UNICEF y el Conejo General de la Abogacía, el número de acogimientos de estos adolescentes no acompañados habría ido en aumento hasta ese año 2007, aunque con un descenso pronunciado en 2004, llegándose

---

1 Bravo (2005).

2 Proyecto Con Red (2004); Bravo (2005); Bravo y Santos (2017); UNICEF y Consejo General de la Abogacía (2009).

3 Vestri y González (2012).

a alcanzar los referidos 6.475 acogimientos[4]. En cualquier caso, con relación a este colectivo migrante, como han venido denunciando durante años la doctrina, entidades como UNICEF o el propio Defensor del Pueblo[5], la falta de datos reales ha sido una constante, dado el mal funcionamiento, durante muchos años, de un registro unificado y centralizado al que se suministrasen datos de las respectivas Comunidades Autónomas[6]. Y el problema es que tampoco estas Comunidades Autónoma llevaban un registro fiable, máxime cuando los datos que presentaban iban referidos tanto al número de estos menores de edad no acompañados tutelados en acogimiento residencial, como al número de los mismos atendidos a lo largo de un año o al número de entrada en su respectivo territorio.

Cuadro 1

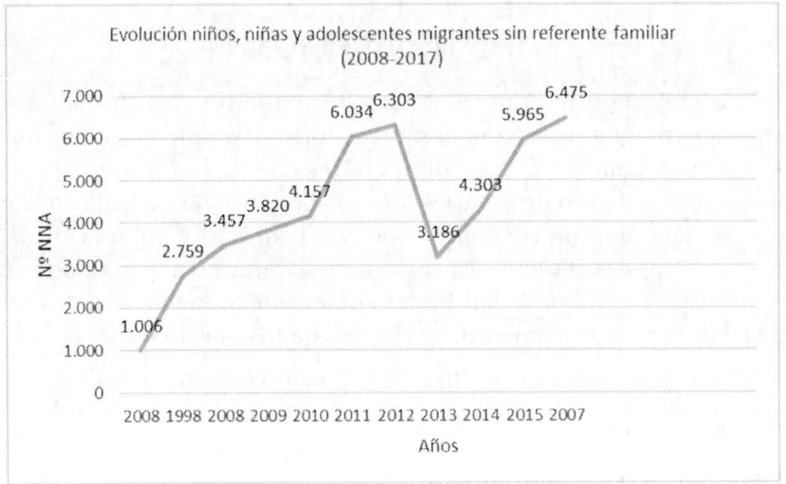

Fuente: Elaboración propia a partir de datos de UNICEF y del Consejo General de la Abogacía (2009)

---

4 UNICEF y CONSEJO GENERAL DE LA ABOGACÍA (2009).

5 DEFENSOR DEL PUEBLO (2021).

6 El Real Decreto 864/2001, de 20 de julio, por el que se aprueba el Reglamento de ejecución de la Ley Orgánica 4/2000, de 11 de enero, sobre derechos y libertades de los extranjeros en España y su integración social, ya preveía la existencia. en la Dirección General de la Policía, de un Registro de Menores Extranjeros en situación de legal desamparo a efectos puramente identificadores (art. 60.2).

Más allá de la fiabilidad de las cifras que nos pueda proporcionar el Registro de Menores Extranjeros No Acompañados, se constataría que durante el periodo 2008 a 2016 se habría mantenido estable el número de estos menores de edad migrantes, incluso apuntando un leve descenso. Sin embargo, en 2017 casi se duplicaría la cifra de estos adolescentes con respecto al año anterior, pasando, de acuerdo con dicho Registro, de 3.397 a 6.414. Cifra que volvería a duplicarse al siguiente año, alcanzándose el registro de 13.796 de los denominados por la normativa estatal "menores extranjeros no acompañados". En los dos años siguientes esta cifra se redujo (12.417 en 2019 y 9.030 en 2020). En la actualidad, se observa, siempre tomando como referencia este Registro, un repunte bastante pronunciado de estos menores de edad en el año 2022, contabilizándose a 31 de diciembre 11.417, frente a los 9.294 registrados a 31 de diciembre del año anterior.

Cuadro 2

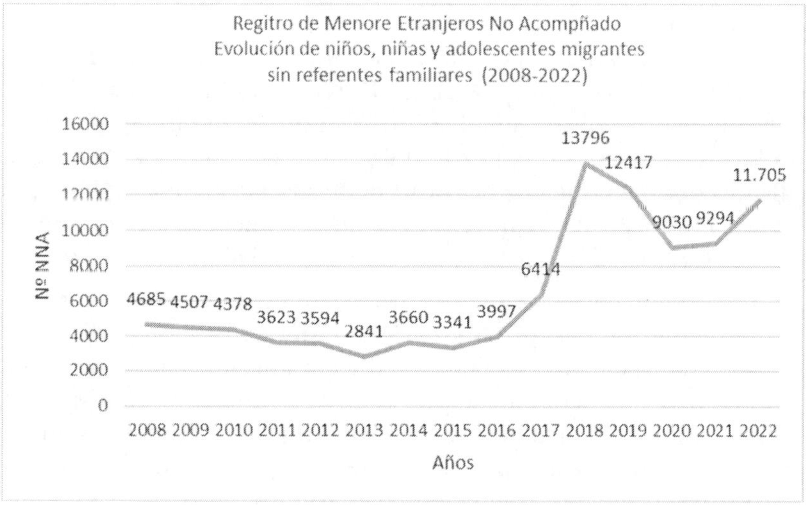

Fuente: Elaboración propia a partir de las Memorias anuales de Fiscalía General del Estado, del Informe del Defensor del Pueblo de 2020 y de la Agencia de datos de Europa Press (EpData).

Por tanto, si consideramos como punto de inflexión de este "nuevo" fenómeno migratorio el año 1998 (ver cuadro 1), habrían transcurrido ya veinticinco años. Una migración para la que ni la legislación, centrada en las personas inmigrantes adultas, ni los propios sistemas de protección a la infancia de las respectivas Comunidades Autónomas estaban preparados.

II. MARCO NORMATIVO, TERMINOLÓGICO Y CONCEPTUAL

1. *Normativa aplicable*

En España, la normativa vigente que rige para los extranjeros no comunitarios viene dada por la Ley Orgánica 4/2000, de 11 de enero, sobre Derechos y Libertades de los Extranjeros en España y su Integración Social (en adelante LOEX), y por su actual Reglamento de ejecución (en adelante RELOEX), aprobado por Real Decreto 557/2011, de 20 de abril. Sin embargo, a los niños, niñas y adolescentes migrantes, más allá de su nacionalidad, les son también de aplicación los tratados internacionales que velen por sus derechos, ratificados por España (arts. 39.4 y 96.1 de la Constitución), en especial la Convención de Naciones Unidas sobre los Derechos del Niño, de 1989, y la Carta Europea de los Derechos del Niño, de 1992; así como la legislación nacional sobre la infancia y la infancia, constituida básicamente por la LO 1/1996, de 15 de enero, de Protección Jurídica del Menor, y por la Ley Orgánica 8/2021, de 4 de junio, de protección integral a la infancia y la adolescencia frente a la violencia, y la desarrollada por las distintas Comunidades Autónomas.

Ahora bien, con relación a los niños, niñas y adolescentes migrantes, debe tenerse siempre muy presente que prima su condición de ser personas menores de edad sobre la circunstancia de ser personas extranjeras. Y ello comporta, por una parte, que la normativa sobre infancia y adolescencia no deba hacer distinción alguna entre niños, niñas y adolescentes, y, por otra, que la legislación de extranjería, por contra, sí deba distinguir entre migrantes mayores de 18 años y menores de dicha edad.

En la línea apuntada, La LO 1/1996, de Protección Jurídica del Menor, en su art. 1, señala que la misma y sus disposiciones de desarrollo son de aplicación a los menores de dieciocho años "que se encuentren en territorio español". La Ley no distingue, por tanto, entre menores de edad españoles y menores de edad extranjeros, ya estén acompañados o no acompañados. Y de ahí que su art. 3 prescriba que los menores (de edad) gozarán de los derechos que les reconoce la Constitución y los Tratados Internacionales de los que España sea parte, citando expresamente la Convención sobre los Derechos del Niño y la Convención de Derechos de las Personas con Discapacidad, y de los demás derechos garantizados en el ordenamiento jurídico, "sin discriminación alguna por razón", entre otras circunstancias, "de (su) nacionalidad". Específicamente esta LO, con relación a los menores extranjeros que se encuentren en España, reconoce su derecho a la educación[7], a la asistencia sanitaria y a servicios y prestaciones sociales básicas, "en las mismas condiciones que los menores españoles" (art. 10.3).

Con relación a la legislación de extranjería, la Ley Orgánica 4/2000, de 11 de enero, sobre derechos y libertades de los extranjeros en España y su integración social (en adelante, LOEX), pese haberse aprobado después del referido punto de inflexión, en 1998, y siendo ya, por tanto, una realidad la llegada en aumento de menores de edad no acompañados de terceros países, únicamente dedicó un breve precepto, el 32, intitulado "Residencia de menores", al "nuevo" fenómeno migratorio. Este artículo se limitaba a señalar, en dos párrafos, por una parte, que los "menores" tutelados por una Administración Pública se considerarían regulares y se les otorgaría un permiso de residencia; y, por otra, planteaba, tras, en su caso, haber determinado la minoría de edad de una persona indocumentada, la disyuntiva del retorno del menor de edad a su país de origen o la permanencia en España. Esta parca regulación, nada garantista con los derechos de los niños, niñas y adolescentes, resultó, desde su entrada

---

[7] La LO 8//2000, de reforma de la Ley Orgánica 4/2000, de 11 de enero, sobre derechos y libertades de los extranjeros en España y su integración social, restringió ciertos derechos a los extranjeros, que solo podrían ejercer cuando obtuviesen autorización de estancia o residencia en España. A nuestros efectos, el derecho a la educación de naturaleza no obligatoria (de los 16 a los 18 años de edad) solo correspondería a los "extranjeros residentes" (art. 9.3). Dadas estas restricciones a los derechos de los extranjeros, se interpuso un recurso de inconstitucionalidad ante nuestro Alto Tribunal, que fue resuelto mediante la Sentencia 236/2007, de 7 de noviembre. En la misma, el Tribunal Constitucional declaró inconstitucionales estas restricciones. Cabedo (2011), pp. 33-41.

en vigor, insuficiente para dar una respuesta satisfactoria a la nueva realidad migratoria

La LOEX fue reformada el mismo año de su aprobación por la LO 8/2000, de 22 de diciembre, modificando, a nuestros efectos, el indicado art.32, que pasó a ser el 35. Esta nueva regulación, más desarrollada, tuvo ya en cuenta, en alguna medida, que los potenciales sujetos afectados por la misma son niños, niñas o, en mayor medida, adolescentes. Así, alude, en varias ocasiones, a los "servicios de protección de menores" y también a la "legislación de protección jurídica del menor". Con todo, el leitmotiv de esta normativa sigue siendo el retorno de los mismos a sus países de origen o aquel en que se encontrasen sus progenitores.

Por su parte, el Reglamento de ejecución de esta LO, aprobado por el Real Decreto 864/2001, de 20 de julio, desarrolló el indicado art. 35 de la misma, en especial el procedimiento de repatriación o retorno, en su caso, del menor de edad migrante (art. 62). Con relación a dicho procedimiento, es importante destacar que la Administración General de Estado, según indicaba, adoptaría una decisión al respecto "después de haber oído al menor". Sería esta la primera vez que se considerase al mismo como un sujeto titular de derechos. Ahora bien, es este todo el protagonismo que le confiaría la norma. Y no siendo posible esa repatriación y "transcurridos nueve meses desde que el menor ha sido puesto a disposición de los Servicios competentes de Protección de Menores", debía otorgarse el permiso de residencia. Como veremos posteriormente, durante mucho tiempo se planteó la duda de si efectivamente debía transcurrir ese plazo para solicitar y obtener dicho permiso de residencia.

Con posterioridad, el Real Decreto 2393/2004, de 30 de diciembre, por el que se aprueba el Reglamento de la Ley Orgánica 4/2000 (en adelante, RELOEX), reproducía, en su art. 92, la regulación del anterior Reglamento de ejecución, introduciendo, eso sí, la importante referencia al principio del "interés superior del menor" en la repatriación del niño, niña o adolescentes a su país de origen, que solamente se acordaría si se dieran las condiciones para "la efectiva reagrupación familiar del menor, o para la adecuada tutela por parte de los servicios de protección de menores del país de origen". Por tanto, el retorno deja de vincularse al principio de reagrupación familiar, posibilitándose la puesta a disposición de los servicios de protección del país del menor de edad. Es de destacar que este precepto se intitulaba "Menores extranjeros no acompañadas", una denominación de estas personas menores de edad migrantes que se consolidaría y que todavía perdura. Como novedad a destacar, el RELOEX se planteaba la situación administrativa de estos adolescentes tutelados que puedan alcanzan la mayoría de edad sin haber obtenido previamente la autorización de residencia. En estos casos, su solución era que la entidad de protección de menores que los tutelase podría recomendar la concesión de una autorización temporal de residencia por circunstancias excepcionales. Como veremos posteriormente, la trabas en la concesión de las autorizaciones de residencia y de trabajó, tanto de los menores de edad tutelados como de los ya extutelados, ha representado, durante estos veinticinco años, un gran obstáculo en su integración social.

Esta primera regulación de este "nuevo" fenómeno migratorio resultó claramente insuficiente para garantizar los derechos de los "menores extranjeros no acompañados", llegando incluso a pronunciarse el Tribunal Constitucional con relación al procedimiento de repatriación, aseverando que no quedaba garantizado el derecho a la tutela judicial efectiva de los mismos (SSTC 183/2008 y 184/2008). Además, esta normativa, nada previsora, no daba una respuesta adecuada a la situación administrativa de estos adolescentes migrantes al alcanzar la mayoría de edad. En realidad, tanto la LOEX como su Reglamento, en lugar de poner el foco de atención en el hecho de que estamos en presencia de menores de edad, que es la circunstancia que debería primar, antepuso la de ser extranjeros, de ser inmigrantes.

Transcurridos nueve años desde la aprobación de la LO 8/2000, que modificó, entre otros y a nuestros efectos, el artículo 35 de la LOEX, nuevamente dicho precepto fue enmendado por la LO 2/2009, de 11 de diciembre, de reforma de la LO 4/2000. De entrada, el precepto pasa de intitularse "Residencia de menores" a "Menores no acompañados", que casa mejor con su propio contenido. Entre las novedades introducidas en este precepto, es de destacar que se reconoce la capacidad de intervenir en el procedimiento de repatriación (y, en su caso y a posteriori, en el orden jurisdiccional) a los mayores de dieciséis y menores de dieciocho años, personalmente o a través de representante, y también a los menores de dieciséis, mediante el nombramiento de defensor judicial. Este reconocimiento fue una consecuencia directa, como ya se ha expuesto, de los pronunciamientos del Tribunal Constitucional sobre el particular. Deja, sin embargo, para su desarrollo reglamentario la posible renovación de las autorizaciones de residencia y, en su caso, de trabajo de aquellos adolescentes migrantes que alcancen los dieciocho años. Por último, el precepto hace referencia al establecimiento por parte del Gobierno y de las Comunidades Autónoma de acuerdos con los países de origen de estos niños, niñas y adolescentes sin referentes familiares; de convenios de la Administración General del Estados y las CCAA para atribuirles la tutela ordinaria de los mismos a organizaciones no gubernamentales, fundaciones y entidades dedicadas a la protección de menores; y de acuerdos entre las CCAA para asumir la tutela y custodia.

Catorce meses más tarde desde la comentada última reforma de la LOEX, se aprueba, mediante el Real Decreto 557/2011, de 20 de abril, un nuevo Reglamento de desarrollo de la misma. Este nuevo RELOEX, en el su Título XI, relativo a los "Menores extranjeros", dedica un extenso Capítulo, el III, expresamente a los "Menores extranjeros no acompañados" (arts. 189-198). Con el mismo puede afirmase, más allá de las críticas que puedan achacarse a esta nueva regulación, que se concreta el estatuto jurídico de estos menores de edad no acompañados. Como novedad, en este capítulo se ofrece una definición, por primera vez en la normativa española, de "menor extranjero no acompañado" (art. 189). El capítulo en cuestión aborda distintas cuestiones jurídicas que inciden o afectan tanto a los derechos de esta infancia y adolescencia como a su propia integración social, como son: la determinación de la edad, la repatriación, o las autorizaciones de residencia y de trabajo (tanto durante su minoría de edad como al alcanzar los dieciocho años). Cuestiones que, pese a regularse algunas *ex novo*, no quedaron bien resueltas en este Reglamento aprobado en 2011.

Por último, el vigente RELOEX de 2009 se modificó por el Real Decreto 903/2021, de 19 de octubre. Una reforma que afecta en gran medida a los "menores extranjeros no acompañados". En concreto, se modifican los preceptos relativos a la "Residencia del menor extranjero no acompañado" (art. 196), al "Acceso a la mayoría de edad del menor extranjero no acompañado que es titular de una autorización de residencia" (art. 197), y al "Acceso a la mayoría de edad del menor extranjero no acompañado que no es titular de una autorización de residencia" (art. 198). Una reforma necesaria, dada la práctica inoperatividad de la regulación existente, y que afecta, como puede observarse, a la situación administrativa de estos "menores extranjeros no acompañados", durante su minoría de edad y al alcanzar la mayoría de edad.

Quedó pendiente, sin embargo, una regulación integral de la determinación de la edad. En el ínterin, esta cuestión se volvió a abordar en la Ley 26/2015, de 28 de julio, de modificación del sistema de protección a la infancia y a la adolescencia, al introducir un nuevo apartado, el cuarto, en el art. 12 de la LO 1/1996, de Protección Jurídica del Menor, que vino a recoger la jurisprudencia del Tribunal Supremo en esta materia. De esta forma, la determinación de la edad pasó a regularse, en parte, en la legislación de extranjería y, en parte, en la legislación protectora de la infancia. Este apartado cuarto del art. 12 de la LO 1/1996 se modificó posteriormente en la LO 8/2021, de 4 de junio, de protección integral a la infancia y la adolescencia frente a la violencia. Y, precisamente, esta LO, en su Disposición final vigésima cuarta, establecía que El Gobierno, en el plazo de doce meses desde la aprobación de esta ley, procedería al desarrollo normativo del procedimiento para la determinación de la edad de los menores, de modo que se garantice el cumplimiento de las obligaciones internacionales contraídas por España, así como la prevalencia del interés superior del menor, sus derechos y su dignidad. En cumplimiento de esta Disposición, en marzo de 2022, el Gobierno presentó el denominado Anteproyecto de Ley por la que se regula el procedimiento de evaluación de la edad. Sin embargo, concluida la XIV Legislatura, dicho Anteproyecto no fue tramitado como Proyecto de Ley.

2. *Terminología y definición legal*

El término *menor inmigrante no acompañado* tuvo su apogeo en España en los primeros años del siglo XXI. Denominación que nosotros mismos utilizábamos en nuestros primeros trabajos en la materia (2006, 2010). Sin embargo, una parte de la doctrina entendía que la referencia a la condición de "inmigrante" de ese niño, niña o adolescente contenía, como explicaban Markez y Pastor, ya de por sí "un componente de exclusión social, a diferencia de aquellas personas que vienen de otro país, pero con una posición más acomodada, a quienes habitualmente se les reserva el término de extranjero"[8]. Pero lo cierto es que esta infancia y adolescencia no venía ni viene de vacaciones a España. El objetivo principal en su proyecto migratorio era y continúa siendo el de trabajar y poder mandar un dinero a sus familias Finalmente, tras unos años de convivencia, a finales de la primera década del presente siglo, la denominación "menor extranjero no acompañado" se acabó imponiendo a la de "menor inmigrante no acompañado".

Paralelamente a las indicadas denominaciones, se han venido utilizando otras expresiones, como son la de "menores no acompañados" y la de "menores migrantes no acompañados". La primera de ellas fue la opción elegida, en un principio, por la Unión Europea, al abordar este fenómeno migratorio. En concreto, dicha expresión se recoge en la Resolución del Consejo de 26 de junio de 1997 relativa a los menores no acompañados nacionales de países terceros. En realidad, la denominación "menores no acompañados" solo cobra sentido una vez se ha concretado, como hace esta Resolución, la procedencia de estos menores de edad: nacionales de terceros países que lleguen al territorio de los Estados miembros (art. 1.1). En todo caso, es importante señalar que la organización internacional precursora de esta terminología fue el Alto Comisionado de Naciones Unidas para los Refugiados (ACNUR), siendo secundada, posteriormente, por otras entidades como Save the Children[9].

Por su parte, la denominación "menores migrantes no acompañados", supondría una tercera vía a la dicotomía anteriormente comentada entre inmigrantes/extranjeros. Esta alternativa es defendida en el programa europeo CONRED (2003-2005), pilotado por la Dra. Violeta Quiroga[10]. Una expresión que también encontramos en recomendaciones del Consejo de Europa sobre dicho colectivo.

---

8 MARKEZ y PASTOR (2009), p. 26.

9 SAVE THE CHILDREN (2004).

10 QUIROGA, ALONSO y ARMENGOL (2005).

En la actualidad, la LOEX y su Reglamento optan por denominar a este colectivo de niños niñas y adolescentes como "menores no acompañados" y, en mayor medida, "menores extranjeros no acompañados". Esta última denominación (y su acrónimo MENA) es también la más utilizada todavía por parte de la doctrina científica y, prácticamente todos los medios de comunicación social. Por su parte, el Tribunal Supremo también utiliza esta expresión en sus sentencias, aunque no su acrónimo. Sin embargo, este término, que, en principio, es neutro, ha pasado, en particular su acrónimo MENA, como nos explica Save the Children, a utilizarse, en los últimos años, de forma despectiva. De este modo, el acrónimo MENA pasa a tener una connotación negativa, que cosifica y deshumaniza esta infancia y adolescencia vulnerable. Por este motivo, la referida denominación de "menores migrantes no acompañados" ha ido ganando partidarios de su utilización, en los últimos años[11].

Todas las denominaciones anteriores deben ser rechazadas, dado que todas hacen referencia a los "menores". La utilización de la expresión "menor" o "menores" para referirse a niños, niñas y adolescentes resulta, sin duda alguna, peyorativa, situándolos en una posición de inferioridad, de subordinación respecto a las personas adultas. La connotación negativa de la expresión es evidente. Son menores para votar, para conducir o incluso, desde esta conceptualización de la infancia, diríamos que son menores para intervenir en una conversación de adultos. La expresión es, por lo tanto, anacrónica, propia de una conceptualización que consideraba a los niños y las niñas como objetos dignos de protección o, en el mejor de los casos, sujetos pasivos[12]. Por ello, consideramos que la denominación más apropiada para referirse a este colectivo es la de niños, niñas y adolescentes sin referente(s) familiar(es). Esta expresión, además, no invisibiliza a las niñas y las adolescentes.

Y por lo que se refiere a la conceptualización normativa de estos niños, niñas y adolescentes sin referentes familiares, debemos señalar que nuestro ordenamiento jurídico estableció, por primera vez, en el actual Reglamento de Extranjería, de 20 de abril de 2011, una

---

11 Save The Children (2019).

12 Cabedo (2021).

definición legal de "menor extranjero no acompañado". En concreto, su art. 186 (189, en la actualidad) lo definió como aquel "extranjero menor de dieciocho años que llegue a territorio español sin venir acompañado de un adulto responsable de él, ya sea legalmente o con arreglo a la costumbre, apreciándose riesgo de desprotección del menor, mientras tal adulto responsable no se haya hecho cargo efectivamente del menor, así como a cualquier menor extranjero que una vez en España se encuentre en aquella situación" (art. 189).

De la definición legal anterior podemos extraer los siguientes caracteres o elementos:

- El ser extranjero.
- El tener menos de 18 años.
- El hecho de no estar acompañado por adulto responsable de él
- El riesgo de desprotección.

Con relación al primero de los elementos enunciados, debemos tener muy presente que, a nuestros efectos, el ser extranjero no es sinónimo de no nacional. Así, no se considerarán menores de edad extranjeros los niños, niñas y adolescentes procedentes de los Estados miembros de la Unión Europea.

Por lo que respecta a la edad, de acuerdo con la definición legal, los menores de edad extranjeros serían aquéllos que no han cumplido todavía los 18 años. Es muy importante y garantista esta referencia expresa a la edad, ya que la Convención sobre los Derechos del Niño de 1989, en su artículo 1, tras señalar que se entiende por niño todo ser humano menor de dieciocho años, prevé que, de acuerdo con la ley nacional que le sea aplicable, se pueda obtener antes la mayoría de edad. Esta previsión no es de aplicación al "menor extranjero no acompañado" y se estará a su edad cronológica, planteándose, como expondremos más adelante, un problema en su determinación.

También es importante destacar, como remarca la definición, que la situación de desprotección social, en la que puede encontrarse un niño, niña o adolescente migrante al no estar acompañado por un adulto responsable del mismo, puede producirse en dos momentos: a) A su llegada a territorio español; y b) Posteriormente, estando ya en nuestro país.

Criticable es, sin embargo, a nuestro entender, la referencia al "riesgo de desprotección". Un niño, niña o adolescente migrante sin referentes familiares se encuentra en situación de desamparo y la Administración competente debería proceder a declararle en desamparo, asumiendo ex lege su tutela, desde el primer momento. Sin embargo, algunas Comunidades Autónomas, incluso antes de la incorporación al Código civil de la institución de la guarda provisional, no declaraban de inmediato al mismo en desamparo, asumiendo una especie de "guarda de hecho", que no estaba prevista en la legislación. Sobre este particular volveremos más adelante.

III. ALGUNAS CUESTIONES RELEVANTES

En este apartado no pretendemos abordar todas las cuestiones jurídicas y sociales que afectan a los niños, niñas y adolescentes sin referentes familiares, desde que llegan a territorio español hasta que alcanzan la mayoría de edad. Nos centraremos en las cuestiones jurídicas, y únicamente en tres de ellas, la relativa a la determinación de la edad, la regulación de la guarda provisional y la obtención de la autorización de residencia y de trabajo.

1. La mayoría o minoría de edad de la persona migrante localizada. La determinación de la edad

En primer lugar, a la hora de establecer si estamos en presencia de un niño, niña o adolescente sin referentes familiares, debe prestarse atención, de acuerdo con la definición legal antedicha, a dos circunstancias: a su minoría de edad y al hecho de no estar acompañados por persona adulta que se responsabilice de los mismos.

Con relación a la primera circunstancia, la minoría de edad, hemos de tener en cuenta que, en muchas ocasiones, estamos en presencia de adolescentes próximos a alcanzar la mayoría de edad, por lo que la cuestión de determinación de la edad no es nada baladí.

En primer término, debe atenerse, en principio, a la documentación que la persona presente en el momento de su localización.

A falta de documentación, la minoría de edad de una persona puede ser indubitada también por razón de su apariencia física, como prescribe el art. 190 del RELOEX. En último extremo, la misma deberá ser considerada inicialmente como menor de edad, aunque no pueda ser establecida en el momento de su localización con seguridad la referida minoría, siempre que se autoidentifique como tal.

Cumplida la primera de las dos circunstancias señaladas, el supuesto niño, niña o adolescente debe encontrarse sin la presencia de una persona adulta que, de acuerdo con la ley o la costumbre de su país de origen, se responsabilice del mismo.

Dándose las dos circunstancias anteriores, debemos considerar que estamos presencia de un niño, niña o adolescente sin referente familiar y que, por tanto, se encuentra, en principio, en una situación de desprotección social, dada la supuesta minoría de edad, procediéndose a la atención inmediata que precise por los servicios competentes de protección de menores, tal y como establece el art. 35 de la LOEX.

Por lo tanto, la determinación de la edad deviene crucial, dado que si la persona extranjera es menor de edad será puesta "a disposición de los servicios competentes de protección de menores de la Comunidad Autónoma en la que se halle" (apartado 4 del art. 35 de la LOEX). Por el contrario, si el extranjero fuese mayor de 18 años, en cuanto inmigrante en situación administrativa irregular, sería abandonado a su suerte y podría ser objeto de expulsión en cualquier momento, siendo responsabilidad de la Administración Estatal.

A dichos efectos, es necesario remarcar que se procederá solo, en principio, a la determinación de la minoría de edad en los casos de encontrarnos ante un extranjero indocumentado y siempre, como señalan la LOEX y el RELOEX, que no pueda ser establecida dicha minoría con seguridad. Nada se indica expresamente en la LOEX o en su Reglamento con relación a posibilidad de proceder a la determinación de la edad a los poseedores de documentación acreditativa de la edad (v.gr. un pasaporte). Al respecto, se habían venido dando sentencias contradictorias de las Audiencias Provinciales sobre el valor de la documentación que portan estos extranjeros.

Estando vigente la anterior normativa de extranjería, la Circular 2/2006, de 27 de julio, de la Fiscalía General de Estado, sobre diversos aspectos relativos al régimen de los extranjeros en España, señalaba que "cabrá igualmente autorizar las pruebas de determinación de la edad cuando, pese a la exhibición de documentación, ésta presente indicios de falsedad, y simultáneamente existan dudas sobre si el extranjero efectivamente ha alcanzado los dieciocho años". En la práctica, lo que venía ocurriendo es que, más allá de esos indicios de falsedad de la documentación, si existían dudas sobre la minoría de una persona extranjera, se llevaban a cabo pruebas médicas de determinación de la edad. Proceder muy criticable que motivó el planteamiento de acciones judiciales por parte de organizaciones de apoyo a los inmigrantes. En todo caso, obsérvese que se dejaba (y se deja todavía) en manos de la Fiscalía la valoración de dichos indicios de falsedad de la documentación, sin la intervención de autoridad judicial alguna. En este sentido, el Comité de Derechos del Niño, en sus Observaciones finales sobre los informes periódicos quinto y sexto combinados de España, de 2018, remarca que está "seriamente preocupado por el hecho de que, con arreglo a la legislación española, el Fiscal General está facultado para emprender procedimientos para la determinación de la edad de los niños extranjeros no acompañados". Asimismo, el propio Comité de los Derechos del Niño en múltiples dictámenes emitidos con respecto al Estado español, en virtud del procedimiento de comunicaciones individuales previsto en el III Protocolo Facultativo de la Convención sobre los Derechos del Niño, ha condenado a España por su mala praxis en la determinación de la edad de los y las adolescentes migrantes sin referentes familiares.

Finalmente, el Tribunal Supremo, en casación, se pronunció sobre esta cuestión de las pruebas de determinación de la edad a personas con documentación, sentando jurisprudencia, en las Sentencias 453/2014 y 452/2014, de 23 y 24 de septiembre, respectivamente. Para este Tribunal "El inmigrante de cuyo pasaporte o documento equivalente de identidad se desprenda su minoría de edad no puede ser considerado un extranjero indocumentado para ser sometido a pruebas complementarias de determinación de su edad, pues no cabe cuestionar sin una justificación razonable por qué se realizan tales pruebas cuando se dispone de un pasaporte válido. Consecuentemente, procede realizar un juicio de proporcionalidad y ponderar adecuadamente las razones por las que se considera que el documento no es fiable y que por ello se debe acudir a las pruebas de determinación de la edad". Juicio de proporcionalidad y ponderación que el Tribunal constata que no se habían dado en los casos planteados.

Por tanto, ante una aparente discrepancia entre la edad de la persona extranjera que figura en su pasaporte y la complexión física de la misma, no debería someterse a dicha persona, en principio, a pruebas médicas para determinar su edad.

La doctrina del TS aparece ahora recogida en el apartado 4 del art. 12 de la LO 1/1996, introducida por la Ley 26/2015, de modificación del sistema de protección a la infancia y la adolescencia. Sin embargo, a día de hoy, se sigue dejando al arbitrio de la Fiscalía la decisión final de someter a una persona extranjera a pruebas de determinación de la edad. Cierto es que ahora se exige un juicio de proporcionalidad que pondere las razones por las que se considera que el pasaporte de la persona extranjera "no es fiable", pero, a nuestro entender, con ello, no se garantiza que no se vuelvan a cometer los errores del pasado. La falsedad de un pasaporte debería determinarse judicialmente, y mientras ello no suceda debería considerarse válido y servir para acreditar la edad de una persona.

Pese a la jurisprudencia del TS y a la introducción de su doctrina en el art. 12.4 de la LO 1/1996, la Unidad de Extranjería de la Fiscalía General del Estado, en su Nota Interna núm. 2/2018, sobre seguimiento de los expedientes de revisión de los decretos de determinación de la edad de extranjeros indocumentados cuya minoría no pueda ser establecida con seguridad, considera pasaporte falso aquel en que concurre cualquiera de las modalidades contempladas en el art. 390 CP, distinguiendo dos supuestos: 1) Casos en que la falsedad es tan burda que puede ser apreciada a simple vista; y 2) Casos en que la duda sobre la autenticidad del documento exigirá el correspondiente peritaje de la Policía Científica. Y la misma Circular alude también al hecho de estar en posesión de un pasaporte no fiable, que entiende que se da cuando el sujeto fuera portador de varios documentos genuinos emitidos por las autoridades de origen que incorporaran datos relevantes contradictorios entre sí. Se elude, por tanto, referirse a la necesidad de un juicio de proporcionalidad, la ponderación de las razones por las que considera el documento falso o, como también señala, no fiable. Esta Nota Interna sigue basándose en el Acuerdo para la aprobación del Protocolo Marco sobre determinadas actuaciones en relación con los Menores Extranjeros No Acompañados, publicado por Resolución de 13 de octubre de 2014, de la Subsecretaría del Ministerio de la Presidencia, que da prácticamente carta de naturaleza a las actuaciones que venían dándose con relación a los extranjeros menores edad, de acuerdo con su pasaporte, pero de apariencia adulta. Debería la Fiscalía haber dictado una nueva Circular en que ajustase su actuación a los dictámenes del Comité de los Derechos del Niño, a la doctrina del TS y a la normativa vigente, en concreto al art. 12.4 de la LO 1/1996.

Con relación a las pruebas médicas (pruebas oseométricas) de determinación de la edad de un persona extranjera, es importante remarcar que las mismas no ofrecen nunca una edad exacta, sino que fijan una horquilla entre cuyos extremos se situaría la verdadera edad de la persona, por lo que, como indicaba la Instrucción de la Fiscalía General del Estado 2/2001, de 28 de junio, acerca de la interpretación del art. 35 de la LO 4/2000, "habrá que presumir, a falta de otros datos y a efectos de determinar si éste es mayor o menor, que su edad es la establecida como límite inferior de dicha horquilla". El Reglamento de 2011 contempló ya esta presunción, estableciendo que "en caso de que la determinación de la edad se realice en base al establecimiento de una horquilla de años, se considerará que el extranjero es menor si la edad más baja de ésta es inferior a los dieciocho años" (art. 190.4, párrafo segundo).

Más allá de la fiabilidad de dichas pruebas, a la que haremos referencia a continuación, un problema añadido ha sido la falta de un criterio común por parte de las Fiscalías Provinciales, lo que ha comportado que no en todas las provincias se realicen las mismas pruebas.

Con relación a las pruebas de determinación de la edad de una persona extranjera y su fiabilidad, la Observación General Nº 6 del Comité para los Derechos del Niño, relativa al Trato de los menores no acompañados y separados de su familia fuera de su país de origen (CRC/GC/2005/6), señala que "no sólo debe tenerse en cuenta el aspecto físico del individuo, sino también su madurez psicológica. Además, la evaluación deberá realizarse con criterios científicos, seguridad e imparcialidad, atendiendo al interés del menor y a consideraciones de género, evitando todo riesgo de violación de su integridad física, respetando debidamente su dignidad humana, y, en caso de incertidumbre, otorgando al individuo el beneficio de la duda, de manera que, en la hipótesis de que se trate de un menor, se lo trate como tal" (párrafo 31, apartado i)).

Por su parte, tanto la Comisión Europea contra el Racismo y la Intolerancia, en su cuarto informe sobre España (CRI (2011) 4), como el Comité para la Eliminación de la Discriminación Racial en sus Observaciones finales a España 2010 (CERD/C/ESP/CO/18-20), mostraron su preocupación por la falta de fiabilidad de las pruebas de determinación de la edad, recomendando que se revisen y actualicen los métodos empleados.

También el Comité de los Derechos del Niño ya en sus Observaciones finales a España 2010 recomienda, en la línea que hemos apuntado, la elaboración de un protocolo uniforme para la determinación de la edad, mostrando su preocupación con relación a que "los métodos utilizados para determinar la edad de los niños no acompañados, que varían de una comunidad autónoma a otra y no tienen necesariamente en cuenta cuestiones como las costumbres nutricionales que pueden influir en el desarrollo físico y psicológico del niño". El Comité, ocho años después, en sus Observaciones finales sobre los informes periódicos quinto y sexto combinados de España, de 2018, se pronuncia de nuevo, instando al Estado español a "Elaborar un protocolo uniforme sobre los métodos de determinación de la edad para todo el territorio del Estado parte, que tenga un carácter multidisciplinario y sea respetuoso con los derechos humanos y se utilice únicamente en casos de graves dudas acerca de la edad comunicada y considerando las pruebas documentales u otros tipos de pruebas disponibles".

Por tanto, las pruebas de determinación de la edad no pueden ni deben basarse únicamente en exploraciones radiológicas, sino que deben también combinarse con exámenes físicos y entrevistas, una combinación de pruebas físicas, sociales y psicológicas.

2. *La guarda provisional y la declaración de desamparo*

Una niña, niño o adolescente migrante, localizado sin estar acompañado de una persona adulta que se responsabilice del mismo, se encuentra casi por definición en una situación de desprotección social incuestionable, en situación de desamparo, y de ahí que deba procederse a su declaración formal, a nuestro entender, desde el mismo momento en que accede al sistema de protección de menores de una Comunidad Autónoma. Si, posteriormente, se comprobara que dicho referente familiar existe o, en su caso, la Administración Estatal adoptara la decisión de que el menor retorne a su país, la declaración administrativa de desamparo simplemente sería revocada. Pese a lo expuesto, algunas Comunidades Autónomas (v.gr. Andalucía), con anterioridad a la reforma del sistema de protección a la infancia de 2015, ya no declaraban de inmediato en desamparo a los mismos, asumiendo una guarda de hecho no prevista, en dicha época, por el ordenamiento jurídico.

Pese a las críticas de una gran parte de la doctrina, en 2015, la Ley de modificación del sistema de protección a la infancia introduce en nuestro ordenamiento la institución de la guarda provisional (nuevo apartado 4 del art. 172 CC), dando carta de naturaleza a la guarda de hecho apuntada. Dicho precepto establece que se comunicará al Ministerio Fiscal, procediendo simultáneamente a practicar las diligencias precisas para identificar al menor, investigar sus circunstancias y constatar, en su caso, la situación real de desamparo, y que tales diligencias se realizarán en el plazo más breve posible. Resulta, además, muy criticable que en la tramitación parlamentaria de la Ley 26/2015 se eliminara el plazo máximo de duración de esta guarda, prevista inicialmente en tres meses. De *lege ferenda*, debiera procederse a eliminar esta institución del ordenamiento jurídico, ya que va en contra del interés superior de la infancia, o, en su defecto, introducir de nuevo el plazo máximo de tres meses de duración o incluso inferior (un mes).

En cualquier caso, en aras del interés superior de la persona migrante menor de edad, debería procederse, a tenor de la normativa vigente, a la declaración de desamparo desde el mismo momento de su acceso al sistema de protección a la infancia en la respectiva Comunidad Autónoma. Como hemos manifestado en anteriores ocasiones (2011 y 2016), la no declaración de desamparo va en perjuicio de estos niños, niñas y adolescentes, al no asumirse dicha tutela ex lege, con las obligaciones que la institución tutelar conlleva. También es cierto que la entidad pública no puede desentenderse de las obligaciones que la normativa de protección a la infancia y, en su caso, de extranjería, le encomienda. En cualquier caso, como ya tuvimos la oportunidad de pronunciarnos, lo más garantístico sería declarar en desamparo a la persona menor de edad el primer momento, y si, posteriormente, tras esas diligencias relativas a su identificación, a sus circunstancias y a su situación real, dicha persona no está, efectivamente, en desamparo, simplemente dicha resolución de desamparo quedaría sin efecto.

3. La autorización de residencia y de trabajo

Con anterioridad a la aprobación del actual Reglamento de Extranjería, una parte de la doctrina entendía que no era necesario que se cumpliera el plazo de nueve meses desde la puesta del niño, niña o adolescentes migrante a disposición de los servicios competentes de protección de menores, que indicaba el anterior Reglamento, en su art. 92.5, para que pudiera solicitarse la autorización de residencia del mismo. Dicho plazo debía considerarse, por tanto, como límite máximo.

El nuevo RELOEX de 2011 reguló la autorización en el sentido apuntado (artículo 196.1), si bien con una redacción poco afortunada. Se supeditaba el otorgamiento de la autorización de residencia al hecho de que hubiera "quedado acreditada la imposibilidad de repatriación del menor", ajustándose a la LOEX, que exigía y exige "que haya quedado acreditada la imposibilidad de retorno con su familia o al país de origen" (art. 35.7). La autorización podía, por tanto, otorgarse antes de que transcurriesen nueve meses desde que en niño, niña o adolescente migrante hubiese sido puesto a disposición de los servicios competentes de protección de menores. El plazo de los nueve meses quedaba, de este modo, en el Reglamento como límite máximo.

Y en el mismo sentido se pronunciaba, ya sin ambigüedad alguna, el Protocolo Marco sobre determinadas actuaciones en relación con los Menores Extranjeros No Acompañados, de 2014, al prescribir que "La tramitación y resolución del expediente deberán realizarse con la mayor celeridad" y que, "En todo caso, transcurrido el plazo máximo de nueve meses desde la puesta a disposición del MENA sea cual sea el estado de tramitación, la Delegación o Subdelegación de Gobierno otorgará la autorización de residencia".

Con todo, la realidad, antes de la reforma de 2021 del RELOEX, no podía ser más desoladora. Así, según datos del Ministerio de Trabajo, Migraciones y Seguridad Social y del Ministerio del Interior, recogidas por el periódico el País (2019), en el año 2018, a 31 de diciembre, sobre un total de 13.796 niños, niñas y adolescentes migrantes no acompañados inscritos en Registro de Menores Extranjeros No Acompañados, sólo 1.931 disponían de autorización de residencia. En el año siguiente, a 30 de junio, de los 12.300 de estos menores de edad que figuraban en el indicado Registro, únicamente contaban con dicha autorización de residencia 2.573.

En la actualidad, tras la reforma del RELOEX operada por el Real Decreto 903/2021, de 19 de octubre, el artículo 35.7 de la Ley Orgánica 4/2000, de 11 de enero, ha reducido el plazo máximo apuntado a noventa días, al prever que se otorgará la autorización de residencia "una vez haya quedado acreditada la imposibilidad de repatriación del menor y, en todo caso, transcurridos noventa días desde que haya sido puesto a disposición de los servicios competentes de protección de menores". Por tanto, acreditada esa imposibilidad de repatriación, debe procederse de inmediato a solicitar la autorización de residencia, sin esperar los 90 días, procediéndose de oficio tras cumplirse dicho plazo. La Delegación o Subdelegación será la que resolverá sobre el procedimiento y notificará la resolución al niño, niña o adolescente en el plazo máximo de un mes.

Al margen de la obtención de la autorización de residencia, otra asignatura pendiente la de la (no) concesión de la autorización de residencia. En este sentido, como señalaba el Defensor del Pueblo en el Informe Anual 2020, la Secretaría General de Inmigración y Emigración no reconocía el derecho de adolescentes extranjeros no acompañados, mayores de 16 años, a trabajar, motivando la presentación de numerosas quejas. Finalmente, tras Recomendaciones del Defensor, la Secretaría de Estado de Migraciones dictó, en marzo de 2020, la Instrucción 1/2020, que habilita a trabajar a los menores extranjeros en edad laboral, sin ningún otro trámite administrativo en materia de extranjería. Lo cierto era que, hasta ese momento, la concesión de autorizaciones de trabajo, para dichos adolescentes mayores de 16 años, había sido anecdótica, por no tildarla de ridícula. Así, según datos del Ministerio de Trabajo, Migraciones y Seguridad Social y del Ministerio del Interior (El País, 2019), en el año 2018 se concedieron únicamente 218 autorizaciones.

De acuerdo con la actual normativa, tratándose de adolescentes mayores de 16 años, el representante de dicha niña, niño o adolescente migrante deberá solicitar personalmente, en el plazo de un mes desde la fecha de notificación de la resolución de la autorización de residencia, y ante la Oficina de Extranjería o Comisaría correspondiente, la Tarjeta de Identidad de Extranjero que indicará expresamente "habilita para trabajar" (art. 186 RELOEX).

Por lo que atañe a la renovación de esta autorización de residencia, el Reglamento de Extranjería de 2011 vino a establecer que los menores de edad extranjeros titulares de una autorización de residencia que alcanzan la mayoría de edad podrán solicitar la renovación de la misma en modelo oficial, durante los 60 días naturales previos a la fecha de expiración de su vigencia (apartado 1 del artículo 197). Por tanto, esta renovación queda a instancia de parte y no de oficio, como en el caso de las renovaciones de autorizaciones de residencia durante la minoría de edad. La presentación de dicha solicitud en este plazo prorroga la validez de la autorización anterior hasta la resolución del procedimiento. El Reglamento se remite, a efectos de la tramitación de la renovación de autorización de residencia, al procedimiento establecido para la renovación de la autorización de residencia temporal no lucrativa. Ello no obstante, establece dos particularidades (apartado 2 del art. 197):

a) La cuantía a acreditar como medios de vida para su sostenimiento se establece en una cantidad que represente mensualmente el 100% del Indicador Público de Renta de Efectos Múltiples (IPREM).

b) Podrán ser tenidos en cuenta los informes positivos que, en su caso y a estos efectos, puedan presentar las entidades públicas competentes.

El Real Decreto 903/2021, dadas las críticas vertidas con relación a la exigencia de una cuantía elevada como la del IPREM, la ha sustituido por la cuantía mensual individual de la renta garantizada prevista en el Real Decreto Ley 20/2020, de 29 de mayo, Ingreso Mínimo Vital, y, como novedad importante, alternativamente, puede acreditarse su sostenimiento dentro de un programa desarrollado por una institución pública o privada. Además, se establece que para acreditar esta cuantía serán computables tanto los ingresos provenientes de un empleo como del sistema social, así como otras cuantías que pueda percibir.

Y también el RELOEX reguló, como el mismo indica, el acceso a la mayoría de edad del menor extranjero no acompañado que no es titular de una autorización de residencia (artículo 197). Piénsese que estos adolescentes migrantes alcanzaban la mayoría de edad, en no pocas ocasiones, sin contar con una autorización de residencia. El Reglamento contempla esta situación y señala que la entidad de protección de menores que ostente la tutela legal, custodia, protección provisional o guarda, podrá recomendar la concesión de una autorización temporal de residencia por circunstancias excepcionales. Eso sí, se establece una condición: que durante su minoría de edad hayan participado adecuadamente en las acciones formativas y actividades programadas por dicha entidad para favorecer su integración social (artículo 198.1). La solicitud de autorización será presentada personalmente por el extranjero durante los 60 días naturales previos o en los 90 días naturales posteriores a la fecha en que cumpla los dieciocho años.

A la solicitud anterior debe acompañarse la recomendación de la entidad anteriormente indicada y acreditarse, alternativamente (apartado 2 del artículo 198):

a) Que cuenta con medios de vida suficientes para su sostenimiento, en una cantidad que represente mensualmente el 100% del IPREM. Cantidad que ahora se ha sustituido en iguales términos que los apuntados anteriormente con relación a la renovación autorización de residencia del menor extranjero no acompañado que ya era titular de la misma.

b) Que cuenta con un contrato o contratos de trabajo de vigencia sucesiva respecto a los que se reúnen los requisitos establecidos en el Reglamento.

c) Que reúne los requisitos establecidos en el Reglamento de cara al ejercicio de una actividad por cuenta propia.

Al igual que en la renovación de una autorización de residencia de un menor extranjero no acompañado que ha alcanzado la mayoría de edad, se tendrá en especial consideración, a la hora de conceder la autorización, el grado de inserción del solicitante en la sociedad española.

La reforma operada por el Real Decreto 903/2021 parece haber dado sus primeros frutos, si atendemos a las estadísticas ofrecidas por el Observatorio Permanente de la Inmigración sobre menores no acompañados/as y jóvenes ex tutelados/as con autorización de residencia (stocks mensuales desde el 30 de junio de 2021 al 30 de noviembre de 2022, y del 30 de junio de 2021 al 30 de junio de 2023). Así, a 30 de noviembre de 2022 el 54% de los adolescentes migrantes no acompañados y jóvenes extutelados de 16 a 23 años con autorización de residencia estaban en alta laboral, frente al 28% a 30 de junio de 2021. En junio de 2023 se alcanza ya el 60% para jóvenes extutelados entre 18 y 23 años. Ahora bien, ese porcentaje se sitúa en el 12% en el caso de adolescentes tutelados de 16 y 17 años (7%, a 30 de junio de 2022). Y si atendemos al número de dichos adolescentes y jóvenes extutelados con autorización de residencia, la evolución es muy significativa, pasando de 8.023, en junio de 2021, a 13.533, en noviembre de 2022, y 16.211, en junio de 2023. Resulta, cuanto menos criticable, esos sí, presentar de forma conjunta los datos de adolescentes tutelados y extutelados. Con todo, estamos ante unas cifras que contrastan con las que se daban apenas cuatro años antes. Así, de acuerdo con el trabajo elaborado por el periódico el País (2019), en 2018 se contabilizaban 54 personas extuteladas con autorización de residencia y de trabajo, y 38 únicamente con autorización de residencia.

En cualquier caso, aunque las condiciones económicas para la renovación o concesión *ex novo* de la autorización de residencia para estos extutelados se han visto reducidas, consideramos que, de *lege ferenda*, los y las jóvenes migrantes extutelados que se comprometieran y aprovechasen los programas de preparación para la vida independiente deberían tener derecho a la autorización de residencia y de trabajo de forma automática, facilitándoles su inclusión como adultos en la sociedad española.

IV. A MODO DE CONCLUSIÓN

Es cierto que, en estos ya más de veinticinco años de esta nueva realidad migratoria que supuso la llegada a España de niños, niñas y, fundamentalmente, adolescentes sin referente familiares, la legislación ha ido reconociendo, aunque tardíamente, sus derechos, conformando un estatuto jurídico propio. Un reconocimiento tardío, dado que, con anterioridad a la reforma de la LOEX 2009, nos encontrábamos, por ejemplo, ante la paradoja de que una persona inmigrante mayor de edad podía recurrir su resolución de expulsión (art. 57.9), garantizándosele el derecho a la asistencia justicia gratuita (art. 22), y, en cambio, el menor de edad extranjero no podía impugnar su resolución de su repatriación. Se negaba el derecho a la tutela judicial efectiva de estos niños, niñas y adolescentes migrantes, reconocida para los extranjeros en el art. 20 de la propia LOEX. Un avance en la legislación que ha venido precedido de sentencias tanto del Tribunal Constitucional, como en el supuesto apuntado de la falta de derechos y garantías en los procedimientos de repatriación, como del Tribunal Supremo, en especial con relación a la determinación de la edad.

Ahora bien, pese a que la legislación actual ha venido a reconocer y, en cierta medida, garantizar los derechos de estos niños, niñas y adolescentes, incluyendo su tránsito a la edad adulta, todavía quedan pendientes reformas importantes, como la cuestión abordada en este trabajo relativa a la determinación de la edad. Esperemos que, en esta nueva legislatura, el Gobierno retome, tomando en consideración las aportaciones de la Red de Universidades por la Infancia y la Adolescencia y el Informe del Consejo General de Poder Judicial, de 30 de marzo de 2023, el Anteproyecto de Ley por la que se regula el procedimiento de evaluación de la edad. De esta norma decaída, es de resaltar su apuesta por un enfoque holístico en las pruebas a realizar a la persona migrante y la judicialización del procedimiento.

Pero, más allá de cuestiones jurídicas, estos niños, niñas y adolescentes migrantes sin referentes familiares se enfrentan con enormes dificultades en su proceso de integración en la sociedad de acogida, siendo en no pocas ocasiones estigmatizados y criminalizados. Faltan, además, recursos para poder atenderlos, dado que, ante una llegada masiva de los mismos, los sistemas de protección se colapsan, como en el caso de Canarias, que, en octubre de 2023, tutela ya a más de 4.200 de estos niños, niñas y adolescentes. El problema es que nos encontramos con un *déjà vu*.

Por todo ello, esta temática seguirá siendo objeto de estudio y análisis, dado que el fenómeno de la llegada a nuestras costas niños, niñas y adolescentes migrantes sin referentes familiares no se detendrá, requiriendo adecuar la legislación y elaborar políticas públicas que garanticen sus derechos. Más allá de su condición de extranjeros y extranjeras, son niños y niñas.

BIBLIOGRAFÍA CITADA

BRAVO RODRÍGUEZ, Rosa María, *La situación de los menores no acompañados en España,* Ponencia presentada en la Conferencia Regional del Consejo de Europa sobre Las Migraciones de los menores no acompañados: actuar de acuerdo con el interés superior del menor. Torremolinos, Málaga-España, 2005. Disponible en: https://www.coe.int/t/dg3/migration/archives/Source/MalagaRegConf/MG-RCONF_2005_11_Report_%20Spain_es.pdf (Consultado: el 02 de diciembre de 2023).

BRAVO ARTEAGA, Amaia y SANTOS GONZÁLEZ, Iriana, "Menores extranjeros no acompañados en España: necesidades y modelos de intervención", *Psychosocial Intervention,* Vol. 26, N° 1, 2017, pp. 55-62.

CABEDO MALLOL, Vicente, "La protección e integración de los menores inmigrantes no acompañados en España", *Cuadernos Constitucionales de la Cátedra Fadrique Furió Ceriol,* Vol. 56, 2006, pp. 81-95.

CABEDO MALLOL, Vicente, *La situación de los menores inmigrantes no acompañados. Su protección e integración,* València, Tirant lo Blanch, 2010.

CABEDO MALLOL, Vicente et al., *Los menores extranjeros no acompañados En la norma y en la realidad,* València, Tirant lo Blanch, 2011.

CABEDO MALLOL, Vicente, "Principales novedades incorporadas por las Leyes de reforma del Sistema de Protección a la Infancia y la Adolescencia: Luces y sombras", en CABEDO MALLOL, Vicente y RAVETLLAT BALLESTÉ, Isaac (Coord.), *Comentarios Sobre las Leyes de Reforma del Sistema de Protección a la Infancia y la* Adolescencia, València, Tirant lo Blanch, 2016, pp. 49-88.

CABEDO MALLOL, Vicente, "Menors d'edat, però no menors", *Levante-El Mercantil Valenciano,* 2021. Disponible en: *levante-emv.com/aula/2021/03/17/menors-d-edat-menors-43289608.html* (Consultado: el 09 de diciembre de 2023).

DEFENSOR DEL PUEBLO, *Informe anual 2020. Volumen I. Informe de gestión.* Madrid, Defensor del Pueblo, 2021.

EPDATA, "Menores extranjeros no acompañados en España, datos y estadísticas", *Europa Press,* 2021. Disponible en: https://www.epdata.es/datos/menores-extranjeros-no-acompanados-espana-datos-estadisticas/621 (Consultado: el 09 de diciembre de 2023).

MARKEZ, Iñaki y PASTOR, Fátima, *Drogodependencia en menores extranjeros no acompañados (MENA): su derecho a una educación y salud de calidad,* Vitoria-Gasteiz, Servicio Central de Publicaciones del Gobierno Vasco, 2009.

MARTÍN, María, "España mantiene sin papeles a casi 10.000 menores inmigrantes tutelados", *El País,* 2019. Disponible en: https://elpais.com/politica/2019/11/18/actualidad/1574096323_979962.html (Consultado: el 09 de diciembre de 2023).

OBSERVATORIO PERMANENTE DE LA INMIGRACIÓN, *Menores no acompañados y jóvenes extutelados con autorización de residencia. Stock mensual desde el 30 de junio de 2021 al 30 de junio de 2023 (personas de 16 a 23 años)*, Madrid, Ministerio de Inclusión, Seguridad Social y Migraciones, 2023. Disponible en: https://www.inclusion.gob.es/documents/2178369/2280852/Nota_Menores.pdf/ (Consultado: el 09 de diciembre de 2023).

PROYECTO CON RED, *Rutas de pequeños sueños. Los menores inmigrantes no acompañados en Europa*, Barcelona, Fundación Pere Tarrés, 2005.

QUIROGA, Violeta; ALONSO, Ariadna; y ARMENGOL, Carles, *Rutas de pequeños sueños. Menores Migrantes No Acompañados en Europa*, Barcelona, Fundación Pere Tarrés, 2005.

SAVE THE CHILDREN, *Menores no acompañados. Informe sobre la situación de los menores no acompañados en España*, Madrid, Save the Children, 2004.

SAVE THE CHILDREN, *MENA un estigma. Sin niños y niñas solos*, 2019. Disponible en: https://www.savethechildren.es/actualidad/menas-es-un-estigma-son-ninos-y-ninas-solos (Consultado: el 09 de diciembre de 2023).

UNICEF y CONSEJO GENERAL DE LA ABOGACÍA, *Ni ilegales ni invisibles: realidad jurídica y social de los menores extranjeros en España*, Madrid, Etnia Comunicación, 2009.

VESTRI, Gabriele y GONZÁLEZ, Nuria, *Los menores de edad migrantes no acompañados y sus exigencias jurídicas. Un diálogo entre España y México*, Sevilla, Universidad Pablo de Olavide, 2012.

Menores extranjeros no acompañados en España: Una visión desde el Derecho Civil[1]

FRANCISCA RAMÓN FERNÁNDEZ
Catedrática de Derecho Civil
Universitat Politècnica de València
frarafer@urb.upv.es

I. CONCEPTO DE MENOR INMIGRANTE NO ACOMPAÑADO (MINA)

Se considera como menor inmigrante no acompañado (en adelante, MINA) a la persona menor de 18 años, que se encuentre en territorio español, en un proceso migratorio, que no esté acompañado de padres o adulto responsable del mismo, se encuentre fuera de su país de origen, que se encuentre separado de las personas que por Ley o por costumbre los tienen a su cargo, que hayan accedido al país de destino a través de una solicitud de asilo o de forma irregular, se encuentran en situación de riesgo o desamparo y la entidad pública competente en protección de menores se tiene que hacer cargo de dicha persona[2].

Se les suele conocer con distintas denominaciones para referirse a este colectivo:

- MINA (Menores Inmigrantes No Acompañados).
- MEINA (Menores Extranjeros Indocumentados No Acompañados).
- MMNA (Menores Migrantes No Acompañados).

Para acercar esta situación de los menores se ha elaborado un documento en forma de cómic para mostrar su realidad a la sociedad.

---

1 Trabajo realizado en el marco del Grupo de Investigación de Excelencia Generalitat Valenciana "Algorithmical Law" (Proyecto Prometeu 2021/009, 2021-2024).

2 AAVV (2012); AAVV (2023); y Alonso (2014).

El relato lleva por título 'Ana' y es la historia de una niña que huye de Honduras para salvar su vida y la de su familia. Juntos emprenden el doloroso camino de la migración forzada rumbo a los Estados Unidos. A través de la narrativa e imagen, la obra se adentra en una realidad que cada año viven miles de niñas, niños y adolescentes[3].

El perfil de los MINA es mayoritariamente niños, de procedencia principalmente de Marruecos, de una edad entre 14 y 17 años. La mayoría vivía con la familia nuclear, y las circunstancias personales y socio-familiares eran muy penosas en el país de origen (vivienda con poco espacio y escasos recursos para subsistencia). Tienen parámetros culturales distintos a los del país de destino, carencias de escolarización y de formación laboral, además de expectativas personales irreales, distorsionadas por los medios de comunicación o por los propios compañeros[4].

Viven una fuerte ruptura de expectativas, debida a la tensión permanente entre la realización de su proyecto migratorio (que incluye responsabilidades de adulto, ser autosuficiente y hasta sustentador de la familia) y la condición de MINA (individuo dependiente, en situación de desamparo, sobre el que el Estado tiene competencias de intervención) que les impone la sociedad de acogida.

Mayoritariamente, encuentran dificultades en su adaptación e integración, con serios problemas de convivencia en algunos casos (manifestaciones de carácter agresivo, robos, consumo de sustancias tóxicas). Tienen un desconocimiento (especialmente al principio) del medio en el que se encuentran y del idioma español. Todo ello les produce una situación de desarraigo, soledad, etc.

Aparece un nomadismo constante, como ya vimos al hablar de la gran movilidad como un obstáculo para su contabilización.

La familia no es un elemento activo en la planificación de la marcha del menor, aunque en la mayoría de los casos se muestra de acuerdo con su intención de hacerlo o bien se resigna a ello.

---

3 ARRIAGA y RAMOS (2021).

4 CABEDO (2008a); CABEDO (2028B); CABEDO (2016); CABEDO (2022); CABEDO y RAVETLLAT (2022a); CABEDO y RAVETLLAT (2022b); CABEDO y RAVETLLAT (2022c); CABEDO; RAVETLLAT y EL HAMOUD (2022); CANÓS y RAMÓN (2010); y DE MIGUEL y HERRERO (2012).

El viaje migratorio se planifica con el grupo de iguales y se realiza con frecuencia sólo, en los bajos de un camión o autocar y más recientemente (desde 2003 especialmente), en pateras.

Algunos de los MINA (aproximadamente una quinta parte según distintos estudios) cometen infracciones, la mayoría contra la propiedad. Sin embargo, se destaca que no parecen haber venido con la intención de delinquir y que tampoco parece que realizaran habitualmente este tipo de prácticas en sus países de origen.

II. REGULACIÓN LEGAL DE LA SITUACIÓN DE LOS MENORES EXTRANJEROS NO ACOMPAÑADOS

El artículo 35 de la Ley Orgánica 4/2000, de 11 de enero, sobre derechos y libertades de los extranjeros en España y su integración social, regula la situación de los menores extranjeros no acompañados, y que tras la modificación por Ley Orgánica 8/2000, de 22 de diciembre y por Ley Orgánica 2/2009, de 11 de diciembre.

Se establece lo siguiente:

El Gobierno promoverá el establecimiento de Acuerdos de colaboración con los países de origen que contemplen, integradamente, la prevención de la inmigración irregular, la protección y el retorno de los menores no acompañados. Las Comunidades Autónomas serán informadas de tales Acuerdos.

Las Comunidades Autónomas podrán establecer acuerdos con los países de origen dirigidos a procurar que la atención e integración social de los menores se realice en su entorno de procedencia. Tales acuerdos deberán asegurar debidamente la protección del interés de los menores y contemplarán mecanismos para un adecuado seguimiento por las Comunidades Autónomas de la situación de los mismos.

En los supuestos en que los Cuerpos y Fuerzas de Seguridad del Estado localicen a un extranjero indocumentado cuya minoría de edad no pueda ser establecida con seguridad, se le dará, por los servicios competentes de protección de menores, la atención inmediata que precise, de acuerdo con lo establecido en la legislación de protección jurídica del menor, poniéndose el hecho en conocimiento inmediato del Ministerio Fiscal, que dispondrá la determinación de su edad, para lo que colaborarán las instituciones sanitarias oportunas que, con carácter prioritario, realizarán las pruebas necesarias.

Determinada la edad, si se tratase de un menor, el Ministerio Fiscal lo pondrá a disposición de los servicios competentes de protección de menores de la Comunidad Autónoma en la que se halle[5].

La Administración del Estado solicitará informe sobre las circunstancias familiares del menor a la representación diplomática del país de origen con carácter previo a la decisión relativa a la iniciación de un procedimiento sobre su repatriación. Acordada la iniciación del procedimiento, tras haber oído al menor si tiene suficiente juicio, y previo informe de los servicios de protección de menores y del Ministerio Fiscal, la Administración del Estado resolverá lo que proceda sobre el retorno a su país de origen, a aquel donde se encontrasen sus familiares o, en su defecto, sobre su permanencia en España. De acuerdo con el principio de interés superior del menor, la repatriación al país de origen se efectuará bien mediante reagrupación familiar, bien mediante la puesta a disposición del menor ante los servicios de protección de menores, si se dieran las condiciones adecuadas para su tutela por parte de los mismos.

A los mayores de dieciséis y menores de dieciocho años se les reconocerá capacidad para actuar en el procedimiento de repatriación previsto en este artículo, así como en el orden jurisdiccional contencioso administrativo por el mismo objeto, pudiendo intervenir personalmente o a través del representante que designen.

Cuando se trate de menores de dieciséis años, con juicio suficiente, que hubieran manifestado una voluntad contraria a la de quien ostenta su tutela o representación, se suspenderá el curso del procedimiento, hasta el nombramiento del defensor judicial que les represente.

Se considerará regular, a todos los efectos, la residencia de los menores que sean tutelados en España por una Administración Pública o en virtud de resolución judicial, por cualquier otra entidad. A instancia del organismo que ejerza la tutela y una vez que haya

---

5 VESTRI (2018).

quedado acreditada la imposibilidad de retorno con su familia o al país de origen, se otorgará al menor una autorización de residencia, cuyos efectos se retrotraerán al momento en que el menor hubiere sido puesto a disposición de los servicios de protección de menores. La ausencia de autorización de residencia no impedirá el reconocimiento y disfrute de todos los derechos que le correspondan por su condición de menor.

La concesión de una autorización de residencia no será obstáculo para la ulterior repatriación cuando favorezca el interés superior del menor, en los términos establecidos en el apartado cuarto de este artículo.

Reglamentariamente se determinarán las condiciones que habrán de cumplir los menores tutelados que dispongan de autorización de residencia y alcancen la mayoría de edad para renovar su autorización o acceder a una autorización de residencia y trabajo teniendo en cuenta, en su caso, los informes positivos que, a estos efectos, puedan presentar las entidades públicas competentes referidos a su esfuerzo de integración, la continuidad de la formación o estudios que se estuvieran realizando, así como su incorporación, efectiva o potencial, al mercado de trabajo. Las Comunidades Autónomas desarrollarán las políticas necesarias para posibilitar la inserción de los menores en el mercado laboral cuando alcancen la mayoría de edad.

Los Cuerpos y Fuerzas de Seguridad del Estado adoptarán las medidas técnicas necesarias para la identificación de los menores extranjeros indocumentados, con el fin de conocer las posibles referencias que sobre ellos pudieran existir en alguna institución pública nacional o extranjera encargada de su protección. Estos datos no podrán ser usados para una finalidad distinta a la prevista en este apartado.

La Administración General del Estado y las Comunidades Autónomas podrán establecer convenios con organizaciones no gubernamentales, fundaciones y entidades dedicadas a la protección de menores, con el fin de atribuirles la tutela ordinaria de los menores extranjeros no acompañados.

Cada convenio especificará el número de menores cuya tutela se compromete a asumir la entidad correspondiente, el lugar de residencia y los medios materiales que se destinarán a la atención de los mismos.

Estará legitimada para promover la constitución de la tutela la Comunidad Autónoma bajo cuya custodia se encuentre el menor. A tales efectos, deberá dirigirse al juzgado competente que proceda en función del lugar en que vaya a residir el menor, adjuntando el convenio correspondiente y la conformidad de la entidad que vaya a asumir la tutela.

El régimen de la tutela será el previsto en el Código Civil y en la Ley de Enjuiciamiento Civil. Además, serán aplicables a los menores extranjeros no acompañados las restantes previsiones sobre protección de menores recogidas en el Código Civil y en la legislación vigente en la materia.

Las Comunidades Autónomas podrán llegar a acuerdos con las Comunidades Autónomas donde se encuentren los menores extranjeros no acompañados para asumir la tutela y custodia, con el fin de garantizar a los menores unas mejores condiciones de integración.

Otra norma que debemos mencionar es la Ley 26/2015, de 28 de julio, de modificación del sistema de protección a la infancia y a la adolescencia que modifica la Ley Orgánica 1/1996, de 15 de enero, de Protección Jurídica del Menor, de modificación parcial del Código Civil y de la Ley de Enjuiciamiento Civil, y por la que se modifican los apartados 1, 3 y 4 y se introducen una nueva letra f) en el apartado 2 y un apartado 5 al artículo 10.

Los menores extranjeros que se encuentren en España tienen derecho a la educación, asistencia sanitaria y servicios y prestaciones sociales básicas, en las mismas condiciones que los menores españoles. Las Administraciones Públicas velarán por los grupos especialmente vulnerables como los menores extranjeros no acompañados, los que presenten necesidades de protección internacional, los menores con discapacidad y los que sean víctimas de abusos sexuales, explotación sexual, pornografía infantil, de trata o de tráfico de seres humanos, garantizando el cumplimiento de los derechos previstos en la ley.

Cuando la Entidad Pública asuma la tutela o guarda del menor elaborará un plan individualizado de protección que establecerá los objetivos, la previsión y el plazo de las medidas de intervención a adoptar con su familia de origen, incluido, en su caso, el programa de reintegración familiar

Cuando del pronóstico se derive la posibilidad de retorno a la familia de origen, la Entidad Pública aplicará el programa de reintegración familiar, todo ello sin perjuicio de lo dispuesto en la normativa relativa a los menores extranjeros no acompañados.

En el caso de los menores extranjeros no acompañados, se procurará la búsqueda de su familia y el restablecimiento de la convivencia familiar, iniciando el procedimiento correspondiente, siempre que se estime que dicha medida responde a su interés superior y no coloque al menor o a su familia en una situación que ponga en riesgo su seguridad

III. DERECHOS DE LOS MINA

Cabe mencionar los siguientes[6]:

- Derecho a la educación.
- Derecho a la asistencia sanitaria.
- Derecho a la inserción social mediante acogimiento familiar y residencial (centros de recepción, centros de acogida, hogares funcionales, centros de emancipación).
- Derecho a los demás servicios públicos (atención psicológica, no discriminación, asistencia de intérpretes, estudio del idioma español, acompañamiento y asesoramiento especializado).
- Derechos y libertades.

La Observación General Nº 6 del Comité de los Derechos del Niño se refiere a los siguientes aspectos:

- Principio de no discriminación.
- El interés superior del niño como consideración primordial en la búsqueda de soluciones a corto y a largo plazo.

---

6 Iglesias (2009); Lafuente (2010); Marco (2010); Moya (2002); y Quiroga (2007).

- Derecho del niño a expresar su opinión libremente.
- Derecho de respeto del principio de no devolución.
- Derecho de confidencialidad.
- Derecho a la vida, a la supervivencia y al desarrollo.

IV. PROCEDIMIENTO ADMINISTRATIVO Y EXPEDIENTE DE PROTECCIÓN

Se aplica el mismo que a cualquier menor, independientemente que sea MINA[7]. Se aplica legislación específica en materia civil y administrativa. Se dan problemas principalmente en cuanto a la determinación de la minoría de edad al carecer de documentación la mayoría de ellos[8].

V. CENTROS Y ACOGIMIENTO DE MENORES EXTRANJEROS NO ACOMPAÑADOS

El Decreto-Ley 23/2020, de 23 de diciembre, por el que se modifica la normativa de atención a la infancia para adaptar los centros de atención inmediata como dispositivos de emergencia para el acogimiento de menores extranjeros no acompañados de la Comunidad Autónoma de Canarias modifica la Ley 1/1997, de 7 de febrero, de Atención Integral a los Menores, en su artículo 53, referente a la atención inmediata.

Se establece, tras la reforma que asumida la tutela de una persona menor de edad por el órgano competente de la Administración Pública de la Comunidad Autónoma de Canarias, así como en el caso de las personas menores de edad extranjeras no acompañadas, una vez determinada la edad y el Ministerio Fiscal las haya puesto a disposición de los servicios competentes de protección de menores de la Comunidad Autónoma de Canarias, dichas personas recibirán

---

7 RAMÓN (2010); RAMÓN (2015); RAMÓN y DE BARTOLOMÉ (2011); y SANJURJO (2009).

8 SETIÉN y BERGANZA (2006); y SETIÉN y BERGANZA (2007).

un acogimiento en los centros de acogida inmediata habilitados al efecto.

Dichos centros de acogida inmediata atenderán en la forma que se precise a personas menores de edad en grave riesgo o cuya tutela o guarda, por cualquier otra causa, haya sido asumida por la entidad pública. Igualmente acogerán de urgencia a menores de edad extranjeros no acompañados o indocumentados puestos a disposición por los Cuerpos y Fuerzas de Seguridad del Estado cuya minoría de edad no pueda ser establecida con seguridad y se halle pendiente de determinación.

La atención en estos centros de acogida inmediata se limitará al tiempo imprescindible para determinar las medidas de amparo más adecuadas a sus necesidades.

También modifica el Decreto 40/2000, de 15 de marzo, por el que se aprueba el Reglamento de organización y funcionamiento de los centros de atención a menores en el ámbito de la Comunidad Autónoma Canaria, en su artículo 14 referente a la capacidad.

El número máximo de menores que se pueden acoger en este tipo de centros será el de veinte, salvo que se trate de grupos de hermanos o hermanas, en cuyo caso la Dirección General competente en materia de infancia y familia podrá acordar sobrepasar dicha capacidad.

Además de por la circunstancia señalada, dicho límite de capacidad podrá ser sobrepasado, en caso de manera coyuntural una razón de emergencia social por alta demanda de acogida lo requiriese, en cuyo caso la citada Dirección General podrá autorizar o habilitar otros recintos o espacios habitacionales ya en funcionamiento de mayor capacidad, de manera que sean aptos para este uso de acogida inmediata, siempre y cuando se respeten las medidas de aforo y ocupación autorizadas en cada una de ellos.

VI. EXTRANJEROS E INTEGRACIÓN SOCIAL

Respecto a los extranjeros y su integración social dentro de nuestro país debemos mencionar las siguientes normas[9]:

a) Real Decreto 557/2011, de 20 de abril, por el que se aprueba el Reglamento de la Ley Orgánica 4/2000, sobre derechos y libertades de los extranjeros en España y su integración social, tras su reforma por Ley Orgánica 2/2009;

b) Real Decreto 844/2013, de 31 de octubre, por el que se modifica el Reglamento de la Ley Orgánica 4/2000, de 11 de enero, sobre derechos y libertades de los extranjeros en España y su integración social, aprobado por el Real Decreto 557/2011, de 20 de abril;

c) Real Decreto 903/2021, de 19 de octubre, por el que se modifica el Reglamento de la Ley Orgánica 4/2000, sobre derechos y libertades de los extranjeros en España y su integración social, tras su reforma por Ley Orgánica 2/2009, aprobado por el Real Decreto 557/2011, de 20 de abril;

d) Real Decreto 629/2022, de 26 de julio, por el que se modifica el Reglamento de la Ley Orgánica 4/2000, sobre derechos y libertades de los extranjeros en España y su integración social, tras su reforma por Ley Orgánica 2/2009, aprobado por el Real Decreto 557/2011, de 20 de abril.

Por lo que se refiere al menor extranjero no acompañado se regula en el Título XI denominado «Menores extranjeros», en su Capítulo III dedicado a los «Menores extranjeros no acompañados», en los artículos 189 a 198.

Se considera como menor extranjero no acompañado (artículo 189 Real Decreto 557/2011), a la persona extranjera menor de dieciocho años que llegue al territorio español sin venir acompañada de un adulto que sea responsable de él, ya sea legalmente o con arreglo a la costumbre, y en el que se aprecia riesgo de desprotección de la persona menor, mientras que el adulto responsable no se haya hecho cargo efectivamente de la persona menor, así como a cualquier per-

---

9 ETXEBERRÍA et al. (2012); FÁBREGA (2011); FERNÁNDEZ et al. (2021); FLORES (2018); y GALLEGO et al. (2006).

sona menor extranjera que una vez esté en España se encuentre en aquella situación.

Este contenido legal se deberá interpretar sin perjuicio de la posibilidad de que la persona menor extranjera no acompañada pueda cumplir los requisitos que establecen los artículo 59 y 59 bis de la Ley Orgánica 4/2000, o en la normativa española en materia de protección internacional.

El artículo 59 de la Ley Orgánica 4/2000 se refiere a la colaboración contra redes organizadas, y establece lo siguiente: El extranjero que se encuentre irregularmente en España y sea víctima, perjudicado o testigo de un acto de tráfico ilícito de seres humanos, inmigración ilegal, explotación laboral o de tráfico ilícito de mano de obra o de explotación en la prostitución abusando de su situación de necesidad, podrá quedar exento de responsabilidad administrativa y no será expulsado si denuncia a los autores o cooperadores de dicho tráfico, o coopera y colabora con las autoridades competentes, proporcionando datos esenciales o testificando, en su caso, en el proceso correspondiente contra aquellos autores.

Los órganos administrativos competentes encargados de la instrucción del expediente sancionador informarán a la persona interesada sobre las previsiones de artículo 59 de la Ley Orgánica 4/2000 a fin de que decida si desea acogerse a esta vía, y harán la propuesta oportuna a la autoridad que deba resolver, que podrá conceder una autorización provisional de residencia y trabajo a favor del extranjero, según el procedimiento previsto reglamentariamente.

El instructor del expediente sancionador informará de las actuaciones en relación con este apartado a la autoridad encargada de la instrucción del procedimiento penal.

A los extranjeros que hayan quedado exentos de responsabilidad administrativa se les podrá facilitar, a su elección, el retorno asistido a su país de procedencia o la autorización de residencia y trabajo por circunstancias excepcionales, y facilidades para su integración social, de acuerdo con lo establecido en esta norma velando, en su caso, por su seguridad y protección.

Cuando el Ministerio Fiscal tenga conocimiento de que un extranjero, contra el que se ha dictado una resolución de expulsión, aparezca en un procedimiento penal como víctima, perjudicado o testigo y considere imprescindible su presencia para la práctica de diligencias judiciales, lo pondrá de manifiesto a la autoridad gubernativa competente para que valore la inejecución de su expulsión y, en el supuesto de que se hubiese ejecutado esta última, se procederá de igual forma a los efectos de que autorice su regreso a España durante el tiempo necesario para poder practicar las diligencias precisas, sin perjuicio de que se puedan adoptar algunas de las medidas previstas en la Ley Orgánica 19/1994, de 23 de diciembre, de protección a testigos y peritos en causas criminales.

Estas previsiones se aplican a los extranjeros menores de edad, debiendo tenerse en cuenta en el procedimiento la edad y madurez de éstos y, en todo caso, la prevalencia del principio del interés superior del menor.

Reglamentariamente se desarrollarán las condiciones de colaboración de las organizaciones no gubernamentales sin ánimo de lucro que tengan por objeto la acogida y protección de las víctimas de los delitos señalados en el artículo 59.1 de la Ley Orgánica 4/2000.

El artículo 59 bis se ocupa de las víctimas de la trata de seres humanos: Las autoridades competentes adoptarán las medidas necesarias para la identificación de las víctimas de la trata de personas conforme a lo previsto en el artículo 10 del Convenio del Consejo de Europa sobre la lucha contra la trata de seres humanos, de 16 de mayo de 2005, ratificado por España en 2009.

Los órganos administrativos competentes, cuando estimen que existen motivos razonables para creer que una persona extranjera en situación irregular ha sido víctima de trata de seres humanos, informarán a la persona interesada sobre las previsiones del artículo 59 bis y elevarán a la autoridad competente para su resolución la oportuna propuesta sobre la concesión de un período de restablecimiento y reflexión, de acuerdo con el procedimiento previsto reglamentariamente.

Dicho período de restablecimiento y reflexión tendrá una duración de, al menos, noventa días, y deberá ser suficiente para que la víctima pueda decidir si desea cooperar con las autoridades en la investigación del delito y, en su caso, en el procedimiento penal. Tanto durante la fase de identificación de las víctimas, como durante el período de restablecimiento y reflexión, no se incoará un expediente sancionador por infracción del artículo 53.1.a) y se suspenderá el expediente administrativo sancionador que se le hubiere incoado o, en su caso, la ejecución de la expulsión o devolución eventualmente acordadas. Asimismo, durante el período de restablecimiento y reflexión, se le autorizará la estancia temporal y las administraciones competentes velarán por la subsistencia y, de resultar necesario, la seguridad y protección de la víctima y de sus hijos menores de edad o con discapacidad, que se encuentren en España en el momento de la identificación, a quienes se harán extensivas las previsiones del artículo 59 bis, apartado 4 en relación con el retorno asistido o la autorización de residencia, y en su caso trabajo, si fueren mayores de 16 años, por circunstancias excepcionales. Finalizado el periodo de reflexión las administraciones públicas competentes realizarán una evaluación de la situación personal de la víctima a efectos de determinar una posible ampliación del citado período.

Con carácter extraordinario la Administración Pública competente velará por la seguridad y protección de aquellas otras personas, que se encuentren en España, con las que la víctima tenga vínculos familiares o de cualquier otra naturaleza, cuando se acredite que la situación de protección en que quedarían frente a los presuntos traficantes constituye un obstáculo insuperable para que la víctima acceda a cooperar.

El periodo de restablecimiento y reflexión podrá denegarse o ser revocado por motivos de orden público o cuando se tenga conocimiento de que la condición de víctima se ha invocado de forma indebida. La denegación o revocación deberán estar motivadas y podrán ser recurridas según lo establecido en la Ley 39/2015, de 1 de octubre, del Procedimiento Administrativo Común de las Administraciones Públicas.

La autoridad competente podrá declarar a la víctima exenta de responsabilidad administrativa y podrá facilitarle, a su elección, el retorno asistido a su país de procedencia o la autorización de residencia y trabajo por circunstancias excepcionales cuando lo considere necesario a causa de su cooperación para los fines de investigación o de las acciones penales, o en atención a su situación personal, y facilidades para su integración social, de acuerdo con lo establecido en la Ley Orgánica 4/2000. Asimismo, en tanto se resuelva el procedimiento de autorización de residencia y trabajo por circunstancias excepcionales, se le podrá facilitar una autorización provisional de residencia y trabajo en los términos que se determinen reglamentariamente.

En la tramitación de las autorizaciones referidas anteriormente se podrá eximir de la aportación de aquellos documentos cuya obtención suponga un riesgo para la víctima.

Estas indicaciones del artículo 59 bis de la Ley Orgánica 4/2000 serán igualmente de aplicación a personas extranjeras menores de edad, debiendo tenerse en cuenta la edad y madurez de las mismas, y, en todo caso, la prevalencia del interés superior del menor.

Mediante Reglamento se desarrollarán las condiciones de colaboración de las organizaciones no gubernamentales sin ánimo de lucro que tengan por objeto la acogida y protección de las víctimas de la trata de seres humanos.

A ello hay que tenerse en cuenta lo indicado en la Ley Orgánica 13/2022, de 20 de diciembre, por la que se modifica la Ley Orgánica 10/1995, de 23 de noviembre, del Código Penal, para agravar las penas previstas para los delitos de trata de seres humanos desplazados por un conflicto armado o una catástrofe humanitaria.

La determinación de la edad se regula en el artículo 190 de la Ley Orgánica 4/2000: Cuando los Cuerpos y Fuerzas de Seguridad localicen a un extranjero no acompañado cuya minoría de edad sea indubitada por razón de su documentación o de su apariencia física, éste será puesto a disposición de los servicios de protección de menores competentes, poniéndose tal hecho en conocimiento del Ministerio Fiscal. Los datos de identificación del menor serán inscritos en el Registro de Menores Extranjeros No Acompañados.

En el caso de que la minoría de edad de un extranjero indocumentado no pueda ser establecida con seguridad, las Fuerzas y Cuerpos de Seguridad del Estado, en cuanto tengan conocimiento de esa circunstancia o localicen al supuesto menor en España, informarán a los servicios autonómicos de protección de menores para que, en su caso, le presten la atención inmediata que precise de acuerdo con lo establecido en la legislación de protección jurídica del menor.

Con carácter inmediato, se pondrá el hecho en conocimiento del Ministerio Fiscal, que dispondrá, en el plazo más breve posible, la determinación de su edad, para lo que deberán colaborar las instituciones sanitarias oportunas que, con carácter prioritario y urgente, realizarán las pruebas necesarias.

Igualmente, se dará conocimiento de la localización del menor o posible menor al Delegado o Subdelegado del Gobierno competente por razón del territorio donde éste se encuentre.

La Secretaría de Estado de Inmigración y Emigración impulsará la adopción de un Protocolo Marco de Menores Extranjeros No Acompañados destinado a coordinar la intervención de todas las instituciones y administraciones afectadas, desde la localización del menor o supuesto menor hasta su identificación, determinación de su edad, puesta a disposición del servicio público de protección de menores y documentación.

Si durante el procedimiento de determinación de la edad el menor precisara atención inmediata, las Fuerzas y Cuerpos de Seguridad del Estado la solicitarán a los servicios autonómicos competentes en materia de protección de menores.

En el decreto del Ministerio Fiscal que fije la edad del menor extranjero se decidirá su puesta a disposición de los servicios competentes de protección de menores, dándose conocimiento de ello al Delegado o Subdelegado del Gobierno competente.

En caso de que la determinación de la edad se realice en base al establecimiento de una horquilla de años, se considerará que el extranjero es menor si la edad más baja de ésta es inferior a los dieciocho años.

El decreto del Ministerio Fiscal en el que se fije la edad del menor extranjero se inscribirá en el Registro de menores no acompañados de conformidad con lo previsto en el artículo 215 de este Reglamento.

Tras haber sido puesto el menor a su disposición, el servicio de protección de menores le informará, de modo fehaciente y en un idioma comprensible para éste, del contenido básico del derecho a la protección internacional y del procedimiento previsto para su solicitud, así como de la normativa vigente en materia de protección de menores. De dicha actuación quedará constancia escrita[10].

---

[10] SSTS 2574/2015, de 18 de junio de 2015, y 4266/2021, de 22 de noviembre de 2021.

Respecto a la competencia sobre el procedimiento de repatriación del menor extranjero no acompañado y las actuaciones previas, hay que atender a lo indicado en el artículo 191:

Las Delegaciones y Subdelegaciones del Gobierno serán los Centros directivos competentes para llevar a cabo los trámites relativos a la repatriación de un menor extranjero no acompañado, previstos en el artículo 35 de la Ley Orgánica 4/2000 y en los Acuerdos bilaterales suscritos por España sobre la materia.

La competencia atribuida a la Delegaciones y Subdelegaciones del Gobierno incluirá la práctica de las actuaciones informativas previas y, en su caso, la incoación, tramitación y resolución del procedimiento regulado en este artículo.

Se considerará Delegación o Subdelegación del Gobierno competente aquélla en cuyo territorio se halle el domicilio del menor.

El Centro directivo que inicie el procedimiento lo comunicará a la correspondiente Delegación o Subdelegación del Gobierno en la provincia donde esté ubicada la entidad que tenga atribuida la tutela legal, custodia, protección provisional o guarda, cuando su domicilio no coincida con el del menor.

La Delegación o Subdelegación del Gobierno solicitará, través de la Comisaría General de Extranjería y Fronteras, informe de la representación diplomática del país de origen del menor sobre las circunstancias familiares de éste. En caso de que dicho país no cuente con representación diplomática en España, el informe será solicitado a través de la Dirección General de Asuntos Consulares y Migratorios.

De cada solicitud y actuaciones posteriores se dará cuenta a la Secretaría de Estado de Inmigración y Emigración, a la Comisaría General de Extranjería y Fronteras y, en su caso, a la Dirección General de Asuntos Consulares y Migratorios.

Sin perjuicio del informe reseñado en el apartado anterior, la Delegación o Subdelegación del Gobierno requerirá de la entidad que tenga atribuida la tutela legal, custodia, protección provisional o guarda cualquier información sobre la situación del menor. Dicha información será igualmente requerida a la Administración autonómica del territorio en el que el menor tenga su domicilio, así como a aquélla donde está ubicada la entidad que tenga atribuida la tutela legal, custodia, protección provisional o guarda.

La solicitud de informe responderá a un modelo tipo, a elaborar conjuntamente por las Secretarías de Estado de Inmigración y Emigración y de Seguridad. Se solicitarán, entre otros datos, los relativos a la filiación del menor y a las circunstancias sociales y familiares de su entorno en el país de origen.

En la solicitud de informe se hará constar la necesidad de que, de decidir la representación diplomática del país de origen sustituir la información sobre la familia por la relativa a sus servicios de protección del menor, la contestación refleje expresamente el compromiso por escrito de la autoridad competente del país de origen de asumir la responsabilidad sobre el menor.

El artículo 192 de la Ley Orgánica 4/2000 establece el inicio del procedimiento de repatriación del menor extranjero no acompañado de esta forma:

El Delegado o Subdelegado de Gobierno competente acordará la incoación del procedimiento de repatriación del menor cuando, según las informaciones recibidas de acuerdo con lo previsto en el artículo anterior, se considere que el interés superior del menor se satisface con la reagrupación con su familia o su puesta a disposición de los servicios de protección de su país de origen. La incoación del procedimiento deberá grabarse en la aplicación informática correspondiente.

En el acuerdo de iniciación se hará constar expresamente la identidad del menor y la existencia de informe de las autoridades competentes del país de origen.

El acuerdo de incoación del procedimiento será notificado inmediatamente al menor, al Ministerio Fiscal y a la entidad que ostente su tutela legal, custodia, protección provisional o guarda. Asimismo, cualquier actuación o incidencia que se produzca en el curso de procedimiento será comunicada al Ministerio Fiscal a la mayor brevedad posible.

Al mismo tiempo, el menor será informado por escrito, en una lengua que le sea comprensible y de manera fehaciente, de los antecedentes que han determinado la incoación del procedimiento y de cuantos derechos le asisten, con especial mención a la asistencia de intérprete si no comprende o habla el idioma español.

Las alegaciones y determinación del periodo de prueba se regulan en el artículo 193 de la Ley Orgánica 4/2000: Comunicado el acuerdo de incoación del procedimiento se iniciará un periodo de diez días hábiles a computar desde el siguiente a la correspondiente notificación, en el que el menor extranjero, la entidad que ostente su tutela legal, custodia, protección provisional o guarda y, en su caso, el Ministerio Fiscal podrán formular cuantas alegaciones de hecho o de derecho consideren oportunas, así como proponer las pruebas pertinentes sobre los hechos alegados.

Si el menor ha alcanzado la edad de dieciséis años podrá intervenir en esta fase por sí mismo o a través de representante que designe. En caso de que no haya alcanzado dicha edad, será representado por la entidad que ostente su tutela legal, custodia, protección provisional o guarda.

No obstante, cuando el menor de dieciséis años con juicio suficiente hubiera manifestado una voluntad contraria a la de quien ostenta su tutela legal, custodia, protección provisional, guarda o representación legal, se suspenderá el curso del procedimiento hasta que le sea nombrado defensor judicial. Sin perjuicio de que pueda apreciarse dicho grado de madurez en una edad inferior, se entenderá que el extranjero mayor de doce años tiene juicio suficiente.

Corresponderá al Ministerio Fiscal, al propio menor o a cualquier persona con capacidad para comparecer en juicio instar de la autoridad judicial competente el nombramiento de dicho defensor.

Durante el trámite de alegaciones la Delegación o Subdelegación del Gobierno recabará informe del servicio público de protección de menores sobre la situación del menor en España, así como cualquier información que pueda conocer sobre la identidad del menor, su familia, su país o su domicilio cuando la misma no se hubiera presentado con anterioridad. El informe habrá de ser emitido en el plazo máximo de diez días desde su solicitud.

Cuando los hechos alegados por el menor, su representante legal o defensor judicial o por la entidad que ostente su tutela legal, custodia, protección provisional o guarda tuvieran relevancia decisiva para la adopción del acuerdo de repatriación, el instructor del procedimiento, de oficio o a instancia de parte, acordará la apertura de un periodo de prueba por un plazo no superior a treinta días ni inferior a diez, a fin de que puedan practicarse cuantas sean pertinentes.

En caso de apertura de un periodo de pruebas a instancia de parte, el instructor del procedimiento podrá suspender el transcurso del plazo para la resolución de éste durante el tiempo necesario para la incorporación de los resultados al expediente.

Asimismo, el Ministerio Fiscal emitirá informe, a la mayor brevedad posible, a cuyos efectos el instructor del procedimiento le remitirá la documentación que obre en el expediente.

En el artículo 194 de la Ley Orgánica 4/2000 se establece el trámite de audiencia y resolución del procedimiento: Tras la incorporación al expediente de los informes mencionados en los artículos 190 y 191 y, en su caso, el resultado de la prueba practicada, el Delegado o Subdelegado del Gobierno dará inicio al trámite de audiencia. En dicho trámite se garantizará la presencia del menor que tuviera juicio suficiente para que manifieste lo que considere en relación con su repatriación.

Al trámite de audiencia serán convocados el Ministerio Fiscal, el tutor y, en su caso, el defensor judicial o el representante designado por el menor.

La audiencia se documentará en acta, que será suscrita por los presentes y a la que se incorporarán como anexo cuantos documentos y justificantes se aporten.

Realizado el trámite de audiencia, el Delegado o Subdelegado del Gobierno resolverá, de acuerdo con el principio de interés superior del menor, sobre la repatriación del menor a su país de origen o donde se encuentren sus familiares o sobre su permanencia en España.

La resolución establecerá si la repatriación será realizada en base a la reagrupación familiar o mediante su puesta a disposición de los servicios de protección del menor de su país de origen.

La resolución pondrá fin a la vía administrativa y será grabada en la aplicación informática correspondiente para su constancia en el Registro de Menores Extranjeros No Acompañados. Será notificada, en el plazo de diez días, al menor o, en su caso, a su representante. En el mismo plazo, será comunicada al tutor del menor y al Ministerio Fiscal.

En la propia resolución o en documento aparte, se hará expresa mención a la necesidad de solicitar, de acuerdo con lo previstos en la normativa reguladora del derecho de asistencia jurídica gratuita, el reconocimiento del derecho de asistencia jurídica gratuita para el ejercicio de éste, en caso de que se decidiera impugnar la resolución en vía contencioso-administrativa.

El plazo máximo para la resolución y notificación del procedimiento será de seis meses desde la fecha del acuerdo de inicio del procedimiento.

La ejecución de la repatriación la indica el artículo 195 de la Ley Orgánica 4/2000: Sin perjuicio de las funciones del Cuerpo Nacional de Policía en la ejecución de la resolución, el menor será acompañado por personal adscrito a los servicios de protección del menor bajo cuya tutela legal, custodia, protección provisional o guarda se encuentre hasta el momento de su puesta a disposición de las autoridades competentes de su país de origen.

En el caso de que el menor se encontrase incurso en un proceso judicial y conste este hecho acreditado en el expediente administrativo de repatriación, la ejecución de ésta estará condicionada a la autorización judicial. En todo caso deberá constar en el expediente la comunicación al Ministerio Fiscal.

La repatriación se efectuará a costa de la familia del menor o de los servicios de protección de menores de su país. En caso contrario, se comunicará al representante diplomático o consular de su país a estos efectos. Subsidiariamente, la Administración General del Estado se hará cargo del coste de la repatriación, salvo en lo relativo al desplazamiento del personal adscrito a los servicios de protección del menor bajo cuya tutela legal, custodia, protección provisional o guarda se encuentre el menor.

Para la residencia del menor extranjero no acompañado se aplica lo indicado en el artículo 196 de la Ley Orgánica 4/2000: La Oficina de Extranjería en la provincia en la que esté fijado el domicilio del menor iniciará, de oficio, por orden superior o a instancia de parte, el procedimiento relativo a la autorización de residencia a la que se refiere el artículo 35.7 de la Ley Orgánica 4/2000, una vez haya quedado acreditada la imposibilidad de repatriación del menor y, en todo caso, transcurridos noventa días desde que haya sido puesto a disposición de los servicios competentes de protección de menores.

En caso de inicio de oficio o por orden superior, la Oficina de Extranjería comunicará al menor el acuerdo de inicio del procedimiento a través del servicio de protección de menores bajo cuya tutela, custodia, protección provisional o guarda se encuentre, interesando la aportación de la siguiente documentación, que igualmente será la que deberá ser aportada junto a la solicitud en los casos de inicio a instancia de parte:

a) Copia completa del pasaporte en vigor o título de viaje, reconocido como válido en España, del menor. En su defecto, este documento podrá ser sustituido por cédula de inscripción del menor, obtenida de acuerdo a lo previsto en el artículo 211.5.

b) Documento acreditativo de que la persona física que interviene en el procedimiento tiene competencia para ello en representación del servicio de protección de menores.

c) Documento acreditativo de la relación de tutela, custodia, protección provisional o guarda entre el menor y el servicio de protección de menores.

La Delegación o Subdelegación del Gobierno resolverá sobre el procedimiento y notificará la resolución al menor en el plazo máximo de un mes. La resolución será comunicada al Ministerio Fiscal en el plazo de diez días desde que se dicte.

El representante del menor deberá solicitar personalmente, en el plazo de un mes desde la fecha de notificación de la resolución, y ante la Oficina de Extranjería o Comisaría correspondiente, la Tarjeta de Identidad de Extranjero que indicará expresamente "habilita para trabajar de conformidad con el 36.1 y el 41.1 de la Ley Orgánica 4/2000".

De acuerdo con el artículo 35.8 de la Ley Orgánica 4/2000 la concesión de esta autorización de residencia no será obstáculo para la ulterior repatriación cuando favorezca el interés superior del menor. Si la repatriación se produce, se procederá a la extinción de la autorización de residencia. En caso de que se acuerde y ejecute la repatriación, esta conllevará la extinción de la autorización de residencia.

La autorización de residencia que habilita para trabajar a partir de los 16 años para aquellas actividades que, a propuesta de la entidad de protección de menores, favorezcan su integración social, tendrá una vigencia de dos años, retrotrayéndose su eficacia a la fecha de la puesta a disposición del menor del servicio de protección de menores.

La habilitación para trabajar que conlleva de acuerdo con lo previsto en el artículo 41.1.j) de la Ley Orgánica 4/2000, de 11 de enero, no tendrá en cuenta, en caso de actividades por cuenta ajena, la situación nacional de empleo de conformidad con lo previsto en el artículo 40.1.i) de la misma ley orgánica. Esta habilitación para trabajar tendrá la misma duración que la autorización de residencia.

El procedimiento sobre la renovación de esta autorización de residencia que habilita para trabajar a partir de los 16 años para aquellas actividades que, a propuesta de la entidad de protección de menores, favorezcan su integración social, será iniciado de oficio por la Oficina de Extranjería competente durante los sesenta días naturales previos a la fecha de expiración de su vigencia. Ello sin perjuicio de que este procedimiento pueda iniciarse a instancia de parte en el mismo plazo. En ambos casos, el inicio del procedimiento de renovación prorrogará la validez de la autorización anterior hasta su resolución. También se producirá esta prórroga en el supuesto en que la renovación se tramite dentro de los noventa días naturales posteriores a la fecha en que hubiere finalizado la vigencia de la anterior autorización.

Procederá la renovación de la autorización cuando subsistan las circunstancias que motivaron su concesión inicial.

La vigencia de la autorización renovada será de tres años salvo que corresponda una autorización de residencia de larga duración.

El acceso a la mayoría de edad del menor extranjero no acompañado que es titular de un autorización de residencia se regula en el artículo 197 de la Ley Orgánica 4/2000:

Los menores sobre los que un servicio de protección de menores haya ejercido la tutela, custodia, protección provisional o guarda, y que alcancen la mayoría de edad siendo titulares de una autorización de residencia concedida conforme a lo previsto en el artículo anterior, podrán solicitar en la Oficina de Extranjería donde haya fijado su residencia la renovación de la misma en modelo oficial, durante los sesenta días naturales previos a la fecha de expiración de su vigencia. La presentación de la solicitud en este plazo prorrogará la validez de la autorización anterior hasta la resolución del procedimiento de renovación.

También se prorrogará hasta la resolución del procedimiento en el supuesto en que la solicitud se presentase dentro de los noventa días naturales posteriores a la fecha en que hubiera finalizado la vigencia de la anterior autorización, sin perjuicio de la incoación del correspondiente procedimiento sancionador por la infracción en la que se hubiese incurrido.

La autorización será renovada cuando queden acreditadas las siguientes condiciones:

a) Que el solicitante cuenta con medios económicos suficientes para su sostenimiento. La suficiencia de estos medios se entenderá cumplida cuando se acrediten unos ingresos y rentas mensuales que superen la cuantía mensual individual de la renta garantizada prevista en el Real Decreto Ley 20/2020, de 29 de mayo, por el que se establece el Ingreso Mínimo Vital, o bien, que se acredite que su sostenimiento queda asegurado dentro de un programa desarrollado por una institución pública o privada.

A estos efectos serán computables los ingresos provenientes de un empleo, del sistema social, así como otras cuantías que pueda percibir.

b) De conformidad con el artículo 31.7 de la Ley Orgánica 4/2000, se habrá de valorar la existencia de antecedentes penales, considerando la concesión de indultos o la suspensión de la pena privativa de libertad y, en el caso de penas privativas de derechos o de multa, el cumplimiento de las mismas. A tal efecto, la Administración comprobará de oficio los antecedentes registrados en el Registro Central de Penados del Ministerio de Justicia.

c) Igualmente, deberán considerarse los informes que, en su caso y a estos efectos puedan presentar las entidades públicas competentes en materia de protección de menores, de acuerdo con lo previsto en el artículo 35.9 de la Ley Orgánica 4/2000, así como los emitidos por otras entidades o instituciones privadas relativos al cumplimiento satisfactorio de los objetivos educativos o de inclusión sociolaboral del programa, haya éste finalizado o esté en curso.

La vigencia de la autorización renovada será de dos años, renovables por periodos de dos años si se mantienen los requisitos, salvo que corresponda una autorización de residencia de larga duración.

La habilitación para trabajar que conlleva de acuerdo con lo previsto en el artículo 35.9 de la Ley Orgánica 4/2000, no tendrá en cuenta, en caso de actividades por cuenta ajena, la situación nacional de empleo de conformidad con lo previsto en el artículo 40.1.b) de la misma ley orgánica. Esta habilitación para trabajar tendrá la misma duración que la autorización de residencia.

En el plazo de un mes desde la notificación de la resolución por la que se renueva la autorización, su titular deberá solicitar ante la Oficina de Extranjería o Comisaría la correspondiente Tarjeta de Identidad de Extranjero que indicará expresamente "habilita para trabajar".

Lo dispuesto en los apartados anteriores será sin perjuicio de que la autoridad competente facilite a los menores extranjeros no acompañados que alcancen la mayoría de edad información y acceso a la modalidad o programa de retorno voluntario asistido al que puedan decidir acogerse.

En el caso de que se trate del acceso a la mayoría de edad del menor extranjero no acompañado que no es titular de una autorización de residencia, dispone el artículo 198 de la Ley Orgánica 4/2000 lo siguiente: Los menores sobre los que un servicio de protección de menores ostentara la tutela, custodia, protección provisional o guarda y alcancen la mayoría de edad sin haber obtenido la autorización de residencia prevista en el artículo 196 de este reglamento pero habiendo cumplido los requisitos para ello, podrán solicitar una autorización de residencia temporal por circunstancias excepcionales. Para ello, deberán haber participado en las acciones formativas y actividades programadas por dicha entidad para favorecer su integración social, lo cual será certificado por esta, o deberá poder acreditar su integración en la sociedad española en los términos previstos en la letra c) del apartado segundo del artículo anterior.

La solicitud de autorización será presentada durante los sesenta días naturales previos o en los noventa días naturales posteriores a la fecha en que cumpla los dieciocho años. El plazo se suspenderá cuando quede acreditado que no se ha presentado la solicitud por causas ajenas a la voluntad del solicitante y se reanudará una vez estas hayan cesado.

Igualmente, deberá acreditarse:

a) Que el solicitante cuenta con medios económicos suficientes para su sostenimiento. La suficiencia de estos medios se entenderá cumplida cuando se acrediten unos ingresos y rentas mensuales que superen la cuantía mensual individual de la renta garantizada prevista el Real Decreto Ley 20/2020, de 29 de mayo, por el que se establece el Ingreso Mínimo Vital, o bien, que se acredite que su sostenimiento queda asegurado dentro de un programa desarrollado por una institución pública o privada.

A estos efectos serán computables los ingresos provenientes de un empleo, del sistema social, así como otras cuantías que pueda percibir.

b) Que carezca de antecedentes penales en España o en los países anteriores de residencia, por delitos existentes en el ordenamiento español, y no figurar como rechazable en el espacio territorial de países con los que España tenga firmado un convenio en tal sentido. A tal efecto, la Administración comprobará de oficio los antecedentes registrados en el Registro Central de Penados del Ministerio de Justicia.

La vigencia de la autorización concedida será de dos años, renovable por periodos de dos años si se mantienen los requisitos, salvo que corresponda una autorización de residencia de larga duración.

La habilitación para trabajar por cuenta ajena o cuanta propia que conlleva la autorización no tendrá en cuenta, en caso de actividades por cuenta ajena, la situación nacional de empleo de conformidad con lo previsto en el artículo 40.1.j) de la Ley Orgánica 4/2000. Esta habilitación para trabajar tendrá la misma duración que la autorización de residencia.

En el plazo de un mes desde la notificación de la resolución por la que se concede la autorización, su titular deberá solicitar ante la Oficina de Extranjería o Comisaría correspondiente la Tarjeta de Identidad de Extranjero que indicará expresamente "habilita para trabajar por cuenta ajena y propia".

Lo dispuesto en los apartados anteriores será sin perjuicio de que la autoridad competente facilite a los menores extranjeros no acompañados que alcancen la mayoría de edad información y acceso a la modalidad o programa de retorno voluntario asistido al que puedan decidir acogerse.

VII. REGULACIÓN EN LA COMUNITAT VALENCIANA

De acuerdo con la Ley 26/2018, de 21 de diciembre, de la Generalitat, de derechos y garantías de la infancia y la adolescencia, las personas menores de edad extranjeras que se encuentren en la Comunitat Valenciana, incluidas aquellas que no estén acompañadas, gozarán de los mismos derechos que los y las nacionales y en igualdad de condiciones.

Según indica el artículo 58, c), referente a los derechos en situación de vulnerabilidad, se establecerá un protocolo de atención específico para personas menores de edad extranjeras no acompañados, con el fin de realizarles una exploración médica básica que permita conocer su estado de salud. La Conselleria competente en materia de sanidad efectuará con carácter prioritario las pruebas necesarias para la determinación de la edad, conforme a la normativa vigente.

El Reglamento de Medidas de Protección Jurídica del Menor en la Comunidad Valenciana, aprobado por Decreto 93/2001, de 22 de mayo, del Gobierno Valenciano, modificado por Decreto 28/2009 de 20 de febrero, del Consell, 2. Al menor extranjero que se encuentre en el territorio de la Comunidad Valenciana en situación de riesgo o desamparo, se le aplicarán las medidas de protección contempladas en el presente reglamento, de conformidad con lo dispuesto en la legislación vigente en materia de protección jurídica del menor (artículo 4).

Ley 26/2018, en su artículo 123, respecto a las personas menores de edad extranjeras no acompañadas dispone que: De conformidad con la legislación vigente sobre derechos y libertades de las personas extranjeras en España, la Generalitat garantizará a niñas, niños y adolescentes extranjeros no acompañados una protección adecuada a sus necesidades específicas, asumiendo la Conselleria competente en materia de protección de la infancia y la adolescencia su atención integral y comunitaria, durante el tiempo de permanencia en la Comunitat Valenciana, y dotándoles de las medidas de protección y asistencia necesarias para garantizar sus derechos. En estos casos el acceso a los recursos propios de la entidad autonómica será prioritario, si así se prevé en el plan de protección, y su ingreso se justificara mediante la resolución de tutela o guarda del mismo.

Los procedimientos de identificación e inscripción en el registro correspondiente por parte de las fuerzas y cuerpos de seguridad, que han de practicarse en estos casos, se realizarán en dependencias diferenciadas de las de las personas adultas, con las condiciones adecuadas a su edad y circunstancias y con la mayor celeridad posible. Les asistirá personal dependiente de la entidad pública de protección y si fuera necesario, una persona intérprete.

Hay que atender a lo indicado en la Ley 15/2008, de 5 de diciembre, de la Generalitat, de Integración de las personas inmigrantes en la Comunitat Valenciana, y en el Decreto 93/2009, de 10 de julio, del Consell, por el que se aprueba el Reglamento de la Ley 15/2008, de 5 de diciembre, de la Generalitat, de integración de las personas inmigrantes en la Comunitat Valenciana.

Principales aspectos de los MINA en la Ley 15/2008. Se recoge en el artículo 40 lo siguiente: Los menores inmigrantes no acompañados que se encuentren en la Comunitat Valenciana en una situación de desprotección social, serán atendidos por la Conselleria competente en materia de protección de menores, que adoptará las medidas de protección y de asistencia que sean necesarias para garantizar su atención inmediata.

En el caso de menores inmigrantes no acompañados que carezcan de documentación acreditativa de su edad, se realizarán las pruebas necesarias para determinarla de forma inmediata tras la localización del menor por las Fuerzas y Cuerpos de Seguridad, para evitar su previo ingreso en un centro de protección, salvo que éste fuere necesario para garantizar su inmediata atención.

El sistema sanitario público valenciano realizará las pruebas de determinación de la edad de los menores inmigrantes no acompañados.

En la repatriación a sus países de origen de las personas inmigrantes no acompañados se promoverán sistemas de coordinación con las autoridades del Estado con competencia exclusiva sobre esta materia. Hasta que esa repatriación se lleve a cabo, la Generalitat ejercerá las funciones de asistencia, guarda y protección de menores de la misma manera que con los menores nacionales.

Se garantiza su derecho a la escolarización, que tendrá en cuenta la situación de residencia limitada y temporal para preservar sus vínculos culturales de origen.

El artículo 41 de la Ley 15/2008 establece las medidas específicas destinadas a la integración de los jóvenes: Se apoyará la realización de actividades de ocio, deportivas y de recreo que fomenten la participación conjunta de jóvenes nacionales e inmigrantes, así como los programas que promuevan la actividad asociativa entre ellos.

Los poderes públicos adoptarán las medidas adecuadas que eviten la aparición de grupos de jóvenes que promuevan, amparen o justifiquen el racismo, la xenofobia y la discriminación. A estos efectos, realizarán, entre otras actuaciones, campañas de concienciación pública sobre los valores constitucionales, el respeto a las personas diferentes, la conveniencia de la participación en labores ciudadanas y sociales, los valores culturales de otras nacionalidades, las causas de la inmigración y sus efectos positivos tanto para la sociedad de origen como para la receptora.

Protocolo de actuación interinstitucional para la atención en la Comunitat Valenciana, de menores extranjeros en situación irregular indocumentados o cuya documentación ofrezca dudas razonables sobre su autenticidad, de la Generalitat Valenciana, en 2013, Dicho documento establece los mecanismos necesarios con el fin de garantizar una absoluta coordinación entre todas las instituciones y organismos actuantes (Fiscalía de Menores, Fuerzas y Cuerpos de Seguridad, Conselleria de Bienestar Social y Conselleria de Sanidad).

Permitan determinar con la mayor celeridad posible la edad del extranjero indocumentado, esencialmente a través de la realización de unas pruebas radiológicas de exploración de la muñeca en los hospitales públicos, con el fin de determinar la edad de maduración ósea del posible menor.

VIII. CONCLUSIONES

La regulación de los menores extranjeros no acompañados en nuestro ordenamiento jurídico español dota a estas personas de una situación de protección y de reforzamiento de sus derechos. No obstante, en muchas ocasiones se produce una falta de integración y de adaptaciones por razones del idioma y de la distinta cultura. Ello hace que el menor se encuentre con un rechazo y no logre una situación favorable en el lugar de destino.

Otro de los aspectos que afectan a los menores extranjeros no acompañados es la determinación de la edad, que, en ocasiones no es posible determinar. Para ello, hay una iniciativa legislativa sobre una futura Ley por la que se regula el procedimiento de evaluación de la edad, teniendo en cuenta también la aplicación del interés superior del menor.

En el caso de la Comunitat Valenciana hay que atender a la normativa específica sobre integración de las personas inmigrantes y a la situación de desprotección en que se pudieran encontrar los menores, con la finalidad de dotarles de una atención inmediata y evitar una infracción de sus derechos.

Bibliografía citada

AA.VV., *Los menores extranjeros no acompañados en la norma y en la realidad*, Valencia, Tirant lo Blanch, 2012.

AA.VV., *Estudios sobre la ley orgánica de protección integral a la infancia y la adolescencia frente a la violencia*, Editores Isaac Ravetllat Ballesté y Vicente Cabedo Mallol, Valencia, Universitat Politècnica de València, 2023. Disponible en: https://monografias.editorial.upv.es/index.php/iya/article/view/486/300 (Consultado: el 26 de agosto de 2023).

Alonso Sanz, Lucía, *El Estatuto Constitucional del menor inmigrante*, Madrid, Universidad Complutense de Madrid, 2014. Disponible en: https://eprints.ucm.es/id/eprint/28129/1/T35649.pdf (Consultado: el 26 de agosto de 2023).

Arriaga, Guillermo y Ramos, Humberto, *El Camino de Ana*, Save the Children, México y España, 2021. Disponible en: https://inclusio.gva.es/documents/610740/161440072/ANA_comic_savethechildren.pdf/b415b468-1bf4-4c13-adfe-4610b6b83580 (Consultado: el 26 de agosto de 2023).

CABEDO MALLOL, Vicente, "La protección e integración de los menores inmigrantes no acompañados en España", *Cuadernos constitucionales de la Cátedra Fadrique Furió Ceriol*, N° 56, 2008a, pp. 81-95. Disponible en: https://dialnet.unirioja.es/servlet/articulo?codigo=2784171 (Consultado: el 26 de agosto de 2023).

CABEDO MALLOL, Vicente, *Marco constitucional de la protección de menores*, Madrid, La Ley, 2008b.

CABEDO MALLOL, Vicente, "Principales novedades incorporadas por las leyes de reforma del sistema de protección a la infancia y la adolescencia: luces y sombras", en CABEDO MALLOL, Vicente y RAVETLLAT BALLESTÉ, Isaac (Coord.), *Comentarios sobre las leyes de reforma del sistema de protección a la infancia y la adolescencia*, Valencia, Tirant lo Blanch, 2016, pp. 49-86.

CABEDO MALLOL, Vicente, "La Unión Europea y la protección de la infancia migrante, en especial la no acompañada: historia de un déjà vu", en RAVETLLAT BALLESTÉ, Isaac y BOBADILLA TOLEDO, María Loreto (Coord.), *Niñez, familia, migración y derechos*, Valencia, Tirant lo Blanch, 2022, pp. 21-46.

CABEDO MALLOL, Vicente y RAVETLLAT BALLESTÉ, Isaac, "Declaración de desamparo", en LARA AGUADO, Ángeles (Coord.), *Guía de buenas prácticas para la efectividad de los derechos de la niñez, adolescencia y juventud en situaciones de movilidad transfronteriza desde las perspectivas de género y de la infancia*, Valencia, Tirant lo Blanch, 2022a, pp. 195-196.

CABEDO MALLOL, Vicente y RAVETLLAT BALLESTÉ, Isaac, "Repatriación de menores", en LARA AGUADO, Ángeles (Coord.), *Guía de buenas prácticas para la efectividad de los derechos de la niñez, adolescencia y juventud en situaciones de movilidad transfronteriza desde las perspectivas de género y de la infancia*, Valencia, Tirant lo Blanch, 2022b, pp. 232-234.

CABEDO MALLOL, Vicente y RAVETLLAT BALLESTÉ, Isaac, "Estrategias de litigio internacional en materia de derechos de la niñez y la adolescencia migrante (Comité de los Derechos del Niño)", en LARA AGUADO, Ángeles (Coord.), *Guía de buenas prácticas para la efectividad de los derechos de la niñez, adolescencia y juventud en situaciones de movilidad transfronteriza desde las perspectivas de género y de la infancia*, Valencia, Tirant lo Blanch, 2022c, pp. 272-275.

CABEDO MALLOL, Vicente; RAVETLLAT BALLESTÉ, Isaac; y EL HAMOUD, Omar (2022), "Acogimiento", en LARA AGUADO, Ángeles (Coord.), *Guía de buenas prácticas para la efectividad de los derechos de la niñez, adolescencia y juventud en situaciones de movilidad transfronteriza desde las perspectivas de género y de la infancia*, Valencia, Tirant lo Blanch, 2022, pp. 197-204.

CANÓS DARÓS, Lourdes y RAMÓN FERNÁNDEZ, Francisca, "La auditoría social ante el trabajo de los menores en las empresas multinacionales", en CABEDO MALLOL, Vicente, *La situación de los menores inmigrantes no acom-*

pañados. Su integración y protección, Tirant lo Blanch, Valencia, 2010, pp. 393-405.

De Miguel Molina, María y Herrero Blasco, Aurelio, "Proposed use of social network analysis of public policies for the integration of the Unaccompanied Foreign Minors (UFM): study of the case of the Valencia Region", *Revista sobre la infancia y la adolescencia*, N° 3, 2012, pp. 33-45. Disponible en: https://polipapers.upv.es/index.php/reinad/article/view/1131/1331 (Consultado: el 26 de agosto de 2023).

Etxeberría Balerdi, Félix; Murua Cartón, Hilario; Garmendia Larrañaga, Juan; y Arrieta Aranguren, Elisabete, "Menores Inmigrantes No Acompañados (MENA) en Euskadi y Aquitania: elaboración y puesta en marcha de un Plan de Formación para Educadores/as y Responsables", *RES: Revista de Educación Social*, N° 15, 2012, pp. 1-28. Disponible en: http://www.eduso.net/res/pdf/15/mena_res_15.pdf (Consultado: el 26 de agosto de 2023).

Fábrega Ruiz, Cristóbal Francisco, "La audiencia y la legitimación de los menores inmigrantes no acompañados en su expediente de repatriación. Crónica de un camino jurisprudencial", en García Castaño, Francisco Javier y Kressova, Niña (Coord.), *Actas del I Congreso Internacional sobre Migraciones en Andalucía*, Granada, Universidad de Granada, 2011, pp. 865-871. Disponible en: https://dialnet.unirioja.es/servlet/libro?codigo=502993 (Consultado: el 26 de agosto de 2023).

Fernández Campoy, Juan Miguel; Aguilar Parra, José Manuel; Trigueros Ramos, Rubén; y Manzano León, Ana (Coord.) "El valor de los programas de educación social y cultural como recurso para la prevención de las conductas delincuenciales de los menores inmigrantes no acompañados", *Hacia un modelo de investigación sostenible en educación*, Madrid, Dykinson, 2021.

Flores González, B. (2018). «La protección jurídica de los menores inmigrantes no acompañados en España», *Revista de Derecho Civil*, vol. 5, núm. 2, pp. 321-362. Disponible en: https://www.nreg.es/ojs/index.php/RDC/article/view/281/272 (Consultado: el 26 de agosto de 2023).

Gallego Obieta, Verónica; Pérez Burrull, Isabel; Martínez Soler, José Juan; Ortiz Barahona, Almudena; Valero Torrejón, María; y Pastor Valdés, María, "La integración social de los menores inmigrantes no acompañados: nuevos retos en la Comunidad de Madrid", *Acciones e investigaciones sociales*, N° extra 1, 2006, pp. 1-30. Disponible en: https://papiro.unizar.es/ojs/index.php/ais/article/view/358/352 (Consultado: el 26 de agosto de 2023).

Generalitat Valenciana, *Protocolo de actuación interinstitucional para la atención en la Comunitat Valenciana, de menores extranjeros en situación irregular indocumentados o cuya documentación ofrezca dudas razonables sobre su autenticidad*, 2013. Disponible en: https://inclusio.gva.es/documents/610740/703749/Protocolo%20e%20actuación%20interinstitucional%20para%20la%20atención%20en%20la%20Comunitat%20 Valenciana,%20de%20menores%20extranjeros%20en%20situación%20irregular%20indocumentados%20o%20cuya%20documentación%20ofrezca%20dudas%20razonables%20sobre%20su%20autenticidad/c971b562-d89f-42f3-9809-b7af54c75f60 (Consultado: el 26 de agosto de 2023).

IGLESIAS MARTÍNEZ, Juan, "La migración internacional de menores inmigrantes no acompañados de origen subsahariano hacia las Islas Canarias", *Miscelánea Comillas: Revista de Ciencias Humanas y Sociales*, Vol. 67, N° 130, 2009, pp. 217-234. Disponible en: https://revistas.comillas.edu/index.php/miscelaneacomillas/article/view/896/757 (Consultado: el 26 de agosto de 2023).

LAFUENTE CASTELLANO, Esther María, "Menores inmigrantes no acompañados (MENAS)", *Fòrum de Recerca*, N° 15, 2010, pp. 495-504. Disponible en: https://repositori.uji.es/xmlui/bitstream/handle/10234/77768/forum_2009_36.pdf?sequence=1 (Consultado: el 26 de agosto de 2023).

MARCO AROCAS, Elisabet, "La intervención en los Centros de Acogida para Menores inmigrantes en Valencia: Fundación Amigó", *Educació social: Revista d'intervenció sòcioeducativa*, N° 45, 2010, pp. 150-162. Disponible en: https://raco.cat/index.php/EducacioSocial/article/view/208603/369387 (Consultado: el 26 de agosto de 2023).

MOYA MALAPEIRA, David, "La intervención sobre los menores inmigrantes desamparados en Cataluña: Reflexiones desde la Constitución", *Migraciones*, N°12, 2022, pp. 103-139. Disponible en: https://revistas.comillas.edu/index.php/revistamigraciones/article/view/7197/7037 (Consultado: el 26 de agosto de 2023).

QUIROGA, Violeta, *Els petits "Harraga" menors inmigrants irregulars no acompanyats d'origen marroquí a Catalunya*, Barcelona, Universitat Rovira i Virgili, 2017. Disponible en: https://www.tdx.cat/handle/10803/8417#page=4 (Consultado: el 26 de agosto de 2023).

RAMÓN FERNÁNDEZ, Francisca, "Aspectos civiles de la situación de los menores inmigrantes no acompañados", en CABEDO MALLOL, Vicente (Coord.), *La situación de los menores inmigrantes no acompañados. Su integración y protección*, Valencia, Tirant lo Blanch, 2010, pp. 247-269.

RAMÓN FERNÁNDEZ, Francisca, "La autorización de residencia de los MENA, durante su minoría de edad y al cumplir los 18 años", en CABEDO MALLOL, Vicente (Coord.), *Menores no Acompañados: los otros inmigrantes*, Valencia, Tirant lo Blanch, 2015, pp. 145-167.

RAMÓN FERNÁNDEZ, Francisca y DE BARTOLOMÉ CENZANO, José Carlos, "Relatoría", en CABEDO MALLOL, Vicente y CLOQUELL LOZANO, Alexis (Coord.), *Los menores extranjeros no acompañados en los sistemas de protección a la infancia de las Comunidades Autónomas. La necesidad de colaboración, coordinación y cooperación a nivel nacional y en el seno de la Unión Europea*, Valencia, Tirant lo Blanch, 2012, pp. 238-249.

SANJURJO RIVO, Vicente, "La protección del desamparo de una menor inmigrante no acompañada y su familia por el Tribunal Europeo de Derechos Humanos: el caso Mubilanzila Mayeka y Kaniki Mitunga contra Bélgica", *Estudios penales y criminológicos*, N° 29, 2009, pp. 491-507. Disponible en: https://minerva.usc.es/xmlui/handle/10347/4153 (Consultado: el 26 de agosto de 2023).

SETIÉN SANTAMARÍA, María Luisa y BERGANZA, Isabel, "Intervención social con menores inmigrantes no acompañados: diversos modelos", *Acciones e investigaciones sociales*, N° Extra 1, 2006, pp. 1-39. Disponible en: https://papiro.unizar.es/ojs/index.php/ais/article/view/367/361 (Consultado: el 26 de agosto de 2023).

SETIÉN SANTAMARÍA, María Luisa y BERGANZA, Isabel, "Tipos de intervención social con menores inmigrantes no acompañados", en MAIZTEGUI OÑATE, Concepción y SANTIBÁÑEZ GRUBER, Rosa (Coord.), *Inmigración: miradas y reflejos: historias, identidades y claves de intervención*, Bilbao, Universidad de Deusto, 2007, pp. 173-198. Disponible en: http://www.deusto-publicaciones.es/deusto/pdfs/migraciones/migraciones02.pdf (Consultado: el 26 de agosto de 2023).

VESTRI, Gabriele, "Menores inmigrantes no acompañados: el sistema de determinación de la edad Greulich y Pyle vs. El método holístico. Cuestiones jurídicas y desafíos en España", *Heurística: revista digital de historia de la educación*, N° 21, 2018, pp. 247-256.

REFERENCIAS LEGISLATIVAS

Ley Orgánica 19/1994, de 23 de diciembre, de protección a testigos y peritos en causas criminales (BOE núm. 307, de 24 de diciembre de 1994).

Ley Orgánica 1/1996, de 15 de enero, de Protección Jurídica del Menor, de modificación parcial del Código Civil y de la Ley de Enjuiciamiento Civil (BOE núm. 15, de 17 de enero de 1996).

Ley 1/1997, de 7 de febrero, de Atención Integral a los Menores de la Comunidad Autónoma de Canarias (BOE núm. 63, de 14 de marzo de 1997).

Ley Orgánica 4/2000, de 11 de enero, sobre derechos y libertades de los extranjeros en España y su integración social (BOE núm. 10, de 12 de enero de 2000).

Decreto 40/2000, de 15 de marzo, por el que se aprueba el Reglamento de organización y funcionamiento de los centros de atención a menores en el ámbito de la Comunidad Autónoma Canaria (BOC núm. 044, de 10 de abril de 2000).

Ley Orgánica 8/2000, de 22 de diciembre, de reforma de la Ley Orgánica 4/2000, de 11 de enero, sobre derechos y libertades de los extranjeros en España y su integración social (BOE núm. 307, de 23 de diciembre de 2000).

Decreto 93/2001, de 22 de mayo, del Gobierno Valenciano, por el que se aprueba el Reglamento de Medidas de Protección Jurídica del Menor en la Comunidad Valenciana (DOGV núm. 4008, de 28 de mayo de 2001).

Instrumento de Ratificación del Convenio del Consejo de Europa sobre la lucha contra la trata de seres humanos (Convenio núm. 197 del Consejo de Europa), hecho en Varsovia el 16 de mayo de 2005 (BOE núm. 219, de 10 de septiembre de 2009).

Decreto 28/2009, de 20 de febrero, del Consell, por el que se modifica el Reglamento de Medidas de Protección Jurídica del Menor en la Comunidad Valenciana, aprobado por el Decreto 93/2001, de 22 de mayo del Consell (DOGV núm. 5961, de 24 de febrero de 2009).

Decreto 93/2009, de 10 de julio, del Consell, por el que se aprueba el Reglamento de la Ley 15/2008, de 5 de diciembre, de la Generalitat, de Integración de las Personas Inmigrantes en la Comunitat Valenciana. (DOGV núm. 6056 de 14 de julio de 2009).

Ley Orgánica 2/2009, de 11 de diciembre, de reforma de la Ley Orgánica 4/2000, de 11 de enero, sobre derechos y libertades de los extranjeros en España y su integración social (BOE núm. 299, de 12 de diciembre de 2009).

Real Decreto 557/2011, de 20 de abril, por el que se aprueba el Reglamento de la Ley Orgánica 4/2000, sobre derechos y libertades de los extranjeros en España y su integración social, tras su reforma por Ley Orgánica 2/2009 (BOE núm. 103, de 30 de abril de 2011).

Real Decreto 844/2013, de 31 de octubre, por el que se modifica el Reglamento de la Ley Orgánica 4/2000, de 11 de enero, sobre derechos y libertades de los extranjeros en España y su integración social, aprobado por el Real Decreto 557/2011, de 20 de abril (BOE núm. 262, de 1 de noviembre de 2013).

Ley 26/2015, de 28 de julio, de modificación del sistema de protección a la infancia y a la adolescencia (BOE núm. 180, de 29 de julio de 2015).

Ley 39/2015, de 1 de octubre, del Procedimiento Administrativo Común de las Administraciones Públicas (BOE núm. 236, de 02 de octubre de 2015).

Ley 15/2008, de 5 de diciembre, de integración de las personas inmigrantes en la Comunitat Valenciana (BOE núm. 9, de 10 de enero de 2009).

Ley 26/2018, de 21 de diciembre, de derechos y garantías de la infancia y la adolescencia (BOE núm. 39, de 14 de febrero de 2019).

Decreto-ley 23/2020, de 23 de diciembre, por el que se modifica la normativa de atención a la infancia para adaptar los centros de atención inmediata como dispositivos de emergencia para el acogimiento de menores extranjeros no acompañados de la Comunidad Autónoma de Canarias (BOE núm. 69, de 22 de marzo de 2021).

Real Decreto 903/2021, de 19 de octubre, por el que se modifica el Reglamento de la Ley Orgánica 4/2000, sobre derechos y libertades de los extranjeros en España y su integración social, tras su reforma por Ley Orgánica 2/2009, aprobado por el Real Decreto 557/2011, de 20 de abril (BOE núm. 251, de 20 de octubre de 2021).

Real Decreto 629/2022, de 26 de julio, por el que se modifica el Reglamento de la Ley Orgánica 4/2000, sobre derechos y libertades de los extranjeros en España y su integración social, tras su reforma por Ley Orgánica 2/2009, aprobado por el Real Decreto 557/2011, de 20 de abril (BOE núm. 179, de 27 de julio de 2022).

Ley Orgánica 13/2022, de 20 de diciembre, por la que se modifica la Ley Orgánica 10/1995, de 23 de noviembre, del Código Penal, para agravar las penas previstas para los delitos de trata de seres humanos desplazados por un conflicto armado o una catástrofe humanitaria (BOE núm. 305, de 21 de diciembre de 2022).

Una propuesta de mejora para las denominadas devoluciones en caliente de jóvenes y personas menores de edad. La necesaria garantía de la dignidad de las personas y de los derechos fundamentales a partir de los estándares democráticos constitucionales e internacionales

JUAN CARLOS DE BARTOLOMÉ CENZANO
Prof. Titular de Derecho Constitucional
Universitat Politècnica de València
jobarcen@urb.upv.es

I. EMIGRAR E INMIGRAR: DOS DERECHOS SINALAGMÁTICOS

Vivimos en un mundo complejo, desigual y globalizado, en el cual se ha incrementado de una manera exponencial la libre circulación de empresas, mercancías, capitales y personas. "los flujos migratorios hoy, son un rasgo estructural-sistémico del orden mundial que impone el modelo de globalización dominante"[1]. En este sentido, puede afirmarse que el fenómeno migratorio "ha alcanzado en la actualidad la dimensión de factor estructural en una sociedad globalizada y en la que la dualización entre un norte cada vez más rico y un sur que no deja de empobrecerse, lejos de estrecharse, continúa profundizándose"[2].

Dentro de este ámbito mundial, en nuestros días, se acusan como nunca las diferencias entre ricos y pobres, entre países que pueden ofrecer una vida plena a sus ciudadanos con un Estado del bienestar

---

1 De Lucas (2004), p. 1.

2 De Lucas (2001).

y aquellos otros que no tienen medios materiales para que sus ciudadanos puedan prosperar en condiciones de dignidad. No pueden siquiera ofrecer condiciones materiales elementales para la vida. En esta difícil dialéctica de la desigualdad, las personas más pobres suelen buscar, si tienen edad para ello, su oportunidad al otro lado de las fronteras; pero su viaje es difícil, casi imposible; son mirados con los ojos de los "ciudadanos colmados de bienes y servicios" con mucho recelo.

Emigración e inmigración son dos caras de la misma moneda, ambos movimientos se implican, toda vez que el que sale tiene que entrar forzosamente en otro país cuyo adjetivo debería ser el de extranjero, ninguno otro de naturaleza hostil. Lo que debería ser un acto de mera libertad, se convierte, a veces, en el país receptor en pura hostilidad. Muchas veces sin disfraz del Derecho si quiera. El concepto de soberanía se viste de la más ofensiva arbitrariedad.

Según la Organización Internacional para las Migraciones (OIM), en 2019 se registraron 271,6 millones de migrantes internacionales (el 3,5% de la población mundial), de los cuales el 48% eran mujeres; el 14%, niños y niñas; el 0,1% estudiantes internacionales; y el 11,8%, personas mayores de 65 años. La distribución por grandes áreas de acogida es muy semejante entre Asia (31%) y Europa (30%), seguidas por América del norte y del sur (26%), y mucho más reducida en África (10%) y Oceanía (3%). Los tres principales países de acogida ese año fueron EEUU, Alemania y Arabia Saudí, y los tres principales países de salida India, México y China. Según Unicef, los niños representan casi la mitad de los 50 millones de migrantes y refugiados del mundo, incluidos los desplazamientos tanto interiores como exteriores[3].

Según esta misma organización: "migración o el acto de migrar es el desplazamiento desde un territorio de un Estado hacia el territorio de otro Estado o dentro del mismo. Se refiere a cualquier movimiento de población, independientemente de su tamaño, composición o causas"[4]. Este concepto comprende migración forzada y migración

---

3 OIM (2019). Para más información consultar (https://museoecologiahumana.org/obras/migracion-en-el-s-xxi-dimensión-tipos-y-localizaciones/).

4 OIM y IPPDH (2017), p. 20.

voluntaria, migración permanente y temporal. Todas estas distinciones en la realidad pueden encontrarse en diversas combinaciones, lo que complejiza el asunto. Siempre que se sale de un país, se entra en otro; pero según el TEDH, como luego veremos, nunca deben existir zonas de no Derecho y, por tanto, sin derechos.

El derecho a migrar o "ius migrandi" no es un fenómeno contemporáneo, sus antecedentes históricos acompañan a la historia de la humanidad; tiene antecedentes en Domingo de Soto y Francisco de Vitoria (1975), quien señalaba que: Los españoles tienen derecho a viajar y permanecer en aquellas provincias, mientras no causen daño, y esto no se lo pueden prohibir los bárbaros[5]. Se prueba en primer lugar por el Derecho de gentes, que es Derecho natural o se deriva del Derecho natural (...). En todas las naciones se tiene por inhumano el recibir y tratar mal a los huéspedes y peregrinos sin motivo especial alguno, y, por el contrario, se tiene por humano y cortés el portarse bien con ellos, a no ser que los extranjeros aparejaran daños a la nación[6].

También John Locke se refirió en el siglo XVII a la libertad de circulación y, más tarde, la propia Constitución francesa de 1793, al recoger la Declaración de los Derechos del Hombre y del Ciudadano, trata de manera indirecta el "ius migrandi" en su art. 4, toda vez que no diferencia entre franceses y extranjeros, pues a estos les reconoce el derecho de residencia con condiciones; decía así: "Todo hombre nacido y domiciliado en Francia, con veintiún años de edad cumplidos; todo extranjero con veintiún años de edad, domiciliado en Francia desde hace un año, que viva aquí de su trabajo, o adquiera una propiedad, o despose una francesa, o adopte un niño, o alimente a un viejo (...) será admitido al ejercicio de los derechos de ciudadano francés".

Ya en nuestro régimen constitucional histórico, la Constitución Española de 1845 remitía a la ley la configuración de "los derechos que deberán gozar los extranjeros que obtengan carta de naturaleza o hayan ganado vecindad" (artículo 1). Por otra parte, el art. 25 de nuestra Constitución de 1869 disponía que "Todo extranjero po-

---

5 Arcos (2020), p. 286.

6 Arcos (2020), p. 88.

drá establecerse libremente en territorio español, ejercer en él su industria, o dedicarse a cualquiera profesión para cuyo desempeño no exijan las leyes títulos de aptitud expedidos por las Autoridades españolas". El art. 27, último párrafo señalaba: "El extranjero que no estuviese naturalizado no podrá ejercer en España cargo alguno que tenga aneja autoridad o jurisdicción".

Por su parte, la Constitución de 1876, en su art. 2º. disponía que: "Los extranjeros podrán establecerse libremente en territorio español, ejercer en él su industria o dedicarse a cualquiera profesión para cuyo desempeño no exijan las leyes títulos de aptitud expedidos por las autoridades españolas. Los que no estuvieren naturalizados, no podrán ejercer en España cargo alguno que tenga aneja autoridad o jurisdicción".

La Constitución española de 1931, en su art. 31, aún iba más lejos, reconociendo un derecho a la inmigración, si bien, su configuración era legal: "el derecho a emigrar e inmigrar queda reconocido y no está sujeto a más limitaciones que las que la ley establezca". La causa de esta desconstitucionalización por la vía de la remisión a la Ley se encontraba en la más flexible aplicación diacrónica del principio de *do ut des,* de Derecho internacional.

Según se ha dicho, parece pacífico que el derecho a emigrar nadie lo pone en tela de juicio, pero la inmigración se solapa con otro valor jurídico esencial de los Estados: la soberanía. Heller ilustró esta idea con una metáfora sencilla pero elocuente: no se le puede impedir a alguien que abandonen nuestra casa, pero si decide quedarse a vivir en ella nos corresponde decidir si puede hacerlo[7].

Lo que si resulta cierto es que la emigración y la inmigración son dos caras de una misma moneda y jurídicamente esto se traduce en el carácter sinalagmático de ambos derechos: siempre que haya un emigrante deberá producirse necesariamente una inmigración en un Estado de destino. Las realidades se implican necesariamente en esa dinámica jurídica de voluntades privadas y permisos o licencias públicas en el destino: acto de mera libertad personal inicial, frente a la voluntad pública de todo un Estado; una relación muy desigual.

---

7 HELLER (1992).

Se tratará por ello de una legislación más o menos restrictiva del Estado receptor, fruto de su soberanía y quizás de la dinámica política internacional, el principio de reciprocidad internacional o, simplemente al dictado de la política interna, a veces marcada por superestructuras estatales.

Como ha señalado Pérez, es una lástima que no se haya elaborado un Derecho internacional de las migraciones que no haya recogido los derechos de los migrantes; aunque fuera con cierto grado de generalidad o indeterminación. Al final, se terminan imponiendo estructuras coyunturales y burocráticas que facilitan la arbitrariedad de los Estados[8]. En muchas ocasiones no se trata de políticas de Estado, sino de políticas partidistas que tienen que ver con programas muy sectoriales y transitorios de gobierno, sin suficiente consenso ni respaldo jurídico internacional, ni siquiera sentido común. El asunto se ha politizado de tal forma que se ha incrustado dentro de los idearios en función del signo ideológico; se fuerza la interpretación de las Leyes. Los partidos parecen "obligados" a tener que hacer un tipo de política concreto en materia de inmigración, a riesgo de perder uno de sus signos identitarios; priman las ideologías sobre las ideas.

II. LAS ENTREGAS EN CALIENTE Y EL DERECHO INTERNACIONAL

Desde un punto de vista estrictamente jurídico, las entregas en caliente suponen una práctica muy delicada y controvertida, que consiste básicamente en la devolución inmediata de personas, que cruzan de manera ilegal una frontera, a su país de origen, sin aplicar convenientemente los procedimientos legales establecidos ni las garantías básicas para salvaguardar las situaciones de peligro. Ello requeriría una solicitud formal y pausada en un punto habilitado al efecto. Existe una profunda tensión conceptual y jurídica, toda vez que la entrada suele ser irregular, generalmente por causas de pura supervivencia, y después se pretende una aplicación beneficiosa de los Derechos nacionales de los Estados receptores. La soberanía suele imponer sus decisiones por encima de cualquier otro elemento.

---

8 PÉREZ (2012).

Resulta fundamental, para comprender la dinámica de este fenómeno, analizar el marco normativo del Derecho internacional que regula esta cuestión, así como las principales consecuencias de su aplicación. También nos centraremos en el caso de la frontera entre España y Marruecos, donde se han producido numerosos incidentes de este tipo en los últimos años con un resultado, a veces, trágico; sobre todo con menores de edad y jóvenes.

Como ya se ha apuntado, el Derecho internacional reconoce el derecho general de los Estados a controlar sus fronteras y a regular la entrada y salida de personas en su territorio. Sin embargo, este derecho no es absoluto y debe ejercerse respetando los derechos humanos y el principio de no devolución, que impide expulsar o rechazar a una persona que pueda sufrir persecución o daños graves en su país de origen o de tránsito.

Así lo establecen diversos instrumentos jurídicos internacionales, como la Convención sobre el Estatuto de los Refugiados de 1951. Se podría decir que éste es el principal instrumento jurídico internacional que regula la protección y los derechos de las personas refugiadas. Uno de los aspectos más relevantes es la prohibición de las entregas en caliente, es decir, la devolución o expulsión de una persona refugiada al país donde su vida o su libertad estén en peligro. Este principio se conoce como no devolución y se establece, como veremos a continuación, en el artículo 33 de la Convención.

La Convención de 1951 surgió como una respuesta humanitaria a las consecuencias de la Segunda Guerra Mundial, que provocó el desplazamiento forzado de millones de personas en toda Europa. Ante esta situación, la Asamblea General de las Naciones Unidas creó en 1950 el Alto Comisionado de las Naciones Unidas para los Refugiados (ACNUR), con el mandato de otorgar protección internacional y asistencia a las víctimas de guerra.

Al año siguiente, se adoptó la Convención sobre el Estatuto de los Refugiados, que ofrecía un marco jurídico para definir la condición de refugiado y su régimen jurídico.

Sin embargo, la Convención de 1951 tuvo un alcance limitado, ya que solo se aplicaba a las personas que se habían convertido en refugiadas antes del 1 de enero de 1951 y dentro del territorio europeo. Esta restricción temporal y geográfica se debía al contexto histórico en el que se elaboró la Convención, marcado por la Guerra Fría y la división política de Europa. No obstante, con el paso del tiempo, se hizo evidente la necesidad de ampliar el ámbito de aplicación para abarcar a otras situaciones y regiones del mundo donde también se producían desplazamientos forzados por motivos políticos, sociales o humanitarios.

Por ello, el 4 de octubre de 1967 entró en vigor el Protocolo sobre el Estatuto de los Refugiados, que eliminaba las limitaciones temporales y geográficas de la Convención y extendía su protección a todas las personas refugiadas sin distinción. El Protocolo también establecía que los Estados pudieran realizar reservas o declaraciones sobre algunos artículos de la Convención, siempre que no fueran incompatibles con su objeto y fin.

Además, se consideraba fundamental la información, y por ello, el art. 2.2 establecía la obligación de los Estados parte de informar a ACNUR o cualquier otro órgano acerca de: la condición de los refugiados; la ejecución del presente Protocolo; y las leyes, reglamentos y decretos, que estén o entren en vigor, concernientes a los refugiados.

Por su parte, en la Convención de 1951, se recogen varios preceptos que prohíben la entrega en caliente. De este modo, el art. 33 establece el principio de "no devolución", que implica que ninguna persona refugiada debería ser devuelta al país en el que su vida o su libertad corren grave peligro. Este principio tiene su fundamento en el respeto a los derechos humanos y las libertades fundamentales de las personas refugiadas, que son reconocidos por la Carta de las Naciones Unidas y la Declaración Universal de Derechos Humanos.

De todas formas, no resulta sencillo probar estas realidades, más aún si la entrada no ha respetado las formalidades ni se ha cursado la solicitud en condiciones de tiempo, cauce y lugar. En las entradas masivas esto resulta imposible.

Además, el art. 31, dispone que los Estados no impondrán sanciones penales a las personas refugiadas por su entrada o estancia irregular, siempre que se presenten sin demora a las autoridades y demuestren motivos válidos para su entrada o presencia ilegal, y el art. 32 limita la expulsión de las personas refugiadas, sólo por razones de seguridad nacional o de orden público, y prevé garantías procesales y la posibilidad de recurrir la decisión ante una autoridad competente.

Este régimen jurídico tiene como objetivo proteger a las personas refugiadas de ser devueltas a situaciones de persecución o violencia, y facilitar su acceso a una solución duradera para su situación. Hasta tal punto se ha extendido como pauta común la violencia que, en determinados aspectos asistimos a lo que podría considerarse la normalización de la ilegalidad[9], o la institucionalización de la discriminación[10].

Por otra parte, en el Pacto Internacional de Derechos Civiles y Políticos de 1966 (PIDCP), en su art. 13, se garantiza el derecho a un recurso efectivo contra la expulsión arbitraria; pues las entregas en caliente suelen implicar otras violaciones de derechos humanos reconocidos en este texto internacional, como el derecho a la vida (artículo 6), el derecho a no ser sometido a torturas ni a tratos crueles, inhumanos o degradantes (artículo 7), el derecho a la libertad y a la seguridad personales (artículo 9), el derecho al reconocimiento de la personalidad jurídica (artículo 16) y el derecho a la protección de la familia (artículo 23).

La Convención contra la Tortura y Otros Tratos o Penas Crueles, Inhumanos o Degradantes de 1984 constituye otro texto internacional a considerar. La tortura y otros tratos o penas crueles, inhumanos o degradantes constituyen una grave violación de los derechos humanos, por atentar contra la dignidad inherente a la persona. Muchas veces hechos por autoridad o funcionario público. La Convención contra la Tortura y Otros Tratos o Penas Crueles, Inhumanos o Degradantes de 1984 (en adelante, la Convención) es el principal instrumento internacional que prohíbe y previene estos actos, así como que establece las obligaciones de los Estados parte, para garantizar el respeto y la protección de las víctimas.

Sobre las devoluciones en caliente se ha dicho que constituyen una forma de trato cruel, inhumano o degradante, que viola los derechos a la vida, a la integridad física y moral, a la libertad personal, a solicitar y recibir asilo, a un recurso efectivo y a un juicio justo, entre otros.

---

9 SOLANES (2017), p. 196.

10 BROWN (2015), p. 13.

Las entregas en caliente suelen vulnerar estos bienes jurídicos, ya que impiden a las personas someterse a las formalidades y solicitar asilo u otra forma de protección internacional, acceder a un procedimiento justo y efectivo para determinar su situación jurídica y ejercer los recursos legales disponibles, en su caso; ello suele suceder por los contextos violentos y masivos en los que este fenómeno se desenvuelve.

Estas violaciones pueden ser aún más graves cuando las entregas en caliente se realizan mediante el uso de la fuerza o con condiciones inhumanas o degradantes.

Se ha llegado a argumentar, por parte de los defensores, que las entregas en caliente no implican necesariamente una devolución propiamente dicha, sino una mera denegación de entrada, ya que las personas no llegan a entrar formalmente en el territorio del Estado receptor. Se busca una semántica que pueda justificar la actuación de hecho.

Además, se afirma que las entregas en caliente se suelen realizar con el consentimiento o la cooperación del Estado de origen o de tránsito, lo que garantiza el respeto a los derechos humanos. Sin embargo, estos argumentos no parecen muy convincentes desde un punto de vista jurídico y material, a la vista de los hechos.

En primer lugar, porque las entregas en caliente no parecen una medida eficaz para prevenir o reducir la inmigración irregular, sino que pueden tener un efecto contrario al incentivar nuevas tentativas de cruce por parte de las personas que buscan protección o mejores condiciones de vida.

En segundo lugar, las entregas en caliente no respetan el principio de no devolución, ya que se basan en una interpretación restrictiva del concepto de entrada en el territorio. Según el Derecho internacional, la entrada se produce cuando una persona cruza la frontera física o jurídica del Estado receptor, independientemente de su situación administrativa o documental.

De todas formas, sí debemos recordar en este instante que existe una regulación para los casos en los que la persona corre peligro y desea solicitar protección de un tercer Estado. El problema es la indeterminación de estos peligros y la falta de regulación de la legítima aspiración a una vida mejor, o simplemente a una vida digna, con todas las potencialidades.

En tercer lugar, las entregas en caliente no garantizan el consentimiento o la cooperación del Estado de origen o de tránsito, sino que pueden generar conflictos diplomáticos o violaciones masivas de derechos humanos en los países vecinos; se pueden llegar a coaligar cuando les resulte incómodo en el plano político. A veces, se ha utilizado como una medida de retorsión internacional, manipulando a niños y jóvenes para cruzar masivamente la frontera y expresar de manera hostil la animadversión hacia alguna actuación internacional o política concreta. Lo que suceda con los niños no importa.

En conclusión, las entregas en caliente, cuando se producen en masa, son una práctica que habitualmente es ilegal, pues atenta contra el Derecho internacional y los derechos humanos. Por ello, se recomienda a los Estados que las abandonen y adopten medidas alternativas para gestionar los flujos migratorios de forma humana y solidaria, respetando el derecho de las personas a buscar refugio, asilo u otra forma de protección internacional.

También debemos señalar que este fenómeno no está bien regulado por el Derecho Internacional, ya que no se afronta con valentía la realidad de los hechos por falta de humanidad y egoísmo; en nuestro caso eurocentrismo. Muchas personas se juegan literalmente la vida por una aspiración justa y humana de una vida mejor. No necesariamente tienen que ser perseguidos; simplemente pasan hambre. No es difícil de comprender.

A nadie se le escapa que muchas veces no se tratará de una situación de peligro inminente, de riesgo de muerte, sino de legítimos horizontes de una vida mejor de las familias del tercer mundo oprimido, sin ninguna expectativa posible de mejora. Todas las Constituciones reales reconocen la igualdad ante la ley y, las más avanzadas, recogen la igualdad material; pero a la hora de la verdad, las fronteras están cerradas para esas personas que no han delinquido y que tan sólo buscan una oportunidad honrada para conseguir una vida mejor. En estos Estados, el riesgo no lo suele correr un colectivo determinado, personas concretas; el riesgo para la vida se produce por el hecho de sacar del bolsillo un teléfono móvil. La pobreza es extrema y todas las formas de máxima violencia también. En este contexto es absolutamente legítimo desear una vida en otro lugar con mejores posibilidades para el desarrollo integral de la persona y para tener una vida digna y segura.

Es tan restringida la entrada que sólo les queda la posibilidad de entrar en masa, sin presentar alegaciones ni solicitudes; son conocedores de esta realidad hipócrita que no acomete el Derecho internacional y mucho menos los Estados del primer mundo. En este caso las fronteras constituyen la máxima expresión de egoísmo humano.

III. LAS TRÁGICAS DEVOLUCIONES EN CALIENTE DE JÓVENES Y PERSONAS MENORES: EL MARCO INTERNACIONAL

Como sabemos, los tratados internacionales de los menores de edad son instrumentos jurídicos que reconocen y protegen los derechos humanos de los niños, niñas y adolescentes (menores de 18 años) en el ámbito internacional. Estos tratados establecen los principios, las obligaciones y las responsabilidades de los Estados, las organizaciones internacionales, la sociedad civil y los propios menores de edad para garantizar el respeto, la promoción y la realización de sus derechos.

Entre los tratados internacionales más relevantes en materia de derechos de la infancia se encuentran la Convención sobre los Derechos del Niño (CDN) y sus tres protocolos facultativos, que abordan temas como la venta de niños, la prostitución infantil, la pornografía infantil, la participación de niños en conflictos armados y el procedimiento de comunicaciones para presentar denuncias ante el Comité de los Derechos del Niño.

La CDN es el tratado internacional más ratificado del mundo, con 196 Estados parte, y recoge los derechos económicos, sociales, culturales, civiles y políticos de toda la infancia. La Convención fue aprobada por la Asamblea General de las Naciones Unidas el 20 de noviembre de 1989 y entró en vigor el 2 de septiembre de 1990.

Uno de los principios basilares de la Convención es el interés superior del niño, que debe considerarse primordial en todas las medidas que afecten a los menores de edad. Esto implica, sobre todo, que se debe respetar su dignidad humana, su bienestar y su desarrollo integral, así como tener en cuenta sus opiniones y preferencias atendiendo a su madurez.

En general, se vulnera el interés superior del niño con las entregas en caliente (prohibidas) porque se le priva de su derecho a solicitar asilo y a recibir protección internacional adecuada a sus concretas circunstancias. Además, se le expone a un riesgo de devolución a un país donde pueda sufrir violaciones de derechos humanos o persecución y aplicación de regímenes jurídicos propios de mayores de edad.

Con las entregas en caliente de jóvenes y menores de edad se les impide acceder a los servicios básicos de salud, educación y asistencia social, se les niega la posibilidad de ser escuchados y de participar en las decisiones que afectan a su vida; y se les somete, en definitiva, a un trato discriminatorio y arbitrario que vulnera su dignidad y su integridad física y psicológica.

Otro principio basilar es el derecho a la vida, la supervivencia y el desarrollo, que abarca tanto el aspecto físico como el mental, emocional, social y espiritual del niño. Además, la Convención reconoce el derecho a la protección contra toda forma de violencia, abuso, explotación, discriminación y trato inhumano o degradante.

Estos principios y derechos son especialmente relevantes cuando se trata de los niños, niñas y adolescentes que se encuentran en situación de movilidad humana, es decir, que han salido de su país de origen o residencia habitual por diversas razones, como la pobreza extrema, la explotación infantil, la violencia, los conflictos armados, la persecución o las violaciones de derechos humanos. Estos menores de edad son especialmente vulnerables a sufrir riesgos y amenazas para su integridad física y psicológica durante su trayecto migratorio y en su destino.

Aparte de la Convención citada, existen otros tratados internacionales, que completan el marco jurídico, y que se refieren específicamente a algunos aspectos relacionados con los derechos de los menores de edad, como el matrimonio infantil, la adopción internacional, las obligaciones alimentarias o la restitución internacional de menores. Estos tratados pueden ser de carácter universal o regional, y pueden pertenecer al sistema de Naciones Unidas o a otros organismos internacionales.

La devolución en caliente de jóvenes y menores de edad tiene consecuencias negativas para su bienestar físico, psicológico y social, ya que les expone a situaciones de violencia, explotación, abuso o discriminación en sus países de origen o tránsito. Además, les impide acceder a servicios básicos como la educación, la salud o la asistencia jurídica. Por ello, es necesario que los Estados cumplan con sus obligaciones internacionales y adopten medidas efectivas para prevenir y erradicar esta práctica.

IV. LAS DEVOLUCIONES EN CALIENTE DE PERSONAS MENORES DE EDAD Y JÓVENES EN EL ÁMBITO EUROPEO

Por otra parte, la UE ha desarrollado una política integral de gestión de los flujos migratorios que combina medidas para fomentar la inmigración legal y la integración de los nacionales de terceros países con medidas para prevenir y combatir la inmigración ilegal y el tráfico de seres humanos (esta última se da sobre en los menores de edad). Dentro de este marco, la política de retorno se considera un elemento esencial para garantizar la credibilidad y la eficacia del sistema migratorio común. En el caso de los menores de edad es especialmente relevante.

La política de retorno consiste en el conjunto de medidas que tienen por objeto poner fin a la situación irregular de los nacionales de terceros países que no cumplen o que han dejado de cumplir las condiciones de entrada, estancia o residencia en un Estado miembro y facilitar su regreso voluntario o forzoso a su país de origen o a un país tercero.

La política de retorno se debe basar en el respeto pleno de los derechos fundamentales y las normas internacionales, especialmente el principio de no devolución, el respeto a la dignidad humana y el interés superior del niño.

Además, la Unión Europea (UE) ha adoptado una serie de normas y directrices para regular las operaciones de control y vigilancia de las fronteras exteriores, así como para garantizar el respeto de los derechos fundamentales de los menores de edad y jóvenes que llegan a su territorio.

Entre estas normas se encuentran el Código de fronteras Schengen, el Reglamento Frontex, la Directiva sobre procedimientos de asilo y la Carta de los Derechos Fundamentales de la UE.

La Directiva 2008/115/CE del Parlamento Europeo y del Consejo de 16 de diciembre de 2008, relativa a las normas y procedimientos comunes en los Estados miembros para el retorno de los nacionales de terceros países en situación irregular es un importante instrumento que vino a intentar homogeneizar los procedimientos en el ámbito europeo.

El antecedente de este instrumento normativo europeo se encuentra en el Consejo europeo de Tampere celebrado los días 15 y 16 de octubre de 1999. Allí se pretendió dar coherencia en materia de inmigración y asilo y se sentaron las bases para establecer un sistema común de asilo, así como una política para la lucha contra la inmigración ilegal.

Posteriormente, en el Consejo europeo de Bruselas, que se celebró los días 4 y 5 de noviembre de 2004, se solicitó que se elaborase una política eficaz para la expulsión y repatriación, que se fundara en normas comunes, al objeto de que todas las personas fueran retornadas con un escrupuloso respeto a la dignidad y a los derechos humanos. De esta forma, el 4 de mayo de 2005, el Comité de ministros del Consejo de Europa adoptó 20 directrices sobre el retorno forzoso. Una de las claves es el establecimiento de un procedimiento justo y transparente.

Además, se establece en esta Directiva la necesidad de una estrecha cooperación internacional con los países de origen en, absolutamente, todas las fases del proceso de retorno. Es necesaria la existencia de sistemas de asilo justos y eficientes que respeten también el principio de no devolución, al objeto de ser garantista y proteger situaciones de peligro.

Esta Directiva, además, tiene por objeto establecer un marco jurídico claro, transparente y justo para el retorno de los nacionales de terceros países en situación irregular, así como fomentar el retorno voluntario y garantizar un trato digno a los retornados y evitar la reentrada ilegal; realmente ambicioso.

La Directiva de Retorno se aplica a todos los nacionales de terceros países que se encuentren ilegalmente en el territorio de un Estado miembro, salvo algunas excepciones previstas en su artículo 2.

Los principales requisitos que establece la Directiva son los siguientes:

1°. La Decisión de retorno, que es el acto administrativo o judicial por el que se declara la ilegalidad de la estancia de un nacional de tercer país y se le obliga a abandonar el territorio del Estado miembro o de todos los Estados miembros.

Claro está, la decisión debe ser motivada y notificada al interesado por escrito, indicando los recursos disponibles y los plazos para interponerlos.

La decisión debe, además, tener siempre en cuenta las circunstancias individuales del caso, especialmente la duración de la estancia, los vínculos familiares y sociales, el interés superior del niño, el estado de salud y la integración del nacional de tercer país. El problema es llegar a conocer todos estos extremos con insuficiente colaboración, muchas veces por recelo, miedo o inseguridad de los jóvenes.

2°. Se le debe dar un "plazo para la salida voluntaria", o sea, un período que se concede al nacional del tercer país para que abandone voluntariamente el territorio del Estado miembro o de todos los Estados miembros sin tener que recurrir a la expulsión forzosa inicialmente.

El plazo debe ser adecuado al caso concreto y no inferior a siete días ni superior a treinta días. Este plazo puede ampliarse por razones humanitarias o técnicas, también puede denegarse o acortarse si existe riesgo de fuga, si el nacional de tercer país supone una amenaza para el orden público, la seguridad nacional o la salud pública, o si ha presentado una solicitud de protección internacional manifiestamente infundada o fraudulenta.

3°. Se le debe prohibir la entrada al territorio de los Estados miembros. Se impone al nacional de tercer país que ha sido objeto de una decisión de retorno. La prohibición debe tener una duración proporcionada a las circunstancias del caso y no superior a cinco años.

La prohibición puede, por otra parte, ampliarse hasta diez años si el nacional del tercer país representa una amenaza grave para el orden público, la seguridad nacional o la salud pública. Además, la prohibición puede revocarse o suspenderse por razones humanitarias o por obligaciones internacionales o bilaterales.

4º. La expulsión, por su parte, se configura como la ejecución forzosa de la decisión de retorno mediante el traslado físico del nacional de tercer país fuera del territorio del Estado miembro o de todos los Estados miembros. Ésta debe realizarse con absoluto respeto a la dignidad humana y sin recurrir a medios coercitivos desproporcionados o inhumanos. La expulsión debe tener en cuenta el principio de no devolución, el interés superior del niño, la vida familiar y el estado de salud del nacional de tercer país. La expulsión debe efectuarse preferentemente hacia el país de origen, salvo que exista un acuerdo de readmisión con un país tercero o que el nacional de tercer país solicite ser retornado a otro país que le admita.

5º. La retención es una medida garantista que consiste en la privación de libertad del nacional de tercer país con el fin de preparar y ejecutar su expulsión cuando exista riesgo de fuga o cuando no se haya podido ejecutar la expulsión en el plazo para la salida voluntaria. La retención debe ser ordenada por una autoridad administrativa o judicial y notificada al interesado por escrito, indicando los motivos y los recursos disponibles. La retención debe ser revisada periódicamente por una autoridad judicial y debe durar lo menos posible y no más allá del plazo razonablemente necesario para ejecutar la expulsión.

El plazo máximo de retención no debe superar los seis meses, salvo que se prorrogue hasta doce meses por falta de cooperación del nacional de tercer país o por demoras en la obtención de la documentación necesaria por parte del país tercero.

6º. Por lo que se refiere a las garantías procesales y jurisdiccionales: los nacionales de terceros países que sean objeto de una decisión relativa al retorno tienen derecho a ser informados sobre sus derechos y obligaciones, a recibir asistencia jurídica gratuita y a contar con un intérprete si fuera necesario. Asimismo, tienen derecho a impugnar las decisiones relativas al retorno ante una autoridad judicial o administrativa competente e independiente, que pueda suspender temporalmente su ejecución si procede. Los nacionales de terceros países también tienen derecho a solicitar medidas cautelares urgentes ante un tribunal para proteger sus derechos fundamentales.

Así las cosas, se puede concluir que la Directiva Retorno es un instrumento jurídico clave para armonizar las normas y procedimientos comunes en materia de retorno en los Estados miembros, garantizando al mismo tiempo el respeto a los derechos fundamentales y las normas internacionales.

La Directiva establece un equilibrio entre la necesidad de poner fin a la situación irregular de los nacionales de terceros países y la necesidad de facilitar su regreso voluntario o forzoso en condiciones dignas y seguras.

La Directiva contribuye así a reforzar la eficacia y la credibilidad del sistema migratorio común[11].

Sin embargo, la aplicación efectiva de estas normas por parte de los Estados miembros ha sido objeto de controversia y crítica. En particular, se han denunciado casos de entregas en caliente en las fronteras terrestres y marítimas de la UE, especialmente en las zonas fronterizas entre España y Marruecos (Ceuta y Melilla), entre Grecia y Turquía (islas del Egeo) y entre Italia y Libia (Lampedusa).

Según la Resolución del Parlamento Europeo, de 17 de diciembre de 2020, sobre la aplicación de la Directiva sobre retorno (2019/2208(INI)), la Comisión se ha centrado "en la tasa de retorno como indicador de la eficacia de la Directiva sobre retorno y recomienda medidas que podrían tener el efecto no deseado de limitar determinadas garantías de esta Directiva, como el derecho de apelación, y utilizar períodos de internamiento más prolongados; que los retornos sostenibles y la reintegración satisfactoria son indicadores importantes en la evaluación de la eficacia de los retornos; que el seguimiento posterior al retorno no es en la actualidad lo suficientemente completo y preciso; que se ha comprobado que no todos los retornos son sostenibles, especialmente en relación con los menores no acompañados, debido a la falta de un plan de reintegración personal o apoyo tras el retorno".

---

11 Comisión Europea (2009); Consejo Europeo (1999).

La jurisprudencia del Tribunal Europeo de Derechos Humanos (TEDH) y del Tribunal de Justicia de la Unión Europea (TJUE) ha establecido que las entregas en caliente sin las suficientes garantías constituyen una violación del Convenio Europeo de Derechos Humanos (CEDH) y del Derecho de la UE. En concreto. Asimismo, el TJUE ha declarado que los Estados miembros no pueden rechazar o retirar el efecto suspensivo de los recursos presentados por los solicitantes de asilo contra las decisiones que les deniegan la entrada o el acceso al procedimiento (caso M. A. y otros contra Lituania).

Ante esta situación, la UE ha adoptado recientemente un Pacto sobre Migración y Asilo (Bruselas, 23.9.2020, COM (2020) 609 final), que propone una serie de medidas para mejorar la gestión integrada y solidaria de las fronteras exteriores, así como para reforzar los mecanismos de protección y cooperación con los países terceros.

Entre estas medidas se encuentra la introducción de un procedimiento fronterizo acelerado para examinar las solicitudes de asilo en las zonas fronterizas o en centros controlados por los Estados miembros o por Frontex. Este procedimiento deberá respetar los derechos fundamentales y garantizar el acceso a una asistencia jurídica gratuita y a un recurso efectivo.

Este Pacto representa un avance en el marco normativo europeo sobre las entregas en caliente, pero también plantea una serie de desafíos y riesgos para su implementación. Por un lado, es necesario asegurar que el procedimiento fronterizo acelerado no se convierta en una forma encubierta o legalizada de entrega en caliente, sino que se ajuste a los estándares internacionales y europeos sobre el derecho a la protección internacional. Por otro lado, es imprescindible que los Estados miembros cumplan con sus obligaciones legales y éticas, así como con los principios de solidaridad y responsabilidad compartida que rigen el espacio europeo de libertad, seguridad y justicia.

V. LOS CRITERIOS JURISPRUDENCIALES DEL TEDH Y EL TJUE

La jurisprudencia del TEDH y del TJUE ha abordado esta cuestión en varias ocasiones, estableciendo algunos criterios de carácter jurisprudencial para garantizar el respeto de los derechos fundamentales en el contexto de las operaciones fronterizas.

El TEDH ha condenado a España, con la precisión que haremos a continuación, en dos casos por violar el artículo 4 del Protocolo 4 del CEDH, que prohíbe las expulsiones colectivas de extranjeros. Se trata de los casos N. D. y N. T. contra España y O.M. y otros contra España, ambos relativos a las devoluciones en caliente realizadas en la valla de Melilla.

El TEDH consideró que estas devoluciones constituían expulsiones colectivas porque se efectuaron sin examinar individualmente la situación personal de cada afectado, sin darles la oportunidad de explicar sus circunstancias y sin garantizarles un acceso efectivo al procedimiento de asilo. El TEDH también estimó que se vulneró el artículo 13 del CEDH, que reconoce el derecho a un recurso efectivo, al no existir un mecanismo judicial o administrativo que permitiera impugnar las devoluciones.

Pero debemos decirlo todo, esto es cierto en primera instancia (3 de octubre de 2017), pero posteriormente (el 13 de febrero de 2020), se motivó por qué la Sala apreció que no hubo tal violación.

Esto es lo que sucedió: el Tribunal Europeo de Derechos Humanos (TEDH), en sentencia de 3 de octubre de 2017, apreció que estas dos "devoluciones en caliente" vulneraron la prohibición de expulsiones colectivas de extranjeros (art. 4 Protocolo 4º CEDH), y también el derecho a un recurso efectivo (art. 13. CEDH), dado que se condujo a los inmigrantes de vuelta sin más trámites y sin posibilidad de solicitar refugio o asilo. Como compensación, se condenó a España a indemnizar a cada uno de los demandantes con 5.000 euros.

Conocido el fallo, el Gobierno decidió solicitar la remisión del asunto a la Gran Sala del TEDH, que lo aceptó al plantearse "una cuestión grave relativa a la interpretación o a la aplicación del Convenio o de sus Protocolos o una cuestión grave de carácter general" (art. 43 CEDH). Los Gobiernos de Francia, Italia y Bélgica se adhirieron como terceros intervinientes en el proceso (art. 36 CEDH) y, en septiembre de 2018, el nuevo Gobierno socialista defendió igualmente la postura española ante el Tribunal.

Posteriormente, la Gran Sala resolvió por unanimidad, en sentencia de 13 de febrero de 2020 (N. D. and N. T. v. Spain), que el Estado español ni violó la prohibición de realizar expulsiones colectivas ni tampoco el derecho a un recurso efectivo de quienes previamente se habían situado al margen de la legalidad al utilizar vías de hecho para traspasar la frontera.

España actuó conforme a Derecho y el TEDH legitimó la devolución sumaria de unos inmigrantes que debían aceptar las consecuencias de su propia actuación ilegal. A continuación, se analizarán con detenimiento los argumentos del TEDH.

El TJUE también ha dictado varias sentencias sobre las devoluciones en caliente, interpretando el Derecho de la UE aplicable en materia de asilo, migración y fronteras. Entre ellas, cabe destacar la sentencia del caso E. K. contra Grecia, en la que el TJUE declaró que las devoluciones en caliente realizadas por Grecia en su frontera con Turquía eran contrarias al Derecho de la UE, en particular a la Directiva sobre procedimientos de asilo, que establece unas garantías mínimas para los solicitantes de protección internacional. Por su parte, el Alto Comisionado de Naciones Unidas para los Refugiados (ACNUR) también alertó sobre el aumento de las devoluciones en caliente de masas de migrantes desde Grecia. Solicitó en varias ocasiones proteger a estas personas[12].

El TJUE señaló que las devoluciones en caliente impedían el acceso al procedimiento de asilo y vulneraban el principio de no devolución, que prohíbe expulsar a una persona a un país donde pueda sufrir persecución o daños graves. El TJUE también recordó que los Estados miembros deben respetar la Carta de Derechos Fundamentales de la Unión Europea, que incluye el derecho a solicitar asilo, el principio de no devolución y el derecho a un recurso efectivo (arts. 18, 19 y 47).

La jurisprudencia del TEDH y del TJUE ha establecido unos límites claros a las entregas en caliente, exigiendo que se respeten los derechos humanos de los migrantes y se cumplan las normas del Derecho de la UE.

---

12 Disponible en: https://www.europapress.es/internacional/noticia-acnur-alerta-incremento-devoluciones-caliente-migrantes-grecia-pide-proteger-refugiados-20200821212507.html. Consultado: 18/06/2023.

Otro caso pendiente ante el TEDH es el de D. D. contra España, presentado en 2017. El demandante es un ciudadano camerunés que participó en un salto colectivo de la valla de Ceuta en agosto de 2014. Fue interceptado por la Guardia Civil y entregado a las autoridades marroquíes sin ningún tipo de identificación o procedimiento. El demandante alega que España ha violado los mismos artículos que en el caso anterior, y además el artículo 3 de la CEDH, que prohíbe la tortura y los tratos inhumanos o degradantes. El demandante afirma que sufrió malos tratos por parte de los agentes españoles y marroquíes, y que fue abandonado en el desierto sin agua ni comida.

El caso aún no ha sido resuelto por el TEDH, pero podría tener un resultado diferente al del caso anterior, si se demuestra que el demandante sufrió un trato inhumano o degradante en Marruecos. En ese caso, España podría ser condenada por violar el principio de no devolución y el artículo 3 de la CEDH.

En conclusión, la jurisprudencia del TEDH sobre las entregas en caliente ha sido muy contradictoria y polémica. Por un lado, la Sala Tercera condenó a España por vulnerar los derechos de los migrantes expulsados sin garantías. Por otro lado, la Gran Sala exculpó a España después basándose en la responsabilidad de los migrantes por elegir una vía ilegal y violenta para entrar en el país.

Como acabamos de decir, queda pendiente el caso de D. D., que podría suponer una condena a España si se consiguiera probar que sufrió un trato inhumano o degradante en Marruecos.

Los principales argumentos que esgrimió la Gran Sala para cambiar de opinión tienen que ver con la confirmación de que los demandantes habían estado bajo la jurisdicción española desde que superaron la valla fronteriza y que, por tanto, el Convenio era aplicable a su situación. Sin embargo, rechazó que hubiera habido una expulsión colectiva, basándose en dos argumentos principales: la conducta culpable de los demandantes, así como la falta de colaboración, y la existencia de vías legales de acceso al territorio español.

En primer lugar, la Gran Sala consideró que los demandantes habían accedido al territorio español de forma ilegal y violenta, formando parte de un grupo tumultuoso que había utilizado la fuerza para superar las medidas de seguridad fronteriza. Según la Gran Sala, esta conducta había impedido a las autoridades españolas aplicar el procedimiento legal previsto para las devoluciones y había puesto en riesgo su propia vida, así como la de los agentes de las Fuerzas y cuerpos de Seguridad.

Por lo tanto, la Gran Sala concluyó que los demandantes eran responsables de su propia situación y que no podían beneficiarse de la protección del Convenio.

En segundo lugar, la Gran Sala afirmó que los demandantes habían tenido a su disposición varias vías legales para acceder al territorio español y solicitar asilo, como los puestos fronterizos habilitados al efecto o los consulados españoles en Marruecos. Según la Gran Sala, estas vías garantizaban el respeto de los derechos de los extranjeros y evitaban el uso de la violencia. Por tanto, la Gran Sala consideró que los demandantes habían eludido voluntariamente estas vías y que no podían alegar que no habían tenido acceso a un recurso efectivo, produciéndose la indefensión.

La sentencia de la Gran Sala del TEDH sobre las entregas en caliente ha generado una gran controversia y ha sido criticada por numerosas organizaciones de derechos humanos, como el Comisario de Derechos Humanos del Consejo de Europa, el Alto Comisionado de las Naciones Unidas para los Refugiados, el Relator Especial de las Naciones Unidas sobre los derechos humanos de los migrantes, Amnistía Internacional, Human Rights Watch o la Asociación Pro-Derechos Humanos de Andalucía, entre otras.

Las principales críticas vertidas por las distintas plataformas humanitarias son:

1º. Que la sentencia vulnera el principio de no devolución, al no garantizar una evaluación individualizada de las solicitudes de asilo de las personas expulsadas. Sin embargo, el TEDH señaló que los demandantes habían participado en un intento de entrada irregular y masiva en territorio español, saltando la valla fronteriza de Melilla, y que habían actuado de forma violenta y agresiva aprovechando el marasmo de la confusión, poniendo en riesgo la seguridad de las fuerzas del orden y la integridad física de otros migrantes.

2º. Que la sentencia contradice la jurisprudencia previa del TEDH, que había reconocido el derecho a un recurso efectivo contra las expulsiones colectivas en casos similares. Sobre esta crítica podemos afirmar que resulta legítimo apartarse de resoluciones precedentes cuando se motiva la nueva resolución en el sistema legal vigente. En un sistema legalista no resulta exigible la vinculación absoluta al precedente jurisdiccional. Las nuevas circunstancias pueden exigir soluciones diferentes, eso sí, ajustadas a Derecho. El TEDH observó en la sentencia que los demandantes no habían solicitado asilo ni expresado su voluntad de permanecer en España, sino que habían intentado eludir los procedimientos legales de entrada, por la fuerza y en masa, negándose a colaborar. Por tanto, no podían invocar el derecho a un recurso efectivo contra la medida de devolución.

3º. Además, se ha dicho que la sentencia ignora el contexto de violencia y vulnerabilidad que sufren las personas migrantes y refugiadas en Marruecos, especialmente en la zona fronteriza con España. Muchas personas y sus familias simplemente desean una vida mejor. No es condición necesaria la violencia extrema para pretender salir y buscar una vida mejor. Muchas personas no tienen siquiera suficientes medios económicos para costearse el viaje, previas las gestiones administrativas pertinentes.

El TEDH destacó que los demandantes habían tenido acceso a vías legales y seguras para solicitar protección internacional en España, tanto en los puestos fronterizos como en el Centro de Estancia Temporal de Inmigrantes (CETI) de Melilla, y que no habían hecho uso de ellas. Se debe recordar que el hecho de pertenecer a un grupo especialmente vulnerable no comporta un título de protección especial, en principio, mientras las normas jurídicas no lo reconozcan (Morgades, 2010, 805).

4º. También se ha argumentado que la sentencia legitima las prácticas ilegales de las Fuerzas y Cuerpos de Seguridad españolas y marroquíes, que usan la violencia y el uso desproporcionado de la fuerza para impedir el acceso al territorio español. Este argumento simplemente no lo compartimos, toda vez que lo que apunta la sentencia es todo lo contrario; no se debe asaltar por la fuerza la frontera si existen medios formales adecuados. El problema es que estos cauces no contemplan como causa de entrada la mejora en las condiciones de vida. El TEDH destacó que los demandantes habían tenido acceso a vías legales y seguras para solicitar protección internacional en España, tanto en los puestos fronterizos como en el Centro de Estancia Temporal de Inmigrantes (CETI) de Melilla, y que no habían hecho uso de ellas.

5º. Se ha señalado que la sentencia crea una zona gris de derechos humanos en la frontera sur de Europa, al considerar que las personas que intentan entrar por el vallado no están bajo la jurisdicción española. Pensamos que no hay zonas grises, existe un defecto en la regulación como consecuencia de un egoísmo eurocéntrico, reacio a considerar facilitar los procesos de inmigración, fundamentalmente los que provienen del sur. El TEDH recordó que el artículo 13 del Convenio (derecho a un recurso efectivo) no exige que el recurso sea judicial, sino que puede ser administrativo, siempre que ofrezca garantías adecuadas y efectivas. En este caso, el TEDH estimó que el procedimiento administrativo previsto por la legislación española cumplía con esos requisitos.

6º. Por gran parte de plataformas de defensa de derechos humanos internacionales se ha dicho que la sentencia supone un retroceso en la protección de los derechos humanos de las personas migrantes y refugiadas, al avalar una política restrictiva y discriminatoria basada en el control fronterizo. Esta situación no tiene nada que ver con los refugiados; en el contexto de la protección del CEDH, el imperativo del "non-refoulement" aplicable a éstos es una protección absoluta, siempre que la persecución temida alcance el estándar del riesgo prohibido del artículo 3 del CEDH lo que, en principio, ocurrirá siempre (aunque no al revés).

Se ha dicho que incluso puede afirmarse que las excepciones a la regla del non-refoulement establecidas en la Convención de Ginebra de 1951 ya no resultan aplicables en los casos en que se vulnerarían principios o normas consuetudinarias imperativas o inderogables, como la que prohíbe el riesgo de ser sometido a tortura. La ponderación entre la situación del refugiado y la seguridad del país de asilo sólo se hace, en la Convención de Ginebra, para excluir la aplicación del principio de non-refoulement (y para excluir a una persona del estatuto de refugiado), pero no para hacerle cesar en su estatuto[13].

Lo que se exige en esta sentencia es que se utilicen los procedimientos formales para acceder a la condición de refugiado y exista cierta cooperación para poder aclarar la situación. No puede existir un beneficio de esta naturaleza que derive de una falta absoluta de

---

13 MORGADES (2010), p. 810.

colaboración con el Estado de destino. Por la sencilla razón de que el Estado no puede, *ex officio*, realizar la subsunción del supuesto de hecho sin solicitud ni aportación de ninguna evidencia.

A pesar de este argumento, ya hemos señalado que comprendemos esta forma de actuar cuando las causas pretenden estar tasadas y no contemplan una cierta flexibilidad de argumentos relacionados con la mejora en las condiciones de vida; en la propia subsistencia. Quizás tampoco con los meros testimonios; este perfil de personas muchas veces va indocumentadas; las propias mafias les roban la documentación.

El TEDH rechazó la alegación de los demandantes de que habían sido víctimas de discriminación por razón de su origen nacional o étnico, en violación del artículo 14 del Convenio (prohibición de la discriminación). El TEDH sostuvo que la medida de devolución se había aplicado únicamente a las personas que habían intentado entrar irregularmente en España por la valla fronteriza; realmente no se trataba de refugiados o solicitantes de asilo, no se tuvo en cuenta su nacionalidad o etnia. Ese era el supuesto de hecho contemplado, y no su origen racial.

7º. En cuanto a que la sentencia desatiende las recomendaciones de los órganos internacionales de derechos humanos, que habían instado a España a cesar las devoluciones en caliente y a garantizar el acceso al asilo; ya hemos advertido que este argumento es "aporético", toda vez que no se puede garantizar aquello que no se puede conocer por dificultarlo el propio interesado. No hubo colaboración y por ello, España no pudo valorar las circunstancias para reconocer el asilo; como puede advertirse, se trata de un círculo vicioso.

8º. La sentencia se basa en una interpretación errónea de los hechos, al asumir que las personas expulsadas habían actuado de forma violenta y clandestina, sin tener en cuenta las pruebas presentadas por las partes. No se trata de castigar una acción violenta, sino de no premiar conductas que no se pueden subsumir en la Ley por la falta de colaboración suficiente del propio interesado. El TEDH hizo referencia a la jurisprudencia del Tribunal de Justicia de la Unión Europea (TJUE), según la cual las normas del Derecho de la Unión sobre protección internacional no se aplican a las personas que intentan entrar irregularmente en el territorio de un Estado miembro desde un tercer país, sino solo a las que ya se encuentran dentro de ese territorio.

9º. La sentencia no tiene en cuenta el impacto psicológico y emocional que supone para las personas migrantes y refugiadas ser devueltas a un país donde sufren abusos y violaciones de derechos humanos. Tampoco compartimos completamente esta afirmación; lo que realmente sucede es que la sentencia no puede tener en cuenta causas que no se alegaron por el cauce legal adecuado. No se puede exigir a ninguna estancia gubernamental que intuya situaciones individuales, más allá de lo que pueda resultar acreditado. El TEDH reconoció la dificultad y complejidad que supone para España gestionar la presión migratoria en su frontera sur, teniendo en cuenta sus obligaciones internacionales y europeas (Schengen y Ámsterdam), así como la necesidad de cooperar con Marruecos para prevenir y controlar los flujos migratorios irregulares (ahora veremos estos compromisos bilaterales).

10º. La sentencia pone en riesgo la vida e integridad de las personas migrantes y refugiadas, al exponerlas a un mayor riesgo de sufrir maltratos, detenciones arbitrarias, torturas o desapariciones forzadas en Marruecos. Tampoco compartimos este reproche. No se sabe lo que hay detrás de cada historia individualizada. A este respecto, debemos seguir negando que esta práctica tenga que ver con la condición de refugiados. Al igual que los demandantes de asilo, los refugiados son personas especialmente vulnerables en tanto en cuanto, colectivo de extranjeros que entra en relación con sociedades nacionales y que es susceptible de exclusión a causa de la ausencia del vínculo de la nacionalidad, pero, a diferencia de los primeros, existe un cuerpo normativo de Derecho internacional universal orientado a la protección específica de su dignidad (Mariño, 2001, p. 22). En el presente caso, por falta de utilización de los cauces formales y de colaboración no es posible llegar a saber las condiciones particulares los que asaltan la valla.

El TEDH concluyó que España no había vulnerado ninguno de los derechos invocados por los demandantes y que había actuado conforme al Convenio Europeo de Derechos Humanos. Por tanto, desestimó las demandas por unanimidad.

Por otro lado, la sentencia también ha sido defendida por algunas voces, como el Gobierno español, que ha expresado su satisfacción por el reconocimiento del Tribunal a su política migratoria y fronteriza.

Como acabamos de ver, la jurisprudencia del TEDH sobre las devoluciones en caliente es contradictoria y polémica.

La sentencia de la Gran Sala del TEDH sobre el caso N. D. y N. T. contra España supone un cambio radical respecto a la sentencia anterior, de una Sala del mismo Tribunal, y respecto a otras sentencias anteriores sobre casos similares. La sentencia avala una práctica que, como acabamos de ver, ha sido denunciada por numerosos organismos internacionales de derechos humanos como contraria al Derecho internacional.

Además, la sentencia también tiene implicaciones negativas para los refugiados y las personas sujetas a tales prácticas, que ven reducidas sus posibilidades de acceder al territorio europeo y solicitar protección internacional. La sentencia plantea un dilema entre la soberanía, la seguridad de los Estados, la libertad individual de los emigrantes (en origen) y el respeto y la garantía de los derechos humanos en las fronteras.

Lo cierto es que parece un círculo vicioso del que es difícil salir. Pensamos que ambas posturas resultan defendibles y que la solución merece ser ecléctica. Resulta preciso elaborar políticas protectoras de personas que se ven obligadas a abandonar sus países de origen. Estamos en contra de causas tasadas y somos partidarios de valoraciones de situaciones individuales, teniendo en cuenta todas sus variables. Estas políticas deben provenir de la Unión Europea; pues, al ser España frontera exterior, prevista en el Tratado Schengen, la responsabilidad debe ser compartida; exactamente igual que con la integridad territorial de España. A partir de aquí, lo de menos debe ser la documentación o la solicitud. Se debe constituir comités interdisciplinares que puedan valorar la situación de manera flexible y eficaz; sin burocracia, y adoptar la solución que mejor proteja los derechos humanos. Además, debería elaborarse un plan europeo de integración laboral y social para estas masas de inmigrantes. Una vez cruzada la frontera, no se puede mirar a otra parte, se deben integrar, con el máximo respeto a la diversidad, de una manera lógica y proporcionada.

VI. LA DINÁMICA BILATERAL Y DIALÉCTICA: ESPAÑA-MARRUECOS ANTE LOS FLUJOS MIGRATORIOS

La Sentencia 172/2020, de 19 de noviembre, avaló la constitucionalidad de la disposición adicional primera de la Ley Orgánica 4/2015, de 30 de marzo, de protección de la seguridad ciudadana (LOPSC), la cual introdujo una regulación legal de estas expulsiones en el marco de la Ley Orgánica 4/2000, de 11 de enero, sobre derechos y libertades de los extranjeros en España y su integración social (LOEX).

El primer acuerdo bilateral entre España y Marruecos sobre readmisión de extranjeros tiene ya una trayectoria, se firmó en Madrid el 13 de febrero de 1992, pero tardó diez años en entrar en vigor (2012). Esto se debió a las dificultades que entrañó el cumplimiento de sus cláusulas para los dos Estados. Su principal causa era la de agilizar el mecanismo de expulsión de inmigrantes irregulares, pero manteniendo las mismas garantías que ofrecía el proceso ordinario. De ahí venía la complicación de cumplir sus preceptos.

Éste, establecía un procedimiento "simplificado" para la devolución o readmisión de los extranjeros que hubieran entrado ilegalmente desde el territorio del otro Estado parte. Sin embargo, este procedimiento no estaba exento de garantías, y por ello, exigía una comunicación previa entre las autoridades competentes, las dos partes tenían que estar de acuerdo, con un plazo máximo de diez días para resolver las solicitudes. Lo más difícil de cumplir era su artículo quinto: "El Estado requerido —en este caso Marruecos— se asegurará de que los extranjeros readmitidos son enviados lo antes posible a su Estado de origen o al Estado donde comenzaran su viaje".

Para que los inmigrantes pudieran ser devueltos, España debía acreditar que accedieron a su territorio desde Marruecos. Este hecho complicaba mucho su aplicación a los inmigrantes que llegaban en patera, toda vez que era muy difícil poder probar que habían salido de las costas marroquíes. Además, España disponía de diez días para reclamar cada devolución.

A partir de ahí, se tenían que realizar los trámites del proceso normal de devolución —que se podía demorar hasta seis meses—. Se tenía que acreditar los datos personales de cada individuo, un tema muy complicado, porque muchos inmigrantes no llevaban una identificación válida y, en ocasiones, no colaboraban en absoluto para evitar la deportación.

Poco después, en 1999, se firmó un nuevo acuerdo bilateral entre España y Marruecos sobre circulación de personas, tránsito y readmisión de extranjeros entrados ilegalmente. Este acuerdo amplió el ámbito subjetivo y objetivo del anterior y estableció un procedimiento aún más simplificado para la devolución o readmisión de los extranjeros que hubieran entrado ilegalmente desde el territorio del otro Estado parte por vía terrestre o marítima. Este procedimiento, sin embargo, no requería comunicación previa ni plazo alguno para resolver las solicitudes.

Estos acuerdos bilaterales han servido como base legal para las devoluciones en caliente que se han venido realizando desde entonces. Sin embargo, estas devoluciones no siempre se han ajustado a los requisitos establecidos por los propios acuerdos, ni han respetado los derechos fundamentales de los afectados. Así lo han denunciado numerosas organizaciones no gubernamentales (ONG), organismos internacionales y órganos judiciales.

Como sabemos, uno de los episodios más graves ocurrió en 2005, cuando al menos catorce personas murieron al intentar saltar las vallas fronterizas entre Ceuta y Melilla. Estos hechos provocaron una fuerte reacción social y política, tanto en el ámbito nacional como internacional, y llevaron al Gobierno español a reforzar las medidas de control y vigilancia en las fronteras, así como a acelerar las devoluciones en caliente de los migrantes interceptados.

Por otra parte, en 2014, se produjo otro episodio dramático, cuando al menos quince personas fallecieron al intentar llegar a nado a la playa española de El Tarajal, en Ceuta. Estos hechos fueron objeto de una investigación judicial que concluyó con el archivo de la causa por parte de la Audiencia Provincial de Cádiz, al considerar que no hubo responsabilidad penal de los agentes de la Guardia Civil que participaron en el operativo.

Estos hechos también tuvieron una gran repercusión mediática y social, y motivaron que el Gobierno español introdujera una disposición adicional primera en la LOPSC, que se encontraba en tramitación parlamentaria, con el fin de dar cobertura legal a las devoluciones en caliente.

Esta disposición fue recurrida ante el TC por el Defensor del Pueblo y por varios grupos parlamentarios de la oposición, dando lugar a una interesante Sentencia.

VII. LAS PREVISIONES DE LA LOPSC SOBRE LAS DEVOLUCIONES EN CALIENTE Y LA VALORACIÓN DEL TC

En lo que a nosotros ahora interesa, se analizaron los motivos de inconstitucionalidad que se imputan al régimen especial de Ceuta y Melilla de la disposición final primera de la Ley Orgánica de protección de la seguridad ciudadana, por la que se introduce una disposición adicional décima —que ahora veremos— en la Ley Orgánica 4/2000, de 11 de enero, sobre derechos y libertades de los extranjeros en España y su integración social.

Se entendía por los recurrentes que había motivos de procedimiento vulneradores del art. 23.2 CE, por falta de conexión alguna con la norma reformada. Y, en segundo lugar, los motivos de carácter sustantivo derivados del establecimiento de un régimen especial de rechazo en frontera que pudiera colisionar con los arts. 9.3, 24 y 106 CE.

La Disposición adicional décima venía a establecer un régimen especial para Ceuta y Melilla. Era el siguiente:

"1. Los extranjeros que sean detectados en la línea fronteriza de la demarcación territorial de Ceuta o Melilla mientras intentan superar los elementos de contención fronterizos para cruzar irregularmente la frontera podrán ser rechazados a fin de impedir su entrada ilegal en España.

2. En todo caso, el rechazo se realizará respetando la normativa internacional de derechos humanos y de protección internacional de la que España es parte.

3. Las solicitudes de protección internacional se formalizarán en los lugares habilitados al efecto en los pasos fronterizos y se tramitarán conforme a lo establecido en la normativa en materia de protección internacional".

Ante esta nueva disposición los recurrentes aducían los siguientes argumentos:

1°. Nos encontramos ante una vía de hecho que no respeta la jurisprudencia del Tribunal Europeo de Derechos Humanos y, en concreto, en lo que atañe a la aplicación del principio de no devolución, que implica además la obligación de los Estados de asegurarse del trato al que se exponen los migrantes que se devuelven a sus países de origen o de procedencia (SSTEDH de 11 de enero de 2007, caso Salah Sheekh c. Países Bajos; de 5 de mayo de 2009, caso Sellem c. Italia; de 3 de diciembre de 2009, caso Daoudi c. Francia; de 23 de febrero de 2012, caso Hirsi Jamaa y otros c. Italia, y de 19 de diciembre de 2013, caso N. K. c. Francia).

2°. Además, los efectos perniciosos que se derivan de la disposición impugnada se incrementan y agravan en aquellos supuestos en los que se ven afectados colectivos o grupos de personas especialmente vulnerables. Así, impide el acceso al derecho de asilo previsto en el art. 13.4 CE; y no permite la identificación de menores en edad adolescente y, consiguientemente, la aplicación de las previsiones de la Ley Orgánica sobre derechos y libertades de los extranjeros en España o de la normativa aplicable para su protección, incluidos convenios internacionales que forman parte de nuestro Derecho interno, como la Convención de Naciones Unidas sobre los derechos del niño.

3°. Tampoco se contemplan mecanismos para la detección, identificación y protección de las víctimas de trata que accedan a territorio español por puesto no habilitado, sin posibilidad de que sean identificadas y sin permitir que se les ofrezcan las garantías y procedimientos previstos tanto en la normativa internacional como en la legislación española (art. 59 bis LOEx).

Por todo lo expuesto, los recurrentes entendían que la disposición adicional atentaba contra los arts. 15, 24 y 106 CE, al dar cobertura a una simple vía de hecho administrativa consistente en la devolución masiva o colectiva e indiferenciada sin procedimiento administrativo de cualquier extranjero —incluidos menores— interceptado en la frontera de Ceuta o Melilla fuera de los puestos habilitados para la entrada en el territorio español.

La STC 172/2020 estableció una serie de razones y criterios para declararla constitucional. A partir de ahí existe una zona de certeza que pone el énfasis en la necesidad de un control fronterizo por ser puerta de entrada a otros países parte en el tratado de Schengen. Dicho poder no es omnímodo y debe someterse a una serie de parámetros:

1º. El Acuerdo de Schengen, firmado el 14 de junio de 1985 y al que se adhirió España, implementó la ideación de un espacio de libre circulación de personas, mediante la paulatina supresión de los controles en las fronteras interiores, trasladándolos a las fronteras exteriores de los Estados signatarios. Las fronteras externas de los Estados europeos son al mismo tiempo las fronteras externas de los demás Estados parte en aquel acuerdo. Posteriormente, tras la entrada en vigor del Tratado de Ámsterdam, aquel acuerdo quedó integrado en el marco institucional y jurídico de la Unión Europea. Las ciudades autónomas de Ceuta y Melilla constituyen la frontera exterior terrestre entre la Unión Europea y terceros Estados, lo que las convierte en una de las principales vías de acceso de los flujos migratorios hacia Europa. España está obligada a custodiar estas fronteras por responsabilidad nacional e internacional, derivada de estos Tratados.

2º. Los extranjeros gozan de ciertos derechos "por propio mandato constitucional, y no resulta posible un tratamiento desigual respecto de los españoles" (STC 107/1984, de 23 de noviembre, FJ 4; y también STC 95/2000, de 10 de abril, FJ 3). Se trata de derechos inherentes a la dignidad de la persona (STC 91/2000, de 30 de marzo, FJ 7). Pero claro, "ello no implica cerrar el paso a las diversas opciones o variantes políticas que caben dentro de la Constitución, entendida como 'marco de coincidencias' [...] que permite distintas legislaciones en materia de extranjería" (STC 236/2007, de 7 de noviembre, FJ 3).

De hecho, la Ley debe distinguir situaciones e individualizar supuestos de hecho; con ello se consigue una mayor precisión jurídica a la hora de aplicar las normas materiales a diversos colectivos, entre estos, los más vulnerables. El incumplimiento de los requisitos de estancia o residencia en España por parte de los extranjeros no permite al legislador privarles de los derechos que les corresponden constitucionalmente en su condición de persona, con independencia de su situación administrativa.

3º. "Los derechos fundamentales derivados de la dignidad de la persona que la Constitución reconoce a todas las personas sometidas a los actos de los poderes públicos españoles" rigen durante el tiempo en que el solicitante de asilo permanece en "dependencias adecuadas" del puesto fronterizo, siendo, por ello, irrelevante la concreta ubicación territorial de dichas dependencias (STC 53/2002, de 27 de febrero, FJ 4).

4º. El derecho a entrar en España "no es un derecho fundamental" del que sean titulares los extranjeros con apoyo en el art. 19 CE" (STC 236/2007, de 7 de noviembre, FJ 12), estando la entrada condicionada al cumplimiento de los requisitos establecidos en el art. 25 LOEx y el art. 4 de su reglamento, aprobado por el Real Decreto 557/2011, de 20 de abril (Reglamento LOEx).

5º. Por ello, se regulan varios procedimientos relativos a la salida obligada del territorio español de las personas extranjeras:

a) El retorno al punto de origen (art. 60 LOEx), como efecto derivado de la prohibición de entrada en España por los puestos fronterizos habilitados de extranjeros (art. 26.2 LOEx y art. 15 del Reglamento LOEx);

b) la expulsión del extranjero que se encuentra irregularmente en territorio español, por no haber obtenido la prórroga de estancia o por carecer o tener caducada la autorización de residencia (art. 57 LOEx y arts. 242 a 248 del Reglamento LOEX); y

c) la devolución de los que habiendo sido expulsados contravengan la prohibición de entrada en España [art. 58.3 a) LOEx], o de los que pretendan entrar ilegalmente [art. 58.3 b) LOEx], incluyendo "a los extranjeros que sean interceptados en la frontera o en sus inmediaciones" [art. 23.1 b) Reglamento LOEx].

6º. Los extranjeros aprehendidos, al intentar superar las vallas o los elementos de contención, pasan a estar bajo la jurisdicción de España y de los miembros de los cuerpos y fuerzas de seguridad, resultando irrelevante si dichos elementos —la valla— se sitúan o no en territorio bajo soberanía española, por lo que debe serles de aplicación la legislación en materia de extranjería. No puede admitirse la existencia de "zonas de no derecho" donde los individuos no estén amparados por un sistema jurídico capaz de brindarles el disfrute de los derechos y garantías protegidos por el Convenio europeo de derechos humanos (STEDH de 23 de febrero de 2012, caso Hirsi Jamaa y otros c. Italia, § 74 y 178 a 180, y las sentencias en allí citadas).

7º. Así las cosas, El "rechazo en frontera" se constituye como un específico régimen para una situación concreta: la detección de extranjeros en la frontera de Ceuta o Melilla, en el momento de pretender franquear los elementos de contención fronterizos para cruzar irregularmente la frontera. Este "rechazo", concepto que parece hacer hincapié en la inmediatez, no obstante, deberá realizarse con las garantías debidas y pleno respeto a los derechos y libertades que derivan de la dignidad de la persona, como hemos visto (jamás habrá un limbo normativo).

La Sentencia también alerta sobre las personas especialmente vulnerables: "los cuerpos y fuerzas de seguridad deberán prestar especial atención a las categorías de personas especialmente vulnerables, entre las que se cuentan, con distinta proyección e intensidad, las que aparenten manifiestamente ser "menores de edad" (sobre todo cuando no se encuentren acompañados por sus familiares), debiendo atender la especial salvaguardia de los derechos reconocidos en el art. 3.1 de la Convención de Naciones Unidas sobre los derechos del niño, estar en situación de "mujer embarazada" o resultar afectados por serios motivos de discapacidad, incluida la causada por la edad avanzada y personas encuadradas en la categoría de especialmente vulnerables".

8º. Sin embargo, el cauce procedimental, así como el lugar habilitado para ello es fundamental; La STC recoge que "los Estados parte pueden rechazar la entrada en su territorio de los extranjeros, incluido los peticionarios de asilo, que, sin concurrir razones imperiosas, no hayan ajustado su conducta a estos mecanismos de entrada sino que han buscado cruzar la frontera por lugares distintos a los habilitados, sobre todo pero no necesariamente cuando, como ocurre en este caso, se prevalieron de su gran número y del uso de la fuerza" (§ 210)".

Debemos recordar en este momento el artículo 18 de la Ley 12/2009, de 30 de octubre, reguladora del derecho de asilo y de la protección subsidiaria sobre los Derechos y obligaciones de los solicitantes de asilo; es importante advertir las obligaciones de cooperación; pero no por puro formalismo, sino por poder evaluar la situación y desplegar la asistencia social en todas sus dimensiones; también se trata de cumplir con el principio de legalidad.

1. El solicitante de asilo, presentada la solicitud, tiene en los términos recogidos en la presente Ley, en los artículos 16, 17, 19, 33 y 34, los siguientes derechos:

a) a ser documentado como solicitante de protección internacional;

b) a asistencia jurídica gratuita e intérprete;

c) a que se comunique su solicitud al ACNUR;

d) a la suspensión de cualquier proceso de devolución, expulsión o extradición que pudiera afectar al solicitante;

e) a conocer el contenido del expediente en cualquier momento;

f) a la atención sanitaria en las condiciones expuestas;

g) a recibir prestaciones sociales específicas en los términos que se recogen en esta Ley.

2. Serán obligaciones de los solicitantes de protección internacional las siguientes:

a) Cooperar con las autoridades españolas en el procedimiento para la concesión de protección internacional;

b) presentar, lo antes posible, todos aquellos elementos que, junto a su propia declaración, contribuyan a fundamentar su solicitud. Entre otros, podrán presentar la documentación de que dispongan sobre su edad, pasado —incluido el de parientes relacionados—, identidad, nacionalidad o nacionalidades, lugares de anterior residencia, solicitudes de protección internacional previas, itinerarios de viaje, documentos de viaje y motivos por los que solicita la protección;

c) proporcionar sus impresiones dactilares, permitir ser fotografiados y, en su caso, consentir que sean grabadas sus declaraciones, siempre que hayan sido previamente informados sobre este último extremo;

d) informar sobre su domicilio en España y cualquier cambio que se produzca en él;

e) informar, asimismo, a la autoridad competente o comparecer ante ella, cuando así se les requiera con relación a cualquier circunstancia de su solicitud.

9º. La disposición final primera por la que se introduce la disposición adicional décima en la Ley Orgánica 4/2000, de 11 de enero, sobre derechos y libertades de los extranjeros en España y su integración social, es conforme a la Constitución, siempre que se interprete tal y como se ha indicado en el fundamento jurídico 8 C) de la Sentencia del TC 172/2020, de 19 de noviembre; concretado en los siguientes puntos:

1. Aplicación a las entradas individualizadas.
2. Pleno control judicial.
3. Cumplimiento de las obligaciones internacionales.

VIII. LA ESPECIAL TRANSCENDENCIA DE LAS DEVOLUCIONES EN CALIENTE DE MENORES DE EDAD Y JÓVENES, UNA PROPUESTA DE MEJORA

Lo primero que debemos advertir en este punto es que la primera diferencia importante a remarcar entre las devoluciones en caliente, es que cuando se producen en el colectivo de menores de edad, existe una gran vulnerabilidad. Los niños sufren mucho más que los adultos desde el principio, todo el proceso de entrada irregular es traumático, así como sus consecuencias, muchas veces, sin ser los verdaderos dueños de sus actos. Cuando han tomado la decisión, en el mejor de los casos, lo han hecho desde la mirada inocente de los niños, sin conocimiento de las verdaderas posibles consecuencias, que no son sólo jurídicas, sino que a muchos les afectará toda su vida, eso si no fallecen en el intento, por la afección a su propio desarrollo como personas.

Además, los menores de edad son muchas veces utilizados como herramienta política; en otras ocasiones, cuando no se trata de relaciones internacionales, son objeto de las mafias de trata de personas. A menudo, son guiados a la prostitución o a mercados de mano de obra barata, en auténticos regímenes de esclavitud.

Algo primordial en el momento de la identificación, tras el salto de la valla o el paso de la frontera por un lugar no indicado; al menos cuando se ha producido la detención del joven, y, aunque no exista una voluntad de cooperación por el miedo o la inseguridad, se debe, ante la duda, de comenzar por la aplicación del régimen de menores, presente la Fiscalía de menores (y, en su caso, el Defensor del Menor) y no otras normas que están pensadas para los mayores de edad. Este régimen es absolutamente diferente, el de menores de edad es mucho más garantista, y está ordenado a la protección del interés superior del menor. Todo el proceso podrá afectar al desarrollo de su personalidad y es imprescindible aplicar la norma sin ninguna restricción y con los efectos más beneficiosos *(in extenso)*, pensando en ese interés superior del menor en este concreto ámbito y en preservar todas las potencialidades de su vida y de la personalidad en desarrollo.

En las fronteras de Ceuta y de Melilla, las devoluciones en caliente afectan más que nada a menores de edad y jóvenes que vienen buscando un futuro mejor. Pretenden arribar a la "tierra prometida" para luego poder ayudar a sus familias; en algunos casos, los padres lo venden todo para costear el largo viaje de algún hijo, pagando a las peligrosas mafias, no tienen nada que perder.

Las insistentes denuncias por parte de las organizaciones de derechos humanos llevaron a la legalización mediante la adición a la Ley Orgánica de Extranjería (LO 4/2000) de una disposición adicional operada por la disposición final primera de la Ley Orgánica 4/2015, de Protección de la Seguridad Ciudadana. Concretamente, la reforma viene a establecer un régimen singular para Ceuta y Melilla, por aquello de proteger las fronteras exteriores del Espacio Schengen, según el cual:

"1. Los extranjeros que sean detectados en la línea fronteriza de la demarcación territorial de Ceuta o Melilla mientras intentan superar los elementos de contención fronterizos para cruzar irregularmente la frontera podrán ser rechazados a fin de impedir su entrada ilegal en España.

2. En todo caso, el rechazo se realizará respetando la normativa internacional de derechos humanos y de protección internacional de la que España es parte.

3. Las solicitudes de protección internacional se formalizarán en los lugares habilitados al efecto en los pasos fronterizos y se tramitarán conforme a lo establecido en la normativa en materia de protección internacional".

Cabría esperar por razones de seguridad jurídica una definición más o menos clara de lo que se entiende por rechazo. ¿Implica desentenderse sin más y por la fuerza de los inmigrantes que intenten pasar a nuestro país? ¿Se abre algún tipo de procedimiento formal garantista para aquellos, que, no obstante, lo soliciten? ¿El ingreso irregular en territorio nacional constituye impedimento para el extranjero poder solicitar refugio a las autoridades competentes? Son muchas las cuestiones recogidas en la Ley y sobre las que no existe tampoco una jurisprudencia consolidada.

Es importante que se aclaren estas cuestiones, precisamente por poder dispensar un trato adecuado a los menores de edad y jóvenes. Contra ellos no cabe devolución en caliente; pero si no se abre un procedimiento contradictorio o de averiguación de la edad, simplemente podrán ser rechazados, incluso con el uso de la fuerza; por desconocer en muchos casos la edad de las personas que intentan pasar la frontera. Podría "interesar" no conocer este extremo.

Por otra parte, el artículo 5 de la Directiva 2008/115/CE del Parlamento Europeo y del Consejo, de 16 de diciembre de 2008, relativa a normas y procedimientos comunes en los Estados miembros para el retorno de los nacionales de terceros países en situación irregular, dispone, "en relación a la No devolución, al interés superior del niño, de la vida familiar y del estado de salud", que al aplicar la presente Directiva, los Estados miembros tendrán debidamente en cuenta:

a) el interés superior del niño,

b) la vida familiar,

c) el estado de salud del nacional de un tercer país de que se trate, y respetarán el principio de no devolución.

Pero esto no resulta compatible con un procedimiento nuevo, sin principios ni valores suficientemente estructurados, sin formas prestablecidas; capaz de forzar al retorno sin ninguna documentación, sin explicación ni garantías. De hecho, no se podría hablar de retorno si se trata de rechazo, pues no habría habido entrada formalmente.

Incluso, el retorno y expulsión de menores no acompañados, no está exento de garantías en el artículo 10 de esta misma Directiva, dice así:

"1. Antes de dictar una decisión de retorno respecto de un menor no acompañado, se concederá la asistencia de los servicios pertinentes distintos de las autoridades encargadas de la ejecución del retorno, teniendo debidamente en cuenta el interés superior del niño.

2. Antes de expulsar del territorio de un Estado miembro a un menor no acompañado, las autoridades de ese Estado miembro se cerciorarán de que será entregado a un miembro de su familia, a un tutor designado o a unos servicios de acogida adecuados en el Estado de retorno".

Por su parte, la Ley 12/2009, de 30 de octubre, reguladora del derecho de asilo y de la protección subsidiaria establece también garantías especiales para los menores de edad:

Según el art. 25 de esta Ley, contempla la tramitación de urgencia de la solicitud de asilo de menores no acompañados; en el art. 40, extensión familiar del derecho de asilo o de la protección subsidiaria, familiares de primer grado menores de edad; según el artículo 46, Régimen general de protección para menores de edad, menores no acompañados y familias monoparentales con menores de edad, Según el art. 48 remisión a los servicios competentes en materia de protección de menores y el hecho se pondrá en conocimiento del Ministerio Fiscal y Disposición Adicional Octava sobre el Informe Anual que el Gobierno remitirá a las Cortes Generales con la situación específica de menores u otras personas vulnerables.

Resulta claro que el ordenamiento jurídico no puede caer en el cinismo de no proporcionar un mínimo procedimiento jurídico garantista ante la entrada desordenada y masiva de jóvenes por las vallas de Ceuta y Melilla, y pretender después aplicar el principio del interés superior del menor.

Asistimos a un cambio de paradigma en cuanto al concepto de fronteras, estas también cambian en la postglobalización. Hace falta soluciones más rápidas, eficaces y garantistas, que pasan por la deslocalización. Las actuaciones se relativizan y los lugares se sitúan, a veces, fuera del propio Estado.

Se puede afirmar que se ha ido configurando por la vía de los hechos, para los flujos migratorios masivos, un nuevo espacio fronterizo al sur y este del mediterráneo, que necesita una nueva política y estrategia legal de fronteras exteriores. Se requiere de una planificación estratégica europea, en la que se impliquen todos los actores que intervienen en los procesos migratorios.

Por ello la UE se encuentra en búsqueda de un nuevo "modelo" de Frontera Exterior que aporte otros parámetros de actuación y gestión de los flujos migratorios y los controles exteriores[14]. Es precisa la celeridad en la adopción de medidas concretas que garanticen la tutela de los intereses y derechos humanos de los más vulnerables. No nos podemos permitir hacer más daño a quien no tiene nada, tratar mal a los más desfavorecidos.

Esto decía una agente de frontera sobre los sentimientos de estos jóvenes sin libertad: "Yo creo que lo que más les duele es que no puedan disponer de su libertad, que tengan que estar sometidos todo el tiempo. Las normas y medidas de control que les impiden tomar decisiones en el día a día, eso genera mucho sufrimiento a las personas migrantes. Tener que depender de que otros tomen decisiones sobre tu libertad. [...] Me dicen que les tratan como animales, no como personas. El maltrato físico y la clandestinidad. Sentir que tu propia existencia no es válida. Mayor violencia que esa, no existe. Da igual que te den un porrazo o dos en la valla, es la indiferencia". [15]

Es imprescindible una "Ley de niños en la frontera"; una Ley garantista que determine los principios y procedimientos necesarios para la determinación de la edad y las medidas inmediatas, con cobertura suficiente en los ámbitos propios de los niños, a adoptar con los que cruzan la frontera. Muchas veces huyen de la guerra, otras veces ya han sido víctimas de las mafias o simplemente buscan sobrevivir. No se puede cerrar los ojos a tanta desgracia.

Resulta acuciante actuar ya para poder garantizar los derechos humanos de los niños, para respetar el interés superior del niño y

---

14 VALLE (2020), p. 146.

15 PÉREZ, GALÁN y LÓPEZ (2022).

para poder brindar una vida mejor a los colectivos más vulnerables que lo necesiten. Los países más desarrollados no pueden mirar a otra parte o serán víctimas de su propio egoísmo. Sin justicia no somos humanos.

Bibliografía citada

Brown, Wendy, *Estados amurallados, soberanía en declive*, Barcelona, Herder, 2015.

Comisión Europea, *Informe sobre la inmigración en la Unión Europea*, 2009.

Consejo Europeo, *Conclusiones del Consejo Europeo extraordinario celebrado en Tampere los días 15 y 16 de octubre*, 1999. Disponible en: https://eur-lex.europa.eu/LexUriServ/LexUriServ.do?uri=COM:2009:0266:FIN:ES:PDF. (Fecha de consulta: 03/07/2023).

Del Valle Gálvez, José Alejandro, "Inmigración, derechos humanos y modelo europeo de fronteras. Propuestas conceptuales sobre extraterritorialidad, desterritorialidad y externalización de controles de flujos migratorios", *Revista de Estudios Jurídicos y Criminológicos*, N° 2, 2020, pp. 145-210.

Lucas Martín, Javier (de), "Las propuestas sobre políticas de inmigración en Europa y la nueva Ley 4/2000 en España", en AA.VV (Coord.), *Emigrantes y estabilidad en el mediterráneo. La polémica Ley de Extranjería*, Valencia, Nomos, 2001.

Lucas Martín, Javier (de), "La inmigración, como res política", *Cuadernos Electrónicos de Filosofía del Derecho*, Vol. 10, 2024, pp. 1-44.

Mariño Menéndez, Fernando, *Aproximación a la noción de persona y grupo vulnerable en el Derecho europeo*, Madrid, Ministerio de Trabajo y Asuntos Sociales-Subdirección General de Publicaciones, 2001.

Morgades Gil, Silvia, "La protección de los demandantes de asilo por razón de su vulnerabilidad especial en la jurisprudencia del Tribunal Europeo de los Derechos Humanos", *Revista de Derecho Comunitario Europeo*, N° 37, 2010, pp. 801-842.

OIM y IPPDH, *Migración, derechos humanos y política migratoria*, cuadernillo 1, 2016. Disponible en: https://www.ippdh.mercosur.int/wp-content/uploads/2017/02/Migraci%C3%B3n-derechoshumanos-y-pol%C3%ADtica-migratoria.pdf (Fecha de consulta: 10/06/2023).

OIM y IPPDH (2017). Derechos humanos de personas migrantes. Manual Regional. Disponible en: https:// publications.iom.int/es/system/files/pdf/derechos_humanos_de_personas_migrantes-manual_ regional.pdf (Fecha de consulta: 12/06/2023).

Pérez González, Carmen, *Migraciones irregulares y Derecho Internacional. Gestión de los flujos migratorios, devolución de extranjeros en situación administrati-*

va irregular y Derecho Internacional de los Derechos Humanos, Valencia, Tirant lo Blanch, 2012.

PÉREZ SALES, Pau; GALÁN SANTAMARINA, Andrea; y LÓPEZ NEYRA, Gabriela, *El limbo de la frontera. Impactos de las condiciones de la acogida en la Frontera Sur Española*, Madrid, Grupo de Acción Comunitaria, 2022. Disponible en: https://www.psicosocial.net/gac/wp-content/uploads/2022/05/El-limbo-de-la-frontera.pdf (Fecha de consulta: 12/06/2023).

SOLANES CORELLA, Ángeles, "Contra la normalización de la ilegalidad: la protección judicial de los extranjeros frente a las expulsiones colectivas y las devoluciones en caliente", *Cuadernos Electrónicos de Filosofía del Derecho*, N° 36. 2017. Disponible en: https://doi.org/10.7203/CEFD.36.11269 (Fecha de consulta: 12/06/2023).

VITORIA, Francisco (de), *Relecciones sobre los indios y el derecho de guerra*, Madrid, Espasa-Calpe, 3ª Ed, 1975.

El tránsito a la vida adulta desde el sistema de protección de jóvenes sin referente familiar: el caso de Euskadi

JOANA MIGUELENA TORRADO
Prof. Adjunta de Educación Social
Universidad del País Vasco/Euskal Herriko Uniberstsitatea
joana.miguelena@ehu.eus

AINTZANE RODRÍGUEZ POZA
Prof. Adjunta de Educación Social
Universidad del País Vasco/Euskal Herriko Uniberstsitatea
aintzane.rodriguez@ehu.eus

LUÍS MA. NAYA GARMENDIA
Catedrático de Teoría e Historia de la Educación
Universidad del País Vasco/Euskal Herriko Uniberstsitatea
luisma.naya@ehu.eus

PAULÍ DÁVILA BALSERA
Catedrático de Teoría e Historia de la Educación
Universidad del País Vasco/Euskal Herriko Uniberstsitatea
pauli.davila@ehu.eus

I. INTRODUCCIÓN

Iniciar la transición a la vida autónoma es un momento delicado a la vez que vulnerable. En ese momento se tiene la necesidad de comenzar a poner especial atención en aspectos como el acceso al empleo, la vivienda y/o la independencia económica, mientras que participamos en un proceso de construcción personal[1]. Asimismo, el proceso de transición a la vida independiente se puede definir como el proceso mediante el que una persona adolescente asume una serie

---

1 Martínez (2003).

de responsabilidades que le lleva a realizar tareas relacionadas con la adquisición de mayores niveles de autonomía[2].

En España, el colectivo de jóvenes dilata cada vez más el momento de emanciparse, situándose en los 29,8 años la media de edad en la que se emancipa[3]. Ese retraso en la edad a la que se inicia la vida adulta ha llevado a algunos teóricos del desarrollo a hablar de una nueva etapa evolutiva, la adultez emergente[4]. Sin embargo, cuando la emancipación se produce a los 18 años, como sucede en el caso de quienes llegan a su mayoría de edad en un recurso residencial de protección, sin que el retorno a la familia de origen haya sido posible, es el comienzo de lo que Stein denomina una "adultez inmediata"[5], llena de dificultades y complejidades[6]. No debemos olvidar que, cuando una Niña, Niño o Adolescente (en adelante, NNA) ingresa en el sistema de protección y se le deriva a un recurso residencial, las educadoras y los educadores sociales se convierten en las personas encargadas de cubrir sus necesidades y de garantizar la salvaguarda sus derechos e intereses. Al cumplir la mayoría de edad, pierden su estatuto de persona objeto de protección por las legislaciones internacional y nacionales y es, en ese momento, cuando este grupo de personas jóvenes adquiere automáticamente plena capacidad jurídica, a la par que las administraciones cesan en gran medida, sus aportaciones de recursos[7].

En esta contribución nos vamos a centrar en conocer cómo es la transición a la vida adulta de jóvenes que egresaron del sistema de protección a la infancia, poniendo especial relevancia en aquellos que migraron de su país de origen siendo menores de edad y fueron tutelados bajo el sistema de protección de Euskadi, identificando los puntos fuertes y débiles de la intervención socioeducativa en relación a la preparación al tránsito a la vida adulta.

---

2 López, et al. (2013).

3 Statisa (2022).

4 Arnett (2007).

5 Stein (2005).

6 Montserrat y Casas (2010); Dixon (2016); y Melendro (2011).

7 Epelde (2017); Álvarez y Mases (2021).

II. TRANSICIONES A LA VIDA ADULTA DEL COLECTIVO DE JÓVENES QUE EGRESAN DEL SISTEMA DE PROTECCIÓN A LA INFANCIA

1. Algunas ideas iniciales

Cuenca, Campos y Goig hacen referencia a tres principales diferencias entre la juventud egresada del sistema de protección y el resto de la población joven a la hora de iniciar la vida adulta[8]. La primera es que la juventud egresada del sistema de protección inicia su vida autónoma una vez cumplida la mayoría de edad, lo que supone iniciarse en ese proceso antes de finalizar los estudios básicos y de obtener un empleo, mientras que el resto de la población se emancipa entre los 28 y 38 años. La segunda, que la mayoría de estas y estos jóvenes se adentra a la vida independiente sin ningún tipo de apoyo familiar, ya sea económico o emocional; y la tercera, que la transición de quienes egresan del sistema de protección es forzosa y acelerada en el tiempo. A esta inmediatez hay que añadirle la obligación de afrontar importantes cambios y/o abandonos, como el salir del recurso residencial de un día para otro, el dejar de vivir con tus compañeras y compañeros, educadoras y educadores o la finalización obligada de la terapia psicológica, entre muchos otros.

No obstante, debemos señalar que este colectivo de jóvenes no es un colectivo homogéneo, habiendo jóvenes muy resilientes, con un alto grado de conciencia y compromiso social[9] o con estudios universitarios[10]. No obstante, hay una serie de características comunes entre las personas egresadas del sistema de protección:

- El haber convivido en un entorno con alguna(s) problemática(s), lo que conduce a una situación de desprotección y, en consecuencia, a permanecer bajo la tutela de la administración.
- Haber vivido durante un periodo de tiempo en recursos residenciales, devenido de algún tipo de maltrato, ya sea físico, psíquico, social, sexual o negligencia.

---

8 Cuenca, campos y Goig (2018).

9 Melendro y De Juanas (2022); Melendro et al. (2022)

10 Miguelena et al. (2022a); Miguelena et al. (2022b)

- Sufrir situaciones de mayor vulnerabilidad que el resto de la población joven ya que, su nivel académico y/o formativo suele ser bajo o muy bajo;
- Iniciar el proceso de emancipación obligatoriamente una vez alcanzada la mayoría de edad.
- Contar con pocas figuras adultas significativas y de referencia fuera del ámbito profesional.
- La mayoría no cuenta con una red familiar, por lo que deben hacerse cargo de sus propios gastos y, en consecuencia, tienen que adquirir las responsabilidades propias de personas "adultas" mucho antes que el resto de la población de su edad[11].

Michael Stein, experto en el estudio de las transiciones a la vida adulta de este subconjunto de la población, clasifica en tres grupos al colectivo de egresados en relación a sus transiciones[12]:

- *Moving on.* Este primer grupo se caracteriza por tener estabilidad y continuidad en su vida, una relación de apego segura y un sentimiento familiar. Han tenido una preparación gradual, un proceso de transición planificado y un abandono del sistema de protección tardío. Han obtenido ciertos logros educativos, un empleo satisfactorio y estabilidad en la vivienda. Tienen control sobre sus vidas, ha mejorado la confianza en sí mismos, así como la autoestima y su capacidad de resiliencia. En definitiva, han hecho un buen uso de la ayuda obtenida y mantienen el apoyo y contacto con el equipo educativo.
- *Survivors.* Este segundo grupo sufre mayor inestabilidad y dificultades que el anterior. Es un colectivo que ha estado expuesto a cambios durante su proceso en la medida protectora, con una salida repentina del hogar familiar e incluso de la red de protección. Generalmente, se trata de un grupo con una baja cualificación, sin empleo, sin vivienda y con graves problemas para relacionarse, manteniendo patrones de desapego y dependencia. Reciben ayuda personal y profesional de los Servicios Sociales para subsistir. La diferencia en la vida de estos

11 ZAMORA y FERRER (2013).

12 STEIN (2006).

dos grupos (*Moving on* y *survivors*) reside en el apoyo personal y profesional recibido una vez egresaron del sistema de protección.

– *Victims*. Se trata del grupo más desfavorecido y con mayor desventaja. Han sufrido experiencias muy duras y traumáticas anteriores al sistema de protección difíciles de compensar o reparar. Han vivido varios cambios de residencia (dentro del sistema de protección) y han experimentado problemas emocionales y de conducta, así como dificultades en el ámbito académico y conductas disruptivas. No logran vinculación con ningún profesional del sistema de protección, los abandonan de manera temprana, aumentando así su precaria situación (desempleo, sin acceso a una vivienda, con altas probabilidades de vivir la soledad y el aislamiento y sufrir problemas de salud mental). La probabilidad de mejorar su situación una vez fuera del sistema de protección es mínima, además se trata de un grupo que no tiende a solicitar ayudas sociales.

2. *Algunos retos pendientes de la transición a la vida adulta desde el sistema de protección*

Si el tránsito a la vida adulta es un momento delicado para la mayoría de jóvenes, en el caso de estos jóvenes, los estudios dejan constancia de los desafíos a los que se enfrentan[13]. De hecho, suelen tener más dificultades psicosociales y rupturas con el mundo familiar[14], mayores problemas económicos, de salud mental, problemas con las drogas[15], maternidad temprana[16], escasa formación[17], desempleo y precariedad[18] y un mayor riesgo de sufrir procesos de exclusión social[19]. Debemos resaltar que esas dificultades son todavía mayores

---

13 Sánchez Valverde y Jiménez (2011).

14 Goyette (2010).

15 Courtney y Dworsky (2006); y Del Valle et al. (2011).

16 Sala-Roca et al. (2009).

17 Montserrat et al. (2013); Miguelena et al. (2022a).

18 Stewart et al. (2014); Fernández-Simo y Cid (2016); Martín et al. (2020).

19 Stein (2005).

en el caso de las y los jóvenes extranjeros que salen del sistema de protección[20].

Una de las dificultades más destacadas cuando transitan a la vida adulta es la de encontrar un lugar donde vivir, una vivienda. De hecho, los estudios indican que una de las principales alternativas es la de volver a su familia de origen[21], aquella que, en el caso de los nacidos en España, "ayer" no era la adecuada, pero hoy (a los 18) debe serla. Se estima que entre el 25 y 57% de los jóvenes[22]suele retornar a su familia de origen tras el egreso del sistema, aunque es reseñable que los índices de fracaso en los casos de retorno suelen aproximarse al 50%[23]. Este retorno suele producirse por no tener otra opción o por una idealización de la familia y un sentimiento de normalización, esto es, el querer sentirse "normales"[24].

Esta alternativa de retorno a la familia es más complicada en el caso de los jóvenes migrantes sin referente familiar. De hecho, la realidad de las NNA y jóvenes que han migrado sin referente adulto respecto a la figura de la familia suele ser diferente y, en ocasiones, más complicada. Por un lado, podemos hablar de un cambio en la jerarquía de las relaciones familiares, esto es, de un cambio de roles en la vertical de los papeles dentro del entorno familiar, lo que Benslama[25] denominó *exile vertical des pères* [exilio vertical de los padres]. Se refiere a que la joven o el joven que inicia el proceso migratorio se convierte en un proyecto para la mejora de la familia, lo que supone que la responsabilidad del bienestar familiar recaiga sobre él o ella. Este proceso migratorio supone una presión por ayudar a la familia, ayudar a mejorar sus condiciones, muchas veces escondiendo las situaciones habitualmente complicadas que se presentan en el país de destino. Hablamos de situaciones de calle, irregularidad administrativa, etc., situaciones que les obligan a hacer todo lo que está en sus manos para enviar dinero a la familia y así esconder la realidad

---

20 DURÁN (2021); BRAVO y SANTOS-GONZÁLEZ (2017); y ÁRARTEKO (2021).

21 DEL VALLE (2008).

22 BIEHAL et al. (1994); CAMPOS (2013); FREUNDLICH y AVERY (2005); PANCHÓN et al. (2001); JARIOT et al. (2015); y CAMPOS et al. (2020).

23 MELENDRO y BERNAL (2021).

24 IBRAHIM y HOWE (2011).

25 MANZANI y ARNOSO (2014).

que viven en el país receptor. El hecho de que tengan que esconder la realidad, puede afectar en la estabilidad emocional y psicológica de estas y estos jóvenes, varios estudios hablan de un choque entre las expectativas y de la realidad con la que se encuentran una vez llegados a su destino[26]. Parece que, en ocasiones, existe un desconocimiento sociocultural del país receptor[27], donde éste puede ser contrario a los objetivos que persiguen los jóvenes a través del proceso migratorio iniciado, distinto al tener que pasar por un sistema de protección a la infancia y a la adolescencia[28]. En definitiva, aunque este colectivo se caracteriza por ser NNA que migran sin referentes familiares, lo cierto es que la familia juega un papel muy importante en la vida de estas y estos[29].

La importancia del apoyo social en el proceso de emancipación de jóvenes que han egresado de la medida de protección de AR fue analizada por Campos[30]. Los resultados de este estudio mostraron que la red social de este colectivo proviene, principalmente, de los recursos residenciales donde han vivido, seguido de las y los amigos del barrio y de los centros donde reciben formación. Respecto al apoyo que reciben, el colectivo de jóvenes ha sentido ayuda de los equipos educativos, de sus iguales y de las familias. No obstante, esta última se menciona en menor medida y el apoyo que han recibido del entorno familiar es, fundamentalmente, material. De la misma manera, se han sentido apoyados por sus parejas, sin embargo, tanto la familia como las parejas son consideradas figuras de ayuda no estables en sus vidas.

Como venimos diciendo, el éxito del proceso de transición a la vida adulta de todo joven está sujeto a las oportunidades que se le ofrece, a las expectativas que establecen figuras cercanas a él y a los recursos y estrategias que se le brindan[31]. Por ello, en este apartado nos centraremos en estudiar las investigaciones que se han realizado en los últimos años respecto a la transición de la vida adulta de estas y

---

26 Martínez et al. (2021).

27 Núñez y Arqué (2020).

28 Ruiz et al. (2019); Peláez (2018).

29 Manzani y Arnoso (2014).

30 Campos et al. (2020).

31 Goig y Martínez-Sánchez (2021).

estos jóvenes, para poder analizar qué aspectos del sistema de protección están facilitando esta salida y en qué aspectos se debería incidir para facilitar un tránsito a la vida adulta con menos dificultades.

Melendro[32], a través de un estudio muy significativo daba a conocer las situaciones de jóvenes que fueron atendidos por el sistema de protección de Madrid y que habían egresado de él. En referencia al empleo, esta investigación constata que casi dos tercios (64%) de una muestra de 87 jóvenes se encontraban trabajando durante el transcurso de la investigación. No obstante, en comparación con la media europea en el momento que se realizó el estudio, la tasa de paro de los jóvenes que habían salido del sistema de protección era significativamente más elevada. En respuesta a la pregunta si estaban mejor dentro del sistema de protección o fuera, la mayoría afirmó encontrarse mejor en la situación actual (fuera del sistema de protección), puesto que se sentían más libres para tomar sus propias decisiones, independientes y responsables de sus vidas. Sin embargo, subrayaron las dificultades del tránsito a la vida adulta, sumándole a la problemática de salir adelante en soledad, la falta de apoyos externos, la inestabilidad laboral y los problemas para encontrar y mantener una vivienda. En cuanto a los programas de empleo, se observa una tasa significativamente alta de jóvenes que piensan que es importante la existencia de recursos como los programas de empleos. Estos jóvenes entrevistados sintieron apoyo y protección en dicho programa y valoraron positivamente tanto la cualificación de las y los profesionales como los conocimientos obtenidos desde el programa sobre la autonomía, la independencia y la maduración personal.

Por su parte, Fernández-Simo y Cid[33] analizaron la situación de los primeros meses de 11 jóvenes que habían salido del sistema de protección tanto de la medida acogimiento residencial como de acogimiento familiar. Entre los resultados, este colectivo de jóvenes hace alusión a los déficits de participación en la toma de decisiones en asuntos de interés para los itinerarios vitales, a la incidencia de la formación en el acceso y al mantenimiento de un empleo, puesto que, los niveles de educación inciden directamente con la vida laboral y

---

32 MELENDRO (2011).

33 FERNÁNDEZ-SIMÓ y CID (2018).

esta, a su vez, influye en el acceso a la vivienda, ausencia de apoyos sociales y mayor adquisición de competencias para la vida independiente en los recursos especializados de emancipación. En definitiva, los autores plantean que el acompañamiento socioeducativo es una cuestión que el sistema de protección tiene aún pendiente para preparar a las y los jóvenes para la autonomía, para que realicen con éxito ese tránsito en la vida adulta.

En este sentido, uno de los factores que incide en dicha transición es el tiempo que se dedica a la preparación para la vida adulta e independiente de los y las adolescentes. Diversos autores han calificado este fenómeno como "aceleración de los procesos de autonomía"[34]. Así pues, se puede afirmar que si las y los jóvenes no se perciben preparados para la emancipación no tendrán la capacidad para empezar una vida realmente independiente. Campos[35] menciona otros factores que ayudan a comprender el fracaso en la emancipación de estas y estos jóvenes, haciendo referencia a:

La baja precepción de la ayuda que se les presta desde el sistema de protección, a la situación psicológica inestable que suelen tener los adolescentes acogidos, a los numerosos cambios de centro, al desconocimiento de lo que implica vivir de forma independiente, a la variedad de estilos educativos que pueden encontrar en los recursos, a las dificultades para identificar su red de apoyo y para crear vínculos afectivos, a las expectativas desajustadas sobre sus circunstancias, al desconocimiento de la duración de sus estancias en los recursos, a la escasa participación y, finalmente, a las carencias en la educación formal[36].

En esta misma línea, Brady y Gilligan[37] planteaban la necesidad de crear conocimiento acerca de la forma en que el sistema prepara a las y los jóvenes que van a salir de él y van más allá, proponiendo identificar la correlación entre la formación y el proceso de emancipación. A su vez, Goig y Martínez-Sánchez[38] ponen en evidencia

---

34 Campos (2006).

35 Campos (2013).

36 Campos (2013), p. 344.

37 Brady y Gilligan (2018).

38 Goig y Martínez (2021).

la importancia de la formación en este colectivo, en la necesidad de crear y diseñar políticas educativas orientadas al éxito académico de estas y estos jóvenes, para poder romper con las desventajas con las que se encuentran y se puedan acercar al nivel educativo con el que cuenta la población en general, garantizando la igualdad de oportunidades para todos y todas[39]. En definitiva, el nivel educativo y la formación que dispone esta población son piezas clave para asegurar el éxito en el tránsito a la vida adulta de este colectivo. Cabe mencionar, que la preparación a la vida adulta que se debe ofrecer para alcanzar una emancipación exitosa, tiene que estar ligada a la adquisición de competencias sociales y habilidades comunicativas, puesto que estas son importantes en la inserción tanto laboral como social. En este sentido, el disfrutar de redes de apoyo sociales de confianza hace que las posibilidades de éxito respecto a la vida adulta sean mayores[40].

III. TRANSICIONES A LA VIDA ADULTA EN EUSKADI. UN ACERCAMIENTO EMPÍRICO

El objetivo de esta aportación es profundizar en el tránsito a la vida adulta de jóvenes que han llegado a la mayoría de edad bajo la medida de protección del acogimiento residencial de Euskadi (Comunidad Autónoma situada en la frontera atlántica española con Francia), poniendo especial atención entre quienes migraron de sus países de origen sin referente familiar. Los datos y resultados son parte de otras dos investigaciones de mayor envergadura que buscaban conocer cómo era el tránsito a la vida adulta de quienes egresan del sistema de protección, su preparación para esta transición y su situación actual en distintos ámbitos de su vida.

Ambas eran investigaciones de corte cualitativo en las que seguían una metodología mixta, combinando un instrumento como el cuestionario EVAP4[41] aplicado a jóvenes egresados del sistema de protección y entrevistas semi-estructuradas a jóvenes egresados, así como a profesionales de los equipos educativos de las Escuelas de Segunda

---

39 JACKSON y CAMERON (2012).

40 GOIG y MARTÍNEZ-SÁNCHEZ (2021).

41 MELENDRO et al. (2021).

Oportunidad (E2O) de Euskadi donde estudiaban jóvenes egresados de los sistemas de protección de Euskadi.

1 Características de la muestra y participantes

La *muestra obtenida del cuestionario* estuvo compuesta por 137 jóvenes de entre 18 y 22 años, con una edad media de 18,43 años (DT=0,684). Respecto al género, el 94,9% (n=130) se identificaba como hombre, mientras que el 5,1% (n=7) como mujer. Una gran mayoría de la muestra, el 94,2% (n=131), provenía de algún otro país que no fuese el Estado español y aunque a través del cuestionario no recogimos información respecto a cuál es el país de origen de cada uno de los participantes, gracias a la interacción que tuvimos con ellas y ellos supimos que la mayoría provenían del Magreb. El 4,4% (n=6) restante nació en el Estado español.

De los originarios de otros países, el 61,8% (n=81) tenía permiso de residencia y el 9,2% (n=12) tenía permiso de trabajo. Es de mención que el trabajo de campo de esta investigación se realizó previa a la aprobación del Real Decreto 903/2021, de 19 de octubre, por el que se modifica el Reglamento de la Ley de Extranjería, aprobado por el Real Decreto 557/2011, de 20 de abril.

Respecto a la estancia en los recursos residenciales y número de recursos residenciales donde estuvieron, (Gráfico 1), más de la mitad de las y los participantes tuvo una estancia de entre 1 a 3 años, seguido de quienes estuvieron menos de un año, con unos porcentajes de 63,5% (n=87) y 32,1% (n=44) respectivamente. El 1,5% (n=2) estuvo entre 3 y 5 años y otro 1,5% (n=2) más de 5 años. Queremos indicar que dos jóvenes no quisieron responder a esta cuestión.

Gráfico 1: Estancia en los recursos residenciales de protección

Menos de un año	32,1%
De 1 a 3 años	63,5%
De 3 a 5 años	1,5%
Más de 5 años	1,5%
Sin información	1,5%

De la misma manera, la mayoría de jóvenes declaró haber estado en 2 o 3 recursos residenciales de protección (media de 2,66 (DT=1,763). En el siguiente gráfico (Gráfico 2) se puede ver con detalle.

Gráfico 2: Número de recursos residenciales de protección

1	16,1%
2	46,7%
3	19,7%
4	8,8%
5	3,6%
6	2,2%
9	0,7%
Sin información	2,2%

En relación a las y los *participantes de las entrevistas*, en total han participado 22 jóvenes y 15 profesionales.

Respecto a las entrevistas al colectivo de jóvenes, se contó con la participación de un total de 22 jóvenes, de los que 20 eran chicos y 2 chicas y tenían una edad media de 18,77 años, 18 años los más jóvenes y 21 el de mayor edad. De ellos, 21 eran migrantes que habían llegado al Estado español sin ningún referente adulto. 20 provenían de Marruecos, una había nacido en Euskadi y otro de Camerún.

En relación al colectivo de profesionales, 15 fueron los participantes, 9 mujeres y 6 hombres, con una edad media de 45,4 años, la persona de mayor edad tenía 62 años y la más joven 29. Respecto a los años trabajados en los centros educativos con este perfil de jóvenes, la media de experiencia en el campo era de 13,2 años, el tiempo más largo trabajado era de 26 años y 1 el más corto. En relación a su formación, cuentan con diversos tipos de titulaciones como magisterio, geología o filosofía y, adicionalmente, cuentan con alguna titulación que tiene que ver con las materias de Formación Profesional como Grado Superior de mecánica o soldadura.

2. Análisis de la información

Para el análisis de los datos cuantitativos, hemos utilizado el programa estadístico informático SPSS v.25.0., con el cual hemos realizado análisis principalmente descriptivos a través de frecuencias y porcentajes.

El análisis de las entrevistas se realizó con un sistema de categorización mediante un método deductivo-inductivo, en el que partimos de unas categorías amplias definidas *a priori*, basadas en nuestro marco teórico. Así, fuimos ordenando y categorizando la información por campos hasta alcanzar categorías y subcategorías con denominaciones genéricas que recogen toda la información obtenida en el trabajo de campo[42].

IV. RESULTADOS

En este apartado recogemos los resultados más relevantes sobre la preparación en el sistema de protección para el tránsito a la vida adulta, el propio proceso de tránsito, así como los factores que consideran clave para su tránsito y cómo era su situación actual en el momento del trabajo de campo.

1 Preparación para la vida adulta

Durante las entrevistas a ambos colectivos ha quedado patente que la preparación para la vida adulta que se realiza en los recursos residenciales de protección es un factor que afecta al tránsito a la vida adulta del colectivo de jóvenes que salen del sistema de protección.

> Igual te enseñan la limpieza, a hacer la cama. Igual sí que nos enseñaran a cómo funcionan las cosas fuera: cómo es la cultura, cómo es la gente, pues para tener una idea para cuando salgas fuera, así sabrás cómo van las cosas, porque con dos culturas... (Yassin, joven).

En este sentido, a través de los cuestionarios también recogimos la perspectiva del colectivo de jóvenes respecto a si lo aprendido en los recursos residenciales de protección les fue de utilidad o no. Como se puede apreciar en el siguiente gráfico (Gráfico 3), del 99% de participantes que contestó a esta pregunta, un porcentaje muy alto (83,9%, n=115) señaló que sí le había servido lo aprendido en los

---

42 Rodríguez et al. (1996).

recursos residenciales de protección, mientras que el 15,3% (n=21) indicó que no.

Gráfico 3: Utilidad de lo aprendido en el recurso residencial de protección

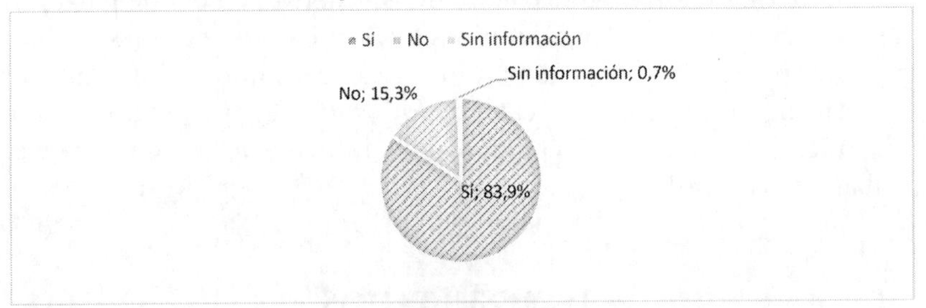

A quienes indicaron que sí les había parecido útil lo aprendido en los recursos de protección, se les pidió que concretaran en qué les habían servido dichos conocimientos. Entre las cuestiones más destacados están: *para aprender el idioma* (30,4%), *para ser más autónomo, responsable y/o amable* (13,9%) o *para estudiar* (10,4%). De la misma manera, encontramos jóvenes que aludían a la *importancia de dejar los consumos y aprender a controlarse* (0,9%) y otros que habían aprendido tanto a *conocer mejor la cultura y cómo se vive en este país* (0,9%) como *a saber cómo deben de comunicarse y relacionarse con la gente* (6,1%). También encontramos participantes que indicaron haber aprendido *cómo hacer los trámites para conseguir papeles* (2,6%) o simplemente a *cocinar* (1,7%). De la misma manera, encontramos que un 26,1% afirmaba que los conocimientos les han valido para más de una cosa. En la siguiente tabla (Tabla 1) se recogen los aspectos mencionados por los jóvenes.

Tabla 1: Utilidad de los conocimientos adquiridos en los recursos de protección

Respuestas sobre la utilidad de los conocimientos adquiridos	Porcentaje	Frecuencia
Para aprender el idioma	30,4%	35
Para varias cosas cómo conseguir papeles, aprender el idioma, la cultura, etc.	26,1%	30
Para ser más autónomo, responsable y/o amable	13,9%	16
Para estudiar	10,4%	12

Respuestas sobre la utilidad de los conocimientos adquiridos	Porcentaje	Frecuencia
Para saber cómo comunicarme y relacionarme con la gente	6,1%	7
Para conseguir papeles	2,6%	3
Para cocinar	1,7%	2
Para dejar los consumos y aprender a autocontrolarme	0,9%	1
Para conocer la cultura, cómo se vive aquí	0,9%	1
Sin información	7%	8
Total	100%	115

Por su parte, mediante el cuestionario, recogimos información sobre el porcentaje de jóvenes que había participado en algún programa de preparación para la vida adulta. En el siguiente gráfico (Gráfico 4), observamos como del 98,5% del total de quienes participaron respondiendo a esta cuestión, un poco más de la mitad, el 50,4%, sí que había participado mientras que el 49,6% no había participado en algún programa que tenía como objetivo prepararlos para la vida independiente.

Gráfico 4: Participación en algún programa de preparación para la vida adulta

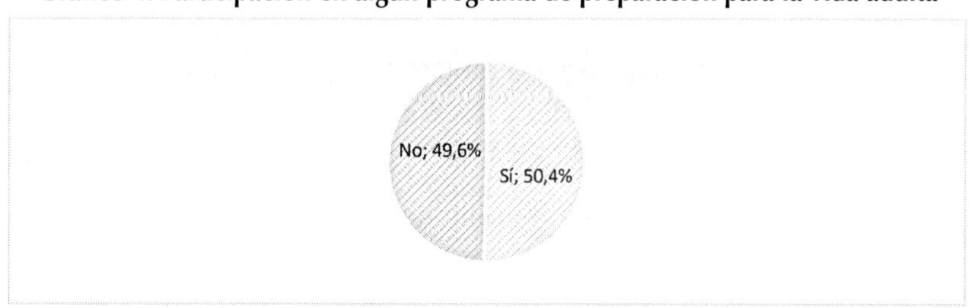

A través de los cuestionarios se ha querido incidir en la preparación que percibieron recibir estas y estos jóvenes. En este sentido, como se puede observar en los siguientes gráficos (Gráficos 5 y 6, las y los jóvenes sintieron que la estancia en los recursos residenciales de protección les preparó especialmente *para tener buenos hábitos de vida* (46,7%), *gestionar la documentación* (38,7%), *llevarse bien con las personas con las que se relacionan* (40,1%), *mantener una casa* (40,1%) y *atender la salud y cuidados personales* (42,3%).

Sin embargo, el colectivo de jóvenes aclaró que en los recursos residenciales de protección no les prepararon *para saber buscar un lugar para vivir, saber cómo alquilar una vivienda etc.* (46%), *saber buscar un empleo y mantenerlo* (42,3%) o para *mejorar la relación con sus familias* (35,8%).

Gráfico 5: Preparación en los recursos residenciales de protección para el tránsito a la vida adulta

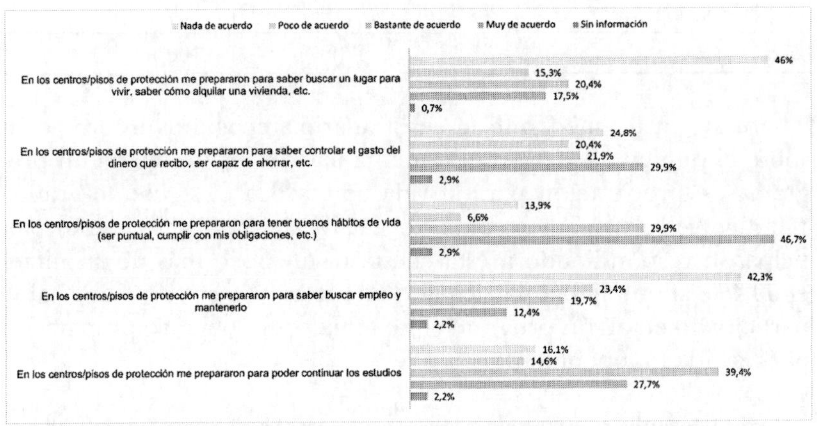

Gráfico 6: Preparación en los recursos residenciales de protección para el tránsito a la vida adulta

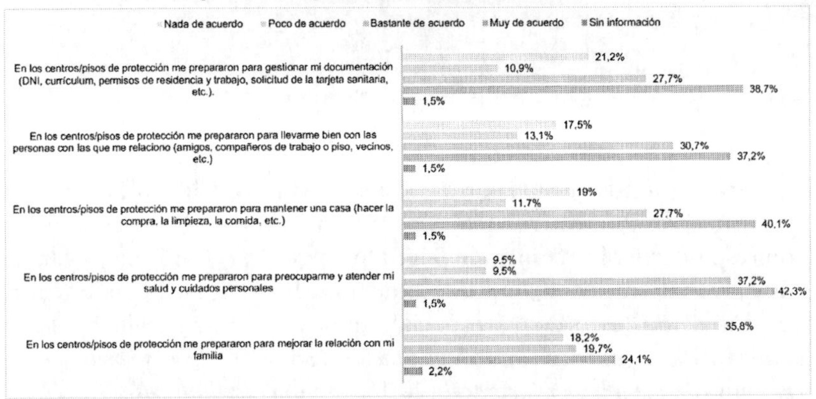

2. *La mayoría de edad. De la "sobreprotección" a la "desprotección"*

Para las y los jóvenes que se encuentran atendidos por el sistema de protección, la llegada de los 18 años supone, en la mayoría de veces, el inicio de la transición a la vida adulta que deben realizar de manera, generalmente, compleja. Como lo expresaba Ilargi (profesional[43]): "es complejo hacer esa transición porque nos marca otra vez la edad. Eso da lo mismo de cualquier persona tutelada, los 18 es la barrera que marca". Hay profesionales que consideraban que el procedimiento actual de estancia y salida del sistema de protección es incorrecto. Paula (profesional) aclaraba que, según su experiencia trabajando no sólo en las Escuelas de Segunda Oportunidad (E2O) sino también en recursos residenciales de protección, el que una NNA esté "mucho tiempo de institucionalización, no me parece que es positivo". De la misma manera, Ilargi (profesional) manifestaba que para ella existía una sobre-institucionalización. Rescatando sus palabras, "hay jóvenes que tenemos muchísimos años institucionalizados y eso es un maltrato institucional... O sea, no podemos tener tantos años a los jóvenes ahí". Además, incide en que hasta los 18 años estas NNA son protegidos por un sistema en el que son abandonados al llegar a la mayoría de edad.

> Pero jóvenes, o sea, estamos viendo jóvenes que llevan muchísimos, muchísimos años de proceso y luego hay una parte que como menores les miramos todo el rato porque les miramos todo lo que necesitan, peleamos para todo y de repente llega la mayoría de edad, unos 18 y ya esa persona vale, puede tener un seguimiento, pero, de repente, estás solo o estás sola en esto (Ilargi, profesional).

Muchas de las personas profesionales entrevistadas compartían la misma opinión. Paula (profesional) nos explicaba que había visto casos de personas que habían permanecido entre 10 y 18 años institucionalizados y que no les parecía adecuado, añadía que en los recursos residenciales: "al final tú te adaptas a un régimen, hay muchísimas personas que entran, que salen que... y no hay nunca un amor incondicional..." Esta profesional continuaba diciendo que, posiblemente, no había que llegar a crear ese vínculo incondicional

---

43 Todos los nombres que aparecen en el apartado de resultados son seudónimos propuestos por las y los participantes.

entre las y los educadores y las NNA, sin embargo, subrayaba la importancia de buscar una alternativa a la institucionalización, optando por otras medidas de protección como "familias de acogida" (Paula, profesional).

Esta profesional, a lo largo de la entrevista, insistía en los riesgos que podía causar el realizar de manera errónea esa transición a la vida adulta. De la misma manera, expresaba que el sistema invierte dinero en los diferentes ámbitos de vida de las NNA cuando están tuteladas, por lo que, en su opinión, esta salida, en vez de ser a los 18 años, tendría que retrasarse hasta los 23 y así poder realizar una buena intervención con estas y estos jóvenes para que los resultados de esa transición sean mejores.

> Incluso económicamente hablando, todo lo invertido con estas personas. Si haces una buena intervención pues luego tendrás unos resultados mejores. Y ¿esa inversión? Pues si dices vamos a invertir tanto: inviertes en formación, en esto, pues, sí, igual en vez de hasta los 18 te compensa hasta los 23. ¿Qué joven en Vitoria con 18 dice: me voy a marchar de casa a buscarme la vida? (Paula, profesional).

Otra de las profesionales aclaraba que, a lo largo de su experiencia laboral, sí que había notado que las y los jóvenes autóctonos tienen un acompañamiento que las y los jóvenes migrantes no lo tienen, por lo que, el tránsito a la vida adulta es más fácil y amable para las y los autóctonos. En sus propias palabras,

> Luego, con los chavales que están tutelados por la diputación pero que son autóctonos, es mucho más fácil, porque, ellos tienen unos tutores que están mucho más encima y el tránsito a los 18 años es diferente, es mucho más amable, es mucho más sencillo para ellos (Itziar, profesional).

A través de las entrevistas a las y los jóvenes hemos tenido la oportunidad de profundizar la manera en que vivieron las y los propios jóvenes la salida del sistema de protección, qué sintieron ante la noticia de su salida y cómo fueron los primeros días fuera del recurso residencial de protección. En base a sus respuestas, varios jóvenes indicaron que fueron informados de que tenían que salir a través de una carta, otros en cambio, aclaran que fueron las y los educadores quienes se encargaron de darles la noticia.

Los procesos de salida que experimentaron estas y estos jóvenes fueron diversos; hay quien pudo quedarse unos días e incluso meses en los recursos residenciales de protección una vez que cumplieron la mayoría de edad, como en el caso de Jussef (joven): "a mí me dejaron un mes, depende de los centros". Sin embargo, también hay quienes tuvieron que abandonar el centro nada más cumplir los 18 años como es el caso de Abdel (joven): "es, ¡feliz cumpleaños! A las cinco de la mañana de mi cumpleaños, yo estaba durmiendo y me dijeron «fuera»". Otros dos jóvenes también tuvieron que abandonar el recurso el mismo día de su cumpleaños. Como ellos mismos relataban,

> No puedes estar ni un día más, o sea, 18 y un día no puedes estar" (Yassin).
>
> Antes como una semana o así me han dicho. Me dicen: «la semana que viene tienes que salir». Yo ya cuando tengo 18 sabes que tienes que salir ¿sabes? Y me han dicho la semana que viene tienes que salir tú ya sabes cuándo es tu cumpleaños (Jalil).

Anas (joven) aclaraba que esta diferencia entre la duración de la estancia de unos y otros, podía deberse al comportamiento de los propios jóvenes para con los equipos educativos de los recursos residenciales de protección, esto es, según su experiencia, quienes se comportan bien, tienen más probabilidad de quedarse unos días o meses más en los recursos de protección. Sin embargo, quienes se portan de manera incorrecta, cuando llegan a la mayoría de edad suelen ser los primeros en salir. Como él mismo relataba, "depende cómo trates a los educadores, puede que te dejen quedarte en el centro. Si haces las cosas mal, cuando cumples los 18 te mandan" (Anas, joven).

Yassin (joven) nos explicaba que las y los jóvenes que llevaban más tiempo dentro del sistema de protección eran quienes peor lo pasan al llegar la inevitable salida del mismo: "a ver, si tú llevas 11 meses al final te echan a la calle y es más duro que uno que ha estado 2 meses". En su caso, había estado tres años dentro del sistema de protección y tenía ganas de salir. No obstante, también tenía un sentimiento de tristeza por dejar atrás amistades que había creado en el centro donde había sido atendido.

> En el momento era feliz, porque estuve en el centro tres años, que me aburrí ¿me entiendes?, de estar allí. Además de estar con unas personas con una relación que estaba con ellas tanto tiempo tres años, pues coges cariñó con ellos ¿sabes? Y eso, me sentía un poco mal y feliz a la vez (Yassin (joven).

Robben (joven), al recibir la carta que le notificaba que tenía que salir del centro donde estaba atendido sintió miedo. Sin embargo, ese sentimiento disminuyó al encontrar un piso donde poder alojarse tras la salida del sistema de protección. Este joven lo relataba de la siguiente manera: "primero tienes miedo, pero cuando encuentras un piso, bien". Varios jóvenes, al igual que Robben, mencionaron la dificultad de encontrar un alojamiento tras el egreso del recurso residencial de protección, por el hecho de que los alquileres son caros, en algunos casos, el precio es inasequible. En palabras de Robben (joven): "luego busco alguna habitación con amigo, busco habitación con educadores, pero no encuentro, porque están muy caros". Jalil (joven), por su parte, aclaraba que las y los educadores le dieron un margen de unos días antes de salir del recurso residencial de protección para que pudiera buscar un lugar donde vivir tras el egreso, así, este joven contacto con diferentes asociaciones, las cuales podían ser de ayuda: "te dicen antes para ir buscando donde vivir, preguntas a asociaciones".

3. Factores clave para un tránsito a la vida adulta "exitoso"

En este marco, a través de los cuestionarios hemos querido analizar qué factores identificaban las y los jóvenes como claves para poder vivir de forma independiente. En la siguiente tabla (Tabla 2) podemos observar que los factores que más se repiten tienen relación con el ámbito laboral (encontrar un trabajo/trabajar), el ámbito educativo (estudiar) y con las características personales de las y los propios jóvenes (tener buena actitud, seriedad, etc.), con un 34,5%, 11,5% y 9,4%, respectivamente. Otro 2,9% (n=4) hacía referencia a tener amigos y únicamente una persona mencionó la importancia de la familia o el apoyo familiar como factor clave para vivir de forma independiente. Debemos mencionar que un 10,2% (n=14) de las y los participantes no quisieron responder a esta cuestión.

Tabla 2. Factores clave para vivir de forma independiente

Factores clave	Porcentaje	Frecuencia
Encontrar un trabajo/trabajar	34,5%	48
Estudiar	11,5%	16
Características personales (tener buena actitud, seriedad, paciencia, etc.)	9,4%	13
Tener papeles o tenerlos en regla	8,6%	12
Buscar un piso para vivir y conseguir un trabajo	7,9%	11
El dinero	6,5%	9
Tener ayudas/ tener más ayudas	4,3%	6
Relaciones, amistades	2,9%	4
Aprender el idioma	1,5%	2
Comida, dinero y ropa	0,7%	1
Familia, salud y dinero	0,7%	1
Tener los mismos derechos	0,7%	1
Otros	0,7%	1
Sin información	10,1%	14
Total	100%	139

A lo largo de las entrevistas esta cuestión sobre las claves para vivir independientemente tras el egreso del sistema fue mencionado reiteradamente con el colectivo de jóvenes. En este sentido, la mayoría afirmaba que lo fundamental para que pudieran vivir de forma independiente era el tener trabajo. Aunque tanto en el caso de Assif como en el de Hamid (jóvenes), que el objetivo de esto era diferente. El primero de ellos tenía claro que para vivir independientemente es crucial tener un buen trabajo y cotizar a la seguridad social, puesto que esto puede ayudarle en un futuro si tiene algún tipo de problema. Este joven mencionaba que prefería tener un buen trabajo a tener algún tipo de ayuda:

> Tener un trabajo, tener un buen trabajo y pagar la seguridad social y sigue la vida, porque yo no soy una persona que no puede trabajar, yo puedo. Cuando puedo trabajar para qué voy a tener ayuda, cuando puedo trabajar. Yo prefiero trabajo. Pagar seguridad social para tener un futuro. Para que cuando tenga algún problema me ayuden (Assif, joven).

En el caso de Hamid (joven), si bien es cierto que también consideraba que la clave era conseguir un trabajo, lo que subyacía a esa idea era el poder viajar a Marruecos para visitar a su familia, puesto que, llevaba mucho tiempo sin poder ir a visitarles. En palabras de Hamid (joven): "primero el conseguir un trabajo, para tener lo que quieres, el dinero para poder bajar a Marruecos que hace tiempo que no he bajado, a visitar a los padres, a mi familia". Varios jóvenes también han mencionado como factor clave para poder vivir de forma independiente el "estudiar un curso" (Cedrik, joven) y las ayudas que reciben bien sea de diputación o de los centros educativos donde están matriculados. Según Malak (joven): "las ayudas creo que es lo importante también".

Por su parte, Mohamed (joven) opinaba que para vivir de manera independiente lo esencial estaba en el pensamiento y el propósito de cada joven, esto es, hablaba de las características y del esfuerzo que uno debe tener: "hacer esfuerzo siempre, nunca pares, si te gusta sigues siempre el mismo camino bien recto. Tú mismo". En la misma línea, San José (joven) opinaba que lo imprescindible era la "tranquilidad y la responsabilidad".

4. *¿Cómo es su vida actualmente?*

Antes de destacar los resultados relativos a cómo es la vida de este colectivo tras el egreso del sistema de protección, queríamos aclarar que la muestra obtenida, como anteriormente se ha observado, es un tanto homogénea, esto es, las variables como la edad, el género y/o el país de procedencia son similares en casi todos los casos. Esto hace que la posibilidad de que existan diferencias significativas entre las variables sociodemográficas y las relacionadas con el tránsito a la vida adulta. Sin embargo, esta homogeneidad deja en evidencia el perfil de las y los jóvenes que han egresado del sistema de protección y que estudian en las E2O, la mayoría son hombres de entre 18 y 19 años que han migrado sin referentes familiares desde Marruecos. No obstante, en las siguientes líneas recogeremos cómo les va la vida a estas y estos jóvenes en los distintos ámbitos de ésta.

4.1. Ámbito residencial

A través del cuestionario se les preguntó a las y los jóvenes por sus convivientes (Gráfico 7), esto es, con quién o quiénes vivían tras el egreso del sistema de protección. La mayoría (29,5%, n=41) afirmó que vivía con personas en otro centro/piso como pisos de mujeres, de autonomía para mayores de edad, etc. En un porcentaje más pequeño (26,6%, n=37) tenemos a las y los jóvenes que vivían en una habitación en un piso de alquiler con compañeros y compañeros que no conocían antes de entrar a convivir con ellas y ellos, seguidos de quienes convivían con algún amigo o amiga (23%, n=32). Cabe mencionar que un 11,5% (n=16) vivía en un albergue o pensión y que un 2,9% (n=4) no tenía dónde vivir. Esto es, todas y todos los participantes convivían con alguien, aunque fuese en un albergue o pensión, excepto el 2,9% que no tenía donde vivir. Los datos de este estudio muestran que únicamente un 2,2% (n=3) vivía con la familia más cercana (padres, madres y/o hermanos) y una persona con otros familiares como primos, abuelos, tíos.

Gráfico 7: Convivientes

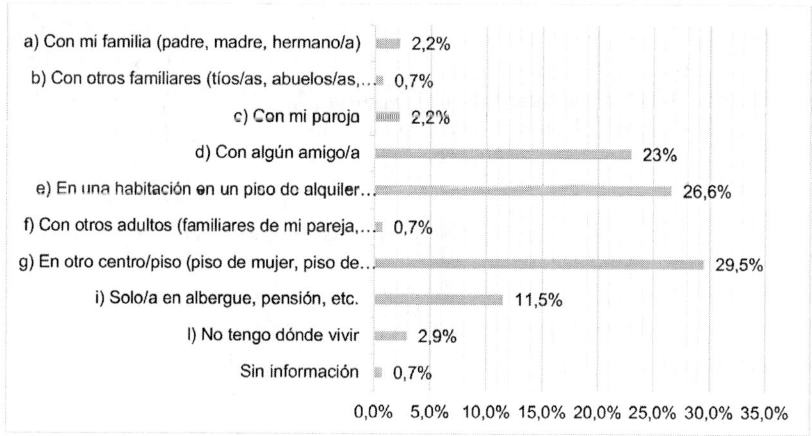

4.2. Ámbito formativo

Respecto al ámbito educativo, es de mención que todas y todos los participantes estaban estudiando, excepto uno. La mayoría, el 44,9%

(n=62), cursaba 2º Ciclo de Formación Profesional Básica, seguido de quienes cursaban 1º Ciclo de Formación Profesional Básica, con un 42% (n=58). Muchos de ellos y ellas tuvieron serias dificultades para responder sobre cuál es el nivel de estudios más alto alcanzado hasta el momento, dado que no conocen a qué nivel educativo equivalen los estudios realizados en sus países de origen. En consecuencia, podemos hablar de una falta de conocimiento respecto a los niveles de enseñanza del sistema educativo reglado del país de destino.

4.3. Ámbito familiar

Tanto jóvenes como profesionales indicaron que la mayoría de jóvenes tenía buena relación con la familia, que había sentimiento de añoranza y anhelo y mostraron su deseo de conseguir los papeles necesarios para ir a visitarles. Hubo profesionales que definían la relación familiar de estos jóvenes con sus familias como insuficiente o precaria, ya que no solían tener una comunicación continua o regular; muchas veces estaba condicionada por la disponibilidad económica que tenían: “yo diría que es precaria, esa es mi sensación.

La mayoría suele ser por teléfono y no cuando ellos y ellas quieren, sino que está mediatizado por la cantidad de dinero que se pueden gastar” (Aitor, profesional). Sin embargo, varios jóvenes mencionaban que hablan a menudo con la familia, incluso todos los días. Muchos de ellos indicaban echar de menos a su familia y que su máximo deseo era poder ir a visitarles:

> "Siempre hablo, cada día. Echo de menos" (Robben, joven) o "Pues ahí tengo todavía mis padres y mis hermanos, me gustaría volver a verlos" (Movid, joven).

Es reseñable que algunos profesionales hablaban de una relación de amor-odio con la familia. Por un lado, de amor por una idealización de la familia, aunque en este caso solo se haga referencia a la figura materna en dicha idealización. Cuando hablamos de odio, nos referirnos a la presión que las familias ejercían sobre estas y estos jóvenes. Esta presión comienza, en muchos casos, por la falta o escasa información que tienen las familias sobre la realidad del país de destino, ya que las y los jóvenes no les cuentan toda la verdad a las familias, porque para ellas y ellos eso sería un fracaso “siempre les van a decir que están muy bien, que tienen de todo, nunca les van a contar lo mal que están. Ellos no van a ser unos fracasados" (Paula, profesional). Así pues, aclaran que las y los jóvenes tienen la necesidad de demostrar que les va bien y que esa necesidad se convierte en una presión, en palabras de Ane (profesional): "la presión emocional de decir, «estoy bien» la tienen todos, o casi todos... aunque estén tirados debajo de un puente, pero necesitan demostrar en su familia que están bien, no ser una carga emocional para la familia".

Esta presión emocional de mostrarse bien ante la familia, de no contar que lo están pasando mal, también ha quedado reflejada en las entrevistas realizadas a jóvenes migrantes. En especial, un grupo tenía muy asimilado que no podían comentar la situación que estaban viviendo con su familia, insistían en que sus familias estaban mal y no podían contarles esta realidad: "Si tú vas a donde tu familia diciendo que estás mal, es lo mismo que nos dicen ellos, tú sabes que tu familia lo está pasando muy mal y no te lo dicen. No dices" (Yassin, joven) o "No puedes... No vas a ir a decir a tu familia que estás muy jodido" (Rafa, joven).

4.3.1. Expectativas de la realidad

Según los equipos de profesionales, el hecho de que las y los jóvenes no les cuenten la realidad que viven a sus familias, puede ser uno de los motivos por los que las familias tengan unas expectativas de la realidad que no son ciertas. Una de las profesionales pensaba que las y los jóvenes les cuentan a sus padres que están bien, aunque esto no sea cierto, y que la familia produce una presión por motivos económicos muy grande. En palabras de Itziar (profesional):

> Creo que les cuentan que están "txatxi piruli" y no es cierto, vienen y no están bien, porque están en un centro de menores y cuando están en el centro ni tan mal, pero luego salen y es un batacazo de la realidad; porque, se quedan en la calle, de un día para el otro cumples los 18 y te quedas en la calle. A nadie le apetece decir que estás mal, no cuentan la realidad y luego vienen las presiones familiares. Como ellos no cuentan la realidad, pues te cuentan «joe mi ama me dice que como no mande 300 euros mi padre está en el hospital y se va a morir porque no le dan medicamentos».

Añadían que, aunque algunas y algunos jóvenes intenten explicarles en qué situación se encuentran aquí, muchas veces están atravesando situaciones y procesos que ni las y los propios jóvenes comprenden del todo o no saben transmitirlo, las familias no entienden esta realidad:

> Es muy difícil transmitir cómo nos organizamos en España, es tan diferente del sistema africano, argelino o árabe que por mucho que lo intenten, no son capaces. Creo que ellos cuando llegan aquí es un choque tan grande con la realidad" (Josu, profesional).

Unido a lo anterior, en distintas entrevistas se ha hecho mención a una deuda económica con la familia. Los equipos de profesionales comentaban que muchos jóvenes les han mencionado que su familia se había gastado mucho dinero en facilitarles el venir aquí "pensamos que vienen así sin más, pero hasta para venir en patera para morirse en el mar, tienen que pagar. Entonces, hay familias que hacen una inversión muy fuerte y esos chavales están en deuda económica con las familias" (Ane, profesional). Esta migración muchas veces suele ser por motivos económicos, la familia invierte y apuesta por el o la joven con el objetivo de que al llegar al país destino ellas y ellos manden dinero y así mejorar la situación familiar. Como relata el profesional Aitor: "ellos y ellas tendrían que estar mandando dinero… De una forma o de otra sus familias han apostado porque ellos y ellas vinieron aquí de una manera o de otra para mejorar ellos y ellas y también la familia" (Aitor, profesional).

Un joven, durante la entrevista expresaba que se sentía presionado por la familia. Aclara que su familia destinó mucho dinero a su proceso migratorio y que, habitualmente, suelen preguntarle por la situación en la que se encuentra, puesto que, al igual que han mencionado los equipos educativos, piensa que tendría que estar mandando dinero a su familia. En este caso, es tal la presión que, el joven ha llegado a pensar en dejarlo todo y volver a Marruecos. Rescatando las palabras de este:

> Algunas veces pienso que voy a dejarlo todo, porque algunas veces llamo a mi familia y es que, cuando yo me he ido de Marruecos, han pagado para llegar aquí, han pagado un montón de dinero, pero por eso ahora me dicen que: ¿cómo va? (Assif, joven).

Finalmente, dada la situación que hemos dibujado, y teniendo en cuenta que el objeto de muchos jóvenes migrantes sin referentes familiares es ayudar a sus familias mandándoles dinero, el itinerario formativo que se les plantea suele ser más corto, debiendo hacer una inserción laboral lo más rápida posible "las familias están un poco empujando también a eso, tienen cierta necesidad en su país y lo ven como una esperanza" (Aritz, profesional). En definitiva, se podría decir que uno de los factores que las y los profesionales tienen en cuenta para orientan la formación de las y los jóvenes que han egresado del sistema de protección, es la situación familiar y disposición económica. En palabras de Jon (profesional): "Si vemos que lo que quiere realmente es trabajar y que realmente la disposición económica y/o familiar no es la adecuada para seguir formándose, pues le ofrecemos un curso más cortito".

4.3.2. Ámbito económico y situación administrativa

Anteriormente hemos visto que uno de los factores que las y los jóvenes han identificado como determinante para vivir de forma independiente fueron las ayudas. En este sentido, hemos querido obtener, a través de los cuestionarios, información sobre el número de jóvenes que han egresado del sistema de protección que disponían de una prestación adjudicada. Así, como podemos ver en el siguiente gráfico (Gráfico 8), más de la mitad sí que tenían alguna prestación adjudicada, concretamente el 61,3%, mientras que el 33,6% no disfrutaba de ningún tipo de ayuda.

Gráfico 8: Jóvenes con prestación económica

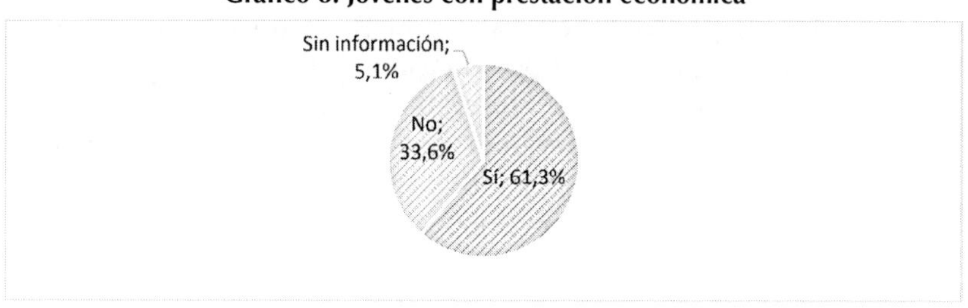

De la misma manera, se quiso conocer el tipo de prestación o ayuda con la que contaban. En la siguiente tabla (Tabla 3), se puede observar cómo la mayoría contaba con la ayuda de un piso de emancipación o inserción, seguidos de quienes disponían de la Ayuda de Emergencia Social (AES), con unos porcentajes de 28,6% y 7,1% respectivamente. De la misma manera, un 46,4% indicó que tenía una ayuda económica, pero no especificó el origen de ella. Finalmente, hay quienes respondieron que disponían ayudas del centro de estudios como becas y un joven que mencionó estar recibiendo una ayuda de Cruz Roja.

Tabla 3: Tipo de prestación adjudicada

Prestación	Porcentaje	Frecuencia
Piso de emancipación/inserción	28,6%	24
Ayuda de Emergencia Social (AES)	7,1%	6
Ayuda del centro de estudios (becas, ayuda económica)	4,8%	4
Cruz Roja	1,2%	1
Sin especificar (Diputación, Gobierno Vasco, etc.)	46,4%	39
Sin información	11,9%	10
Total	100%	137

Durante la entrevista también se preguntó en relación a las ayudas o prestaciones recibidas. Uno de los jóvenes aclaró que él estaba recibiendo una ayuda económica. Al preguntarle si era suficiente esa ayuda para poder vivir nos explicó que era escasa, pero que hay quienes no reciben ningún tipo de ayuda, por lo que, en su opinión, tiene suerte. En palabras de Assif (joven): "es poca, pero es más o menos tenemos algo, algunas personas no tienen nada. Más o menos tenemos algo y eso es suerte". Sin embargo, nos narra cómo, en ocasiones, llega justo a fin de mes, algunos meses, incluso, debe esperar a la ayuda para poder pagar algunos gastos: "sí, está más o menos, ni bien ni mal, justo. Bueno, hay veces que espero a que venga la ayuda para poder pagar una cosa u otra. Porque están todos los gastos de vivir, la comida, el alquiler, el transporte…".

Hay jóvenes, como Said, Jalil y Lorea que, en el momento de realizar las entrevistas, no disponían de ningún tipo de ayuda. De acuerdo con Said (joven), él no tiene ayuda por no tener pasaporte: "no tengo ayuda. No tengo pasaporte para eso". Jalil (joven) está en proceso de solicitar dicha ayuda y Lorea (joven), finalizado el proceso de solicitud, está a la espera de la resolución:

> Yo tengo ayuda, bueno ahora todavía no, he pedido. Tengo con una asociación que se llama (nombre de la asociación), tengo que hacer en la asociación una cosa, rellenar una hoja y tengo que traer y ayuda (Jalil, joven).
>
> Estoy esperando, he solicitado y a ver qué se puede hacer (Lorea, joven).

A lo largo de las entrevistas con los equipos educativos de las E2O, hay quienes afirmaron que las ayudas económicas que estas y estos jóvenes que han egresado del sistema de protección reciben no eran suficientes. Unai (profesional) manifestaba que, en ocasiones, las y los jóvenes deben hacer malabares para poder seguir pagando los alquileres de los pisos, el material escolar, etc. Esta profesional opinaba que, en comparación con la población normalizada, las y los jóvenes que salen del sistema de protección lo tienen más complicado para seguir estudiando. Rescatando sus palabras:

> O sea, yo les he visto volviéndose locos para gestionar los cuatro duros que les dan para poder pagarse un piso de alquiler, material escolar, etcétera. O sea, no es habitual, pero te vienen oye, he visto un portátil por ahí. Oye Alfredo (nombre inventado), necesito un portátil, es que me lo están pidiendo en el grado medio y de dónde saco un portátil, porque de golpe y porrazo, aunque sea de segunda mano, le estás pidiendo 300 euros al chaval que tiene una asignación de X. Poder, poder dedicarse a estudiar como lo pude hacer yo, por ejemplo, me parece casi imposible (Unai, profesional).

Durante las entrevistas, aunque había jóvenes que valoraban positivamente las ayudas económicas que recibían, existían quienes estaban al tanto de que las ayudas podían tardar en llegar y que estas no duraban para siempre. Said (joven) explicaba que no se puede vivir todo el tiempo en espera de las ayudas, sino que "tienes que trabajar". La misma perspectiva nos dibujaba Cedrik (joven), quien indicó que las ayudas eran para cuando están estudiando. Añadía, al igual que comentaba Said, que no estaba aquí para esperar y tener ayudas, sino que, cuando acaban de estudiar, debían encontrar un empleo, en sus palabras:

> Sí, cuando acabas esto tienes que trabajar, no puedes estar siempre con ayudas. No estás aquí para estar toda la vida para esperar la ayuda. La ayuda es para cuando estás estudiando o así. Tienes primero una ayuda de 2 años y 6 meses y acaba, cuando acabas esto tienes que encontrar trabajo (Cedrik, joven).

Como anteriormente hemos observado, el 61,8% del total del colectivo migrante, a la hora de rellenar el cuestionario, contaba con el permiso de residencia y únicamente un 9,2% disponía de permiso de trabajo. Sin embargo, ningún joven entrevistado disponía de este último. Durante las entrevistas, hemos podido observar que la mayoría de jóvenes tenían conocimiento de qué requisitos necesitaban para gestionar los permisos necesarios. Movid (joven), nos explica qué proceso debe seguir para tener y renovar el permiso de residencia:

> Vienes y desde el centro si tienes unos documentos pues te hacen un permiso de residencia que puedes renovar, te dan dos años y luego después tienes que trabajar sí o sí para renovarlo. Ahora estoy en esta etapa de ya lo he renovado y voy por los dos años no permite trabajar.

Sin embargo, Anas (joven) indicaba que las y los jóvenes migrantes que han egresado del sistema de protección, debían de encontrar un contrato de trabaja de un año y cobrar 2000 euros: "antes tenías que cobrar 2000 euros. Los educadores me decían «¿Cómo un chaval que acaba de salir del piso va a encontrar un trabajo en el que cobre eso? ¡Yo no cobro 2000 euros!»". Este joven aclaraba que la consecuencia de que te detengan sin los papeles en regla era la expulsión del país y su consecuente repatriación:

> Si te pillan ahora te expulsan. Tienes una semana para salir de España. En comisaría te dan la (orden de) expulsión y eres tú quien, en una semana, tienes que irte. Si te pillan después de esa semana, si te paran otra vez, son ellos (la policía nacional) quienes te llevan... Pero si, por ejemplo, eres de Tánger igual te mandan a Agadir (Anas, joven).

A través del cuestionario quisimos saber algunas otras cuestiones económicas de este colectivo, concretamente, si disponían o no de una cuenta en el banco, si tenían alguna cantidad de dinero ahorrada, si tenían alguna deuda pendiente por pagar y si tenían problemas económicos.

Los datos indicaban que un 73% (n=100) del colectivo disponía una cuenta en el banco mientras que el 24,8% (n=34) no; un 70% (n=96) no tenía ninguna cantidad de dinero ahorrado frente al 28% (n=38) que sí la tenía. Respecto a si tenían alguna deuda pendiente por pagar, el 77,4% (n=106) afirmó que no tenía y el 18,2% (n=25) que sí y seis personas no quisieron responder a esta cuestión.

Gráfico 9: ¿Tienes problemas económicos?

Sí, con mucha frecuencia	13,9%
Sí, algunas veces	46%
Casi nunca	10,9%
No, nunca	24,8%
Sin información	4,4%

4.4. El bienestar general

Con el objetivo de incidir en el bienestar general de las y los jóvenes participantes de la investigación, a través del cuestionario, se les preguntó si estaban mejor ahora, fuera del recurso residencial de protección, que dentro de él. Como podemos observar en el siguiente gráfico (Gráfico 10), el 71,5% (n=98) de las y los jóvenes consideraba que estaba mejor ahora, cuando está fuera del recurso, mientras que el 21,9% (n=30) percibía lo contrario. Un 6,6% (n=9) no quiso responder a esta pregunta.

Gráfico 10: ¿Ahora estás mejor que cuando estabas en el recurso residencial de protección?

El 80,5% (n=103) de las y los participantes argumentaron el porqué de la respuesta anterior. Como podemos observar en las siguientes tablas (Tabla 4 y Tabla 5), la mayoría de las respuestas positivas, esto es, quienes indicaron que estaban mejor fuera del recurso residencial de protección que dentro de él, giraron en torno a la libertad, independencia, autonomía, puesto que aclaran que fuera se sienten más libres, con un 26,3% y 10% respectivamente, seguido de las personas que mencionaron que fuera del recurso residencial estaban aprendiendo muchas cosas y haciendo progresos en sus vidas, con un 16,3%. En cuanto a las respuestas negativas, la mayoría de quienes aclararon que estaban mejor dentro del recurso residencial de protección que fuera de él, lo hicieron porque en el recurso se sentían mejor, más protegidos que tras la salida de este, con un 39,1% y también por los compañeros que dejaban dentro, 21,7%. En las siguientes tablas se recogen las respuestas del colectivo (Tabla 4 y Tabla 5).

Tabla 4. Motivos por los que están mejor dentro del recurso residencial de protección

Respuestas	Porcentaje	Frecuencia
Libertad	26,3%	21
Aprendizajes/progresos	16,3%	13
Independencia/ autonomía	10%	8
Las normas	8,8%	7
Por la vivienda	7,5%	6
Me siento mejor	7,5%	6
Tranquilidad	7,5%	6
Por las ayudas	5%	4
Compañeros	3,8%	3
Porque tengo más derechos	2,5%	2
Problemas	2,5%	2
Vivo mejor	1,3%	1
Estoy más con la familia	1,3%	1
Total	100%	80

Tabla 5. Motivos por los que están peor fuera del recurso residencial de protección

Respuestas	Porcentaje	Frecuencia
Me sentía mejor, más protegido	39,1%	9
Compañeros	21,7%	5
Tenía más derechos	8,7%	2
Tenía todo hecho	8,7%	2
Por la vivienda	8,7%	2
Antes estaba con mi hermano	3,4%	1
Independencia/ autonomía	3,4%	1
Problemas	3,4%	1
Total	100%	23

Durante las entrevistas al colectivo de jóvenes, la mayoría (71.5%) mencionó estar mejor fuera del recurso residencial de protección. En sus respuestas, se pudieron divisar diversos motivos por los que preferían estar fuera del sistema de protección, como las normas: "porque allí siempre había muchas normas" (Yassin, joven), "porque en el centro hay unas normas muy difíciles" (Said, joven) o por la libertad que sienten una vez fuera del sistema: "porque ahora tengo la libertad de hacer lo que quiero, sales de aquí para allá, puedes pasear por donde quieras" (Hamid). Sin embargo, también hay quienes aclaran que estaban mejor dentro del centro/piso de protección donde habían sido atendidos, como es el caso de Assif (joven). Este joven menciona que, si bien es cierto que, en ocasiones, en el centro donde estaba tenía algunos problemas, todo era más fácil, puesto que, no tenía gastos, ni tenía que estar pensando constantemente en el futuro, según su experiencia:

> Creo que, en el centro mejor, sin gastos. Ahora hay que pensar todo, hay que gastar, hay que mantener el dinero para algunas cosas. Tenía problemas, pero estaba mejor. Creo que la vida es así, dura. En el centro no piensas en el futuro ni en nada. Ahora tienes que pensar futuro y si vas a tener futuro (Assif, joven).

Para finalizar con el análisis de los factores relacionados con el tránsito a la vida adulta, en especial, con los que tienen relación con el bienestar de estas y estos jóvenes, les hicimos dos preguntas. Por un lado, quisimos saber cómo consideran que les iba la vida y, por otro lado, si en ese momento se sentían felices. En este sentido, más de la mitad de las y los participantes consideraban que les iba muy bien o bien en la vida, con un 58,4%, mientras que el 41,6% indicó que les iba regular o mal. Concretamente, como se puede observar en el siguiente gráfico (Gráfico 11), al 44,5% (n= 61) le iba bien, al 34,3% (n=47) regular, al 13,9% (n=19) muy bien y al 7,3% (n=10) mal.

Gráfico 11: ¿Cómo te va la vida?

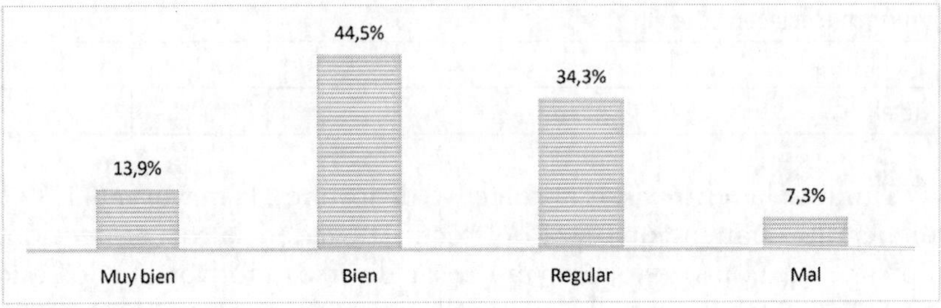

En cuanto a si sentían que eran felices, el 63,5% respondió que sí lo era, siendo el 25,5% (n=35) mucho y el 38% (n=52) bastante feliz. Por el contrario, el 35,8% (n=32) lo era poco y el 12,4% (n=17) no era nada feliz. En este caso tenemos un participante que no quiso responder a esta pregunta (Gráfico 12).

Gráfico 12: ¿Eres feliz?

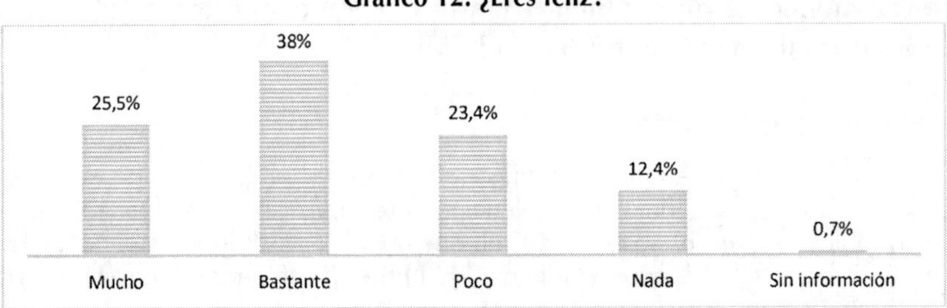

V. DISCUSIÓN Y CONCLUSIONES

Investigaciones previas han señalado la importancia de preparar a las NNA atendidos en Acogimiento Residencial para la salida de este recurso y el inicio a la vida adulta[44], es decir, la preparación para el tránsito a la vida adulta que deben realizar de manera acelerada, arriesgada, forzada e incierta, una transición llena de dificultades y complejidades[45], muy diferente a la que realiza la población normalizada que retrasa cada vez más esta emancipación[46]. Nuestros datos muestran una fotografía similar, ya que la realidad de estos jóvenes y su proceso de transición hacia la vida adulta está condicionada por diversos factores, como la salida del sistema de protección a pocos días o meses de cumplir la mayoría de edad o la necesidad de ayudar a la familia de origen económicamente, lo que se traduce en la necesidad de una rápida inserción en el mercado laboral.

Los datos de nuestro estudio muestran cómo un poco más de la mitad de las y los jóvenes encuestados, el 50,4%, había participado en algún programa que tenía como objetivo prepararlos para la vida independiente, estos datos difieren algo de los obtenidos en la investigación de Melendro[47] donde el porcentaje se eleva a un 77,8%. En cuanto a la utilidad de lo aprendido en el centro/piso de protección, respecto a la preparación para continuar con sus estudios, el 67,1% declaró que en los centros/pisos de protección les prepararon bastante o mucho. Estos datos se ajustan con los obtenidos en la investigación de Melendro[48], donde el porcentaje es ligeramente superior, concretamente, un 68,9%. En definitiva, los resultados de ambas investigaciones muestran cómo el colectivo de jóvenes consideró que habían sido preparados en los centros/pisos de protección para continuar con sus estudios a la salida de estos recursos.

Aunque, como ha quedado recogido, más de la mitad de las y los encuestados indicaron haber participado en algún programa de preparación para la vida adulta, la mayoría de quienes fueron entre-

---

44 Jariot et al. (2015).

45 Montserrat y Casas (2010); Dixon (2016); y Melendro (2011).

46 Sánchez-Valverde y Jiménez (2011).

47 Melendro et al. (2017).

48 Melendro et al. (2017).

vistados no lo habían hecho. Asimismo, los resultados muestran un desconocimiento por los métodos y herramientas para la búsqueda de trabajo, puesto que, la mayoría no estaba al tanto del significado del término curriculum y al explicárselo nos aclararon que aún no habían aprendido a hacerlo. Morales y Parra-González[49] también consideran que estas y estos jóvenes no conocen las herramientas que se suelen utilizar para acceder al mercado laboral.

Según Jariot[50] la preparación para la transición a la vida adulta que se lleva a cabo en los recursos residenciales de protección suele basarse, principalmente, en actividades relacionadas con la inserción laboral, esto es, con la búsqueda de empleo. Los resultados de nuestra investigación muestran una realidad diferente, puesto que el 65,7% del colectivo de jóvenes, expresó que en los centros/pisos de protección les habían preparado poco o nada en esta cuestión. Asimismo, nuestros resultados muestran cómo, a pesar de que el colectivo de jóvenes egresados del sistema de protección sale de este sistema con plena capacidad jurídica para comenzar con su vida de manera independiente, no tienen todos los recursos que necesitan para realizar sin dificultades este tránsito a la vida adulta.

Por lo general, los estudios hablan de una falta de preparación para afrontar la salida del sistema de protección. Es frecuente encontrar testimonios de jóvenes que no se sienten preparadas y preparados para abandonar el recurso residencial donde viven. Esta preparación debe iniciarse antes del egreso del sistema de protección, debe llevarse a cabo de manera gradual, teniendo en cuenta siempre las necesidades de este colectivo, incidiendo en las redes de apoyo y promoviendo la importancia de que sigan estudiando, esto es, la preparación para el tránsito a la vida adulta debe ser uno de las piedras angulares de la intervención que se lleva a cabo dentro de los recursos residenciales[51].

Las y los profesionales entrevistados en el trabajo de campo manifiestan que estas y estos jóvenes suelen estar excesivamente institucionalizados en un sistema que los abandona cuando cumplen los 18

---

49 MORALES y PARRA (2020).

50 JARIOT et al. (2015).

51 MELENDRO (2011); MELENDRO (2017).

años. Por un lado, este colectivo aclara, al igual que López[52], que la medida protectora termina a la llegada a la mayoría de edad y es en ese momento cuando, estas y estos jóvenes adquieren plena capacidad jurídica a la vez que las administraciones, habitualmente, cesan las aportaciones de recursos[53]. Por otro lado, las y los profesionales afirman que existe una sobre-institucionalización, esto es, consideran que hay NNA que permanecen muchos años dentro del sistema de protección, influyendo negativamente en estas y estos. Es importante tener en cuenta el posible sesgo en estas respuestas, puesto que únicamente quedó recogida esta cuestión en dos de las entrevistas llevadas a cabo al colectivo de profesionales.

Haciendo referencia al momento de la salida, varios jóvenes entrevistados hicieron alusión al término "miedo" para hacer referencia al sentimiento que experimentaron al recibir la noticia de que tenían que salir del centro/piso de protección. Los resultados del estudio de Montserrat[54] mostraron la misma realidad, donde las y los jóvenes que recordaban como traumática la entrada al sistema de protección y el sentimiento de inseguridad y miedo fueron los términos más repetidos al hablar sobre la salida de este[55].

De la misma manera, los resultados de este estudio han mostrado cómo el colectivo de jóvenes considera que son tres los factores clave para tener una vida independiente: encontrar o tener un trabajo (ámbito laboral); el hecho de estudiar (ámbito educativo); y el tener una buena actitud, responsabilidad y seriedad ante la vida (características personales). Asimismo, durante las entrevistas, varios jóvenes afirmaron que las ayudas (en este caso hablamos de las becas que ofrecen las E2O), tanto las que reciben de diputación como el apoyo financiero, han sido determinantes en este tránsito a la vida adulta. La misma pregunta fue realizada en la investigación de Melendro[56], donde el primer factor clave identificado por las y los jóvenes también fue el tener trabajo (31,1%). A diferencia de nuestra investiga-

[52] López et al. (2013).

[53] Epelde (2016); Álvarez y Mases (2021).

[54] Montserrat et al. (2011).

[55] Montserrat y Casas (2012); Campos (2013); y Manzani y Arnoso (2014).

[56] Melendro et al. (2017).

ción, el ámbito educativo no fue mencionado en esta, no obstante, sí que identificaron el factor de ser responsable (22,2%) como uno de los tres factores más repetidos en esta cuestión. En pocas palabras, los resultados observados en esta investigación son similares a los encontrados en estudios anteriores, los cuales muestran como el empleo[57], la formación[58] y las características personales[59] son elementos o factores claves para la inclusión sociolaboral de las y los jóvenes egresados del sistema de protección.

Respecto a la convivencia del colectivo de jóvenes egresados del sistema de protección a la infancia y a la adolescencia de la CAPV, los resultados de este estudio coinciden, en cierta manera, con los de Campos[60], puesto que, en ambos casos, este colectivo, tras el egreso del sistema de protección, convive en mayor medida en otro centro/piso de protección, por lo general, en pisos de autonomía para mayores de edad. Sin embargo, el estudio de Campos[61] indica que la segunda opción de estas y estos jóvenes es la de convivir con la familia cercana, esto es, padres, madres y/o hermanos, dato que discrepa de los resultados obtenidos en nuestra investigación, ya que únicamente el 2,2% convive con la familia más cercana, convirtiéndose ésta en la penúltima opción. La diferencia en cuanto a los datos puede deberse a las características de la muestra, ya que en nuestro caso la muestra la componen casi totalmente jóvenes que han migrado sin referentes familiares y en el caso del estudio de Campos[62], este porcentaje desciende al 42,2%. Nuestro estudio indica que tras los centros/pisos de protección, la segunda opción de convivencia son las habitaciones en pisos de alquiler con compañeros, alternativa que también se ve reflejada (tercera opción) en el estudio llevado a cabo en 2020 con el que estamos comparando nuestros datos. En nuestra investigación la tercera opción hace referencia a la convivencia con amigas y/o amigos, cabe mencionar que en la investigación de Campos[63] fue la

57 Jariot et al. (2015); Fernández-Simo y Cid (2018).

58 Jariot et al. (2015).

59 Melendro et al. (2017).

60 Campos et al. (2020).

61 Campos et al. (2020).

62 Campos et al. (2020).

63 Campos et al. (2020).

sexta alternativa más escogida. Según el Boletín sobre vulnerabilidad social de Personas jóvenes en extutela y/o riesgo de exclusión social publicado por Cruz Roja en 2019, el 2% del colectivo de jóvenes egresados del sistema de protección se encontraba sin hogar o en situación de calle y un 5% vivía en un albergue. Cabe mencionar que nuestros resultados muestran una realidad más complicada, puesto que un 11,5% vivía en un albergue o pensión y un 2,9% no tenía dónde vivir.

El ámbito familiar, según los resultados de esta investigación, influye en el tránsito a la vida adulta del colectivo de jóvenes egresados del sistema de protección. Se subraya la influencia de la presión familiar en el itinerario vital de este colectivo de jóvenes, puesto que el objetivo principal del proyecto migratorio de la mayoría es ayudar a su familia mandando dinero a su país de origen. Esta presión es un condicionante para las vidas de este colectivo, puesto que necesitan una inmediata incorporación al mundo laboral para poder cumplir dicho objetivo. Esta situación también ha sido recogida en el estudio llevado a cabo por Epelde[64], donde se confirma que el objetivo principal de esta migración suele ser mandar dinero a la familia y mejorar su situación.

Asimismo, los datos de este estudio muestran que existe un choque entre las expectativas con las que viene el colectivo de jóvenes migrantes y la realidad con la que se encuentran en el país de destino. Los resultados van en la misma línea de los obtenidos en gran parte de los trabajos previos de este campo, en los cuales se habla de una idealización[65] y un desconocimiento sociocultural del país de destino, a la vez, se aclara que suelen disponer información sesgada de la realidad[66]. El marco sociopolítico con el que se encuentran, habitualmente, suele ser contrario a los objetivos y expectativas del proceso migratorio con los que venían[67].

Como se ha mencionado, la mayor parte del colectivo de jóvenes que participaron en esta investigación eran jóvenes migrantes que

---

64 Epelde (2017).

65 Martínez et al. (2021).

66 Núñez y Arqué (2020).

67 Ruiz et al. (2019).

habían estado bajo la medida de protección del AR. Los resultados de este trabajo nos muestran que, aunque este colectivo forma parte de las NNA tuteladas por las administraciones públicas de protección, tienen un perfil y unas necesidades determinadas, lo que implica que deban superar más retos en casi todos los ámbitos de sus vidas. En este sentido, nuestros datos concuerdan con los expuesto por Durán y Bravo y Santos-González[68] quienes afirman que, en la actualidad, este colectivo sufre mayores desafíos dentro de esta medida protectora, a los que, sin duda, el sistema de protección a la infancia y a la adolescencia debe hacer frente.

Bibliografía citada

Árarteko, *Jóvenes migrantes sin referentes familiares en Euskadi,* 2021. Disponible en: https://www.ararteko.eus/RecursosWeb/DO-D CUMENTOS/1/0_5100_3.pdf (Consultado: el 23 de agosto de 2023)

Álvarez., Ignacio y Mases, Sonia, "Calle y jóvenes migrantes. Entre la exclusión y la resiliencia", *Crítica urbana: revista de estudios urbanos y territoriales,* Vol. 4, N° 18, 2021.

Arnett, Jeffrey Jensen. *Adolescence and emerging adulthood: A cultural approach* (3rd Edition), NJ: Prentice Hall, 2007.

Brady, Eavan y Gilligan, Robbie, "The life course perspective: An integrative research paradigm for examining the educational experiences of adult care leavers?", *Children and Youth Services Review,* N° 87, 2018, pp. 69-77. https://doi.org/10.1016/j.childyouth.2018.02.019

Bravo, Amaya y Santos-González, Iriana, "Menores extranjeros no acompañados en España: necesidades y modelos de intervención", *Psychosocial Intervention,* Vol. 26, N° 1, 2017, pp. 55-62. https://doi.org/10.1016/j.psi.2015.12.001

Campos, Gema, "Adolescentes protegidos: la visión de sus educadores", en Gómez, Eva y Lázaro, Susana (Coord.), *VIII Congreso Estatal de Infancia Maltratada. Promoviendo el bienestar infantil, tratándoles, tratándonos bien,* Ministerio de Trabajo y Asuntos Sociales, 2006, pp. 725-742.

Campos, Gema, *Transición a la vida adulta de los jóvenes acogidos en residencias de protección,* [Tesis de doctorado, Universidad Autónoma de Madrid]. Repositorio Internacional UAM, 2013.

Campos, Gema; Goig, Rosa; y Cuenca, Elena, "La importancia de la red de apoyo social para la emancipación de jóvenes en acogimiento residen-

68 Durán (2021); y Bravo y Santos-González (2017).

cial", *Electronic Journal of Research in Educational Psychology*, Vol. 18, N° 1, 2020, pp. 27-54.

Courtney, Mark y Dworsky, Amy, "Early outcomes for young adults transitioning from out-of-home care in the USA", *Child & Family Social Work*, Vol. 11, N° 3, 2006, pp. 209-219. https://doi.org/10.1111/j.1365-2206.2006.00433.x

Cuenca, Elena; Campos, Gema; y Goig, Rosa, "El tránsito a la vida adulta de los jóvenes en acogimiento residencial: El rol de la familia", *Educacion XXI*, Vol. 21, N° 1, 2018, pp. 321-344. https://doi.org/10.5944/educxx1.20201

Del Valle, Jorge; Sainero, Ana María; y Bravo, Amaia, *Salud mental de menores en acogimiento residencial. Guía para la prevención e intervención en hogares y centros de la Comunidad Autónoma de Extremadura*, Badajoz, Servicio Extremeño de Salud, 2011.

Dixon, James, "Opportunities and challenges: supporting journeys into education and employment for young people leaving care in England", *Revista Española de Pedagogía,* N° 263, 2016, pp. 13-29.

Durán, María Dolores, "La educación técnica popular en Francia y España (1780 -1950): algunas consideraciones acerca de las escuelas de artes y oficios en ambos países", *Sarmiento,* N° 13, 2009, pp. 69-99. Disponible en: https://ruc.udc.es/dspace/bitstream/handle/2183/7849/SAR_13_2009_art_4.pdf?sequence=1&isAllowed=y (Consultado: el 23 de agosto de 2023)

Epelde, Maddelen, "Nuevas estrategias para la integración social de jóvenes migrantes no acompañados", *Revista sobre infancia y la adolescencia,* N° 13, 1017, pp. 57-85. https://doi.org/10.4995/reinad.2017.6546

Fernández-Simo, Deibe y Cid, Xosé Manuel, "La educación social en la inserción sociolaboral con jóvenes en dificultad social", *RES, Revista de Educación Social,* N°. 23, 2016, pp. 15-19. Disponible en: https://eduso.net/res/revista/23/el-tema-colaboraciones-revisiones/ la-educacion-social-en-la-insercion-sociolaboral-con-jovenes-en-dificultad-social (Consultado: el 23 de agosto de 2023)

Fernández-Simo, Deibe y Cid, Xosé Manuel, "Análisis longitudinal de la transición a la vida adulta de las personas segregadas del Sistema de Protección a la Infancia y a la Adolescencia", *Bordón Revista de Pedagogía,* Vol. 70, N° 2, 2018, pp. 25-31. https://doi.org/10.13042/Bordon.2018.54539

Freundlich, Madelyn y Avery, Rosemary, "Planning for permanency for youth in congregate care", *Children and Youth Services Review,* N° 27, 2005, pp. 115-134.

Goig, Rosa y Martinez-Sánchez, Isabel, "Academic training. A key competence in the transition towards autonomy in supervised youth", *Electronic Journal of Research in Educational Psychology,* Vol. 19, N° 54, 2021, pp. 273-296. http://dx.doi.org/10.25115/ejrep. v19i54.3590

GOYETTE, Martin, "El tránsito a la vida adulta de los jóvenes atendidos desde los servicios sociales", *SIPS- Revista Interuniversitario de Pedagogía Social,* N° 17, 2010, pp. 43-56. https://doi.org/10.7179/PSRI_2010.17.04

IBRAHIM, Rawam, y HOWE, David, "The experience of Jordanian care leavers making the transition from residential care to adulthood: The influence of a patriarchal and collectivist culture", *Children and Youth Services Review,* N° 22, 2011, pp. 2469-2474.

JACKSON, Sonia y CAMERON, Claire, "Leaving care: Looking ahead and aiming higher", *Children and Youth Services Review,* Vol. 34, N° 6, 2012, pp. 1107-1114. https://doi.org/10.1016/j.childyouth.2012.01.041

JARIOT, Mercé; SALA-ROCA, Josefina; y ARNAU, Laura, "Jóvenes tutelados y transición a la vida independiente: indicadores de éxito", *REOP- Revista española de orientación y psicopedagogía,* Vol. 26, N° 2, 2015, pp. 90-103. https://doi.org/10.5944/reop. vol.26.num.2.2015.15218

LÓPEZ, Mónica; SANTOS, Iriana; BRAVO, Amaia; FERNÁNDEZ DEL VALLE, Jorge, "El proceso de transición a la vida adulta de jóvenes acogidos en el sistema de protección infantil", *Anales de psicología,* Vol. 29, N° 1, 2013, pp. 187-196. https://doi.org/10.6018/analesps.29.1.130542

MANZANI, Loira y ARNOSO, Maitane, "Bienestar psicosocial en menores y jóvenes extranjeros sin referente familiar adulto: factores de riesgo y protección", *Norte de salud mental,* Vol. 12, N° 49, 2014, pp. 33-45.

MARTÍN, Eduardo; GONZÁLEZ, Patricia; CHIRINO, Elena; y CASTRO, José Juan, "Inclusión social y satisfacción vital de los jóvenes extutelados", *Pedagogía Social. Revista Interuniversitaria,* N° 35, 2020, pp. 101-111. https://doi.org/10.7179/PSRI_2020.35.08

MELENDRO, Miguel, *El tránsito a la vida adulta de los jóvenes en dificultad social.* UNED aula abierta, 2011. DOI: 10.5281/zenodo.3653751

MELENDRO, Miguel; MIGUELENA, Joana; DE JUANAS, Ángel; DÁVILA, PAULÍ; y NAYA, Luís María, *El tránsito a la vida adulta de jóvenes de sistemas de protección y jóvenes vulnerables,* Madrid, Dykinson, 2022.

MELENDRO, Miguel y BERNAL, Teresita, "Acción socioeducativa y resiliencia en el tránsito a la vida adulta de jóvenes egresados de acogimiento residencial", en RUIZ, Santiago y MARTÍN-SOLBES, Víctor (Coord.), *Educación Social, sociedad y acogimiento residencial,* Octaedro, 2021, pp. 67-83.

MELENDRO, Miguel; CABRERA, Ángela; CAMPOS, Gema; CUENCA, Elena; GOIG, Rosa; MARTÍNEZ, Rocío; RODRÍGUEZ, Ana Eva; y VASCO, Margarita, *Jóvenes sin tiempo: Riesgos y oportunidades de los jóvenes extutelados en el tránsito a la vida adulta,* Madrid, Centro Reina Sofía sobre Adolescencia y Juventud, 2017.

MELENDRO, Miguel, y DE JUANAS, Ángel, "Transición a la vida adulta de los y las jóvenes en acogimiento residencial: una trayectoria hacia el compromiso, la autonomía y la responsabilidad social", *Pedagogía social: revista interuniversitaria,* N°. 40, 2022, pp. 9-14.

MIGUELENA, Joana; DÁVILA, Paulí; NAYA, Luís María; y FERNÁNDEZ, Sergio, "El ámbito educativo de jóvenes que egresan de recursos residenciales de protección en el estado español", *Pedagogía social: revista interuniversitaria*, N° 40, 2022, pp. 67-80.

MIGUELENA, Joana; MELENDRO, Miguel; NAYA, Luís María; DE JUANAS, Ángel; y DÁVILA, Paulí, *Jóvenes en dificultad social y su proceso de autonomía*, Madrid, Dykinson, 2022.

MONTSERRAT, Carme y CASAS, Ferran, "Educación y jóvenes extutelados: Revisión de la literatura científica española", *Educación XXI*, Vol. 13, N° 2, 2010, pp. 117-138. https://doi.org/10.5944/educxx1.13.2.240

MONTSERRAT, Carme y CASAS, Ferran, "Educación y jóvenes procedentes del sistema de protección a la infancia", *Zerbitzuan*, N° 52, 2012, pp. 153-165. http://dx.doi.org/10.5569/1134-7147.52.10

MONTSERRAT, Carme; CASAS, Ferran; y BERTRÁN, Irma, "Desigualdad de oportunidades educativas entre los adolescentes en acogimiento residencial y familiar", *Infancia y Aprendizaje*, Vol. 36, N° 4, 2013, pp. 443-453. https://doi.org/10.1174/021037013808200267

MONTSERRAT, Carme; CASAS, Ferran; MALO, Sara; y BERTRÁN, Irma, *Los itinerarios educativos de los jóvenes extutelados*, Madrid, Ministerio de Sanidad, Política Social e Igualdad, 2011. Disponible en: https://www.observatoriodelainfancia.es/ficherosoia/documentos/3689_d_itinerarios.pdf (Consultado: el 23 de agosto de 2023)

MORALES, Miguel Ángel y PARRA-GONZÁLEZ, María Elena, "Orientación académica y profesional a los Menores Extranjeros No acompañados", *International Journal of New Education*, N° 5, 2020, pp. 31-41. https://doi.org/10.24310/IJNE3.1.2020.7772

NÚÑEZ, Héctor y ARQUÉ, Pepa, "Las propuestas de formación para jóvenes migrantes en Cataluña. Una propuesta por la educación social", *Quaderns d'animació i Educació Social*, N°. 31, 2020.

PARRILLA, María Ángeles; GALLEGO, Carmen; y MORIÑA, Anabel, "El complicado tránsito a la vida activa de jóvenes en riesgo de exclusión: una perspectiva biográfica", *Revista de Educación*, N° 351, 2010, pp. 211-233.

PANCHÓN, Carme, *Situación de menores de 16 a 18 años en centros de protección*, Barcelona, Dulac, 2001.

PELÁEZ, Palmira, "Estado de la cuestión sobre los derechos de los MENAS en España: entre la protección y el abandono", *RES, Revista de Educación Social*, N° 27, 2018, pp. 48-70. Disponible en: https://eduso.net/res/wp-content/uploads/2020/06/menasespa_res_27.pdf

(Consultado: el 23 de agosto de 2023)

RUIZ, Ana Cristina; PALMA, María de la Olas; y VIVES, Celia Luna, "Jóvenes inmigrantes extutelados. El tránsito a la vida adulta de los menores extranjeros no acompañados en el caso español", *EHQUIDAD. Revista Inter-*

nacional De Políticas De Bienestar Y Trabajo Social, N° 12, 2019, pp. 31-52. https://doi.org/10.15257/ehquidad.2019.0009

SALA ROCA, Josefina; JARIOT GARCÍA, Mercé; VILLALBA BIARNÉS, Andreu; y RODRÍGUEZ, Montserrat, "Analysis of factors involved in the social inclusion process of young people fostered in residential care institutions", *Children and Youth Services Review*, Vol. 31, N° 12, 2009, pp. 1251-1257. https://doi.org/10.1016/j.childyouth.2009.05.010

STATISA, *Los jóvenes españoles, entre los europeos que más tarde se independizan*, 2022. Accesible en: Disponible en: https://es.statista.com/grafico/18005/edad-a-la-que-los-jovenes-europeos-abandonaron-su-hogar-familiar/

SÁNCHEZ-VALVERDE, Carlos y JIMÉNEZ, Juan Francisco, "La emancipación como eje inspirador y articulador de una acción socioeducativa global con la infancia y la adolescencia. El «espacio joven Cabestany», un ejemplo de buenas prácticas en educación social", en *XII Congreso Internacional de Teoría de la Educación*, 2011. Disponible en: https://www.cite2011.com/wp-content/Comunicaciones/Familias/48.pdf

STEIN, Mike, "Young people aging out of care: The poverty of theory", *Children and Youth Services Review*, Vol. 28, N° 4, 2005, pp. 422-434. https://doi.org/10.1016/j.childyouth.2005.05.005

STEIN, Mike, "Research Review: Young people leaving care", *Child & Family Social Work*, Vol. 11, N° 3, 2006, pp. 273-279. https://doi.org/10.1111/j.1365-2206.2006.00439.x

STEWART, C. Joy; KUM, Hye Chung; BARTH, Richard P.; y DUNCAN, Dean F., "Former foster youth: Employment outcomes up to age 30", *Children and Youth Services Review*, N° 36, 2014, pp. 220-229. https://doi.org/10.1016/j.childyouth.2013.11.024

ZAMORA, Sandra y FERRER, Virginia, "Los jóvenes extutelados y su proceso de transición hacia la autonomía: una investigación polifónica para la mejora", *RES Revista de Educación Social*, N° 17, 2013, pp. 1-17.

Derecho a la comunicación in(directa) de niños, niñas y adolescentes con progenitores extranjeros privados de libertad

ISAAC RAVETLLAT BALLESTÉ
Prof. Asociado de Derecho Civil
Director del Centro de Estudios sobre Derechos de la Infancia y la Adolescencia
Universidad de Talca
iravetllat@utalca.cl

I. INTRODUCCIÓN

El Comité de los Derechos del Niño de las Naciones Unidas destacó la ausencia de estadísticas, estudios o metodologías de trabajo específicas para niños, niñas y adolescentes (en adelante, NNA) que viven y se desarrollan como personas con uno de sus progenitores encarcelados. En consecuencia, esos NNA se tornan en seres invisibles para el sistema, lo que dificulta enormemente el reconocimiento de su realidad y la garantía de sus derechos[1].

Efectivamente, si bien es cierto que las personas menores de edad que tienen a sus cuidadores principales o adultos significativos privados de libertad ostentan los mismos derechos que el resto de NNA, no es menos cierto que muchos de ellos pueden verse mediatizados por la condición carcelaria en que se encuentran dichos referentes familiares.

Si bien la normativa penitenciaria prevé que el recluso —en nuestro caso, extranjero— no queda totalmente excluido del contacto con la sociedad, la realidad es que en estas situaciones, y más aún si las contemplamos desde la perspectiva de los NNA, se genera un quiebre importante dentro del grupo familiar, con un elevado riesgo de que se produzca un evidente alejamiento entre el adulto encarce-

---

1 Comité de los Derechos del Niño (2011), p. 3.

lado y sus hijos o hijas —nietos o nietas; sobrinos o sobrinas, según sea el caso—, pudiendo ello incidir en diversas dimensiones, psicológicas, sociales y económicas, por citar algunas de las más relevantes[2].

Es importante mencionar que el Ministerio de Justicia y Derechos Humanos, del cual depende Gendarmería de Chile —institución que ostenta las competencias de gestión de los centros carcelarios— cuenta con una "Política Pública de Reinserción Social 2017" que si bien incorpora un enfoque de género y derechos humanos, no hace lo propio desde una perspectiva de los derechos de la niñez y la adolescencia, y mucho menos si esta última se identifica con hijos e hijas menores de edad de extranjeros condenados o imputados en recintos carcelarios del país. Esta política señala que el Estado debe desarrollar medidas tendientes a resguardar el vínculo entre las mujeres —podríamos extenderlo a otros adultos o cuidadores referenciales— encarceladas y sus familias y reforzar las acciones cautelares cuando se produce la separación entre ellas y sus hijos e hijas[3].

A mayor abundamiento, no podemos obviar que tratar la cuestión de los NNA cuyos adultos significativos se encuentren privados de libertad y que, además, no son nacionales chilenos, significa situarnos automáticamente en un plano que conlleva una posición de indubitable discriminación interseccional, definida ésta como aquella que evoca un supuesto de hecho en el que diversos factores de discriminación interactúan simultáneamente, produciendo una forma específica y única de exclusión social[4]. Ciertamente, identificamos, como mínimo, cuatro potenciales niveles de vulnerabilidad, atendiendo a las particularidades de cada caso concreto: el ser niño o niña, de nacionalidad extranjera, en su caso migrante que ostenta —ya sea él o ella, sus progenitores, o ambos a la vez— un estatus administrativo irregular, y ser hijo/a de una persona encarcelada. Factores, todos ellos que limitan la posibilidad de acceder a ciertos derechos esenciales, así como dificultan el ejercicio de otros derechos básicos de carácter civil, económico, social y cultural[5].

---

2 MURPHEY y COOPER (2015), pp. 5-8; y MINISTERIO DE JUSTICIA Y DERECHOS HUMANOS (2018), pp. 31-33.

3 RIVERA et al. (2018), p. 7.

4 REY (2008), p. 264.

5 ORTEGA (2017), p. 14.

En suma, y a tenor de los antecedentes descritos, el presente capítulo contiene un estudio exploratorio que busca visibilizar la realidad que viven los NNA cuando sus cuidadores principales o algún adulto significativo para ellos, nacional de otro país, ha sido privado de libertad, mayoritariamente, y como tendremos la oportunidad de comprobar a lo largo de las siguientes páginas, por motivos de microtráfico o tráfico de drogas. En primer término, se ofrecen datos estadísticos con la intención de caracterizar la población extranjera privada de libertad en Chile. Con ello se observará cómo se trata de varones, nacionales de Colombia, Bolivia o Venezuela, que han sido recluidos por delitos de droga y que tienen entre 1 y 4 hijos o hijas. Acto seguido, se analizan los efectos y el impacto que tiene para los NNA la separación de esos familiares producto de su cautiverio y las dificultades para poder mantener una relación afectiva sana, estable y periódica, muchas veces a distancia, con ellos y ellas, convirtiéndose en verdaderos "convictos colaterales" del sistema de justicia. En tercer lugar, se revisa la normativa penitenciaria vigente en Chile a la luz de los estándares internacionales en materia de derechos humanos de NNA. Por último, con base en lo anterior, se alcanzan una serie de conclusiones y se formulan unas recomendaciones puntuales para colocar en el foco a estos NNA y la restitución de sus derechos.

Finalizamos esta introducción, subrayando que a los efectos de este estudio consideramos como adulto significativo aquella persona con respecto a la cual se daba una relación de afectividad antes de producirse la privación de libertad, mediada por la existencia de un vínculo de parentesco, de cuidado y protección. A su vez, incorpora el ejercicio de roles de crianza y compromiso con el bienestar de NNA[6]. En otras palabras, no solamente incluimos a las figuras paternas/maternas directas, sino todas aquellas que tengan un rol afectivo y de satisfacción de necesidades materiales de las personas menores de edad y que a su vez representan una figura de autoridad para las mismas[7].

---

6 Ministerio de Desarrollo Social y Familia (2023).

7 Escobar; Santamaría; y Llanos (2009), p. 20; Durán (2018), pp. 49-50.

II. CARACTERIZACIÓN DE LA POBLACIÓN PENAL EXTRANJERA PRIVADA DE LIBERTAD

Según datos oficiales de Gendarmería de Chile, a 31 de julio de 2023[8], la población extranjera privada de libertad en Chile era de 6.935 internos, representando un 13,4% del total de las personas recluidas en el país (49.926). De ellas, sólo un 40,8% se encontraban sentenciadas, mientras que el resto 59,2% estaban en calidad de imputadas.

Gráfico 1: Personas privadas de libertad nacionales y extranjeras

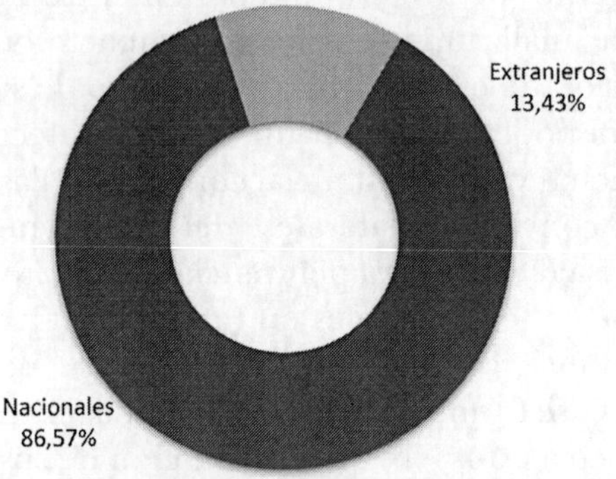

Gráfico 2: Personas extranjeras con condena e imputadas

---

8 Los datos han sido obtenidos de Gendarmería de Chile. Disponibles en: https://www.gendarmeria.gob.cl/car_personas_pp.html (Consultado, 17 de agosto de 2023).

Desagregando esas cifras por sexo, un escaso 13,3% (923) son mujeres extranjeras mientras que la mayoría son hombres, 86,7% (6.012).

Gráfico 3: Personas extranjeras privadas de libertad por sexo

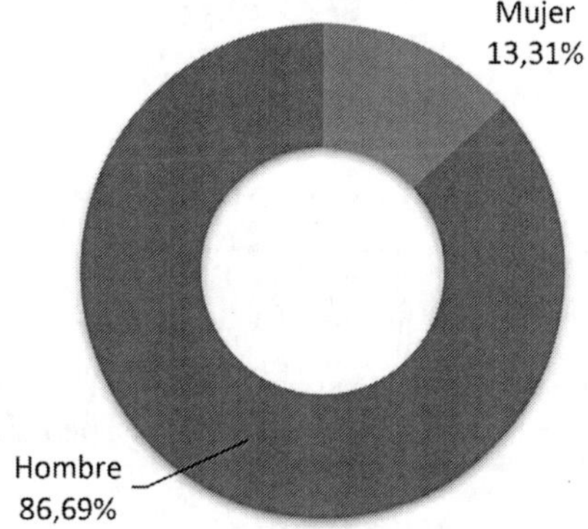

Por lo que a sus países de origen se refiere, hay tres nacionalidades que destacan claramente por encima del resto: colombiana (1.936 personas), boliviana (1.867 personas), y venezolana (1.782 personas). De lejos le siguen los nacionales peruanos (726 personas), dominicanos (212 personas) y ecuatorianos (143 personas), y a mucha más distancia argentinos (86 personas) y haitianos (77 personas).

Gráfico 4: Nacionalidad declarada de personas extranjeras privadas de libertad

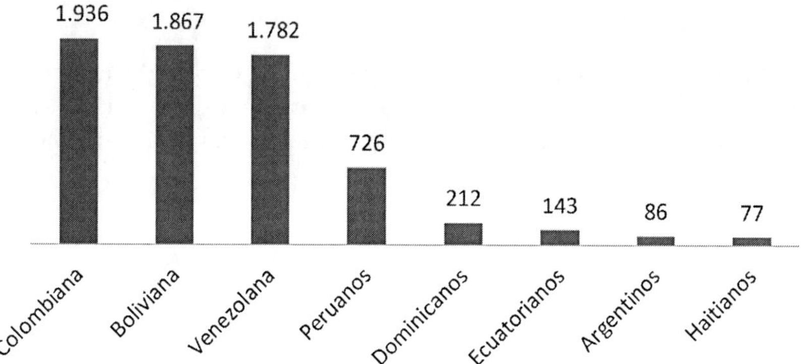

La tipología de delitos que lleva a las personas extranjeras a ser privadas de libertad se encuentra liderada por drogas (62,4%), seguido a distancia por robos (19,7%) y homicidios (6,7%), mientras que el resto de tipos penales representa un escaso 11,2%. Lo dicho tiene particular trascendencia con respecto a las personas extranjeras pues, en virtud de la Ley N° 20.603 (2013) que establece medidas alternativas a las penas privativas o restrictivas de la libertad, tales penas pueden sustituirse por la expulsión judicial de los extranjeros —no confundirla con la administrativa—. Ahora bien, tratándose de sujetos condenados por delitos de la Ley N° 20.000, la cual sanciona el tráfico ilícito de estupefacientes y sustancias psicotrópicas, no cabe acudir a esta última alternativa[9].

Gráfico 5: Distribución según delitos cometidos por personas extranjeras privadas de libertad

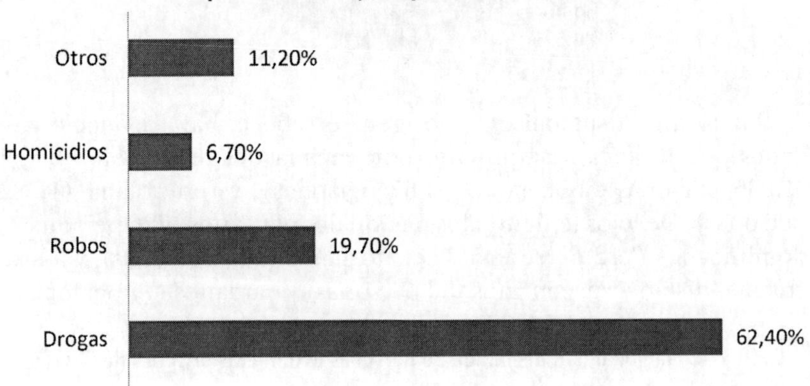

Finalmente, en cuanto al número de hijos e hijas declarados, se evidencia que un 98% tiene hijos e hijas frente a un 2% que manifiesta no tenerlos. De los que explicitan tener descendencia un 36,1%

---

9 La Ley N° 20.000 (2005) que sanciona el tráfico ilícito de estupefacientes y sustancias psicotrópicas intenta, a diferencia de lo que ocurría con anterioridad, prever y sancionar múltiples conductas asociadas al denominado "ciclo de la droga", entendiéndose por tal el conjunto de actividades productivas vinculadas al tráfico, comenzando por la extracción y manufactura de estupefacientes para terminar en su posterior comercialización y consumo por el destinatario final. RIVERA et al. (2018), pp. 13-14.

afirma tener un hijo o hija, un 30,5% tener dos, un 16,5% tener 3, un 8,8% tener cuatro y un 6% tener cinco o más hijos o hijas. En consecuencia, las personas extranjeras recluidas tienen mayoritariamente entre uno y cuatro hijos e hijas, lo que provoca que nuestro estudio adquiera plena relevancia y actualidad.

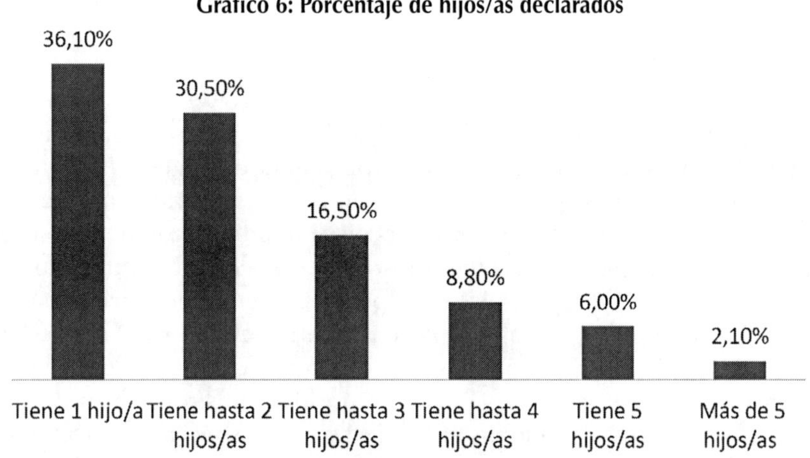

III. EFECTOS DE LA PRIVACIÓN DE LIBERTAD DE LOS ADULTOS SIGNIFICATIVOS PARA NIÑOS, NIÑAS Y ADOLESCENTES, CON ESPECIAL REFERENCIA AL ELEMENTO DE EXTRANJERÍA

La privación de libertad de los adultos significativos produce en los NNA una serie de efectos negativos que impactan de manera directa en el habitual desarrollo integral de su personalidad. En ese sentido, y por mentar sólo alguno de los más relevantes, la discriminación que sufren por parte de su entorno social les provoca miedos, vergüenza, culpa y baja autoestima. Algunos de ellos desarrollan conductas introvertidas y presentan mayores problemas de salud, a la par que su desempeño académico se ve comprometido, crece el nivel de absentismo escolar e incluso manifiestan tendencias agresivas, antisociales o delictivas. Añadir a lo apuntado, un más que probable cambio en los patrones de sueño y alimentación; mayores niveles de estrés; inicio o aumento del consumo de alcohol, drogas y tabaco; así como múltiples afecciones en su salud mental[10].

A mayor abundamiento, e íntimamente relacionado con lo anterior, también deben tomarse en consideración ciertos efectos colaterales que la privación de libertad puede conllevar en la vida familiar del NNA: la separación o divorcio de sus progenitores, la ruptura de vínculos afectivos con los parientes encarcelados, o la pérdida de ingresos económicos debido a la reclusión. Si, además, irrumpe en escena la circunstancia de que esa persona encarcelada es extranjera, se vislumbran para esos NNA aún mayor número de complejidades. Por ejemplo, y sin ánimo de ser exhaustivos, dificultades para hacer efectivo el vínculo y la comunicación permanente con esos familiares privados de libertad por el mero hecho de encontrarse fuera de las fronteras de Chile —diferencias horarias, impedimentos en el acceso a medios tecnológicos de comunicación en el centro penitenciario, cuestiones idiomáticas— o incluso, permaneciendo en territorio nacional, por escollos vinculados con el estatus migratorio y situación socioeconómica de las personas al cuidado de las que se encuentran. Con respecto a este último aspecto, consideramos de gran notoriedad relevar que las personas extranjeras —en especial si se trata de mujeres— que han sido encarceladas y no cuentan con familia extensa en el país ni con unas redes de apoyo social lo suficientemente estables, circunstancia ésta bastante habitual, cuentan con el hándicap añadido de no poder garantizar con certeza el bienestar de sus hijos e hijas. De esta suerte, se genera el riesgo de que esos NNA queden al cuidado de personas no del todo adecuadas para asumir tal responsabilidad, con los consecuentes peligros que ello conlleva. A lo dicho se añade el problema de ocultar tal realidad, es decir no darle visibilidad y mantenerlo lo más oculto posible, por el miedo a que las autoridades competentes intervengan y se dicte una medida de protección y los NNA sean inmediatamente derivados al Servicio Mejor Niñez.

Esos NNA también presentan un sentimiento de pérdida, que, a diferencia de otros contextos de merma como son la muerte o la enfermedad, rara vez despierta la compasión y el apoyo de la comu-

---

10 ROBERTSON (2007), pp. 9-13; SANHUEZA y SÁNCHEZ (2022), p. 156.

nidad. El ser hijo o hija de una persona privada de libertad desencadena un efecto social de contaminación, que se convierte en una deshonra, con respecto a las acciones cometidas por el o la delincuente. En otras palabras, el encarcelamiento de los progenitores resulta ser ambiguo y estresante para los NNA, dado el estigma social que rodea a la privación de libertad[11]. Igualmente, prima la percepción de que alguien que se encuentra recluido en ningún caso puede ser buen padre o buena madre —extensible esta idea a otros vínculos familiares—[12]. Parte de la doctrina ha calificado este fenómeno como de "prisionización secundaria", que no deja de ser la institucionalización de la familia que espera fuera de la cárcel a la persona reclusa. De esta suerte, la casa se convierte en una especie de prisión simbólica debido al sentimiento de aislamiento y exclusión social vivido por las familias del sujeto privado de libertad[13]. Otras autoras identifican a los NNA afectos por estas situaciones como de "convictos colaterales" del sistema de justicia, debido a las limitaciones y carencias que recaen sobre los mismos[14].

Un último aspecto digno de ser tomado en consideración, evidencia que la edad del NNA se erige en un factor que influye en el modo cómo se vive la situación de privación de libertad de un adulto referente. Así, mientras menos años tienen los niños y niñas su área inmediata de conmoción se relaciona casi exclusivamente con su familia directa, es decir, el impacto se acota a los vínculos existentes en sus contextos más cercanos de vida, y las alteraciones que se provocan en las dinámicas internas de su funcionamiento (cambios de domicilio y/o cuidadores o cuidadoras, quiebres afectivos, carencias económicas). En cambio, en el caso de los niños y niñas de mayor edad, así como en los y las adolescentes, la familia es uno de los ámbitos de impacto, pero deja de ser el único, ya que a éste se le unen otros entornos imprescindibles para el desarrollo personal y social del sujeto, como son la escuela, el barrio y las amistades[15].

---

11 Reyes (2023), p. 185.

12 Saavedra et al. (2013), p. 33; Mauersberger (2016), pp. 116-117; Reyes (2023), pp. 182-183.

13 Comfort (2002), pp. 470-471.

14 Roa (2019), pp. 335-336; Escobar e Hincapié (2017), pp. 67-68

15 Rivera et al. (2018), p. 7.

Alcanzado este extremo, y una vez descritas las graves afecciones que dañan a los NNA con parientes o adultos referentes privados de libertad, acto seguido, centraremos nuestra atención en el análisis de las principales vías de comunicación que existen abiertas entre el recluso o reclusa y sus familiares, en concreto examinaremos si dichos canales se adaptan y en qué modo lo hacen a las verdaderas necesidades de NNA, muy particularmente si estos son extranjeros (ya sean residentes o no en nuestro país).

1. Contacto telefónico

El contacto vía telefónica que, a priori, pareciera el más factible, se complejiza en la realidad práctica de los extranjeros privados de libertad. Así, por lo general, el acceso a este recurso es limitado debido a las restricciones en la duración y número de llamadas que pueden ser efectuadas[16]. De igual manera, los horarios para hacer uso de los teléfonos públicos ubicados al interior del recinto penitenciario no son compatibles, en buen número de ocasiones, con la jornada escolar seguida por los NNA, lo que limita las posibilidades de comunicación intersemanales, más aún si esas personas menores de edad residen fuera de las fronteras de nuestro país, con la consecuente diferencia horaria. A ello se suma el elevado costo que presentan las llamadas realizadas desde la cárcel, que habitualmente son más caras que las estándar, más aún si se trata de comunicaciones de carácter internacional. En algunos recintos penitenciarios, incluso, este tipo de conexiones internacionales no están permitidas o se da la circunstancia de que las cabinas públicas no están habilitadas al efecto. En otras ocasiones, tan sólo se permiten las llamadas a cobro revertido, donde el familiar que recibe la comunicación (y no quien la efectúa) asume el precio de la operación. Esta vía de contacto suele comportar una tarifa muy alta por minuto hablado, incluyendo cargos de conexión para ambas partes. Lo anterior convierte en prohibitivo el contacto telefónico del preso con su familia y, por lo tanto, la posibilidad de los NNA de mantener una relación estable y periódica con ellos[17].

---

16 SHLAFER et al. (2020), pp. 791-801.

17 ROBERTSON (2007), p. 21; y RAFFO DE QUIÑÓNEZ (2009), pp. 15-16.

2. *Visitas carcelarias*

Para hacernos una idea aproximada de los NNA que acceden a recintos penitenciarios para visitar a un interno o interna podemos acudir a los datos que nos ofrece Gendarmería de Chile, que cuenta con el llamado registro de personas "enroladas", es decir, aquellas que se han inscrito y registrado para hacer efectivo el derecho de visitas. El trámite consiste en presentar un documento de identificación con una fotografía exacta del aspecto actual del sujeto y declarar el parentesco con el recluso o reclusa que se visita. De esta manera puede calcularse la cifra de NNA que acuden a dichas instalaciones[18].

Pues bien, de los datos extraídos de los registros de personas entre los 0 y 17 años enroladas en Chile entre 2017 y mayo de 2018, se constata un alto volumen de NNA entre los 0 y los 3 años que visitan a sus familiares privados de libertad, concretamente 7.083 del total general de 23.415, seguidos de lejos por el tramo etario de 5 a 10 años, en que la cifra cae a 5.677. Estos números denotan y ponen en evidencia la urgente necesidad de adaptar el marco normativo penitenciario a la realidad que viven buen número de NNA que ejercen su derecho a relacionarse con familiares o adultos referentes privados de libertad. De este modo, si el trato y las condiciones para hacerlo efectivo mejoran y se adscriben sin restricciones al principio rector del interés superior del NNA, estipulado en el artículo 7 de la Ley N° 21.430, sobre garantías y protección integral de los derechos de la niñez y la adolescencia, el número total de visitas, casi con toda seguridad, irá en aumento.

Gráfico 7: Niños, niñas y adolescentes enrolados para visitar internos según tramo etario sexo

Edad / Sexo	>=0 < 3	>=3 < 5	>=5 < 10	>=10 < 14	>=14 < 17	Total general
Hombre	3530	1880	2856	1786	1573	11625
Mujer	3553	1778	2821	1735	1903	11790
Total general	7083	3658	5677	3521	3476	23415

Fuente: Gendarmería de Chile a través del informe de transparencia.

18 Rivera et al. (2018), p. 25.

Una vez revisadas las cifras disponibles, no podemos obviar que los NNA que desean visitar a sus progenitores o adultos referentes encarcelados pueden encontrarse con severas dificultades. Una de ellas, radica en la ubicación de los recintos penitenciarios, pues en no pocas ocasiones los mismos se encuentran edificados en lugares remotos, lejos de los centros poblados. Esto ocasiona que los NNA tengan que realizar largos desplazamientos para ver a sus familiares privados de libertad, lo que no solo provoca cansancio y dificultades para compatibilizarlo con sus rutinas diarias, sino que implica, además, incurrir en importantes dispendios económicos[19]. Ni que decir cabe, si se trata de familias extranjeras que se encuentran en situación de irregularidad administrativa, pues tal circunstancia reduce sus opciones de libre circulación y movilidad.

Otro aspecto que complejiza las visitas de las personas menores de edad a los centros penitenciarios es el transporte, pues no todas las cárceles cuentan con un buen servicio de transporte público. Aun cuando sí se cuente con dicho servicio, éste puede ser esporádico y costoso, lo que incide directamente en el cuándo las familias pueden acceder al recinto. Caso de no ser viable, por no existir o ser muy limitada la oferta pública, los NNA dependen del transporte privado, posibilidad que no está al alcance de todas las familias. Habitualmente las familias migrantes no suelen contar con tantas redes de apoyo y, en consecuencia, encuentran mayores dificultades de desplazamiento haciendo uso de medios particulares.

Un tercer elemento a tomar en consideración, es la necesidad de que los NNA acudan a las visitas acompañados de algún adulto responsable, lo que significa depender de la buena voluntad y disponibilidad de esa tercera persona, que tal vez no quiera o no pueda —por falta de tiempo— acompañarlos. Esta circunstancia suele agravarse si la madre extranjera es la recluida, pues tras el encarcelamiento probablemente sus hijos e hijas han quedado bajo el cuidado de otras personas, lo que no es tan frecuente si se trata del padre. También se dificulta el panorama si esos NNA se encuentran bajo la protección del Estado, en particular en una medida de cuidado alternativo resi-

---

19 SOLÍS y VIVANCO (2016), p. 51-52.

dencial, pues la escasez de profesionales que puedan asumir ese rol de acompañantes limita las oportunidades de visita.

En cuarto lugar, y aun suponiendo que los NNA logren acceder a la cárcel, su estancia allí puede tornarse en una experiencia muy negativa. Las restricciones sobre su duración, las condiciones en las que se desarrollan, así como los espacios donde tienen lugar, pueden impactar directamente en la estabilidad emocional de la persona menor de edad, y ello desembocar en el hecho de que no haya una segunda o ulterior visita.

Finalmente, otra de las problemáticas que enfrentan los NNA al visitar a sus progenitores encarcelados se vincula con las actitudes que pueden adoptar los custodios, quienes en algunas ocasiones, ya sea implícita o explícitamente, consideren el contacto con la familia como un privilegio de los reclusos del cual pueden ser privados; en lugar de contemplarlo como un derecho de los NNA a relacionarse con sus progenitores[20].

IV. NIÑOS, NIÑAS Y ADOLESCENTES CON DERECHOS INVISIBLES

1. *Marco internacional*

Gran parte de los derechos y principios contenidos en la Convención sobre los Derechos del Niño (en adelante, CDN) se encuentran en entredicho cuando un progenitor o adulto referente es encarcelado. La privación de libertad del pariente que ha cometido un hecho delictivo supone automáticamente la separación obligatoria del NNA, lo que afecta directamente al derecho de los NNA a ser cuidados y acompañados por sus progenitores.

Efectivamente, el artículo 9 (inciso tercero) de la CDN hace mención expresa al derecho de los NNA a mantener relaciones personales y contacto directo con sus padres cuando se vean separados, cualquiera sea el motivo (incluido, por supuesto, el cumplimento de una pena privativa de libertad), a menos que ello vaya en detrimento

---

20 Saavedra et al. (2013), pp. 54-60.

del interés superior del NNA. Complementariamente, el artículo 20 (inciso primero) de la CDN afirma que todo NNA que sea temporal o permanentemente separado de su medio familiar —por ejemplo, porque sus progenitores o adultos referentes han sido privados de libertad— tendrá derecho a recibir protección y asistencia especiales del Estado[21].

En un sentido similar se pronuncia la resolución de la Comisión Interamericana de Derechos Humanos en cuanto a Principios y Buenas Prácticas sobre la Protección de las Personas Privadas de Libertad en las Américas, al hacer referencia expresa al derecho de las personas privadas de libertad a mantener un contacto periódico con las familias y los hijos e hijas (Principio XVIII)[22]. Ahora bien, en este último caso, y a diferencia de lo que ocurre con la CDN, la mirada parece situarse desde la perspectiva del preso —adulto— y no tanto focalizar su atención en el reconocimiento del derecho de los NNA a mantener un contacto estrecho con sus parientes y allegados recluidos en un centro penitenciario.

Asimismo, y en ese mismo contexto, también debe asegurarse el derecho de la familia —y por ende, del NNA— a tener privacidad, sin interferencias indebidas del Estado en el momento en que se vinculan con el adulto referente privado de libertad, tal y como puede extraerse de la interpretación aplicada de los artículos 17, 23 y 24 del Pacto Internacional de Derechos Civiles y Políticos y el artículo 16 de la propia CDN.

Apuntado lo anterior, y de la lectura indiciaria de los preceptos y principios dimanantes de la CDN, complementados a su vez por otras disposiciones internacionales, surgen un conjunto de derechos que deben ser garantizados, al menos sobre el papel, a todo NNA hijo o hija —o pariente— de persona recluida en recintos penitenciarios. Sin ir más lejos, el derecho a ser protegidos e informados —en un idioma y lenguaje comprensibles— al momento del arresto de su referente familiar; a ser escuchados cuando se tomen decisiones que los implican; a ser cuidados en ausencia de ellos; a mantener el contacto; a recibir acompañamiento mientras sus progenitores —u

---

21 TOMKIN (2009), pp. 11-21.

22 COMISIÓN INTERAMERICANA DE DERECHOS HUMANOS (2008), p. 11.

otros familiares relevantes— están presos; y a no ser culpabilizados, juzgados o estigmatizados en virtud de los hechos cometidos por sus referentes significativos presos[23].

Naciones Unidas también ha aprobado sendos documentos sobre políticas penitenciarias en relación directa con la población extranjera: *UN Standard Minimum Rules for the Treatment of Foreign Prisoners* (1955) y *Recommendations of the Treatment of Foreign Prisoners* (1985). Una revisión reciente del segundo de los textos fue la adoptada por la Asamblea General en diciembre de 2015. En estas recomendaciones se deja bien a las claras que "*contacts of foreign prisoners with families and community agencies should be facilitated, by providing all necessary opportunities for visits and correspondence, with the consent of the prisoner*".

No obstante lo esgrimido *supra*, la realidad es que se denota una falta de visibilización del enfoque de derechos de la niñez y la adolescencia —en general y ni que decir de la migrante— en la normativa penitenciaria. Alguna de las razones que pueden explicarlo se encuentran en la misma evolución y construcción sociojurídica de la categoría "infancia". En este sentido, debemos tener presente que la mentada noción no adquiere carta de naturaleza propia hasta fechas relativamente recientes, habiéndose circunscrito tradicionalmente su escaso y deficiente tratamiento legal exclusivamente al ámbito del derecho de familia o del derecho penal adolescente[24]. De esta suerte, las condiciones de acceso, las revisaciones y los tiempos de espera no parecen estar adaptadas al paradigma del NNA como sujeto titular de derechos. Por el contrario, la inexistencia o el desconocimiento fáctico de protocolos de funcionamiento que aseguren un entorno bientratante para los NNA que pretenden, mediante los diferentes canales o recursos habilitados al efecto, ejercer su derecho a relacionarse con adultos significativos presos, implica una seria vulneración —conscientes o no— de derechos humanos reconocidos a toda persona menor de edad por el mero hecho de serlo. El reto, por ende, subyace en lograr incorporar el enfoque de derechos de la niñez y la adolescencia en este sector del ordenamiento jurídico y convertir la letra de las disposiciones legales que reconocen dere-

---

23 Valero (2020), p. 416.

24 Ravetllat (2022), p. 650.

chos a NNA en realidades sustantivas, en las que se alcance un mayor equilibrio entre el lógico mantenimiento de los niveles de seguridad, propios de los centros de reclusión, y la mirada de los NNA.

2. *Normativa penitenciaria*

El Reglamento de Establecimientos Penitenciarios —Decreto N° 518, del Ministerio de Justicia, de 21 de agosto de 1998— contiene un párrafo específico sobre visitas —artículos 49 a 52—[25], en el que se estipula como un derecho de las personas condenadas el acceso a las "visitas ordinarias", que consisten, a tenor de las disposiciones reglamentarias, en al menos una visita semanal de sus familiares u otros individuos autorizados por ellas. De este tipo de visitas, y por previsión normativa, quedan absolutamente excluidas las persones menores de catorce años (artículo 49).

Adicionalmente, también se prevén las calificadas como "visitas especiales", dentro de las cuales se incluyen las "visitas familiares" (artículo 52), a las que sí pueden asistir los hijos e hijas de la persona encarcelada o de su cónyuge o pareja (si son menores de edad sólo podrán ingresar bajo esta modalidad de visitas). Este tipo de visitas se otorgan a las y los internos que no gozan de permisos de salida y deben cumplir una serie de requisitos, tales como: ser solicitadas y autorizadas por el Alcaide; realizarse en recintos adecuados; referirse única y exclusivamente a los hijos e hijas de la persona encarcelada o de su cónyuge o pareja, prohibiéndose el acceso de cualquier otra persona menor de edad; y, que los NNA asistan siempre acompañados del adulto a cuyo cuidado se encuentren[26].

A mayor abundamiento, las visitas familiares deben efectuarse en dependencias especialmente habilitadas y bajo las condiciones de acceso detalladas en el propio reglamento penitenciario, que no recoge previsión específica alguna para el caso que sean NNA los que accedan al recinto carcelario. En términos de su duración y periodicidad, éstas se concederán a lo menos dos veces al mes y su duración

---

25 En redacción ofrecida por el Decreto N° 1.248, que modifica el Decreto N° 518, de 1998, de Justicia, sobre reglamento de establecimientos penitenciarios. Diario Oficial de 3 de abril de 2006.

26 Artículos 51, inciso primero y 52, inciso segundo del Reglamento Penitenciario.

no será inferior a una ni superior a tres horas cada vez (artículo 51, inciso tercero).

De acuerdo con los preceptos contenidos en el reglamento penitenciario referenciado *ut supra*, nos llaman poderosamente la atención diversas cuestiones. La primera de ellas, es que tales artículos están concebidos y desarrollados bajo la mirada unidireccional que atiente única y exclusivamente a la situación de los adultos internos, sin tomar en debida consideración su vinculación con el derecho de los NNA a mantener una relación directa y regular con sus familiares, con independencia del estatus migratorio y la situación de libertad en la que se encuentren —reconocido, como hemos avanzado en el punto anterior, en la normativa internacional—. Preocupa, por ende, la carencia absoluta de perspectiva de derechos de la niñez y la adolescencia que exhibe su redactado. En definitiva, tan solo se prevén las visitas familiares como un derecho a ejercer —atendiendo a diversos requisitos— por parte del recluso, en nuestro caso extranjero privado de libertad, pero en ningún caso se aborda desde el derecho reconocido a todo NNA a vivir en familia y a mantener sus vínculos con ella, que es lo que se extrae de las estipulaciones tanto de la CDN como de la Ley N° 21.430, sobre garantías y protección integral de los derechos de la niñez y la adolescencia.

El segundo de los aspectos a subrayar, yace en la circunstancia de que las visitas familiares, cuando se refieren a niños y niñas menores de catorce años, quedan, a priori, reducidas a los hijos e hijas de la persona encarcelada o de su cónyuge o pareja, prohibiéndose el acceso de cualquier otra persona menor de edad. Es decir, salvo autorización extraordinaria del Alcaide, parece que los niños y niñas menores de catorce años no ostentan la posibilidad de visitar a sus parientes colaterales —hermanos/as, tíos/as— ni tampoco a los ascendientes, más allá de los de primer grado. Pues bien, ante tal eventualidad, cuesta comprender las motivaciones que han conducido al legislador a inclinarse por la opción de restringir a los niños y niñas menores de catorce años la posibilidad de visitar a familiares o adultos referentes que no sean sus progenitores. Esta solución no se condice con los estándares internacionales asumidos por Chile ni con el respeto al principio del interés superior del niño y de la niña suscrito como uno de los criterios informadores de nuestro ordenamiento jurídico. En esta parte, debemos dejar constancia que, en no pocas ocasiones, son las abuelas y los abuelos quienes toman el rol de progenitores, y, en consecuencia, asumen la mayor carga en orden a educar y criar a sus nietos y nietas. Tal situación, acreditada por la realidad, no ha sido considerada por el legislador chileno en el texto analizado.

En tercer término, preocupa que el Reglamento penitenciario sea excesivamente genérico por lo que al tratamiento que debe dársele a los visitantes durante el registro que se realiza "por razones de seguridad" se refiere. Lo anterior implica que los NNA restan expuestos a procedimientos como la revisión corporal al acceder al centro de reclusión, circunstancia esta que resulta incómoda y vergonzosa para ellos y, en no pocos casos, provoca que sus familiares prefieran evitar las visitas para no someterlos a este tipo de experiencias. Se echa de menos la existencia de un protocolo o de unas reglas comunes interinstitucionales que estipulen un procedimiento que cautele los derechos de los NNA que ingresan a una unidad penal para visitar a sus progenitores o adultos significativos y que ello no quede en la buena voluntad o particular sensibilidad de los funcionarios públicos que atienden y custodian tales procedimientos en cada caso concreto[27].

V. A MODO DE CONCLUSIONES

En primer término, existe una evidente carencia de información actualizada y sistematizada, tanto cuantitativa como cualitativa, relacionada con los NNA con referentes adultos presos. Si esa limitación es más que plausible con respecto a las personas menores de edad nacionales, que son absolutamente invisibles para el sistema, ni que decir tiene con respecto a los NNA extranjeros residentes en nuestro país o que pretenden mantener el vínculo, desde el exterior —haciendo uso de los recursos tecnológicos existentes—, con sus familiares encarcelados en territorio nacional.

En segundo lugar, se denota una falta de coordinación entre las instituciones públicas que deben velar por el reconocimiento y respeto de los derechos de los NNA —llámense Subsecretaría de la Ni-

---

27 CENTRO DE POLÍTICAS PÚBLICAS UC (2017), p. 11.

ñez, Servicio Mejor Niñez, Oficinas Locales de Niñez—, el sistema de administración de justicia penal y la autoridad administrativa competente en materia de migración y extranjería (Servicio Nacional de Migraciones).

En tercer lugar, se constata una escasa capacitación en la temática por parte de los funcionarios y funcionarias penitenciarios. En consecuencia, deben generarse instancias de formación de los operadores del Estado y de la sociedad civil con relación a la particular situación de vulnerabilidad de los NNA con referentes familiares encarcelados para el desarrollo de buenas prácticas y protocolos de intervención que tomen en debida consideración el principio del interés superior del NNA que se encuentren en tales situaciones.

En cuarto lugar, se considera indispensable que se realicen los máximos esfuerzos para, en la medida de lo posible, evitar la separación de los NNA de sus progenitores siempre pensando en su interés superior (especialmente durante las primeras etapas de su vida), y cuando ello ocurra, garantizar el derecho de los NNA a mantener contacto con sus referentes significativos encarcelados. A tal fin, más allá de la teoría, deben asegurarse mecanismos efectivos de comunicación —visitas, videollamadas, contactos telefónicos, correspondencia— por los organismos directamente involucrados (sistema penitenciario y sistema de protección integral de los derechos de la infancia y la adolescencia).

Finalmente, entendemos de vital trascendencia, asegurar la existencia de espacios para que los NNA puedan expresar su opinión y ser escuchados al tomarse decisiones derivadas del encarcelamiento del referente adulto que puedan afectarlos en el ejercicio de sus derechos. En este sentido, es necesario garantizar el acceso de los NNA a información fidedigna respecto a su situación y la de sus familiares privados de libertad de forma adecuada a su edad y estado de madurez. De igual modo, debe hacerse efectivo su derecho a ser escuchados —artículo 12 CDN— en ámbitos críticos para sus vidas, como son el proceso de detención y allanamiento, los efectos de la privación de libertad, el proceso de visita a las cárceles, las vías de comunicación regular, y su lugar como NNA en el proceso judicial.

Bibliografía citada

Centro de Políticas Públicas UC, "Sistema carcelario en Chile: propuestas para avanzar hacia una mayor efectividad y reinserción", *Temas de la Agenda Pública,* Año 12, N° 93, 2017, pp. 1-22. Disponible en: https://politicaspublicas.uc.cl/wp-content/uploads/2017/05/Art%C3%ADculo-Sistema-carcelario-en-Chile.pdf (Consultado: el 23 de agosto de 2023)

Comfort, Megan L., "Papa's house: the prison as domestic and social satellite", *Ethnography,* Vol. 3, N°. 2, 2002, pp. 467-499.

Comité de los Derechos del Niño, *Informe y recomendaciones del Día de Debate General sobre "los hijos de padres encarcelados"*, 2011. Disponible en: https://www.ohchr.org/sites/default/files/Documents/HRBodies/CRC/Discussions/2011/DGD2011ReportAndRecommendations.pdf (Consultado: el 21 de agosto de 2023)

Comisión Interamericana de Derechos Humanos, *Resolución 1/08 Principios y buenas prácticas sobre la protección de las personas privadas de libertad en las Américas,* 2008.

Durán Toledo, Diego Abel, *Análisis de la efectividad del programa Abriendo Caminos. Implementación, desarrollo y resultados en la Comuna de la Pintana (2008-2017),* Santiago de Chile, Universidad de Chile, 2018. Disponible en: https://repositorio.uchile.cl/bitstream/handle/2250/156092/TESIS-MGGP-%20DIEGO%20DUR%C3%81N.pdf?sequence=1 (Consultado: 26 de agosto de 2023).

Escobar Castillo, Ruth; Santamaría Cortés, Luz Mery; y Llanos Tobar, Luz Dary, *Modelos mentales sobre las prácticas de crianza de algunos adultos significativos en la Escuela Nacional Superior,* Manizales, Centro de Estudios Avanzados en Niñez y Juventud de la Universidad de Manizales, 2009.

Escobar García, Bibiana e Hincapié García, Alexánder, "Dar la palabra. En torno al lenguaje de los niños y las niñas en la cárcel", *Revista Latinoamericana de Ciencias Sociales, Niñez y Juventud,* Vol. 15, N°. 1, 2017, pp. 59-70.

Mauersberger, María, "El dilema de la madre entre rejas: delincuente y mala madre, una doble culpa", *Revista Trabajo Social,* N°. 18, 2016, pp. 113-125.

Ministerio de Desarrollo Social y Familia, *Programa abriendo caminos,* 2023. Disponible en: http://www.chileseguridadesyoportunidades.gob.cl/programa-abriendo-caminos (Consultado: el 26 de agosto de 2023).

Ministerio de Justicia y Derechos Humanos, *Política pública de reinserción social 2017,* Santiago de Chile, Ministerio de Justicia y Derechos Humanos, 2018. Disponible en: https://www.reinsercionsocial.gob.cl/media/2018/02/Pol%C3%ADticas_P%C3%BAblicas_Reinserci%C3%B3n_Social_2ed2017.pdf (Consultado: el 21 de agosto de 2023)

MURPHEY, David y COOPER, Mae, *Parents behind bars. What happens to their children?*, Child trends, 2015.

OLIVERT, Robertson, *El impacto que el encarcelamiento de un(a) progenitor(a) tiene sobre sus hijos*, Ginebra, Quaker United Nations Office, 2007.

ORTEGA VELÁZQUEZ, Elisa, Estándares para niños, niñas y adolescentes migrantes y obligaciones del Estado frente a ellos en el sistema interamericano de derechos humanos, México, UNAM, Instituto de Investigaciones Jurídicas.

RAFFO DE QUIÑÓNEZ, Pilar, *Manual de recomendaciones para atender a niños, niñas y adolescentes con padres y madres privados de libertad*, Lima, Centro de Atención Psicosocial, 2009.

RAVETLLAT BALLESTÉ, Isaac, "Niños, niñas y adolescentes migrantes en Chile. Comentarios críticos a la Ley de Migración y Extranjería", *Anuario Mexicano de Derecho Internacional*, Vol. 22, 2022, pp. 647-678.

REY MARTÍNEZ, Fernando, "La discriminación múltiple, una realidad antigua, un concepto nuevo", *Revista Española de Derecho Constitucional*, N°. 84, 2008, pp. 251-283.

REYES QUILODRÁN, Claudia; MUÑOZ CHIGUAY, Maida; y CALDERÓN CANALES, Daniela, "Maternidad y paternidad en el sistema privativo de libertad", *Revista Austral de Ciencias Sociales*, N°. 44, 2023, pp. 181-203.

RIVERA, Lorena; MARGOTTA, Paula; y ROA INFANTE, Javiera Isabel, *Niños, niñas y adolescentes con madres y padres encarcelados por delitos de drogas menores no violentos*, Santiago de Chile, Centro de Estudios Primera Infancia y EnMarcha, 2018.

ROA INFANTE, Javiera Isabel, "Si yo fuera juez: una intervención para promover el diálogo entre niños y niñas con familiares significativos encarcelados y el sistema judicial en Chile", *Sociedad e Infancias*, N°. 3, 2019, pp. 335-340.

SAAVEDRA, Enrique; LAPPADO, Paula; BANGO, Matilde; y MELLO, Federico, *Invisibles: ¿Hasta cuándo? Una primera aproximación a la vida y derechos de niñas, niños y adolescentes con referentes adultos encarcelados en América Latina y el Caribe*, Buenos Aires, Church World Service América Latina y el Caribe, 2013.

SANHUEZA, Guillermo E. y SÁNCHEZ, Carolina, "Maternidad y cárcel en Sudamérica: una niñez casi invisible y con mínimos cuidados", *CUHSO*, Vol. 32, N°. 1, 2022, pp. 152-173.

SHLAFER, Rebecca J.; DAVIS, Laurel; HINDT, Lauren; WEYMOUTH, Lindsay; RUNION, Hilary; y BURNSON, Cynthia, "Fathers in jail and their minor children: paternal characteristics and associations with father-child contact", *Journal on Child and Family Studies*, Vol. 29, N°. 3, 2020, pp. 791-801.

SOLÍS PAFIÁN, Gabriela y VIVANCO MUÑOZ, Ramón, "Cambios que se producen en la familia al tener a un integrante encarcelado", *Pensamiento y acción interdisciplinaria*, Año 1, N°. 1, 2016, pp. 45-88.

TOMKIN, Jean, *Huérfanos de la justicia. Buscando el interés superior del menor cuando se encarcela a su progenitor(a): un análisis legal*, Nueva York, Quaker United Nations Office, 2009.

UNITED NATIONS, *Recommendations on the Treatment of Foreign Prisoners*, 1985. Disponible en: https://www.unodc.org/documents/organized-crime/Publications/Transfer_of_Sentenced_Persons_Ebook_E.pdf (Consultado: 25 de agosto de 2023).

UNITED NATIONS, *Standard Minimum Rules for the Treatment of Prisoners*, 1955. Disponible en: https://www.unodc.org/pdf/criminal_justice/UN_Standard_Minimum_Rules_for_the_Treatment_of_Prisoners.pdf (Consultado: 25 de agosto de 2023).

VALERO GARCÉS, Carmen, "Derechos de comunicación y lengua en centros penitenciarios: normativa y situación actual en España", *Derecho y Cambio Social*, N° 61, 2020, pp. 414-436.

LEGISLACIÓN CITADA

Convención de los Derechos del Niño. Asamblea de las Naciones Unidas, de 29 de noviembre de 1989.

Ley Nº 21.430, Ley sobre Garantías y Protección Integral de los Derechos de la Niñez y Adolescencia. Diario Oficial, 15 de marzo de 2022.

Ley N° 20.603, modifica la Ley N° 18.216, que establece medidas alternativas a las penas privativas o restrictivas de libertad. Diario Oficial, 27 de junio de 2012.

Ley N° 20.000, sustituye la Ley N° 19.366, que sanciona el tráfico ilícito de estupefacientes y sustancias psicotrópicas. Diario Oficial, de 16 de febrero de 2005.

Decreto N° 518, del Ministerio de Justicia, aprueba el Reglamento de Establecimientos Penitenciarios. Diario Oficial, de 21 de agosto de 1998.

Infancia y adolescencia inmigrante sin derechos en Latino América y el Caribe. El caso venezolano, con especial énfasis desde el Perú

ANTONIO ALFONSO PEÑA JUMPA
Prof. Derecho
Pontificia Universidad Católica del Perú
apena@pucp.edu.pe

I. INTRODUCCIÓN

Los infantes (niños y niñas) y adolescentes son quienes demandan una mayor atención cuando confrontan un problema de migración forzada. Ésta es una situación especial y compleja, que ocurre en un país o región, producto de un desastre humano o natural. La experiencia de Venezuela hoy, tras 8 o más años de continuos problemas políticos y económicos es una muestra de desastre humano que viene produciendo la incesante emigración forzada de su población. Millones de niños, niñas y adolescentes son parte de esta migración forzada, desde Venezuela a los países de Latino América y el Caribe.

¿Qué derechos se afecta a los niños, las niñas y adolescentes cuando participan en el proceso de migración forzada decididas por sus padres, madres o un familiar a cargo? La pregunta no es difícil de responder si conocemos en la realidad el drama que muestra la migración forzada. De acuerdo a esta realidad, los niños, las niñas y adolescentes sufren un conjunto de privaciones, al extremo de no tener alimentos o un lugar para pernoctar, lo que orienta a afirmar que se carece de derechos, o se tiene derechos de papel (aquellos derechos de los tratados internacionales, de las constituciones o de las leyes del país de recepción). Los derechos no tienen efectividad en la necesidad de los miles o cientos de miles de niños, niñas y adolescente que llegan a un país de recepción como inmigrantes.

Niños, niñas y adolescentes en la realidad carecen de derechos cuando emigran de su país de origen a un país de recepción. Pero, de pronto, tampoco tuvieron derechos en su propio país de origen antes de emigrar. Lo que ocurre con la migración forzada es la continuidad de una situación sin derechos, y más bien la esperanza de encontrarse o reencontrarse, poco a poco, con una nueva situación social que los haga efectivamente iguales en derechos con los niños, niñas y adolescentes del país que los acoge.

Estas preguntas y comentarios iniciales nos muestran que una investigación sobre los derechos de los niños, las niñas y adolescentes migrantes o inmigrantes en un país de recepción se presenta como un reto. Es muy difícil asumirlo si es que no se recoge la información desde la realidad. De ahí la necesidad de recurrir a una metodología socio-jurídica o antropológica-jurídica. Desde la experiencia personal en un país de recepción de cientos de miles de niños, niñas y adolescentes inmigrantes, como es el Perú, tratamos de seguir esa metodología.

Dado el problema muy serio que ha producido la emigración venezolana en los países de Latino América y el Caribe, y dada nuestra vivencia permanente con personas migrantes venezolanas en un país de recepción masiva, en las siguientes líneas nos proponemos realizar un inicial ensayo socio-jurídico sobre los niños, las niñas y adolescentes inmigrantes venezolanos.

Partimos de información existente, informes, reportes noticias, y de la experiencia propia para realizar el ensayo. Esta es una información limitada, en tanto muchas veces no es objetiva, o porque se encuentra en forma general partiendo de la información de los adultos inmigrantes. La información sobre niños, niñas y adolescentes inmigrantes aún es accesorio a la información de sus padres y madres o de los adultos en general que guían la migración forzada.

Planteamos como pregunta principal la siguiente: ¿Cuál es la situación socio-jurídica de los niños, las niñas y adolescentes venezolanos en el proceso de migración forzada de su país? Al respecto, formulamos la siguiente hipótesis: La situación socio-jurídica de los niños, niñas y adolescentes venezolana está caracterizada por la privación de derechos, que se manifiesta a través de la poca consideración de su situación en las encuestas y estadísticas, el triste y trágico desplazamiento forzado, con recepción hostil y la insatisfacción de necesidades inmediatas incluyendo carencia de servicios públicos esenciales a su favor en los países de recepción.

A continuación, tratamos de demostrar la hipótesis formulada considerando los siguientes puntos: las cifras incompletas del desplazamiento de niños, niñas y adolescentes; el desplazamiento forzado y la recepción hostil; y las limitaciones en la satisfacción de necesidades inmediatas, incluyendo la privación de servicios públicos esenciales. Al final sumaremos un balance y la proyección del tema, buscando alternativas.

II. LAS CIFRAS INCOMPLETAS DEL DESPLAZAMIENTO FORZADO DE NIÑOS, NIÑAS Y ADOLESCENTES DE VENEZUELA A LOS PAÍSES LATINOAMERICANOS

El número de niños y niñas y adolescentes que han sido desplazados al lado de su familia o de manera individual no se conoce con certeza. Se tiene una información oficial o general de inmigrantes en cada país latinoamericano, pero no se tiene, en el mismo sentido, la información oficial o general de niños, niñas y adolescentes.

Así, revisando el ranking de países con mayor número de emigrantes procedentes de Venezuela a nivel mundial, al mes de mayo de 2023, se muestra el siguiente número:

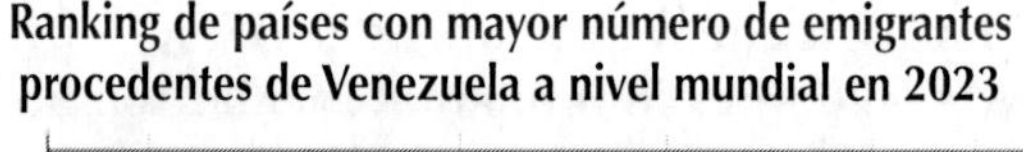

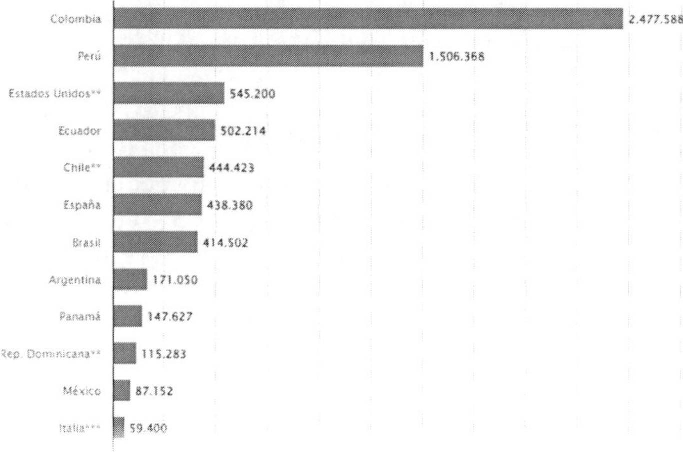

Fuente: Statista Research Departament (2023)

A nivel mundial y latinoamericano Colombia es el país con el mayor número de inmigrantes venezolanos, con una cifra oficial de 2.477.588 inmigrantes. Le sigue Perú, en el mismo orden, con una cifra oficial de 1.506.368 inmigrantes. En tercer lugar, a nivel de Latino América y el Caribe sigue Ecuador, con una cifra oficial de 502.214 inmigrantes. En cuarto lugar, a nivel de Latino América y el Caribe también, aparece Chile con una cifra oficial al año 2021 de 444.493 inmigrantes. En quinto lugar, sigue Brasil con 414.502 inmigrantes. Luego viene Argentina con 171.050 inmigrantes, Panamá con 147.627 inmigrantes, República Dominicana con 115.283 inmigrantes (cifra oficial al año 2021) y México con 87.152 inmigrantes.

En una información más reciente, al 11 de junio de 2023, partiendo de una misma fuente oficial, la Plataforma de Coordinación Interagencial para Refugiados y Migrantes de Venezuela (R4V, 2023) calcula que el número de venezolanos que se ha desplazado en el mundo es de 7.320.225 personas, de los cuales 6.136.402 personas se desplazaron a los países de América Latina y el Caribe.

Estas cifras nos conducen por tres comentarios principales, para la comprensión del desplazamiento de niños, niñas y adolescentes: (I) No aparece la información detallada de migrantes niños, niñas y adolescentes; (II) La fuente de esta información es data oficial, obtenida desde los países de recepción. Se desconoce con certeza cuál es el número de migrantes venezolanos, incluidos niños, niñas y adolescentes en la realidad; Y (III) ¿Se puede realizar un cálculo de la cantidad de niños, niñas y adolescentes migrantes?

1. *La omisión de las cifras oficiales de niños, niñas y adolescentes*

Las cifras de migrantes presentados es muy general, y como tal presenta el problema en forma general. ¿Qué significa un millón y medio de inmigrantes en un país o de 2 millones y medio en otro país? ¿Una masa de consumidores adicionales y de mano de obra barata? ¿Una necesidad adicional de servicios públicos para la recepción de esta masa inmigrante? ¿Una masa de pobres inmigrantes que se pueden conectar con la delincuencia y generar mayor inseguridad en el país de recepción?

Son cientos de preguntas que pueden plantearse a partir de esta data general. No dice nada o dice muy poco de la situación de las mujeres, los ancianos o discapacitados y, en particular, de los niños, las niñas y el conjunto de adolescentes. En el caso de estos últimos, teniendo en cuenta que son dependientes de sus madres o padres, su situación de omisión es más grave. ¿Cuántos niños? ¿Cuántas niñas? ¿Cuántos adolescentes han ingresado? ¿Cuántos niños, niñas y adolescentes han fallecido en el trayecto de recepción o en el tránsito de un país de recepción a otro? Si carecemos de estas cifras estamos confirmando una forma de violación de derechos fundamentales que les corresponde a estos niños, niñas y adolescentes por ser dependientes, pero, sobre todo, por encontrarse en la situación de mayor vulnerabilidad en los procesos de migración forzada.

UNICEF, a través de un comunicado hace presente que para el año 2019, 1,1 millón de niños inmigrantes venezolanos requerirán asistencia, en comparación de los 500.000 estimado al inicio del mismo año[1]. Esta cifra es un indicador que si se puede trabajar con información diferenciada a favor de niños, niñas y adolescentes, pero no aparece actualizada ni visible. El año 2019, el total de migrantes venezolanos era de aproximadamente 3.8 millones en Latino América y el Caribe, en comparación de los 6.14 millones de la actualidad (R4V, 2023). En la búsqueda de información actualizada sobre niños, niñas y adolescente no aparece el número de niños, niñas y adolescentes que requerirán asistencia.

2. *La falta de una información real*

A la omisión de la información diferenciada sobre niños, niñas y adolescentes se suma una mayor dificultad: las cifras oficiales no muestran las cifras reales. Esto es un problema más socio-legal que estadístico.

Cuando la población se encuentra en una situación de crisis o desastre huye no solo por los caminos oficiales de registro, sino por cualquier otro camino que se le presente. Si a ello sumamos las dificultades, en el país de expulsión, de conseguir documentos oficiales

---

1 UNICEF (2019).

para presentarlos en algún país extranjero, como un pasaporte, la necesidad de huir a través de caminos no oficiales se acrecienta.

Si a estas limitaciones reales, de no poder seguir lo regular, sumamos las diferencias que viven niños, niñas y adolescentes en el país de expulsión, antes de iniciar el éxodo, el problema de las cifras se hace mayor. Los niños, como las niñas y adolescentes suelen ser los que menos documentos para traslado internacional, como el pasaporte, suelen tener. El éxodo de este grupo de personas menores de edad e indocumentadas es, inevitablemente, bajo caminos no oficiales de migración.

Esto significa, como ha ocurrido en Perú, que personas que emigraron de Venezuela a Colombia, luego de Colombia a Ecuador y, finalmente, de Ecuador a Perú, lo hicieron por caminos no oficiales, cruzando zonas de frontera sin control, para llegar a su país de destino. Puede ocurrir que en un inicio, al ser menor el número de inmigrantes y dependiendo del procedimiento de cada país, la flexibilidad del ingreso por formas oficiales haya ocurrido, pero luego, al ser incontrolable el número de inmigrantes y al hacerse exigente el pasaporte, no habría opción sino de movilizarse e ingresar por los caminos de zona de frontera no oficiales.

Ante esta situación, podemos confirmar que el desplazamiento de inmigrantes venezolanos ha sido mayor, y el número de niños, niñas y adolescentes igualmente. ¿Cómo calcular esta cifra? Es muy difícil. Solo podemos afirmar que depende también de las condiciones de cada país. En el caso peruano, podríamos afirmar que la cifra de inmigrantes venezolanos puede ser mayor al 1.5 millones hoy porque sus fronteras son inmensas sin control y porque los inmigrantes se mimetizan en la población sin un mayor control: el país es informal, con una taza que supera el 70%, lo que hace que adultos como familias de venezolanos puedan desenvolverse cotidianamente sin documentos y pasen desapercibidos.

Bajo estas condiciones, la inmigración venezolana no oficial y, en particular, de niños, niñas y adolescentes, en el Perú superaría los cientos de miles. Solo para tener una idea, en los propios documentos oficiales, como la resolución de superintendencia que permite el nuevo registro de personas irregulares (Resolución de Superintendencia N° 000109-2023-MIGRACIONES, del 8 de mayo de 2023, del

Gobierno peruano) se señala en sus considerandos que, desde el mes de octubre del año 2020 al mes de octubre de 2022 se encontrarían 294.509 personas extranjeras en situación irregular. Nosotros calculamos esta inmigración no oficial en 1.0000.000, teniendo en cuenta el 70% de informalidad que caracteriza el país aplicado a la cifra oficial de inmigrantes. En consecuencia, al lado del millón y medio de inmigrantes que se tiene registrado oficialmente, el total real sería de 2.5 millones inmigrantes venezolanos en el Perú.

En el mismo sentido, los países de América Latina y el Caribe tendrían una cifra adicional de inmigrantes venezolanos que ingresaron por caminos no oficiales y se encuentran sin un registro oficial en el lugar donde aún permanecen. Ciertamente que es difícil estimar esta cifra adicional, pero se puede realizar una proyección teniendo en cuenta la falta de control de las fronteras y del grado de informalidad con el que opera el país de recepción en sus actividades diarias.

3. ¿Se puede realizar un cálculo de la cantidad de niños, niñas y adolescentes migrantes?

Siguiendo las cifras de UNICEF sobre el cálculo de niños en necesidad de asistencia para el año 2019, nos puede proyectar un estimado de niños en asistencia a la actualidad. Si el año 2019 el total de inmigrantes venezolanos en los países latinoamericanos y caribeños era de 3.8 millones, y arrojaba un porcentaje de 1.1 de niños en necesidad de asistencia, en la actualidad, a junio de 2023, con una cantidad de 6.14 millones de inmigrantes venezolanos en los países latinoamericanos y caribeños, el porcentaje de niños en necesidad de asistencia sería proporcional.

Aplicando una regla de tres simples tendríamos el resultado siguiente: los niños inmigrantes en estado de necesidad el año 2019 era de 29% del total de inmigrantes venezolanos (1.1.x100/3.8). En junio de 2023, los niños inmigrantes venezolanos serían 1.78 millones (6.14x29/100).

Si bien esta cifra es un estimado, es una manera de aproximarnos al universo de niños, niñas y adolescentes inmigrantes. La cifra que nos presenta UNICEF es un punto de partida para tener una información real de los datos oficiales. Sin embargo, la data crece si sumamos los ingresos no regulares o la situación de inmigrantes irregulares en un país de recepción. También en este punto corresponde ser realista. Así, en el caso peruano tendríamos que de la cifra de los 2.5 millones de inmigrantes (oficiales y no regulares), la cantidad de niños, niñas y adolescentes en estado de necesidad sería de 725,000 (2.5x29/100).

Otra manera de aproximarnos al número de niños, niñas y adolescentes inmigrantes, es partiendo del porcentaje que corresponde a inmigrantes con familias. Según otra información proporcionada por UNICEF, un 60% de inmigrantes son parte de una familia joven, que podemos identificar como familia nuclear: padre, madre e hijos o hijas. Tratándose de una familia joven, los hijos o las hijas, corresponden a niños, niñas o adolescentes. Teniendo en cuenta esta información, podemos obtener un cálculo diferente a partir de la data general inicialmente presentada.

Si consideramos que 6.136.402 de venezolanos se han desplazado por los países de Latino América y el Caribe (ver data oficial citada por C4R, al mes de junio de 2023), el 60% de dicho universo sería integrado por miembros familiares, lo que corresponde a la cantidad de 3.681.841. De esta cantidad podríamos proyectar una cifra inicial de familias jóvenes con 1 hijo, dividiendo dicha cantidad entre tres: padre, madre y niño. Tendríamos como resultado la cifra de 1227,280 que corresponde a una unidad de tres (padre, madre y niño). Esto indicaría que, por los menos hoy, bajo datos oficiales en Latino América y el Caribe, tendríamos ese número de 1.227.280 entre niños, niñas o adolescentes inmigrantes venezolanos.

Si se trataran de dos niños por familia, o de tres o cuatro por familia, el resultado sería diferente. Calculemos como promedio una familia con dos niños; tendríamos que dividir la cantidad de 3.681.841, que corresponde al 60% del total de inmigrantes en Latino América y el Caribe entre 4: padre, madre y 2 niños. El resultado sería el siguiente: 920,460.25 que corresponde a una unidad de cuatro (padre, madre, dos niños). Si queremos separar el número de niños, niñas o adolescentes, la unidad tendríamos que multiplicarla por dos (que corresponde a los dos niños), obteniéndose el siguiente resultado: 1.840.921 niños, niñas o adolescentes inmigrantes venezolanos. Esta cifra se asemeja a la anteriormente obtenida.

Si a las cifras obtenidas, sumamos las cifras no oficiales de inmigrantes venezolanos, como aplicamos a la cifra anterior, el resultado sería mayor. Teniendo en cuenta la experiencia de Perú, donde es posible convivir en la informalidad a un 70%, como indicáramos, un porcentaje proporcional de niños, niñas o adolescentes inmigrantes venezolanos se sumarían. Además, tendríamos el caso de niños, niñas o adolescentes nacidas en el país de recepción, quienes continúan siendo venezolanos y tienen todas las condiciones de sus hermanos o hermanas venezolanas. Con todo ello, la cifra de niños, niñas y adolescentes inmigrantes venezolanos supera los 2 millones en América Latina y el Caribe: estimamos, teniendo en cuenta las cifras oficiales y las cifras de inmigrantes no regulares, y a los niños nacidos en el país de recepción, una cifra real de 2.5 millones de inmigrantes niños, niñas o adolescente.

III. EL DESPLAZAMIENTO Y LA RECEPCIÓN HOSTIL

Teniendo en cuenta las cifras anteriores, podemos deducir el grado de daño y su efecto en la situación de los niños, las niñas y adolescentes venezolanos desplazados forzadamente.

Un primer detalle es observar la situación en el desplazamiento en sí y en su recepción en el país de destino. Los niños que fueron desplazados, al lado de sus padres y/o madres han sufrido un conjunto privaciones y daños. Pero, a pesar de tomar conocimiento de estas privaciones y daños lo siguen padeciendo ¿Por qué?

Para ello previamente debemos referirnos al origen del problema. ¿Por qué los inmigrantes venezolanos han estado dispuestos a dejar su país a pesar de tener que afrontar un desplazamiento con limitaciones y una recepción hostil? Hay un contexto que fuerza este éxodo. Se encuentra en la situación política y económica de Venezuela. Lo podemos resumir a partir de tres testimonios de inmigrantes que llegaron a los alrededores de Medellín, Colombia. El primer testimonio lo refiere una señora integrante de una familia joven:

> "Ya no nos alcanzaba para comprar la comida, ya a los niños no le dábamos merienda, nos cohibimos de salir con los niños para que no pidieran algún dulce o algo, no nos alcanzaba, ya no podíamos comprar ni carne, ni pollo, pescado menos, enlatados súper carísimos, entonces

> era puro arroz, caraota, el arroz también empezó a desaparecer, ya es un lujo un arroz". (Noemí, 34 años, comunicación personal, 19 de octubre de 2018) [2]

Producto de la situación política y económica de Venezuela, su población se ve muy afectada, siendo el extremo la privación de alimentos. Los niños, las niñas y adolescentes sufren en el mismo sentido. Como se refleja en la cita, la situación de una familia joven se ve afectada por la falta de ingresos económicos para comprar la comida. Esto produce que se prive a los niños de merienda, y de salidas fuera de la casa para evitar la compra de dulces o golosinas. En estas condiciones, esta familia menos podría comprar carne, pollo o pescado; solo el arroz y la caraota o frijol aparecen como alimentos para su dieta. Pero, la situación se agrava y el arroz también empieza a desparecer por sus costos. Esta falta de alimentos fuerza la migración.

En el entendido que toda la familia migre, tendrían que despojarse de parte de sus bienes para que consigan recursos monetarios que les permita pagar el transporte. Si es que no tienen para alimento, menos tendrían recursos para el transporte. Por ello tendrían que vender o transferir su terreno o vivienda, o sus pocos bienes de valor. Ello nos adelante comprender el conjunto de privaciones que les tocará sufrir a toda la familia en su desplazamiento.

La segunda experiencia, nos puede confirmar la situación anterior. Otra familia joven decide salir de Venezuela, su país, porque ya no soporta más la privación de ingresos económicos para alimentarse y para la salud de sus hijas:

> "Nosotros decidimos salir de Venezuela porque de verdad que cada día aumentaban más las cosas, mis hijas estaban demasiado flacas, mi esposa estaba demasiado flaca, por salud, por salud, mis hijas se enfermaban y uno no hallaba cómo hacer para comprarles los medicamentos porque la plata no la teníamos, trabajábamos, uno medio comía, entonces tomamos la decisión de irnos, apenas recibimos un dinero agarramos ese dinero y tomamos la decisión de venirnos". (Tiberio, 28 años, comunicación personal, 28 de septiembre de 2019) [3]

---

2 RESTREPO et al. (2019), p. 9.

3 RESTREPO et al. (2019), p. 10.

En el presente caso aparece una oportunidad de contar con un dinero para huir. La familia recibió el dinero y no dudó: necesitaba buscar un lugar donde podría sufrir menos, y seguro con la información de otros familiares o vecinos que migraron previamente, sabían que podían desplazarse a un lugar donde encontrarían esas condiciones. En este sentido el desplazamiento de las niñas y toda la familia sería menos traumático. Pero igualmente tenían en su origen una situación de pobreza y necesidad que orientaría una manera de pensar degradante: las niñas y la esposa estaban "flacas", sin alimentos, y se enfermaban, y no tenían dinero para comprar la medicina; entonces, pensarían que cualquier cosa o situación que encontraran tras la migración en un país de recepción será mejor a lo que están viviendo en su país de origen.

El tercer testimonio refleja la situación de una familia joven con un niño en el vientre de la madre sin posibilidad de brindar la atención debida al niño por nacer. Igualmente, en la experiencia se confirma la precariedad económica y la privación de alimentos:

> "Nunca se le pudo hacer una ecografía en el embarazo para saber cómo iba el desarrollo de la criatura, la plata que ganaba me alcanzaba si acaso para comprar yuca, grano, lo más barato que se pudiera, llegó hasta el extremo que no se vendían los granos de medio kilo más que todo, pero se vendían en cuartos de kilo como para que las personas que no le alcanzara el dinero por lo menos se llevara un cuartico de grano, al igual que azúcar esas cosas pues". (Tiberio, 28 años, comunicación personal, 28 de septiembre de 2019) [4]

Carecer de servicios de salud como el de una ecografía para las mujeres embarazadas, puede dar una muestra de la precariedad del servicio de salud. Ante la necesidad se tendría que acudir al servicio privado, pero al carecerse de ingresos para pagar este servicio privado, no se realiza la ecografía y se esperará la oportunidad del parto. Si el niño por nacer tiene alguna complicación en el parto, por la falta de la ecografía, podemos suponer que simplemente no llega a existir. Bajo esta amenaza y la privación de alimentos que en un extremo llega a venderse y comprarse por cuartos de kilo, ante la falta de ingresos económicos, la alternativa es huir.

---

4 Restrepo et al. (2019), pp. 10-11.

Tras estos testimonios de miembros de familias jóvenes inmigrantes, asentados en los alrededores de Medellín, Colombia, el año 2019, es que podemos entender el origen del problema de la migración forzada venezolana. Es un origen de pauperización extrema producto de las acciones políticas y económicas del gobierno venezolano, que agota la resistencia de la familia, del padre, la madre y los niños o las niñas o adolescentes, y fuerza la migración.

Con esta información previa, podemos detenernos ahora en la situación del desplazamiento en sí, el sufrimiento del inmigrante o de la familia inmigrante incluyendo a los niños, las niñas o adolescentes, cuando se traslada a otro país o lugar de recepción.

Tras el sufrimiento en su país de origen, el desplazamiento forzado o el éxodo de la mayoría de inmigrantes venezolanos sigue siendo trágico, de sufrimiento o dolor, salvo un mínimo porcentaje de inmigrantes que cuenta con recursos para financiar la documentación, el transporte y el hospedaje en sus lugares de destino. Si no se cuenta con estos recursos, el sufrimiento se extiende por días, semanas o meses, dependiendo del lugar al que se desplazan.

La organización Médicos Sin Frontera con sede en Lima, Perú, describe el drama de los inmigrantes en su desplazamiento. A partir de una muestra de personas que han sido atendidas durante 8 meses en su sede de Lima Norte, que es el primer lugar de arribo de los inmigrantes, la organización describe la situación.

Primero, Médicos Sin Frontera confirma que la mayoría de las personas inmigrantes pertenecen a una situación económica de escasos recursos, con grupos de familias jóvenes:

> "Característica socioeconómicas de la población: la población de Venezuela que migra pertenece a los sectores de menos recursos (en entornos rurales, semirrurales y urbanos) del país, y se ha incrementado notablemente el número de grupos familiares jóvenes que migran con niñas y niños de 5 años"[5].

La situación de pobreza de los inmigrantes venezolanos queda evidenciada en la cita, pero sobre todo se suma como un dato relevante que en los últimos años se había incrementado el número

---

5 MÉDICOS SIN FRONTERAS (2022).

de familias jóvenes con niñas y niños de 5 años. Esto confirma una situación de vulnerabilidad que la misma organización detalla cuando refiere la situación de los inmigrantes durante su desplazamiento hacía la ciudad de Lima. Teniendo en cuenta los 8 meses de trabajo en Lima Norte, la organización presenta la siguiente situación:

> "En los ocho meses de atención de nuestro proyecto, hemos podido realizar sondeos y relevar la siguiente información acerca de la vulnerabilidad a la que estas personas se enfrentan, tanto durante el trayecto como al llegar a Lima:
>
> 1. Tiempo de viaje de Venezuela a Perú: el 25% de pacientes emplean entre 7 y 15 días para llegar de Venezuela a Lima. Un 25% toma alrededor de tres semanas y el 50% viaja entre 30 y 50 días para llegar a Lima. Luego, al menos un 20% continúa su viaje hacia localidades regionales de Perú u otros destinos internacionales como Chile, Argentina o Brasil, lo que implica el doble de tiempo en ruta (y, por ende, su exposición a amenazas y peligros).
> 2. Forma de viaje: el 80% de los migrantes viaja en modalidades combinadas entre las denominadas "mulas" (remolques de carga), autobús, y a pie. Solo el 20% fue capaz de contratar un transporte de un punto a otro.
> 3. Lugares para dormir: el 83% indica haber dormido en la calle o carretera (en autobús) o tiendas de campaña.
> 4. Robo, hostilidad y discriminación: el 47% fue asaltado, maltratado o discriminado durante el viaje.
> 5. Ingestas diarias: el 44% solo consume una comida al día.
> 6. Fuentes de nutrición: para alrededor del 66% de las personas encuestadas, las comidas diarias importantes consisten en pan, galletas y agua.
> 7. Situación de indigencia: al llegar a Lima, el 32% indica no haber dormido en la calle alguna vez. Sin embargo, el 17% ha declarado haber dormido en la calle entre uno y tres días a la semana, mientras que el 51% duerme habitualmente en la calle entre cuatro y siete días a la semana.
> 8. Acceso a servicios de salud: en la ruta migrante, solo las organizaciones humanitarias brindan atención de salud.
> 9. Trabajo sexual y trata de personas: en el área en donde está ubicado nuestro proyecto se han formado, por lo menos, tres zonas de trabajo sexual claramente establecidas: Plaza Norte, Megaplaza y Terminal terrestre. Estos servicios son brindados por mujeres en su gran mayoría migrantes. En este contexto, realizamos campañas de sensibilización y atención médicas a las trabajadoras sexuales, lo cual nos permite identificar y atender los casos de trata, abuso laboral y atención médica. Los reportes policiales indican que estas actividades son articuladas por bandas organizadas que funcionan transnacionalmente y captan a las mujeres migrantes desde el

trayecto inicial en el norte del continente hasta su entrada en la ciudad de Lima"[6].

La extensa cita es muy ilustrativa y actual, y por ello la necesidad de recurrir a ella. Fraccionamos su contenido en dos partes: una referida al sufrimiento de los inmigrantes venezolanos durante su desplazamiento o trayecto, y otra referida al sufrimiento en la recepción, apenas llegados a Lima Norte.

Sobre la primera parte, los datos que nos ofrece Médicos Sin Fronteras son preocupantes. Los inmigrantes venezolanos, incluidas las familias con niños, niñas y adolescente, se desplazan por semanas para llegar a Lima Norte. El 50% se ha desplazado durante 30 a 50 días para llegar a este destino, solo un 25% tiene un tiempo razonable de desplazamiento: 7 a 15 días, y el otro 25% se ha desplazado entre 16 y 29 días.

Lo triste de este desplazamiento es que el medio de transporte no es necesariamente un bus. Si bien el desplazamiento es por tierra, para todos no es posible contratar un bus para llegar a su destino. Según las cifras de Médicos Sin Fronteras solo un 20% de los inmigrantes venezolanos tienen la posibilidad de contratar un bus que los traslade a su lugar de destino. El 80% restante tiene que ingeniárselas con los recursos y los medios que aparezcan. Así, este 80% de inmigrantes combina su traslado en transporte de carga, buses y el traslado a pie. A través de los reportes de los medios de prensa hemos sido testigos del traslado a pie de millares de inmigrantes, incluyendo los casos de familias jóvenes, con niños, niñas y adolescentes.

Como el viaje de la mayoría de inmigrantes demora semana o meses, durante su desplazamiento deben buscar un lugar para dormir. El reporte de Médicos Sin Fronteras nos muestra otra trágica realidad: el 83% de los inmigrantes venezolanos refiere haber dormido en la calle, en el bus cuando viajan y en tiendas de campaña que pudieren encontrar en el camino. Solo 17% habría tenido la oportunidad de haber pernoctado en un hotel mientras desplazaba, cifra que corresponde al 20% de inmigrantes que tuvo oportunidad de contratar su bus para llegar a su destino.

---

6 MÉDICOS SIN FRONTERAS (2022).

Es muy triste apreciar las imágenes de niños, niñas y adolescentes al lado de sus padres y madres pernoctando en plena vía pública o en algún parque o centro público del lugar donde se encuentran. Pero más triste aún es saber que sufren asaltos, maltratos y carecen de recursos para alimentarse suficientemente y para recibir atención médica. Según Médicos Sin Frontera el 47% del total de inmigrantes sufre asalto, maltrato o discriminación durante el viaje, el 44% solo come una ingesta de comida y que el 66% consume como principal fuente de nutrición solo pan, galletas y agua durante su desplazamiento. Adicionalmente, Médicos Sin Frontera destaca que los inmigrantes venezolanos no tienen acceso al servicio de salud, salvo a través de las organizaciones humanitarias.

Una situación similar vive las niñas y los niños que se desplazan hasta Chile, en su región norte de Tarapacá. Según el reporte anual de la Plataforma de Coordinación Interagencial para Refugiados y Migrantes de Venezuela (en adelante, R4V), en el trayecto de su desplazamiento, se suma el shock psicológico que experimentan niños, niñas y adolescentes:

> "Los niños y niñas de la población en tránsito interno en la región de Tarapacá tienen necesidades particulares que deben ser atendidas debido a los traumas que muchos de ellos experimentaron durante sus viajes: según una encuesta realizada por un socio de la R4V en 2022, el 16% de los NNA [Niños, Niñas y Adolescentes] entrevistados al llegar a Chile dijeron haber experimentado amenazas de daño físico, discriminación o miedo a otras personas. Según la misma encuesta, el 72% de los NNA mencionó haber experimentado al menos una de las siguientes condiciones durante su viaje y/o desde su llegada a Chile: pesadillas o trastornos del sueño, asustarse fácilmente, separación de la familia, miedos nuevos o recurrentes, cambios en el apetito, arrebatos de agresividad o ira, llanto excesivo, dolores de cabeza y enuresis (pérdida de control de esfínteres, que simboliza un retroceso en el desarrollo cognitivo)"[7].

Como se aprecia, el efecto psicológico se presenta como un principal efecto entre los niños, las niñas y adolescentes que se desplazan bajo las condiciones anteriormente narradas. Es un tema que pasa

---

7 Plataforma de Coordinación Interagencial para Refugiados y Migrantes de Venezuela (2022), p. 105.

desapercibido, pero que queda gravado en el niño, niña y adolescente inmigrante.

De otro lado, el reporte de Médicos Sin Frontera, muestra una segunda parte de la tragedia de los inmigrantes venezolanos tras su desplazamiento doloroso al llegar a Lima Norte: su recepción hostil. El reporte destaca dos temas preocupantes: una es la indigencia de la población inmigrante, incluyendo a niños, niñas y adolescentes, y otro es el problema de la prostitución y la trata de personas.

La situación de indigencia es la que los inmigrantes refieren al ir asentándose en la ciudad de recepción, en el caso citado es Lima Norte. Según Médicos sin frontera, del universo de los 8 meses de trabajo reportados, el 32% de inmigrantes no habría dormido en la calle alguna vez, mientras el 68% habría dormido entre 1 y 7 días a la semana. 17% del total de inmigrantes venezolanos o 25% de aquel 68%, declaró haber dormido entre 1 y 3 noches en la calle, y 51% del total de inmigrantes o 75% de aquel 68%, declaró haber dormido entre 4 y 7 noches a la semana.

Esta última cifra refleja una situación de vulnerabilidad extrema. El 68% de inmigrantes venezolanos que habrían llegado a Lima Norte, al menos durante sus primeros meses de arribo o recepción, tendría la calle como vivienda. Si bien solo un 25% de ese total pernoctaría de 1 a 3 noches en la calle, el 75% de ese total lo haría por 4 a 7 noches. Esto significa que hay inmigrantes venezolanos que pernoctan en la calle todas las noches. Si en este grupo incluimos a familias jóvenes, con niños o niñas menores de 5 años, la situación es muy dolorosa.

El otro tema de la recepción hostil, es el de la prostitución y trata de personas. Las jóvenes inmigrantes son captadas o "contratadas" por mafias internacionales dentro del trayecto de su desplazamiento. Les puede financiar el viaje para que lleguen a Lima Norte y luego pasan al trabajo sexual forzoso bajo el control de esas mafias.

La situación es grave, en tanto no solo se trata del ejercicio de esta actividad en Lima Norte, sino en todas las zonas de la ciudad de Lima Metropolitana y en todas las ciudades importantes del país. La prostitución se ha expandido, y, dentro de ésta, la trata de personas de mujeres inmigrantes venezolanas.

Lo más triste del problema es que muchas de las mujeres que realizan este trabajo sexual son adolescentes inmigrantes venezolanas. En la necesidad económica de su propia familia, si no es por el engaño que sufre la propia adolescente, se produce su enrolamiento a estas mafias de las que resulta muy difícil salir.

El problema, además, es muy similar en diversos países de Latino América y el Caribe, según refiere la Plataforma de Coordinación Interagencial para Refugiados y Migrantes de Venezuela. En todos ellos el problema se produce en el trayecto del desplazamiento o en el tránsito de los inmigrantes, y el problema involucra a mujeres y niñas principalmente[8].

La muestra del problema a nivel latinoamericano, se presenta a través de la trata de personas particularmente. En un reciente informe de R4V (2022), el problema se describe de la siguiente manera:

> "La trata y el tráfico de personas siguieron siendo una de las principales preocupaciones humanitarias para las personas refugiadas y migrantes de Venezuela en toda ALC [América Latina y el Caribe], donde las personas venezolanas fueron identificadas como víctimas de trata en casi todos los 17 países de la RMRP [Plan de Respuesta Regional para Refugiados y Migrantes], la mayoría de ellas mujeres y niñas. Las víctimas identificadas habrían sido traficadas principalmente con fines de explotación sexual y laboral, un patrón que fue confirmado en varias evaluaciones conjuntas de necesidades nacionales y subregionales (JNA). La trata de personas afecta principalmente a las personas venezolanas en tránsito y en condición irregular, con especial atención a las mujeres, NNA [Niños, niñas y adolescentes] no acompañados o separados, a las personas de origen étnico (indígenas y afrodescendientes), a las personas con discapacidad, a las personas que ejercen la prostitución o el trabajo sexual y a las personas LGBTQI+, especialmente a las personas transgénero"[9].

Según el informe, el conjunto de países de recepción de inmigrantes venezolanos vive el problema de la trata de mujeres y niñas para la explotación sexual o laboral. Hay una conexión entre la trata de personas y la prostitución. Pero lo particular de la cita, es que el

---

8 Plataforma de Coordinación Interagencial para Refugiados y Migrantes de Venezuela (2022).

9 Plataforma de Coordinación Interagencial para Refugiados y Migrantes de Venezuela (2022), p. 58.

problema afecta principalmente a las personas más vulnerables: mujeres venezolanas en condición irregular, niñas o adolescentes que se desplazan sin sus familiares, mujeres indígenas, personas discapacitadas, y personas LGTBQI+. Se trata de un problema muy serio que desborda los conceptos tradicionales sobre la prostitución y trata de personas, siendo necesarios nuevas investigaciones y perspectivas de análisis, más allá del tratamiento policial o judicial.

IV. LAS DIFICULTADES PARA SATISFACER LAS NECESIDADES INMEDIATAS

Los problemas en el desplazamiento forzado y la recepción hostil que sufren los inmigrantes venezolanos, incluyendo a los niños, las niñas y adolescentes, no terminan al establecerse éstos en un país de recepción. Lamentablemente esta historia de carencias o privaciones continuas en los años siguientes del asentamiento en un lugar.

La Plataforma de Coordinación Interagencial para Refugiados y Migrantes de Venezuela (R4V), en su informe anual sobre Planes y Respuestas, identifica 12 necesidades inmediatas de parte de los inmigrantes venezolanos sobre los que reporta anualmente. Estas necesidades inmediatas, son las siguientes:

1) Educación,
2) Seguridad Alimentaria.
3) Salud,
4) Transporte Humanitario,
5) Integración,
6) Nutrición,
7) Protección,
8) Protección de la niñez.
9) Violencia basada en género (VBG),
10) Trata y tráfico de personas,
11) Agua, saneamiento e higiene (Wash)
12) Asistencia en efectivo y cupones (PTM)

No es nuestro propósito tratar el conjunto de estas necesidades inmediatas, en tanto están referidas al conjunto de inmigrantes y porque en parte han sido tratadas en la sección anterior. Más bien, tratando de acercarnos a los problemas más comunes y a los derechos de los niños, las niñas y adolescentes inmigrantes es nuestro propósito focalizar aquellas necesidades inmediatas más relacionadas. En tal sentido, identificamos cuatro necesidades inmediatas que son: nutrición, alojamiento, salud y educación. Veamos por separado cada una de ellas.

1. La necesidad inmediata de nutrición

La nutrición está relacionada con los alimentos y nuestra sobrevivencia, y en el caso de los cientos o miles de niños, niñas y adolescentes que emigran de su país es una de las necesidades inmediatas que está presente antes, durante y después de su desplazamiento forzado.

Antes del desplazamiento, como hemos referido en la sección anterior, las familias y sus miembros sufren necesidades, lo que fuerza iniciar el desplazamiento. Durante el trayecto del desplazamiento, esta necesidad continúa como inmediata en la mayoría de los inmigrantes, incluido niños, niñas y adolescentes, dado la carencia de recursos y el prolongado viaje, dependiendo del lugar de recepción, como también hemos referido. Una vez localizado en un país de recepción, la necesidad inmediata de nutrición continúa si es que se sigue careciendo de ingresos monetarios, se carece de un apoyo familiar o amical que lo reciba, o cuando no hay un grupo de asistencia de la cooperación internacional o nacional que lo respalde.

Es muy raro que en el país de recepción de América Latina o del Caribe esta necesidad sea resuelta por la población local. Si bien la situación de los niños y las niñas conmueve siempre a todo grupo humano, y la población local latinoamericana ha mostrado su solidaridad en un inicio, como ocurrió en Perú los años 2017, 2018 y 2019, pero luego siente la amenaza al tratarse de cientos de miles de inmigrantes que ocupan todos sus espacios. Es muy triste ver a los grupos familiares con uno o dos niños que llegaban a Lima, y que se dirigían a las vías principales a pedir apoyo para su alimentación. La mayoría de la población en un inicio accedía a apoyarlos, pero luego lo comenzaron a tomar como un fastidio.

El extremo de esta necesidad de nutrición ocurrió durante la pandemia (2020-2022), en que en países como el Perú se estuvo bajo actividades remotas por dos años y medio. Los inmigrantes venezolanos en forma individual o como padre o madre acompañados de sus hijos pasaban continuamente por las calles de zonas urbanizadas tocando las puertas y pidiendo ayuda. En muchos casos gritaban expresiones como "hermano, mami, papi, necesito comer, por favor, ayúdennos" para que se les escuche, si no se les abría las puertas.

Lamentablemente, esta necesidad inmediata de los inmigrantes venezolanos competía con las necesidades de las familias más pobres peruanas, como seguro ocurría en los otros países de América Latina y del Caribe. La desigualdad social y económica de nuestros países forzaba a que, en un estado de necesidad, se priorice a los propios nacionales, salvo excepciones.

Bajo esta situación, la alternativa para los inmigrantes venezolanos, incluyendo a sus niños, niñas y adolescentes, se encuentra hoy sobre todo en el apoyo de sus connacionales o la cooperación internacional, o en ellos mismos. El apoyo de los connacionales puede ser inicial, y siempre que exista algún vínculo familiar o amical. La cooperación internacional como alternativa también es limitada, toda vez que ha sido desbordada por el número de inmigrantes. En países como Perú, el trabajo de la cooperación internacional y de los organismos internacionales no destaca públicamente; no se suele conocer de algún lugar de ayuda a la que podamos recomendar para atender con alimentación inmediata o nutrición de una familia inmigrante. De ahí que la mejor alternativa va a ser que cada inmigrante solucione la satisfacción de sus necesidades inmediatas y las de su familia.

En estas condiciones, el diagnóstico que realiza la Plataforma de Coordinación Interagencial para Refugiados y Migrantes de Venezuela muestra esta necesidad de nutrición como urgente en el conjunto de países de América Latina y el Caribe:

> "En el contexto de la movilidad humana, los datos de 2022 ilustran la malnutrición en los países de ALC [América Latina y el Caribe] que reciben personas refugiadas y migrantes. La desnutrición aguda entre los niños y niñas menores de 5 años oscila entre el 3% de los niños y niñas evaluados en Ecuador, República Dominicana y Colombia, hasta el 4.4% en Perú y el 13.4% en Brasil. Los niños y niñas con desnutrición aguda tie-

> nen la inmunidad debilitada, lo que aumenta su riesgo de muerte debido a una mayor frecuencia y gravedad de infecciones comunes. También se identificó un retraso en el crecimiento entre los niños y niñas refugiados y migrantes menores de 5 años, que refleja las deficiencias nutricionales durante un período prolongado. Se identificó que el 8.2% en Perú, el 17.8% en Brasil, el 19.6% de los niños y niñas en tránsito y el 22.8% de los niños y niñas en movimientos pendulares en Colombia, eran demasiado bajos para su edad, lo que significa que tal vez nunca alcancen toda su estatura posible ni todo su potencial cognitivo…"[10].

De un lado se muestra el problema de la desnutrición aguda, que afecta al desarrollo físico y mental del niño o niña, y de otro lado se destaca el problema del retraso en el crecimiento de los niños y las niñas menores de 5 años. El primero es un trastorno por falta de nutrientes por un tiempo prolongado, mientras el segundo es una situación anormal que puede deberse a problemas de salud que, a su vez, está relacionado con la alimentación de los niños y las niñas inmigrantes. Los niños y las niñas inmigrantes asentados en Brasil, Colombia y Perú son quienes muestran las cifras más altas de este problema.

El problema de la nutrición va más allá, según la Plataforma de Coordinación Interagencial para los Refugiados y Migrantes de Venezuela. A los problemas de desnutrición aguda y el retraso en el crecimiento se suman los casos de anemia en niños y niñas y en las mujeres embarazadas:

> "… Asimismo, se identificó que el 19% de los niños y niñas refugiados y migrantes de entre 6 y 59 meses en Perú, el 30,8% de los niños y niñas en tránsito y el 37,3% de los niños y niñas en movimientos pendulares en Colombia tenían anemia, lo que puede provocar un crecimiento deficiente, un desarrollo físico y mental deficiente y un mayor riesgo de muerte por enfermedades infecciosas. En cuanto a las mujeres embarazadas, en Colombia se identificó un 23,7% con desnutrición y un 24,1% con anemia, que son factores de riesgo para la salud materno-infantil, aumentando las posibilidades de mortalidad y morbilidad materna, parto

---

10 Plataforma de Coordinación Interagencial para Refugiados y Migrantes de Venezuela (2022), p. 46.

prematuro, bajo peso al nacer y alteración del desarrollo cognitivo de los niños y niñas recién nacidos[11].

Perú y Colombia aparecen como los países de estudio, y en los que se han encontrado un mayor número de casos de anemia en niños y niñas inmigrantes venezolanos. En el caso de la anemia materna, el diagnóstico destaca el caso de Colombia, pero también es probable que todos los países de Latino América y el Caribe lo compartan. La situación de una mujer embarazada es semejante a la de un niño o niña en un proceso de migración forzada como la descrita para el caso de Venezuela.

La falta de una nutrición completa, que incluya proteínas, es la causa principal de esta necesidad inmediata de niños, niñas y adolescentes inmigrantes venezolanos. Pero, si bien el problema aparece concentrado en los niños y niñas, no están excluidos los adolescentes, y tampoco se puede excluir las mujeres embarazadas.

2. *La necesidad inmediata de alojamiento*

Al igual que la nutrición, la necesidad de alojamiento se presenta como un problema urgente que los inmigrantes venezolanos y, en particular, las familias inmigrantes venezolanas, tienen que resolver. Esta necesidad se vive durante el desplazamiento forzado, cuando la mayoría de inmigrantes, incluidos niños, niñas y adolescentes, pernoctan en el bus o el vehículo en el que se trasladan, o en la calle. Pero, como también lo hemos visto en la sección anterior, el problema continúa durante el asentamiento de los inmigrantes en un país; por días, semanas o meses el inmigrante o la familia inmigrante sufrirá la necesidad inmediata de alojamiento mientras no pueda pagar uno.

Médicos Sin Fronteras nos mostró, desde su experiencia en Lima Norte, que el extremo de estos casos se relaciona con la indigencia. Los inmigrantes individuales y las familias inmigrantes pueden vivir durante semanas en la calle, expuestos a todas las formas de peli-

---

11 PLATAFORMA DE COORDINACIÓN INTERAGENCIAL PARA REFUGIADOS Y MIGRANTES DE VENEZUELA (2022), p. 46.

gro en una zona urbana normalmente desprotegida de seguridad pública[12].

Ello no es lejano al diagnóstico de la falta de alojamiento para los inmigrantes o familias inmigrantes que nos rebela la Plataforma de Coordinación Interagencial para Refugiados y Migrantes de Venezuela. Las ciudades de los países de recepción no han estado preparadas urbanamente para recibir el número inmenso de inmigrantes:

> "En general, los centros urbanos de los países que acogen a personas refugiadas y migrantes de Venezuela, así como a las poblaciones locales más vulnerables, se caracterizan por la falta de planificación integrada. Evaluaciones recientes destacan los retos a los que se enfrentan estos hogares debido al hacinamiento y a las malas condiciones de vida en los espacios alquilados, la falta de información sobre las opciones de alquiler y el mercado, y la inseguridad de la tenencia. La insuficiencia de viviendas asequibles ha empujado a las personas refugiadas y migrantes a situaciones de calle y/o a asentarse en lugares inseguros situados en la periferia de los centros urbanos, a menudo en zonas expuestas a peligros y catástrofes derivadas de fenómenos meteorológicos extremos, o en áreas protegidas desde el punto de vista medioambiental que no están zonificadas para el asentamiento humano…"[13].

Si bien ciudades metropolitanas como Lima, en Perú, tienen una amplia capacidad de recepción, no están preparadas para albergar en forma inmediata a un grupo masivo de 100.000 o 200.000 familias inmigrantes. Si bien Lima ofrece la mitad de su espacio urbano como zona urbano marginal de menor costo para los inmigrantes, zona integrada por distritos populosos, Asentamientos Humanos y centros urbano populares, lo que facilita los precios de alquiler diferenciado que favorecería a los inmigrantes, el problema es que no es suficiente. Como indica el diagnóstico, existe una "insuficiencia de viviendas asequibles". Esto fuerza a que las personas o familias inmigrantes opten por la calle como una triste alternativa, con toda la inseguridad que siempre reproduce la zona urbana de las ciudades de América Latina y el Caribe, o que se asienten en lugares inseguros identifica-

---

12 Médicos sin Fronteras (2022).

13 Plataforma de Coordinación Interagencial para Refugiados y Migrantes de Venezuela (2022), pp. 61-62.

dos como zonas de riesgo de desastres, o en áreas socioambientales no adecuadas para el asentamiento humano.

Con el paso de las semanas y los meses la persona o familia inmigrante llega a tener ingresos económicos y, con estos, buscar un alojamiento más adecuado, buscando favorecer a sus niños, niñas y adolescentes. Sin embargo, el aumento de precios de los alquileres, así como la crisis tras la pandemia les afectará. Siempre se suman limitaciones como la Plataforma de Coordinación Interagencial para Refugiados y Migrantes de Venezuela expone:

> "El principal reto en materia de alojamiento identificado para las personas refugiadas y migrantes de Venezuela en destino está relacionado con el pago del alquiler, ya que éste representa el principal gasto del hogar, del que las recién llegadas personas refugiadas y migrantes de Venezuela y los sucesivos desplazamientos no pueden pagar debido a la crisis económica tras la pandemia. Por ejemplo, el 76% de las personas venezolanas en Perú, el 46% en Costa Rica y el 73% en Panamá carecían de medios económicos para seguir pagando el alquiler. Esta situación no sólo aumenta el riesgo de desalojo y de quedarse sin hogar, sino que también conduce a mecanismos de afrontamiento con impactos negativos, convirtiéndose en una causa importante de endeudamiento e impidiendo la integración socioeconómica. Las personas que carecen de una vivienda adecuada también suelen carecer de una dirección permanente, lo que afecta negativamente a los procesos de documentación y/o regularización, genera inestabilidad en el acceso a medios de vida y a servicios básicos, y dificulta la matriculación de los niños y niñas en las escuelas, así como la creación de redes de apoyo".[14]

El pago de la renta por alquiler constituye el principal gasto del hogar para una familia inmigrante venezolana. Tener un lugar seguro para vivir constituye el anhelo para toda familia y por ello no dudarán en orientar su mayor gasto en tener esa vivienda. Sin embargo, a la situación regular vivida por los inmigrantes antes de la pandemia, se sumará una situación irregular de dos años y medio durante la pandemia (como ocurrió en países como Perú), con reducción de mano de obra y despidos. Ello generó una crisis de carencia de medios económicos para seguir pagando el alquiler con el riesgo de desalojo y quedarse sin hogar. Así, el reporte cita el caso de Perú, donde

---

14 PLATAFORMA DE COORDINACIÓN INTERAGENCIAL PARA REFUGIADOS Y MIGRANTES DE VENEZUELA (2022), p. 61.

el 76% de personas inmigrantes de Perú, ya asentadas con 2 o 3 años, se quedaron sin recursos para pagar el alquiler.

El problema tiene efectos serios en los niños, las niñas y adolescentes, en tanto que la preocupación dónde vivir, el riesgo de desalojo, y la posibilidad de quedar en la calle se traslada a ellos. Pero, además, las posibilidades de estabilidad emocional a partir de un domicilio permanente, para fines de la matrícula escolar o los servicios de salud, se pierde.

Todo ello lleva a valorar la necesidad de alojamiento entre las personas o familias inmigrantes como prioridad, siguiendo a la necesidad de nutrición. Ambos resultan indispensables para asegurar la subsistencia de los cientos o miles de niños, niñas y adolescentes inmigrantes venezolanos.

3. La necesidad inmediata de salud

El acceso al servicio de salud se presenta como una necesidad inmediata de tipo servicio público para los niños, las niñas y adolescentes inmigrantes venezolanos durante su trayecto de desplazamiento y durante su asentamiento en un país de recepción. Es una prioridad de servicio público porque se conecta con la obligación de los gobiernos de los Estados de brindar seguridad en salud para todos, incluidas las personas o familias inmigrantes, porque su desatención puede producir la muerte.

Durante el trayecto del desplazamiento de las personas y familias inmigrantes el servicio de salud es muy limitado y la dicotomía de vida y muerte está muy presente en los niños, las niñas y adolescentes inmigrantes. Se desconoce de cifras de niños, niñas y adolescentes que habrían fallecido en su trayecto de desplazamiento, o en sus paradas temporales, pero no se puede negar que existen los casos. Las noticias rebelan casos de niños, niñas y adolescentes que migran cruzando las fronteras amazónicas de Venezuela y que no resisten las altas temperaturas o las condiciones de peligro, y fallecen solos o al lado de sus parientes, sin posibilidad de auxilio:

> "La data oficial sobre la muerte de menores migrantes venezolanos en tránsito dista mucho de la realidad contada por los que hacen la ruta. Los connacionales que atraviesan el Darién [Amazonía venezolana frontera con Panamá], por ejemplo, reportan ver los cuerpos de familias completas

en medio de los 130 kilómetros del paso fronterizo. A lo vasto del territorio y a las condiciones extremas de la zona selvática se le atribuye, en parte, que en la mayoría de los casos los restos de quienes no resisten esas exigencias físicas nunca puedan ser recuperados"[15].

Como ocurre en la data general de inmigrantes, se dan cifras oficiales sobre estos casos de muerte, pero existe otra data que desborda estas cifras desde la realidad. La información de personas o familias que emigran a través de la Amazonía y enferman y mueren, como se explica en la cita, es solo un ejemplo de una data mayor que lamentablemente no es objeto de investigación. En el mismo sentido, se desconoce de información del número de niños, niñas y adolescentes que se enferman y fallece en las rutas comunes de desplazamiento. La multitud y el caso o desorden, desborda cualquier servicio de atención en salud. El número de inmigrantes en las rutas convencionales repletan los servicios o simplemente éstos no existen, y por la falta de atención se producen las muertes. Los niños, las niñas y adolescentes pueden caer enfermos fácilmente por su precaria ingesta de alimentos en los 30 o 50 días que dura su travesía, y al no estar todos preparados para resistir la enfermedad, se puede producir su muerte. ¿Cómo podemos conocer de su real situación?[16]

Pero, más allá de esta amenaza de muerte en los niños, las niñas y adolescentes inmigrantes, importa focalizar la situación del servicio de salud para buscar remediar cualquier efecto dañino. Tratemos ahora la situación del servicio de salud en las personas o familias inmigrantes cuando se asientan en un país de recepción. Las limitaciones del servicio de salud son diferentes.

Así, tras el éxodo o desplazamiento forzado la situación del servicio de salud a favor de las personas y familias inmigrantes dependerá de las condiciones que ofrece el país de recepción. En países como el Perú, existe el servicio de los organismos internacionales como Médicos Sin Frontera, que anteriormente referimos, o la Cruz Roja Internacional, que prestan apoyo directo en salud a las personas inmigrantes, pero carecen de la cobertura, los equipos y las especialidades de una institución especializada. Cuando la persona inmigrante,

---

15 DIARIO TAL CUAL (2022).

16 DIARIO TAL CUAL (2022).

sea niño o adulto, permanece en el país, necesariamente requiere del servicio prestado por una de las instituciones del Estado, que cuente con cobertura nacional, equipos modernos y medicina especializada orientada al niño y al adulto. Estas instituciones del Estado peruano son dos: el Ministerio de Salud (MINSA) y el Seguro Social de Salud del Perú (ESSALUD). La diferencia entre ambas es que la primera es pública, abierta a toda persona que no cuente con seguro de salud, mientras la segunda está a disposición de contribuyentes trabajadores y sus familias, solo atiende a las personas que cuentan con el seguro social por la contribución de un familiar regularmente empleado. En el caso de las personas y familias inmigrantes tienen posibilidad de acceso a los servicios del Ministerio de Salud.

A la fecha, julio de 2023, el conjunto de inmigrantes, incluyendo niños, niñas y adolescentes, adultos y ancianos asciende oficialmente a la cantidad de 1.5 millones, como anteriormente indicáramos. Si los relacionamos con el servicio de salud, podemos afirmar que el conjunto de estos 1.5 millones de inmigrantes requieren de servicio de salud, lo que no debe ser omitido por las autoridades del Estado. Si bien a esta cifra se suma otra no oficial, que también es inmensa en el caso peruano como también explicáramos previamente, y que también requiere de atención de salud, cabe focalizar la situación de las personas incluidas en la cifra oficial para al menos entender las limitaciones del servicio y el problema de la necesidad.

En el Perú, el Ministerio de Salud brinda sus servicios a toda persona de origen nacional o de origen extranjero siempre que cuente al menos con un documento de reconocimiento oficial. Dado el inmenso número de personas y familias inmigrantes, el gobierno central del Perú, como ha ocurrido en otros países, ha tenido que brindar facilidades para inscribir a los extranjeros, particularmente venezolanos, que se encuentran en situación irregular. Esta formalidad ha sido posible a través del procedimiento denominado Permiso Temporal de Permanencia. Cada cierto tiempo se ha habilitado por la Superintendencia Nacional de Migraciones del gobierno peruano la posibilidad que las personas que carecen de este permiso, lo puedan obtener. Así, con fecha 8 de mayo de 2023, la Superintendencia Nacional de Migraciones ha hecho público su Resolución de Superintendencia Nro. 000109-2023-Migraciones por el que se establece un nuevo plazo de inscripción para acceder al permiso[17].

Con el Permiso Temporal de Permanencia la persona inmigrante, sea mayor o menor de edad puede acceder al Sistema Integral de Salud (SIS), y con ello pasar a ser atendida en cualquier establecimiento de salud.

Con el paso de los meses y años de permanencia en el país, la persona inmigrante, consigue su Permiso Temporal de Permanencia y así ser parte del Sistema Integral de Salud, pero después siguen otros problemas. Se suma la falta de calidad del servicio de salud. El Sistema Integral de Salud está hecha para personas vulnerables, sin recursos económicos, siendo un servicio gratuito; lo que es mal entendido por e los gobiernos y sus burocracias. Lo servicios gratuitos se prestan a formas de corrupción en países como Perú, y bajo la corrupción el sistema de salud se deteriora afectándose particularmente su calidad.

Latino América y el Caribe vive una experiencia semejante en su servicio de salud, y las personas o familias inmigrantes sufren sus efectos. Esta situación se puede entender del diagnóstico que presenta la Plataforma de Coordinación Interagencial para los Refugiados y Migrantes de Venezuela:

> "Entre las prioridades identificadas en relación con la asistencia en salud, las personas refugiadas y migrantes señalaron la necesidad de acceder a servicios de atención primaria de calidad. Se hizo especial hincapié en la necesidad de recibir apoyo psicosocial y de salud mental (MHPSS), así como en la atención en salud sexual y reproductiva (SSR), centrada en adolescentes, planificación familiar, prevención del embarazo en la población adolescente, mujeres embarazadas, atención prenatal y postnatal, la atención en salud materno-infantil, señalando que las vacunaciones

---

17 Cabe aclarar sin embargo que la masa de indocumentados inmigrantes sigue vigente en países como Perú. Las condiciones de informalidad del país (donde la población puede permanecer sin documentación), las dificultades de cumplir con los requisitos o la distancia para acudir al lugar donde puedan inscribirse, entre otras razones, no permiten que tengan el carnet de Permiso Temporal de Permanencia. Sumado el nivel del flujo de inmigración que creció tras la pandemia, tal inscripción es más difícil.

infantiles regulares se vieron interrumpidas en gran medida por la pandemia de COVID-19"[18].

Latino América y el Caribe vive una experiencia semejante en su servicio de salud, y las personas o familias inmigrantes sufren sus efectos. Esta situación se puede entender del diagnóstico que presenta la Plataforma de Coordinación Interagencial para los Refugiados y Migrantes de Venezuela: Como se lee del reporte citado, la atención primaria de salud, esto es básica, no tiene la calidad esperada por las personas inmigrantes o, incluso, las que pudieron alcanzar el estatus de refugiados, tras haber sido aceptados en el país de recepción. De un lado se reclama por la necesidad de apoyo psicosocial y salud mental (propio del efecto del trauma del desplazamiento), y por otro lado se reclama por atención sexual y reproductiva, centrada en adolescentes, atención prenatal y postnatal en mujeres embarazadas y vacunaciones infantiles que fueron interrumpidas tras la pandemia. En realidad, se trata de un pedido de servicios de salud urgente para atender el conjunto de necesidades de niños, niñas y adolescentes inmigrantes

¿Cómo se manifiesta esta falta de calidad del servicio de salud a favor de las personas inmigrantes? o, en términos más directos ¿cuáles son las causas que generan la falta de calidad del servicio? Es difícil que un extranjero califique de malo el servicio gratuito que le otorgan en un país de recepción, pero en la necesidad es indispensable que se haga. La Plataforma de Coordinación Interagencial para Refugiados y Migrantes de Venezuela, logra identificar dos grupos de obstáculos o barreras como las causas de esta falta de calidad del servicio:

> "En cuanto a los obstáculos para acceder a servicios de salud, las personas refugiadas y migrantes mencionaron dos asuntos principales: la falta generalizada de documentación y/o el hecho de estar en condición irregular, y la falta de información sobre los procedimientos administrativos o sobre cómo acceder a asistencia en salud y a los planes nacionales de seguro médico. También señalaron los largos retrasos en los servicios, el elevado costo de la atención y los medicamentos en algunos países y la falta de acceso a especialistas sanitarios necesarios, entre otros proble-

---

18 Plataforma de Coordinación Interagencial para Refugiados y Migrantes de Venezuela (2022), p. 37.

mas. La discriminación y la xenofobia, así como la falta de mecanismos de denuncia para ejercer sus derechos a la salud, son otros obstáculos importantes para utilizar los servicios de salud"[19].

Un primer grupo de obstáculos que refieren las personas inmigrantes es sobre el de acceso al servicio de salud. No es fácil acceder al servicio porque la mayoría de inmigrantes que acuden al servicio carecen de documentos o se encuentran como irregulares en el país de recepción. En el caso peruano ello es bastante común porque, a pesar de las posibilidades de conseguir un Permiso Temporal de Permanencia los más pobres y necesitados inmigrantes no lo pueden obtener porque no cumplen con los requisitos, se encuentran distantes del lugar donde pueden obtener el permiso o porque simplemente quieren permanecer dentro de la informalidad que le permite el mismo contexto del país, identificado con un 70% de informalidad. Son cientos de miles las personas y familias que se encuentran en esta condición de irregularidad, según se puede entender de propios documentos oficiales como cuando en la parte considerativa de la Resolución de Superintendencia antes citada se afirma que 294.509 personas se encuentran sin regularizar.

El segundo grupo de obstáculos o barreras que afectan la calidad del servicio de salud para los inmigrantes venezolanos es focalizada en el elevado costo de la atención y los medicamentos, y la falta de especialistas, por un lado, y, por otro lado, la discriminación y xenofobia, así como la falta de mecanismos de denuncias sobre estos problemas. Es difícil la comprensión de estos obstáculos si es que no lo explicamos desde la realidad de un país. Si el servicio de salud es gratis para personas vulnerables o de bajos recursos económicos, como ocurre con las personas inmigrantes ¿Cómo se explica el alto costo del servicio? Desde el Perú, la explicación del problema es la siguiente: como el Servicio Integral de Salud es gratis para toda persona que cuente con bajos recursos, la planificación y ejecución del servicio puede ser objeto de corrupción y con ello afectar la calidad del servicio; como consecuencia, se carecen de medicinas y especialistas, y el paciente los tiene que buscar en el mercado privado.

---

19 PLATAFORMA DE COORDINACIÓN INTERAGENCIAL PARA REFUGIADOS Y MIGRANTES DE VENEZUELA (2022), p. 37.

Pero, además, como el servicio de salud es gratis aunque sea malo, en el país se tiene una masa de pobres que requiere el servicio (entre 50 y 60% de la población, lo que hace un aproximado de 15 a 17 millones de habitantes), lo que genera el rechazo al inmigrante. Así, el conjunto de inmigrantes niños, niñas, adolescentes, jóvenes, adultos y mayores son entendidos como un estorbo o una forma de competencia "desleal" (en tanto no contribuyen con los impuestos que financian el servicio, y gozan del servicio aunque sea malo), Si el conjunto de inmigrantes se desplaza en mayor número y necesita del servicio del Sistema Integral de Salud, el problema se acrecienta. Por ello, aunque resulte paradójico, a pesar del mal servicio que reciben y de "mezclarse" con la población más podres del país de recepción, el inmigrante venezolano es discriminado; es objeto de xenofobia.

Como se aprecia, el problema del servicio de salud es complejo, y la necesidad sobre este servicio de las personas inmigrantes, incluidos niños, niñas y adolescentes, no es fácil de satisfacer en América Latina y el Caribe. El problema es complejo desde el trayecto del desplazamiento y continúa cuando la persona o la familia inmigrante se asienta en el país de recepción. En los países de recepción se pasa a sufrir el problema dentro del grupo de personas más vulnerables, siendo difícil exigir calidad del servicio de salud.

4. La necesidad inmediata de educación

La educación se presenta como un servicio prioritario para los inmigrantes, siguiendo el servicio de salud. Es, en teoría, el mejor medio de alcanzar el desarrollo social y cultural y la autonomía económica en los niños, niñas y adolescentes inmigrantes venezolanos. Ello ciertamente dependerá de las condiciones que ofrece el país de recepción.

El impulso de la mayoría de las personas y familias que emigra de Venezuela (el 80% según información de la organización Médicos Sin Frontera, cuando se refiere al grupo de inmigrantes que durante su desplazamiento pernoctó alguna noche en las calles) es dejar la situación de pobreza y privaciones y pensar en un futuro mejor para sus hijos e hijas. Para ello se realiza el sacrificado éxodo y la búsqueda del mejor país que les brinde acogida. En una familia inmigrante, los padres y las madres llegan como mano de obra barata en la economía del país de recepción, sean profesionales, técnicos u obreros o campesinos, pero los hijos son la esperanza del cambio.

Así, la educación se presenta también como el mejor medio de transformación de las familias inmigrantes, capaz de generar la integración de sus niños, niñas y adolescentes en el país de recepción y, a través de ellos, generar la integración de los padres y madres. Esta es, por lo general, la ilusión del inmigrante adulto, y por ello organismos internacionales como la Plataforma de Coordinación Interagencial para los Refugiados y Migrantes de Venezuela, tiene en su trabajo una sección especial de gobierno y gestión denominado "Sector Educación" [20].

Como necesidad inmediata el servicio de educación, se constituye en un segundo servicio público prioritario orientado a satisfacer esa necesidad a favor de los niños, las niñas y adolescentes inmigrantes. El primer servicio lo constituye el de salud, como hemos buscado mostrar. Para ello, al igual que el servicio de salud, el servicio de educación exige ciertos requisitos para que el beneficiario acceda al mismo. Si bien la educación aparece como un derecho gratuito y una obligación que se presta a favor de estudiantes menores de edad, reconocido en las Constituciones de muchos países de Latino América y el Caribe que acogen a los inmigrantes, en la práctica el servicio educativo tiene muchas limitaciones, siendo uno inicial la exigencia de un documento que lo acredite como un inmigrante legal.

En países como el Perú el servicio de educación es brindado a nivel inicial, primario y secundario en forma gratuita y obligatoria (Artículo 17° de la Constitución Política del Perú). También se reconoce la educación universitaria como gratuita para aquellas personas "que mantengan un rendimiento satisfactorio y no cuenten con los recursos económicos necesarios para cubrir los costos de educación" (Ibídem). De acuerdo a esta norma los niños, las niñas y adolescentes inmigrantes tiene el derecho de satisfacer su necesidad de educación en forma gratuita y obligatoria a nivel inicial, primaria y secundaria, y pueden estudiar en la universidad si tienen buen rendimiento y carecen de recursos económicos. Sin embargo, para iniciar el cum-

---

20 PLATAFORMA DE COORDINACIÓN INTERAGENCIAL PARA REFUGIADOS Y MIGRANTES DE VENEZUELA (2023b).

plimiento de este derecho primero tienen que contar con el carnet de Permiso Temporal de Permanencia, y si son niños, niñas o adolescentes que se integran a un grado diferente a la inicial deben contar con los certificados o documentos que prueben sus previos estudios.

Por la cantidad de inmigrantes en el país, y, particularmente, su condición de inmigrante irregular, el Ministerio de Educación del Perú (MINEDU) dispuso que los estudiantes menores de edad sean matriculados con una declaración jurada del padre, madre o representante legal y con un examen de nivelación o ubicación a cargo de la institución educativa responsable. Pero, el problema continuó porque el apoderado del menor de edad debía regularizar su matrícula cambiando la declaración jurada por el Permiso Temporal de Permanencia dentro de los 45 días, lo que no era cumplido, y porque las instituciones educativas continuaban solicitando antecedentes educativos. Save the Children rebela esta realidad al inicio de un estudio reciente aplicado en Lima y la región de La Libertad[21], en el norte del Perú, pero luego, tras aplicar su encuesta, encuentra otras causas por las que los niños, las niñas y adolescentes no logran la atención del servicio educativo:

> "De una muestra de 444 NNA [Niños, Niñas y Adolescentes] que no se encuentran matriculados en el colegio, el 14.4% no logró acceder a la matrícula escolar por falta de documentación de los apoderados, mientras que el 17% no pudo hacerlo por falta de documentos o certificados de convalidación de estudios de los menores de edad.
>
> Otra situación frecuente fue haber llegado al Perú luego de la fecha de matrícula, cuya representatividad fue del 23.3%. Por su lado, el 9.9% de la población no se encuentra en el colegio actualmente por haber sufrido exclusión o discriminación por parte de algún directivo del centro educativo. En una situación diferente tenemos a la población que no encontró cupos/vacantes para acceder a la educación básica (el 45% de la muestra). Solo el 11% de la muestra respondió que las razones no eran migratorias" [22].

Tras esta revelación, Save and Children presenta el siguiente cuadro:

---

21 Save the Children et al. (2022), pp. 14-15.

22 Save the Children et al. (2022), p. 35.

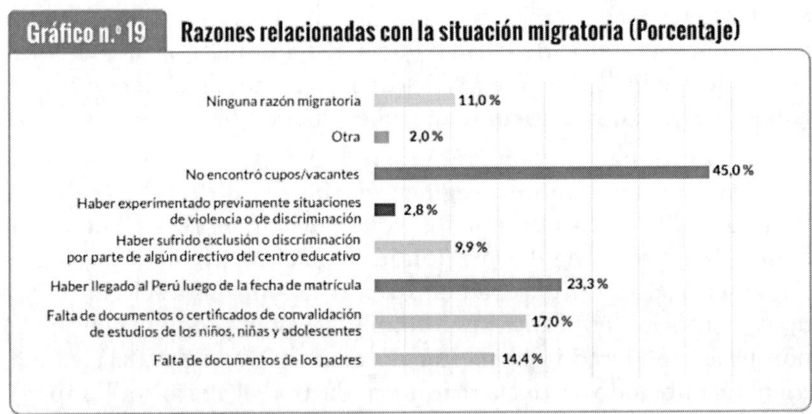

Gráfico n.º 19 Razones relacionadas con la situación migratoria (Porcentaje)

Fuente: Save The Children[23]

De acuerdo al cuadro citado, llama la atención la respuesta “No encontró cupos/vacantes = 45%”. Es una respuesta que no tiene explicación para la situación de los niños, las niñas y adolescentes inmigrantes venezolanos en condiciones de estudiar y el sistema legal vigente. Las otras respuestas, aunque resultan cuestionables o inaceptables, si son comprensibles: haber experimentado previamente situaciones de violencia o discriminación (2.8%), haber sufrido exclusión o discriminación (9.9%), haber llegado al Perú luego de la fecha de matrícula (23.3%), falta de documentos de convalidación de estudios (17%) y falta de documentos de los padres (14%).

De un lado, no es difícil entender, aunque estemos en total desacuerdo con las razones asumidas, que por alguna forma de discriminación los padres o madres, sino son los propios niños, niñas o adolescentes inmigrantes, no quieran continuar con sus estudios en una institución educativa determinada. Igualmente, no es difícil comprender, a pesar que también resulte inaceptable, que si se llega al país de recepción fuera de la fecha de la matrícula, o si se carece de los documentos de convalidación de estudios o de permanencia de los padres, no alcance a estudiar el niño, niña o adolescente.

---

23 SAVE THE CHILDREN et al. (2022), p. 35.

Son respuestas y razones subjetivas inaceptables, pero, al final, son respuestas que se comprenden en su existencia fáctica. Por ello también, son respuestas que tienen soluciones: se pueden denunciar los casos de discriminación y se puede acudir a otra institución educativa que no discrimine y que permita la matrícula fuera de fecha, sin la exigencia de documentos innecesarios,

Pero, de otro lado, no se logra comprender la respuesta "No encontró cupos/vacantes= 45%". Es una respuesta arbitraria que puede tener múltiples razones: cierre de matrículas, llegar luego de la matrícula, carecer de algún documento, etc. También se pueden ocultar razones discriminatorias como las anteriormente comentadas o políticas del gobierno que no se muestran públicas. Decir "no hay vacantes" en el tema educativo es decir "no hay educación"; una contradicción inaceptable desde toda perspectiva. De ahí que sea indispensable realizar un estudio de profundidad para entender qué encierra la expresión "no hay vacantes". En cualquier caso, el hecho que una institución educativa no tenga cupos, puede orientar al interesado a buscar otra institución educativa, y si no existe esta segunda institución educativa puede denunciar a la primera y obligarse a que extienda excepcionalmente el número de cupos, por el interés superior del niño o niña.

Bajo esta breve experiencia podremos afirmar que una necesidad tan sencilla como práctica, como resulta ser la educación, no es satisfecha plenamente en los niños, las niñas y adolescentes inmigrantes por medidas o acciones que contradicen el servicio educativo del Estado. Al final, son los niños, las niñas y adolescentes los perjudicados, pero parece no importar a los gobiernos de los países de recepción.

El problema es muy semejante en muchos países de Latino América y el Caribe, según rebela el informe anual de la Plataforma de Coordinación Interagencial para Refugiados y Migrantes de Venezuela. Según este informe, solo el acceso al servicio educativo por la falta de cupos constituye una limitación que se acrecienta sin explicación, afectando a los niños, las niñas y adolescentes inmigrantes venezolanos:

> "Uno de los principales obstáculos para el acceso a la educación sigue siendo la falta de cupos o espacios en las escuelas. Las personas refugiadas y migrantes en países como Chile, Brasil, Perú y Guyana se encuentran habitualmente con esta barrera. En Brasil, por ejemplo, el 17%

de los niños y niñas de Venezuela de todo el país no van a la escuela, porcentaje que aumenta hasta el 63% en el caso de los niños y niñas refugiadas y migrantes que viven en albergues en Boa Vista (Roraima)"[24].

Como hemos indicado, la falta de cupos no es una razón válida que limite el acceso al servicio educativo en los niños, las niñas y adolescentes inmigrantes. Necesita ser explicado en sus razones objetivas y subjetivas, aunque resulten cuestionables o inaceptables. Salvo que se trata de un tema de presupuesto, lo cual debía explicarse igualmente. Pero, lo más próximo es afirmar que se encierra tras esa expresión "no hay cupos o vacantes" una forma de discriminación xenofóbica que daña seriamente a la persona o la familia inmigrante pero también al país de recepción.

Sin embargo, a nivel de Latino América y el caribe se suman otras formas de exclusión o discriminación de los niños, las niñas y adolescentes respecto al servicio educativo. El informe de la Plataforma de Coordinación Interagencial para Refugiados y Migrantes de Venezuela, logra describir las exigencias de las instituciones educativas sobre compra de materiales, uniformes y pagos que contradicen el principio de gratuidad de la educación:

> "Otro reto importante que impide la permanencia escolar de las personas refugiadas y migrantes es la falta de recursos en especie y/o financieros para inscribir a NNA [Niños, Niñas y Adolescentes] en las escuelas, comprar materiales escolares, uniformes y pagar transporte, entre otros gastos. Por ejemplo, en Colombia, el 29% de los niños y niñas de Venezuela entre 6 y 17 años no están matriculados en las escuelas, sobre todo debido a la incapacidad de sus padres de pagar las tasas y los materiales escolares. En Aruba y Curazao, las tasas relacionadas con la compra obligatoria de seguros, transporte y material escolar constituyen barreras para la escolarización. Del mismo modo, la falta de recursos económicos se identificó como el principal obstáculo para el acceso y la permanencia en la educación en Panamá, Costa Rica y Ecuador"[25].

El porcentaje de estudiantes menores afectados es extremadamente alta cuando se afirma que el 29% de niños, niñas y adoles-

---

[24] PLATAFORMA DE COORDINACIÓN INTERAGENCIAL PARA REFUGIADOS Y MIGRANTES DE VENEZUELA (2022), p. 31.

[25] PLATAFORMA DE COORDINACIÓN INTERAGENCIAL PARA REFUGIADOS Y MIGRANTES DE VENEZUELA (2022), p. 31.

centes inmigrantes venezolanos, de edad entre 6 y 17 años, no están matriculados porque sus padres, madres o apoderados no pueden pagar tasas o materiales escolares. Es cerca de un tercio de las personas menores en edad escolar que no pueden acceder al servicio de educación por falta de dinero. Igual se repite en otros países de la región, sin alguna explicación objetiva, confirmándose la forma particular de discriminación o exclusión.

Por último, el mismo informe de la Plataforma de Coordinación Interagencial para Refugiados y Migrantes de Venezuela, rebela otras formas de discriminación por falta de recursos económicos y materiales. Ya no se trata solo del acceso al servicio educativo, sino, una vez superado esta barrera, se pasa o otra donde es indispensable recibir un servicio de calidad educativa que permita el desarrollo de los niños, las niñas y adolescentes inmigrantes venezolanos. Esta forma de discriminación se mostró durante el período de la pandemia, a través de una forma extrema de discriminación indirecta en la educación a distancia cuando no se podía contar con un dispositivo electrónico o internet en casa:

> La educación a distancia, que fue la única alternativa viable cuando se cerraron las escuelas debido a la pandemia de COVID-19, fue en gran medida inviable para los niños y niñas refugiados y migrantes, ya que muy pocos tenían acceso a computadoras portátiles o a una conexión a Internet suficiente, lo que dio lugar a la situación educativa actual, caracterizada por el retroceso en las competencias numéricas y literarias. En este contexto, en Ecuador, uno de cada siete niños y niñas de Venezuela disponía de una computadora portátil o de mesa para su uso personal y tres de cada cuatro no tenían acceso a una conexión a internet de calidad en sus hogares. La brecha digital también afectó gravemente al acceso de la niñez refugiada y migrante de Venezuela a la educación en Trinidad y Tobago[26].

Al igual que los niños, las niñas y adolescente que viven en las partes alejadas de un país como la Amazonía o los Andes del Perú, sin acceso a dispositivos electrónicos y sin internet, los niños, las niñas y adolescentes inmigrantes venezolanos han experimentado las mismas privaciones. Esto significa privar a estos escolares del servicio de

---

26 Plataforma de Coordinación Interagencial para Refugiados y Migrantes de Venezuela (2022), pp. 31-32.

educación por la falta de instrumentos de comunicación. En una sociedad aparentemente globalizada, muchos grupos sociales carecen de estos instrumentos de comunicación indispensables, y, en el caso de países como el Perú, no hubo manera de suplirlo en una situación excepcional como fue el período de encierro por emergencia sanitaria debido a la pandemia del Covid-19 Tras esta limitación el efecto se aprecia en la preparación del conjunto de escolares: retroceden en sus estudios, en materias literarias y numéricas y en el conjunto de sus actividades escolares. Significa sobre todo las limitaciones pendientes de superar por la difícil brecha social y económica que separa y segrega a estudiantes inmigrantes y estudiantes locales.

V. CONCLUSIONES

Tras los diferentes temas y aspectos desarrollados, nos permitimos afirmar que la hipótesis que planteamos al inicio aparece demostrada.

1) Se carece de información cierta, actual y pública que muestre la situación de la niñez y la adolescencia inmigrantes de Venezuela; particularmente respecto al número de niño, niña y adolescente que emigra, respecto a su situación durante su desplazamiento y respecto a las condiciones de vida o muerte en su desplazamiento y en su asentamiento en el país de recepción.
2) La situación de los inmigrantes niños, niñas y adolescentes es triste y trágica antes de iniciar su desplazamiento, durante el trayecto de su desplazamiento y después de su desplazamiento.
3) La mayoría de las personas o familias inmigrantes de Venezuela corresponde a un estrato social de bajos recursos económicos, cuyas limitaciones repercute en el la falta de recursos durante el éxodo o desplazamiento que inician desde su país de origen, Venezuela, a un país de recepción de América Latina o el Caribe.
4) La privación de alimentos, la falta de un transporte adecuado, la necesidad de dormir en la calle y la ausencia de servicios de salud durante su desplazamiento son algunas de las características que muestran la realidad del éxodo de los inmigrantes, incluidos niños, niñas y adolescentes. Las condiciones sociales,

económicas y culturales degradantes continúan en las personas y familias inmigrantes cuando llegan a un país de recepción de América Latina y el Caribe.

5) La necesidad inmediata de nutrición no es satisfecha en los países de recepción a pesar de conocerse de casos de desnutrición, anemia, falta de crecimiento, entre otros, en los niños, niñas, adolescentes y madres embarazadas.
6) La necesidad inmediata de alojamiento no es satisfecha en los países de recepción por la falta de recursos económicos para pagar la renta de una vivienda adecuada, por falta de viviendas cuya renta sea asequible a las condiciones de los inmigrantes y por discriminación o exclusión.
7) La necesidad inmediata de salud no es satisfecha en los países de recepción por dificultades en la regularización del Permiso Temporal de Permanencia, en países como Perú, sin el cual no se puede contar con acceso al servicio integral de salud; y por discriminación.
8) La necesidad inmediata de educación tampoco es satisfecha en los países de recepción por discriminación y por falta también de regulación del Permiso Temporal de Permanencia en países como Perú.

Estos temas desarrollados nos llevan a reflexionar como balance dos ideas centrales:

a) Que los problemas que viven los inmigrantes venezolanos desde su desplazamiento forzado hasta su asentamiento en un país de recepción en América Latina y el Caribe, son prioritariamente sociales, económicos y culturales, y solo accesoriamente jurídicos o legales.

   En el acceso a servicios básicos como el de salud o educación se presentan barreras legales como el no contar con el Permiso Temporal de Permanencia o la condición de refugiado (que son muy pocos), pero ello no responde a un problema legal propiamente sino a problemas sociales como la falta de documentación o el desconocimiento de derechos.
b) La discriminación por xenofobia es un problema crucial que limita el cumplimiento de los servicios básicos a pesar que se

cuente con una residencia legal en el país de recepción. Abiertamente la discriminación se muestra a través de los estudios realizados en los países de recepción cuando las autoridades y las personas en general no atienden o excluyen al inmigrante de un servicio público.

Los niños, las niñas y adolescentes resultan los principales afectados por esta forma de discriminación. No solo los afecta física y psicológicamente, sino que limita su integración en el país de recepción para que pasen a constituirse ciudadanos contribuyentes en su desarrollo.

c) Tras las conclusiones y reflexiones previas, se puede comprobar que las normas internacionales sobre refugiados y migrantes, las normas constitucionales y legales de los países de recepción, y las propias normas de los organismos de cooperación resultan ajenas o incumplibles en la situación de los niños, las niñas y adolescentes inmigrantes venezolanos en los países de recepción de América Latina y el Caribe.

De otro lado, estas conclusiones y reflexiones nos llevan por una búsqueda de solución: ¿Es posible o conveniente promover el retorno? Es una pregunta compleja, sobre todo porque se mezcla el tema de la discriminación, pero no es difícil de absolver.

Solo sumamos dos ideas: No es posible plantear una propuesta de retorno si es que no cambian las condiciones de precariedad en la que se encuentra el país de origen de los inmigrantes: Venezuela. Para ello es conveniente analizar cómo pueden cambiar estas condiciones de precariedad del país de expulsión.

Si no es posible el cambio de la precariedad sin el cambio de régimen, es indispensable realizar el cambio de régimen antes de formular propuestas de retorno. Para ello, el tema político y jurídico si es relevante. ¿Es posible que todos los países de América Latina y el Caribe afectados por la masa de inmigrantes rompan relaciones con el actual régimen sin que se afecte a su población inmigrante? El gran reto se encuentra en el conjunto de países involucrados, entre ellos particularmente el Perú y Colombia, como los mayores receptores de inmigrantes. Es urgente asumir una respuesta, para seguir evitando el grave daño que sufren los niños, las niñas y adolescentes inmigrantes venezolanos.

Bibliografía citada

Diario Tal Cual, El Darién se «traga» a los niños venezolanos mientras aumenta el subregistro de muertes. Noticia publicada el 1ro de noviembre de 2022. Disponible en: https://humvenezuela.com/el-darien-se-traga-a-los-ninos-venezolanos-mientras-aumenta-el-subregistro-de-muertes-via-diario-talcual/ (Consultado: el 02 de julio de 2023).

Médicos Sin Fronteras, Vulnerabilidad e informalidad: cómo vive la población migrante venezolana en Lima, Perú. Reporte de fecha 31.10.2022. Disponible en: *https:*//www.msf.org.ar/actualidad/migrantes-venezolanos-en-lima-peru-vulnerabilidad-e-informalidad (Consultado: el 30 de junio de 2023).

Restrepo, J. E.; Castro, Y. Y.; Bedoya, H. A.; y López, S., "Aproximación al proceso migratorio de las familias venezolanas al Área Metropolitana del Valle de Aburrá, Colombia: motivaciones, dinámicas familiares y relaciones de género", *Revista Latinoamericana de Estudios de Familia,* Vol. 1, N° 2, 2019, pp. 59-79.

Plataforma de Coordinación Interagencial para Refugiados y Migrantes de Venezuela, 2023. Disponible en: https://www.r4v.info/es/refugiadosymigrantes (Consultado: el 29 de junio de 2023).

Plataforma de Coordinación Interagencial para Refugiados y Migrantes de Venezuela, *Análisis de Necesidades de Refugiados y Migrantes,* 2022. Disponible en: file:///D:/Users/apena/Downloads/RMNA_2022_ESP%2520WEB%2520v2.pdf (Consultado: el 30 de junio de 2023).

Plataforma de Coordinación Interagencial para Refugiados y Migrantes de Venezuela, *Sector Educación. Sección especial de atención en el tema de educación de la plataforma,* 2023b. Disponible en: https://www.r4v.info/es/educaci%C3%B3n (Consultado: el 02 de julio de 2023).

Save the Children y Equilibrium, *Niñez migrante y educación: acceso y permanencia de niños, niñas y adolescentes venezolanos en Lima y La Libertad,* Save the Children, Lima, 2022. Disponible en: file:///D:/Users/apena/Downloads/Acceso-a-la-educacion-NNA-migrante-4-05_compressed.pdf (Consultado: el 02 de julio de 2023).

Statista Research Department, *Países con mayor número de migrantes venezolanos en el mundo,* Reporte al 12 de mayo de 2023. Disponible en: https://es.statista.com/estadisticas/1261404/paises-con-mayor-numero-de-migrantes-venezolanos-en-el-mundo/ (Consultado: el 29 de junio de 2023).

Niñez en circunstancias de movilidad humana en el ordenamiento jurídico ecuatoriano

EDISON RAMIRO CALAHORRANO LATORRE
Académico Investigador
Universidad Central de Chile
ecalahorrano@gmail.com

I. INTRODUCCIÓN

A partir del año 1997, los movimientos internacionales en el país han crecido constantemente; es así como, en el año 2021 se evidencia un crecimiento del 84,5% con respecto al año 1997. En 2021 se registró un flujo migratorio general de 2.844.788 movimientos internacionales, de los cuales 1.376.221 corresponden a entradas internacionales y 1.468.567 a salidas internacionales de ecuatorianos y extranjeros. En el último año las entradas internacionales han sido mayores a las salidas internacionales de ecuatorianos y extranjeros.

Según Migration Data Portal, para inicios de 2021 en Ecuador habia 784.800 migrantes internacionales, ascendiendo al 4,4% de la población total[1].

Según datos de ACNUR, en el año 2021, las mujeres ecuatorianas reportan un mayor porcentaje de entradas y salidas del país con relación a los hombres. En este sentido los hombres registran un total de 381.038 entradas frente a las 405.177 de mujeres. El 4,2% de los ingresos de extranjeros para 2021 corresponden a menores de 10 años[2].

Una buena parte de quienes migran a Ecuador lo hacen de manera forzada o en situaciones de vulnerabilidad lo que puede extraerse

1 Migration Data Portal (2023).

2 ACNUR (2022).

de manera indirecta al descubrir que el país alberga 571.535 personas refugiadas, de las cuales 513.903 son de Venezuela.

La población refugiada y migrante es particularmente joven, con un 40% por debajo de los 18 años, la mitad de ellos estando entre el rango de edad de los 5 y 11 años[3].

Las mujeres y niñas registran una afectación más alta frente al desplazamiento forzado, siendo actualmente el 55% del total de la población refugiada y migrante. El 11% de niñas y niños se encuentran en riesgo por distintos factores; el 4% de la población refugiada en Ecuador sufre una condición médica grave. Finalmente, el 68% de los niños refugiados están escolarizada y el 62% asiste regularmente.

Los datos recopilados nos permiten verificar que el Ecuador tiene un importante flujo de inmigración forzada especialmente concentrado en nacionales de dos países latinoamericanos Colombia y Venezuela. El clásico desplazamiento forzado por el conflicto armado en la frontera norte de país con Colombia y que era protagonista ha sido remplazado por el flujo masivo de nacionales de Venezuela. Ambos flujos son caracterizados por la interseccionalidad de su vulnerabilidad, prevaleciendo el desplazamiento forzado de mujeres y niñas[4].

El problema jurídico que se plantea es si ¿el ordenamiento jurídico ecuatoriano reconoce esta realidad y la visibiliza?, bajo el supuesto de que la primera pregunta tenga una respuesta afirmativa, nos queda por responder si, en Ecuador, ¿existen los mecanismos suficientes para atenderla y si los mismos son expeditos e idóneos?

La hipótesis planteada es que Ecuador cuenta con una nutrida y actualizada normativa destinada a regular la movilidad humana de niñas, niños y adolescentes; en la medida en que la Ley Orgánica de Movilidad Humana ha sido actualizada en el año 2021 siguiendo, en buena parte, las directrices de ACNUR, a lo que se suma la ratificación de la Convención de los Derechos de Niño y la regulación constante en el Código de la Niñez y Adolescencia; sin embargo, los dispositivos de política pública ligados a la institucionalidad y la falta de idoneidad de instrumentos preventivos y eficaces provocan que

---

3 ACNUR (2022).

4 ZOTA-BERNAL (2015).

las niñas, niños y adolescentes (en adelante, NNA) en movilidad humana sigan siendo vulnerables.

En primer lugar, se verificará la normativa vigente respecto a la protección de la niñez y adolescencia en movilidad humana; en segundo lugar, se identificarán las brechas entre la normativa y los estándares.

II. MARCO NORMATIVO VIGENTE

Ecuador ratificó la Convención de los Derechos de Niños en 1990 por lo que el principio de interés superior y derecho a ser escuchado forman parte integrante de ordenamiento jurídico, con rango constitucional e incluso supra constitucional en aquello que sea más favorable al ejercicio de los derechos; lo cual es un efecto del bloque de constitucionalidad consagrado en el artículo 424 inciso segundo de la Constitución[5].

La Convención sobre los Derechos de Niño se refiere en su artículo 27 al contexto migratorio de NNA en necesidad de obtener refugio y señala:

> "Los Estados Partes adoptarán medidas adecuadas para lograr que el niño que trate de obtener el estatuto de refugiado o que sea considerado refugiado de conformidad con el derecho y los procedimientos internacionales o internos aplicables reciba, tanto si está solo como si está acompañado de sus padres o de cualquier otra persona, la protección y la asistencia humanitaria adecuadas para el disfrute de los derechos pertinentes enunciados en la presente Convención y en otros instrumentos internacionales de derechos humanos o de carácter humanitario en que dichos Estados sean partes.
>
> A tal efecto los Estados Partes cooperarán, en la forma que estimen apropiada, en todos los esfuerzos de las Naciones Unidas y demás organizaciones intergubernamentales competentes u organizaciones no gubernamentales que cooperen con las Naciones Unidas por proteger y ayudar a todo niño refugiado y localizar a sus padres o a otros miembros de su familia, a fin de obtener la información necesaria para que se reúna con su familia. En los casos en que no se pueda localizar a ninguno de los padres o miembros de la familia, se concederá al niño la misma protección que a cualquier otro niño privado permanente o temporalmente de

5 Caicedo (2009).

su medio familiar, por cualquier motivo, como se dispone en la presente Convención".

Lo señalado obliga al Ecuador a proporcionar una protección reforzada de la niñez en contexto migratorio, especialmente a la reunificación familiar y a proporcionar herramientas jurídicas suficientes para la regularización, una vez que ha ratificado este instrumento

Como se ha señalado en otro estudio refiriéndose a las obligaciones de Estado como destinatario de derecho de los NNA a la formación de su propio juicio y ser escuchado:

"La Convención de los Derechos del Niño adoptada por Naciones Unidas el 20 de noviembre de 1989 introduce la necesidad de protección de este grupo por su vulnerabilidad; pero también se refiere a su calidad de sujeto de derecho que le permite acceder a la información sobre la que tiene interés, ser escuchado y dar su opinión que debe ser considerada para las decisiones que le involucran.

El artículo 12 de este instrumento consagra el deber y garantía de los estados con referencia al niño, como miembro de la sociedad, para que esté en condiciones de formarse su juicio, expresar su opinión libremente en los asuntos que le afecten, bajo un parámetro que pretende ser objetivo como es la madurez y la edad. Conjuntamente con este derecho se consagra el de ser escuchado en todo procedimiento judicial y administrativo directamente o mediante un representante u órgano apropiado.

Las partes mencionadas anteriormente, se complementan con el derecho a la atención en salud, conferido en el artículo 24 de la Convención que instaura un deber positivo o de carácter prestacional al Estado de procurar que la niña o niño goce del nivel más alto de salud posible; por lo tanto, el estar debidamente informado, y tener la oportunidad de tomar decisiones que puedan afectar su integridad física o psíquica en salud"[6].

La Observación General (en adelante, OG) conjunta N° 3 del Comité de Protección de los Derechos de Todos los Trabajadores Migratorios y de sus Familiares y N° 22 del Comité de los Derechos del Niño contiene los principios generales relativos a los derechos humanos de los niños en el contexto de la migración internacional.

La OG en cuestión nos señala que los elementos siguientes deben formar parte de las políticas y prácticas que se elaboren y apliquen: a) políticas amplias, interinstitucionales, entre las autoridades encar-

---

6 CALAHORRANO (2023), pp. 223-224.

gadas del bienestar y la protección infantil y otros órganos decisivos, en particular con respecto a la protección social, la salud, la educación, la justicia, la migración y las cuestiones de género, y entre las administraciones regionales, nacionales y locales; b) recursos suficientes, incluidos recursos presupuestarios, con miras a asegurar la aplicación efectiva de las políticas y programas; y c) una capacitación continua y periódica de los funcionarios encargados de la protección infantil. En todas las medidas concernientes a los niños, los Estados deben guiarse por los principios dominantes de la no discriminación; el interés superior del niño; el derecho a la vida, a la supervivencia y al desarrollo; y el derecho del niño a expresar su opinión en todos los asuntos que le afecten y a que sea tenida debidamente en cuenta (art. 12)[7].

En concordancia con el enfoque interseccional esta OG reconoce que la situación de movilidad humana incrementa la vulnerabilidad que intrínsecamente tiene el niño por ser tal; sea que él o sus padres se encuentren en dicha condición, e inclusive, si permanece en su país de origen, pero ambos padres han migrado.

Los datos y estudios que aportan sobre la niñez migrante en Ecuador son escasos, desde el punto de vista de que se ha asumido que carecen de agencia y se adhieren a las causas de migración y decisiones de sus padres; sin embargo, la importancia de identificar la agencia de los NNA en este fenómeno permite dar un giro en esta investigación, como señala Sánchez[8]:

> "los enfoques que no contemplan la agencia de los NNA desconocen las razones propias de la migración y los riesgos a los que se enfrenta en particular esta población. A las complicaciones ya comentadas para establecer una frontera clara entre la niñez y la adultez a medida que los niños crecen, se suma la dificultad de discernir, por ejemplo, entre migración voluntaria y migración forzada, más allá de los casos de tráfico o refugio que han sido abordados con amplitud en los últimos años. Si se asume una perspectiva que tenga en cuenta las particularidades de la migración de NNA, es posible discernir las variables de los motivos de la migración, así como las consecuencias y los problemas que atañen directamente a este grupo, independientemente de su relación con el núcleo familiar.

---

7 Cernadas, García y Salas (2014).

8 Sánchez (2013), pp. 32-33.

> Huijsmans (Ibíd.: 9) también argumenta que los niños han sido tradicionalmente considerados como dependientes, incompletos, incompetentes, pasivos y frágiles. Por esta razón siempre se les ha visto como parte de familias nucleares que toman decisiones por ellos. De acuerdo con el autor, la migración infantil se ha abordado entonces desde una perspectiva de migración familiar o de reunificación familiar (...)".

Por otro lado, los NNA considerados como sujetos con agencia y cuya voz debe ser escuchada en el proceso migratorio, con el fin de descubrir necesidades concretas desde su situación de mayor susceptibilidad a la vulnerabilidad, corrobora la necesidad de que formen parte de la gobernanza migratoria como la plantea el Marco de la Gobernanza de la Migración de la Organización Internacional de las Migraciones que plantea tres objetivos específicos:

1. La buena gobernanza de la migración y las políticas conexas deberían fomentar el bienestar socioeconómico de los migrantes y de la sociedad.

2. La gobernanza adecuada de la migración se debería fundamentar en respuestas eficaces a la movilidad en situaciones de crisis.

3. La migración se debería efectuar de manera segura, ordenada y digna OIM[9].

De acuerdo a la UNICEF[10]los niños y niñas migrantes son vulnerables a situaciones que pueden violentar sus derechos como:

- Ser detenidos
- Estar expuestos al crimen organizado o al tráfico de personas
- Sufrir violencia y discriminación
- Pasar hambre y frío
- No tener acceso a servicios de salud

La Constitución ecuatoriana parte de un enfoque interseccional al colocar los derechos específicos de NNA y personas en movilidad humana como grupos de atención prioritaria.

---

9 OIM (2015), p. 9.

10 UNICEF (2020).

El artículo 40 consagra expresamente el derecho a migrar y la proscripción de la categoría de ilegal de una persona, por su condición migratoria.

La Constitución prevé una protección expresa para ecuatorianas y ecuatorianos en el exterior, con énfasis en la reunificación familiar y el retorno voluntario, reconociendo a las familias transnacionales y sus derechos. Sobre el asilo y refugio, el artículo 41 de la norma suprema consagra el principio de no devolución, la asistencia humanitaria y jurídica de emergencia. Respecto a NNA, el artículo 42, una vez más, consolida el enfoque interseccional de protección al señalar que éstos, personas con discapacidad, mujeres embarazadas y personas adultas mayores tendrán atención preferencial.

El artículo 44 de la Constitución, en conexión con la Convención de los Derechos de Niño, consagra el interés superior de niño como principio, mecanismo de interpretación y norma de procedimiento; por otro lado, se establece que los derechos de NNA están por sobre los de las demás personas. El artículo 46 señala garantías específicas contra la explotación laboral o económica de NNA, prohibición de toda violencia y maltrato, lo que, indirectamente, se extiende al caso de quienes se encuentran en movilidad humana.

El Estado es el ente rector en materia de movilidad humana, el artículo 392 de la Constitución señala: El estado velará por los derechos de las personas en movilidad humana y ejercerá la rectoria de la política migratoria a través del órgano competente en coordinación con los distintos niveles de gobierno. El estado diseñará, adoptará, ejecutará y evaluará políticas, planes, programas y proyectos, y coordinará la acción de sus organismos con la de otros estados y organizaciones de la sociedad civil que trabajen en movilidad humana a nivel nacional e internacional.

Por su parte, el Código de la Niñez y Adolescencia, en su artículo 11, consagra el principio de interés superior de niño desde su triple dimensión, como principio, derecho y regla de interpretación señalando:

> "El interés superior del niño. El interés superior del niño es un principio que está orientado a satisfacer el ejercicio efectivo del conjunto de los derechos de los niños, niñas y adolescentes; e impone a todas las autoridades administrativas y judiciales y a las instituciones públicas y privadas, el deber de ajustar sus decisiones y acciones para su cumplimiento.

> Para apreciar el interés superior se considerará la necesidad de mantener un justo equilibrio entre los derechos y deberes de niños, niñas y adolescentes, en la forma que mejor convenga a la realización de sus derechos y garantías. Este principio prevalece sobre el principio de diversidad étnica y cultural. El interés superior del niño es un principio de interpretación de la presente Ley. Nadie podrá invocarlo contra norma expresa y sin escuchar previamente la opinión del niño, niña o adolescente involucrado, que esté en condiciones de expresarla".

El Código además regula en su artículo 193 la política pública integral de protección a la niñez y adolescencia entendida como el conjunto de directrices de carácter público; dictadas por los organismos competentes, cuyas acciones conducen a asegurar la protección integral de los derechos y garantías de la niñez y adolescencia.

La normativa, sin embargo, resulta insuficiente frente a la instalación de flujos migratorios caracterizados por crisis regionales humanitarias que constatan que uno de los derechos más vulnerados y que perjudican a los niños, niñas y adolescentes en situación de migración son los relacionados a la salud, educación, la no discriminación y el derecho a la protección (...)[11].

III. INTERÉS SUPERIOR DEL NIÑO

La OG conjunta 3 de Comité de los Trabajadores Migratorios y sus Familias y 22 de Comité de los Derechos de Niño señala que, de conformidad con el artículo 3 de la Convención sobre los Derechos del Niño, los Estados parte están obligados a velar por que cualquier decisión de devolver a un niño a su país de origen se tome sobre la base de consideraciones probatorias individuales y con arreglo a un procedimiento con las debidas garantías procesales, incluidas una evaluación y una determinación sólidas e individuales del interés superior del niño.

En concordancia con la norma constitucional antes señalada, la Ley Orgánica de Movilidad Humana (en adelante, LOMH) consagra en su artículo 1 el interés superior de niño y señala: en todos los procesos y procedimientos vinculados a la movilidad humana, se to-

---

11 ARANDIA-ZAMBRANO et al. (2021), p. 100.

marán en cuenta las normas previstas en la Ley de la materia, como el principio de especialidad de niñez y adolescencia y los derechos a tener una familia, convivencia familiar y ser consultado en todos los asuntos que le afecten.

En ningún caso se podrá disponer su detención por faltas administrativas migratorias. Cuando el interés superior de la niña, niño o adolescente exija el mantenimiento de la unidad familiar, el imperativo de la no privación de libertad se extenderá a sus progenitores, sin perjuicio de las medidas alternativas que puedan dictarse en el control migratorio.

A lo largo de la norma se señala que NNA tiene preferencia en distintos ámbitos, como en la búsqueda de personas extraviadas, acceso a servicios consulares, norma en la que se considera la vulnerabilidad como principal motivo de protección reforzada, que se extiende a todo tipo de institución que pueda tener en custodia una NNA, como hospitales. El artículo 39 de la LOMH prevé un mecanismo ágil de repatriación. La norma se hace cargo también de la situación de los menores no acompañados, promoviendo que las oficinas consulares den atención prioritaria a NNA en esta materia.

El artículo 99 de la LOMH señala que se dará prioridad a la tramitación de las solicitudes presentadas por niñas, niños y adolescentes no acompañados o separados de sus representantes legales, víctimas de tortura, víctimas de abuso sexual o violencia por motivos de género y las demás personas de los grupos de atención prioritaria.

En el caso de NNA no acompañados o separados de sus representantes legales, se señala que la autoridad competente coordinará el nombramiento de un tutor o representante legal. La autoridad de movilidad humana notificará inmediatamente a la Defensoría Pública a fin de que asuma el patrocinio en defensa de los derechos del niño, niña o adolescente

IV. DERECHO A SER ESCUCHADO

El Comité de los Derechos del Niño, en su observación general núm. 12, subraya que, en el contexto de la migración internacional, deben aplicarse medidas adecuadas para garantizar el derecho del niño a ser escuchado, ya que los niños que llegan a un país pueden encontrarse en una situación especialmente vulnerable y desfavorecida.

Los Estados partes deben designar a un representante legal cualificado para todos los niños, incluidos los que están bajo cuidado parental, y un tutor capacitado para los niños no acompañados y separados, tan pronto como sea posible a su llegada. Asimismo, deben garantizarse mecanismos de denuncia accesibles para los niños.

Los Estados partes deben adoptar todas las medidas apropiadas para garantizar el derecho de los niños a ser escuchados en los procedimientos de inmigración relativos a sus padres, en particular cuando la decisión pueda afectar a sus propios derechos, como el derecho a no ser separado de sus padres, salvo cuando la separación redunde en el interés superior del niño.

Preocupa a los Comités el hecho de que algunos Estados partes deciden reconocer una definición restrictiva del principio de no devolución. Los Comités ya han apuntado que los Estados no rechazarán a un niño en una frontera ni lo trasladarán a un país en el que haya motivos racionales para pensar que existe un peligro real de daño irreparable, por ejemplo, pero no solo, del tipo de los contemplados en los artículos 6, párrafo 1, y 37 de la Convención sobre los Derechos del Niño, sea en el país hacia el que se efectuará el traslado, sea a todo país al que el menor pueda ser trasladado ulteriormente.

Los Comités entienden que la detención por razones de inmigración es cualquier situación en la que un niño se ve privado de libertad por motivos relacionados con su situación migratoria o la de sus padres, independientemente del nombre o la razón dada por la medida de privación de libertad del niño, o del nombre de la instalación o el lugar en el que el niño esté privado de libertad.

Los niños no acompañados y separados de sus familias deben asignarse a un sistema de cuidados alternativos a nivel nacional o local, preferiblemente de tipo familiar con sus propias familias cuando sea posible, o bien a un servicio de asistencia social cuando no haya una familia disponible.

La Ley Orgánica de Movilidad Humana en su artículo 113, sobre garantías de debido proceso señala que, en el caso de niños, niñas y adolescentes no acompañados o separados de sus representantes legales, la autoridad de protección de niños, niñas y adolescentes coordinará el nombramiento de un tutor o representante legal. La autoridad de movilidad humana notificará inmediatamente a la Defensoría Pública a fin de que asuma el patrocinio o asistencia legal pertinente del niño, niña o adolescente.

La normativa ecuatoriana es consistente en extender el sistema de protección a menores no acompañados, el artículo 129 regula el caso de ingreso de menores:

> "Las niñas, niños y adolescentes ecuatorianos y extranjeros pueden ingresar al territorio nacional en las siguientes condiciones:
>
> 1. Acompañados de sus padres, dé uno de ellos, de tutores legales o de quien ejerza la patria potestad.
>
> 2. Sin acompañante o con terceras personas. En caso de que la niña, niño o adolescente extranjero ingrese soló al territorio nacional deberá contar con la autorización de quien o quienes ejerzan la patria potestad o de la autoridad competente en su respectivo país, bajo la normativa vigente en el país de origen y las normas de los acuerdos internacionales vigentes de los que Ecuador es parte".

La niña, niño o adolescente extranjero o ecuatoriano no acompañado o separado que ingrese a territorio ecuatoriano sin contar con la autorización deberá ser puesto de inmediato bajo la protección de la autoridad competente a fin de que evalúe las necesidades de atención y protección de la niña, niño o adolescente e inicie el proceso de restitución de derechos, de conformidad con el principio del interés superior.

Cuando la niña, niño o adolescente sea ecuatoriano e ingrese sin acompañante, será asimismo puesto bajo la protección de la autoridad competente, hasta que se cumpla con el protocolo respectivo.

El artículo 193 y siguientes de Código de la Niñez y Adolescencia extiende el sistema de protección especial a niños hijos de emigrantes, refugiados o desplazados; para la restitución o preservación de sus derechos.

La jurisprudencia constitucional ha sido en Ecuador la que más ha desarrollado el contenido y alcance de los derechos de niñas, niños y adolescentes en contextos migratorios, especialmente respecto de derecho a migrar se ha señalado en la Sentencia No. 639-19-JP/20 el reconocimiento de que:

"el establecimiento de requisitos adicionales para el ingreso de la población migrante venezolana como la presentación de pasaporte, el certificado de antecedentes penales apostillados, entre otros filtros, aumentaban el cruce irregular y, si bien las autoridades estatales tienen la facultad para establecer las políticas migratorias, estas deben actuar dentro de los límites de la constitución y los instrumentos internacionales, siempre respetando los derechos fundamentales sin discriminación. En ese sentido, explicó que el Estado se debe de abstener de realizar prácticas o implementar políticas que refuercen los estereotipos de los migrantes desde una lógica de criminalización y que todas las autoridades públicas, incluyendo a la fuerza pública, deben respetar los derechos de las personas migrantes sin ninguna discriminación, ni siquiera sobre la base de su situación migratoria. Allí reiteró que el derecho a migrar no solo incluye la posibilidad de salir del territorio, sino también el ingreso, permanencia, tránsito o retorno, y que debe respetarse en condiciones dignas"[12].

El hecho de que las personas no hayan tenido un análisis individualizado de cada caso vulneraría el derecho a migrar, no devolución y a que no existan expulsiones colectivas.

Dentro de la labor creativa de la Corte Constitucional ecuatoriana en materia de movilidad humana y extensión de ámbito de protección al grupo familiar destaca la expulsión impropia, es así que:

"la sentencia constitucional N° 983-18-JP/21 postula, con relación al contenido del principio de no devolución, la incorporación de la figura de la expulsión impropia. Esta figura ofrece una importante ventaja para responder a la problemática actual anti-refugiados, en tanto aboga por una protección que no se limita a las personas extranjeras en condición de refugiadas, sino que garantiza además la protección de los miembros de su grupo familiar e íntimo, que aun siendo nacionales del Estado receptor pueden sufrir actos de violencia o persecución debido a los vínculos que mantienen con las personas migrantes. Asimismo, esta nueva institución jurídica plantea la posibilidad de acoger el principio de no devolución para solventar las violaciones de derechos humanos que padecen los refugiados, incluso cuando no se evidencie una intención explícita de su expulsión del territorio del Estado receptor, pero se los haga sufrir condiciones semejantes a las que existían en el lugar del cual huyeron"[13]. Bajaña (2023), pp. 107-108.

---

12 CORREA (2022), p. 46.

13 BAJAÑA (2023), pp. 107-108.

V. CONCLUSIONES

1. Hay un nutrido marco normativo para la protección de la niñez migrante en Ecuador, extendiéndose el sistema de protección, visibilizándose de manera concreta a la misma y verificándose la necesidad de su protección reforzada, como grupo de atención prioritaria.

2. La realidad refleja, sin embargo, que el desborde de migración con alto componente de forzada, identificándose con la crisis migratoria venezolana y los nuevos flujos sur-sur, no compaginan la normativa con la institucionalidad encargada de la protección, por lo que la niñez migrante que cae en mendicidad trata, abusos o explotación es frecuente.

3. Se debe corregir la brecha entre instrumento normativo e instrumentos institucionales de política pública, garantizar el acceso a derechos sociales, facilitar los trámites de regularización y lograr un enfoque integral de protección a la familia migrante, en la que se inserta el NNA migrante.

Bibliografía citada

ACNUR, *Tendencias nacionales. El desplazamiento forzado hacia Ecuador*, 2022. Disponible en: https://reliefweb.int/report/ecuador/tendencias-nacionales-el-desplazamiento-forzado-hacia-ecuador-2022 (Consultado: 12 de octubre de 2023)

Arandia-Zambrano, Juan Carlos; Torres-Castillo, Tanya Roxana; y Valverde-Burgos, Noheli Sofía., "Protección de niños inmigrantes en Ecuador", *Iustitia Socialis*, Vol. 6, N° 1, 2021, pp. 88-102. https://doi.org/10.35381/racji.v6i1.1425

Bajaña Tovar, Fernando Stalin, "El principio de no devolución: sus propiedades y la nueva categoría de expulsión impropia en la jurisprudencia ecuatoriana", *USFQ Law Review*, Vol. 10, N°1, 2023. https://doi.org/10.18272/ulr.v10i1.2880

Caicedo Tapia, Danilo Alberto, "El bloque de constitucionalidad en el Ecuador. Derechos Humanos más allá de la Constitución", *Revista de Derecho Foro: Derecho Constitucional Andino*, N° 12, 2009, pp. 5-29.

Calahorrano Latorre, Edison, *El deber de informar de médico en la atención en clínica en Chile*, Santiago de Chile, Thomson Reuters, 2023.

Ceriani Cernadas, Pablo; García, Lila; y Gómez Salas, Ana, "Niñez y adolescencia en el contexto de la migración: principios, avances y desafíos en la protección de sus derechos en América Latina y el Caribe. *REMHU*", *Revista Interdisciplinar da Mobilidade Humana*, N° 22, 2014, pp. 9-28.

COMITÉ DE PROTECCIÓN DE LOS DERECHOS DE TODOS LOS TRABAJADORES MIGRATORIOS Y SUS FAMILIAS, *Observación general conjunta N° 3, sobre los principios generales relativos a los derechos humanos de los niños en el contexto de la migración internacional*, 2017. Disponible en: https://docstore.ohchr.org/SelfServices/FilesHandler.ashx?enc=6QkG1d%2FPPRiCAqhKb7yhsrMuIHhdD50s6dX7ewCBgofxxT0l9nDrP0z0mv2jWNaoJC%2BVTjKXbM%2BLBK73cdwxz3H1GfjdfL8QT6uU8jBdI4XsyYjHHB%2FUA7Zup2j3%2BDxD (Consultado: 08 de octubre de 2023)

COMITÉ DE PROTECCIÓN DE LOS DERECHOS DE TODOS LOS TRABAJADORES MIGRATORIOS Y SUS FAMILIAS, *Observación general conjunta N° 4, sobre las obligaciones de los Estados relativas a los derechos humanos de los niños en el contexto de la migración internacional en los países de origen, tránsito, destino y retorno*, 2017. Disponible en: https://docstore.ohchr.org/SelfServices/FilesHandler.ashx?enc=6QkG1d%2FPPRiCAqhKb7yhsrMuIHhdD50s6dX7ewCBgoc3aRFSDe0ukyIgphiFFs8NFJpDIcsdGEr4T%2BmbDO7iNYXSWVe%2BjSITphZ5jYuK5qGvc0TKLZHxGpZKNXFx3USA (Consultado: 08 de octubre de 2023)

CORREA AGUDELO, Daniela, *Protección judicial de los derechos fundamentales de las personas migrantes: estudio comparado entre la jurisprudencia constitucional de Ecuador, Perú y Colombia en el caso de la migración venezolana*, Granada, Editorial de la Universidad de Granada, 2022.

MIGRATION DATA PORTAL, 2023. Disponible en: https://www.migrationdataportal.org/international-data?i=stock_abs_&t=2020&cm49=218. (Consultado: 08 de octubre de 2023)

SÁNCHEZ, NIDIA, *Narrativas de exclusión: niñas, niños y adolescentes migrantes en Quito*, Tesis para acceder al grado de Magíster, Quito, FLACSO, 2013.

ZOTA BERNAL, Andrea Catalina, "Incorporación del análisis interseccional en las sentencias de la Corte IDH sobre grupos vulnerables, su articulación con la interdependencia e indivisibilidad de los derechos humanos", *EUNOMÍA. Revista En Cultura De La Legalidad*, N° 9, 2015, pp. 67-85. Disponible en: https://e-revistas.uc3m.es/index.php/EUNOM/article/view/2803 (Consultado: 12 de octubre de 2023)

Tramitación de visas de niños, niñas y adolescentes que ingresan por paso no habilitado en Chile. Una deuda pendiente

JULIANA SALOMÉ DÍAZ PANTOJA[1]
Académica Facultad de Derecho
Universidad de Tarapacá
jsdiazp@academicos.uta.cl

I. INTRODUCCIÓN

La Ley de migración y extranjería N° 21.325 (Chile) pretende responder al fenómeno de una migración sur-sur[2], caracterizada por las crisis humanitarias que afectan a la región, así como a las exigencias de incorporar el enfoque de derechos humanos en su tratamiento.

En efecto, debemos considerar que, paralelo al aumento progresivo y creciente de población migrante en Chile, se ha generado también una migración que ingresa por paso no habilitado. Ello, se explica, entre otras razones, por los cierres de frontera —que se dieron en su momento— derivados de la crisis sanitaria, la imposición de mayores barreras al ingreso de forma regular al país y la excesiva demora en la definición de la situación migratoria[3].

Aunque inicialmente el paso por paso no habilitado era un fenómeno característico —en su mayoría— de población migrante adulta, recientemente se ha generado un incremento importante de los

---

1 Doctora en Derecho de la Universidad de Talca. Magíster en Derecho mención Derecho Familia de la Universidad de Talca. Abogada de la Facultad de Derecho y Ciencias Políticas de la Universidad de Nariño (Col). Coordinadora académica del Centro de Estudios sobre Derechos de la Infancia y la Adolescencia (CEDIA). ORCID: 0000-0002-5213-2262

2 El fenómeno de la migración sur-sur es usado para identificar la migración que sucede entre países en vía de desarrollo. Ratha y Shaw (2007), p. 5.

3 Corporación Colectivo Sin Fronteras y la Coordinadora Nacional de Inmigrantes de Chile (2022), p. 6

niños, niñas y adolescentes (en adelante, NNA) que ingresan por paso no habilitado a Chile, circunstancia que provoca una vulnerabilidad interseccional[4].

Ciertamente, los NNA migrantes que ingresan por paso no habilitado ostentan *per se* una triple condición de vulnerabilidad: en su calidad de sujetos menores de edad; en su calidad de migrantes y en su condición migratoria irregular. Derivado de ello, se exige a los Estados una protección reforzada a través de la incorporación del enfoque de niñez en la política migratoria. Dicho enfoque insta a la consideración primordial de la condición de NNA en su tratamiento migratorio, con la consecuente prevalencia de sus derechos sobre la seguridad y control migratorio[5].

En este contexto, el objetivo del presente capítulo es analizar si, las acciones adoptadas por el Estado chileno frente a la necesidad de regularizar la situación migratoria de los NNA que han ingresado por paso no habilitado —como presupuesto básico para su protección—, han resultado suficientes para garantizar el efecto útil de los derechos de esos NNA.

Para lograr el objetivo planteado, se ha dividido este estudio en cinco apartados. En un primer apartado, se identifican las distintas manifestaciones del principio del interés superior del niño/a (en adelante, ISDN) en las disposiciones de Ley N° 21.325, que permiten dar cuenta de la adecuación a los estándares internacionales de derechos humanos. En un segundo punto, se analiza la situación de vulnerabilidad interseccional de los NNA en contextos migratorios y la consecuente exigencia de protección reforzada por parte de los Estados. En el tercer apartado, se analizan si las medidas adoptadas por el Estado resultan suficientes para lograr la garantía de los derechos de NNA que ingresan por paso no habilitado, particularmente las relacionadas con la regularización de su situación migratoria. En un cuarto apartado, se indagan algunas respuestas a la luz de los

---

4 En este sentido, Mondaca establece como sujetos "hipervulnerables" a la pluricausal vulneración de derechos que enfrentan ciertos sujetos, especialmente los NNA migrantes que se encuentran en situación irregular, y sobre los cuales puede confluir otras circunstancias como raza, género o condición socioeconómica. MONDACA (2021), p. 223.

5 RAVETLLAT (2022), pp. 650-651.

modelos colombiano y argentino. Finalmente, señalaremos algunos comentarios finales.

II. MANIFESTACIONES DEL PRINCIPIO DEL INTERÉS SUPERIOR DEL NIÑO Y DE LA NIÑA EN LA LEY N° 21.235

El principio del interés superior del niño/a se incorpora expresamente a través del art. 4 de la Ley N° 21.325, que reconoce que en todas las medidas adoptadas en las que se vean involucrados intereses de NNA se deberá asegurar el pleno goce de sus derechos, desde su ingreso al país y con independencia de su situación migratoria.

En este sentido, el ISDN demanda del Estado una protección reforzada de los NNA migrantes, circunstancia que se traduce en una serie de obligaciones adicionales frente a las autoridades administrativas y judiciales. En efecto, la normativa incorpora disposiciones destinadas a: a) limitar la aplicación de ciertas medidas frente a NNA, b) eliminar la exigencia de ciertos requisitos para el acceso a un derecho y, c) paralelamente, disposiciones que exigen un tratamiento prioritario de NNA.

Ciertamente, un primer reflejo del límite del poder del Estado impuesto por el ISDN se encuentra en el art. 4 que establece que los NNA que incurran en alguna infracción migratoria no podrán ser sujetos a las sanciones dispuestas por la ley. Similar sentido, dispone el art. 134 que impide la aplicación de las medidas de expulsión frente a NNA.

Las mentadas disposiciones se adecuan a lo dispuesto por el Comité de los Derechos del Niño/a, que reconoce que la detención o aplicación de medidas punitivas dirigidas contra NNA a causa de su situación migratoria o la de sus padres, constituye una violación de sus derechos, supera el requisito de necesidad, resulta desproporcionada y contraviene el ISDN[6].

Ciertamente, el ISDN exige que la intervención estatal a través de su poder sancionador, se limite al mínimo posible, siendo además la separación del entorno familiar una medida de última ratio

---

6 Comité de los Derechos del Niño (2012), párr. 78.

y excepcional[7]. Ello, considerando que medidas que restringen la libertad personal obstaculizan sistemáticamente el ejercicio de otros derechos que se hacen imposibles de satisfacer contextos de privación de la libertad[8].

Una segunda manifestación del ISDN en las disposiciones de la Ley, se evidencian al eliminar ciertas condiciones exigidas para el goce de algún derecho. Así sucede con el art. 16 sobre acceso a seguridad social y beneficios de cargo fiscal, que incorpora un tratamiento diferencial frente a NNA, al disponer que, frente a ellos, no operan los requisitos de tiempo de permanencia mínimo en el país —24 meses— para gozar de las prestaciones y beneficios de seguridad social no contributivos financiados en su totalidad con recursos fiscales[9].

Finalmente, el ISDN se manifiesta en la exigencia de promoción y protección prioritaria de los derechos de NNA. Ello se refleja en el art. 19 establece que frente a las solicitudes de reunificación familiar de NNA, exige una tramitación prioritaria. Ello de conformidad a lo establecido por el art. 10 de la Convención sobre los derechos del niño/a que establece que las solicitudes de reunificación familiar, deben procesarse de forma "positiva, humanitaria y expeditiva".

Así sucede también, en el art. 22 que exige en la definición de la política migratoria, la consideración primordial de aquellos grupos que se encuentren en situación de vulnerabilidad, entre ellos, los NNA.

Con todo, debemos advertir que además de las manifestaciones expresas del ISDN en las disposiciones de la Ley, su carácter es transversal[10] a todas las medidas adoptadas por instituciones públicas o

---

7 CILLERO (1998), p. 83.

8 DÍAZ (2019), p. 579.

9 No obstante, la disposición incorpora una paradoja, en tanto si bien reconoce el derecho de NNA de acceder a una serie de derechos sociales, ellos requieren la legitimación de sus representantes legales, los que, al encontrarse en una situación migratoria irregular, no podrán postular a dichos beneficios, puesto que no cuentan con el requisito de cédula de identidad vigente. CORPORACIÓN COLECTIVO SIN FRONTERAS y la COORDINADORA NACIONAL DE INMIGRANTES DE CHILE (2022), p. 25.

10 Así lo dispone la Corte Suprema a través de Rol N° 2246-2009 en su considerando noveno, cuando advierte que el ISDN es un principio: "(...) de vigencia

privadas de bienestar social, los tribunales, los órganos legislativos, y las autoridades administrativas, incluido el Servicio Nacional de Migraciones.

III. LA VULNERABILIDAD INTERSECCIONAL DE LOS NIÑOS, NIÑAS Y ADOLESCENTES QUE INGRESAN POR PASO NO HABILITADO

La migración, fruto de la crisis humanitaria regional, genera riesgos de pobreza y exclusión social, circunstancia que se exacerba en personas que se encuentran en situación migratoria irregular. Adicionalmente, factores como la condición socioeconómica, el rango etario o el género, agudizan los efectos negativos de este tipo de fenómeno migratorio.

Dicha circunstancia se intensifica cuando convergen de forma interseccional múltiples factores de vulnerabilidad y riesgo de discriminación. En este sentido, parte de la doctrina especializada advierte que en la niñez migrante confluyen al menos 3 circunstancias de vulnerabilidad: su condición de niño, niña o adolescentes, su condición de migrante y su condición de migrante en situación irregular, que impacta en el acceso efectivo de sus derechos esenciales[11].

Así sucede con los NNA que, derivado de su condición de sujetos en desarrollo, ostentan un mayor grado de vulnerabilidad a los efectos de una situación migratoria irregular, en tanto se exacerban los riesgos para el ejercicio de sus derechos básicos —protección de la integridad personal, vida, atención en salud, educación, a la unidad familiar— y socava las estructuras de apoyo que los protegen —ausencia de redes familiares—.

Ciertamente, la vulnerabilidad de NNA que ingresan por paso no habilitado se visibiliza en una mayor exposición, durante su proceso

---

transversal en nuestro ordenamiento jurídico, el que si bien presenta un contenido indeterminado sujeto a la comprensión y la extensión de cada sociedad y su momento histórico le asignen, puede sostenerse que alude o dice relación con la satisfacción integral de sus derechos, en todos los ámbitos de su desarrollo (…)". Corte Suprema, Rol N° 2246-2009.

11 Ravetllat y Mondaca (2021), p. 198.

migratorio, a diferentes formas de violencia ejercida, tanto por agentes no estatales —abandono, maltrato, tráfico, explotación laboral, sexual y económica, esclavitud—, como violencia institucional ejercida por agentes estatales derivada de su condición migratoria.

En este sentido, el Comité de Protección de los Derechos de Todos los Trabajadores Migratorios y de sus Familiares, en conjunto con el Comité de los Derechos del Niño/a reconocen que la vulnerabilidad puede intensificarse por razones de género o discapacidad, los cuales deben ser identificados y abordados de forma concreta. Así sucede particularmente con las niñas migrantes, que suelen estar más expuestas a la explotación sexual[12].

A mayor abundamiento, debemos considerar que el ingreso de NNA por pasos no habilitados a territorio chileno, no constituye un fenómeno aislado. Ciertamente, según el informe Balance de Movilidad Humana 2018-2022 realizado por el Servicio Jesuita Migrante se ha generado un aumento progresivo y creciente los NNA que ingresan por paso no habilitado a Chile. Así, se destaca que en el año 2020 los ingresos de NNA por paso no habilitado "aumentaron 24 veces la cifra del año anterior (2019) y la cifra de 2021 incluso triplica a la de 2020" correspondiendo a un total de 5.983 NNA, siendo 5.130 de nacionalidad venezolana[13].

En un sentido similar, la Matriz de Seguimiento de Desplazamiento generada para monitorear los flujos de ingreso de personas migrantes y refugiadas por Colchane, determinó que, de un total de 266 personas identificadas en junio de 2022, un 40,2% viajaba con algún NNA, mientras que, en julio, de un total de 85 personas identificadas, la cifra llega a un 41,2%[14].

Ese incremento exponencial de la migración por pasos no habilitados se explica entre otras razones por: a) la situación asociada a la crisis sanitaria del Covid 19 y los consecuentes cierres de frontera; b) la imposición de mayores barreras al ingreso de forma regular al país, relacionadas con la exigencia de visas consulares con un alto porcen-

---

12 COMITÉ DE LOS DERECHOS DEL NIÑO (2017a), párr. 39.

13 SERVICIO JESUITA MIGRANTE (2022), p. 72.

14 ORGANIZACIÓN INTERNACIONAL PARA LAS MIGRACIONES, et al., (2022), p. 2 y ss.

taje de rechazo: c) la excesiva demora en la definición de la situación migratoria por parte de la autoridad administrativa[15].

En este contexto, y en virtud del ISDN, el Estado chileno ostenta la obligación reforzada de promoción y protección de los derechos de los NNA que residen en Chile sin importar su situación migratoria. Ahora bien, frente a NNA que han ingresado por paso no habilitado, el Estado se encuentra en la obligación de regularizar su situación migratoria, teniendo en cuenta que la falta de regularización constituye el primer obstáculo para el ejercicio de los demás derechos fundamentales.

IV. LA INSUFICIENCIA DE LAS MEDIDAS ADOPTADAS POR EL ESTADO EN LA PROTECCIÓN DE NIÑOS, NIÑAS Y ADOLESCENTES QUE INGRESAN POR PASO NO HABILITADO

Ahora bien, aunque la normativa se ha encaminado a la protección de NNA, a través de medidas como la aceptación y matrícula provisional en establecimientos escolares[16], la inscripción en el sistema de salud público —centros de atención primaria— y la no sanción por su situación de irregularidad migratoria, persisten desafíos en el proceso de regularización migratoria que impiden el acceso efectivo de NNA a sus derechos.

Un primer desafío que se presenta en la solicitud de residencia, es que la titularidad para solicitar los permisos recae sobre los progenitores, guardadores o personas encargadas de su cuidado personal —art. 41—. Ello, resulta complejo porque desconoce el principio de autonomía progresiva, que autoriza, entre sus manifestaciones, el

---

15 Corporación Colectivo Sin Fronteras y la Coordinadora Nacional de Inmigrantes de Chile (2022), p. 6

16 Así, a partir del 2017 el Ministerio de Educación entrega un documento de identificación denominado identificador provisorio escolar "IPE", que permite incorporarse al sistema escolar, correspondiente a educación parvulario, básica y media; así como un identificador de provisorio de apoderado "IPA" destinado a aquellos extranjeros que no contando con RUN deseen incorporarse como apoderados en el sistema de admisión escolar. Ministerio de Educación Nacional (2017), p. 7 y Ministerio de Educación Nacional (2018), p. 2.

ejercicio autónomo de los derechos cuando el NNA reúna las condiciones necesarias para hacerlo[17].

Un segundo desafío se enmarca en la negación explícita de la posibilidad de extender el proceso de regularización al resto del grupo familiar, manteniendo las circunstancias de precariedad en la inserción laboral de las personas adultas, y por ende perpetuando las condiciones de vulnerabilidad socioeconómica del NNA.

En efecto, este tipo de medidas, se generan en torno a una visión sesgada del fenómeno de la migración, en tanto lo limita como un proceso individual del migrante —aislado de su núcleo familiar—, que desconoce, además, que la protección del núcleo familiar constituye *prima facie* una protección de la niñez migrante[18]. A mayor abundamiento, podemos considerar, como lo hacen Díaz y Lucero que la expulsión de un referente familiar de un NNA, derivada de una infracción migratoria derivada de la permanencia en situación irregular, resulta desproporcionada frente a los intereses de los NNA[19].

Al respecto, el Comité de Protección de los Derechos de Todos los Trabajadores Migratorios y de sus Familiares junto al Comité de los Derechos del Niño/a instan a los Estados a incorporar un enfoque global del derecho del NNA a vivir en familia, facilitando vías para la regularización de los migrantes en situación irregular que residan con sus hijos/as, a efectos de que puedan cumplir con sus deberes de protección y cuidado. Así, manifiesta que:

> (...) dado que una situación migratoria irregular de los niños o de sus padres puede constituir un obstáculo para alcanzar esos fines, los Estados deben facilitar canales migratorios regulares y no discriminatorios, y proporcionar mecanismos permanentes y accesibles a los niños y sus familias para que regularicen su situación migratoria a largo plazo o consigan permisos de residencia por razones tales como la unidad de la familia, las relaciones laborales, la integración social u otros motivos[20].

---

17 ASENSIO (2012), p. 31.

18 PELACANI (2022), p. 46.

19 DÍAZ Y LUCERO (2022), p. 102.

20 COMITÉ DE LOS DERECHOS DEL NIÑO (2017a), párr. 29 y párr. 38; y COMITÉ DE LOS DERECHOS DEL NIÑO (2017b), párr. 31.

Así lo advierte la doctrina al manifestar que, la ausencia de los documentos que permitan a un trabajador migrante desempeñar sus funciones en condiciones de regularidad impacta enormemente su calidad de vida porque, entre otras, se ve inmerso en un escenario laboral caracterizado por la inestabilidad originada en la imposibilidad de suscribir un contrato de trabajo adecuado quedando, por tanto, a la total discreción del empleador tanto las condiciones de trabajo como la terminación del vínculo, a la par que le condena a la inseguridad en tanto el trabajo se desarrolla en la informalidad sin las respectivas afiliaciones a salud, pensión y riesgos profesionales y finalmente una remuneración insuficiente y ostensiblemente menor a la que se reconoce a las personas con la documentación requerida[21].

En efecto, resulta preciso recordar que la protección del derecho a la vida familiar demanda de los Estados, no solo una dimensión negativa de abstenerse de adoptar medidas que puedan conllevar a la separación del NNA de su núcleo familiar, sino también una dimensión positiva[22]. Así, los Estados deben promover acciones en pro de la unidad familiar, que, en el ámbito de la movilidad internacional, se traduce en la reunificación familiar o la posibilidad de extender la regularización migratoria a los adultos referentes del NNA migrante.

Un tercer desafío, dice relación con la exigencia de requisitos imposibles de cumplir para ciertos grupos. Ciertamente, aunque desde el 12 de septiembre de 2022 el Servicio Nacional de Migraciones habilito la categoría de solicitud de visa de NNA que ingresan por paso no habilitado en su plataforma de trámites digitales, dicho trámite exige contar con: la imagen del pasaporte o constancia del mismo en trámite, el certificado de nacimiento del NNA, los documentos de identificación y nacimiento de padres o tutores, y la declaración jurada de expensas o custodia (firmado ante notario). Aunado a ello, se establece la exigencia de contar con la apostilla y legalización de los documentos en mención[23].

Dichas exigencias resultan imposibles de cumplir para una la mayoría de los NNA que ingresan por paso no habilitado, considerando

---

21 Thayer (2018), p. 58.

22 Ravetllat y Mondaca (2021), p. 211.

23 Infomigra (2022).

que más del 85% son de nacionalidad venezolana[24], país en el que resulta muy difícil obtener o renovar dichos documentos o hacerlo tiene un costo muy elevado[25]. Dicha imposibilidad de facto, condena a los NNA a una situación de irregularidad indefinida, intensificando sus condiciones de vulnerabilidad.

En este sentido, podemos advertir, a manera de ejemplo, que a pesar de la inclusión de NNA en el sistema escolar chileno sin importar su situación migratoria, la no regularización de su situación migratoria si limita el acceso a ciertos beneficios en la educación superior. Así sucede con el beneficio de gratuidad que, según el numeral a del art. 103 de la Ley N° 21.091, exige como requisito *sine qua non* contar con residencia temporal —en caso de haber egresado de la enseñanza media en Chile— o contar con residencia permanente. Por ende, los NNA que no han alcanzado a regularizar su situación migratoria quedarían automáticamente excluidos de optar por este beneficio, constituyéndose en un obstáculo de acceso a la educación superior.

Por lo tanto, aunque la habilitación del trámite resulte en un avance, la exigencia de dichos requisitos lo convierte en letra muerta para la gran mayoría de NNA que ingresan por paso no habilitado. Así, según el informe de la Campaña por una Niñez con Derechos Sin Fronteras, "más de la mitad de los casos registrados, no cuentan con pasaporte de sus países de origen (57,87%) y aunque un 98% cuenta con partida, acta o registro de nacimiento, solo un 40% de estos se encuentran apostillados o legalizados". [26]

Entonces, si consideramos las dificultades de acceder a documentos de identidad, así como los riesgos de perderlos durante su travesía migratoria hacia Chile, resulta indispensable la generación de nuevas estrategias que permitan la regularización migratoria de NNA. Con ello, no se pretende desestimar la necesidad de acreditar la identidad de NNA y sus referentes adultos para prevenir el tráfico

---

24 SERVICIO JESUITA MIGRANTE (2022), p. 72.

25 El costo del pasaporte varía entre 110 dólares para prórrogas, hasta 216 dólares para la consecución de nuevo pasaporte por 10 años. Dichos montos son 10 y 20 veces mayores que el salario mínimo en Venezuela, circunstancia que demuestra la barrera económica en su acceso. Aunado a ello, se debe considerar los largos tiempos de espera que en la práctica genera su tramitación.

26 SERVICIO JESUITA MIGRANTE (2022), p. 64.

y explotación, sino enfatizar la necesidad de establecer procesos no formalistas, no restrictivos y con enfoque de niñez[27].

Aunado a lo anterior, debemos recordar que el inciso final del art. 28, insta al Estado chileno a la suscripción de tratados y convenios internacionales con la finalidad de facilitar el intercambio de información relativa a la identidad de NNA, a fin de prevenir el tráfico y explotación de NNA.

V. ALGUNAS RESPUESTAS A LA LUZ DE LOS MODELOS COLOMBIANO Y ARGENTINO

En este contexto, se ha planteado la necesidad de flexibilizar los requisitos de ciertos documentos. Así sucede en experiencias comparadas, como la colombiana, en la que a través del estatuto temporal de protección —adoptado mediante Decreto N° 216 de 2021 de la Presidencia de la República de Colombia e implementado a través de Resolución de Migración Colombia N° 0971 de 202— si bien exige un documento de acreditación de identidad —entendiendo la realidad de la población migrante venezolana— no exige que el mismo se encuentre vigente.

En este sentido, el Estatuto temporal de protección[28] surge por la necesidad de definir mecanismos de flexibilización migratoria que permitiera la inclusión de la población venezolana migrante y su regularización. Así, el proceso permite que la solicitud sea realizada con documento de identidad vigente o vencido, pudiendo contar con al menos uno de los siguientes documentos, pasaporte, acta de nacimiento venezolana, cédula de identidad venezolana, o permiso

27 En este sentido, se ha planteado la posibilidad de acreditar la identidad de NNA a través de pruebas de ADN. Greene (2022).

28 Al margen de la flexibilidad documental que refleja el proceso, persisten inconvenientes que se relacionan con: a) ostentar un ámbito de aplicación temporal limitado, en tanto excluye a los NNA que hayan ingresado de forma irregular después del 31 de enero de 2021 o que no puedan demostrar su ingreso hasta esa fecha-; b) ser un permiso no extensible al resto del grupo familiar y; c) es una medida que favorece exclusivamente a los NNA migrantes venezolanos, desconociendo la existencia de NNA de otras nacionalidades que puedan encontrarse en similares situaciones. Pelacani (2022), pp. 45-47.

especial de permanencia, los cuales no deben estar apostillados o legalizados. Así lo dispone el art. 5 de la Resolución N° 971 de 2021 de Migración Colombia, como parte de los requisitos exigidos para ser incluidos en el Registro Único de migrantes venezolanos. Adicionalmente, el art. 7 establece una priorización en el trámite y agendamiento para el registro biométrico de NNA.

Aunado a lo anterior, la normativa reconoce la heterogeneidad de la migración y la necesidad de permitir la regularización migratoria de NNA que han viajado con referentes adultos de sus familias o responsables de su cuidado. Para ello, el art. 27 de la Resolución N° 971 de 2021 exige contar con documento que acredite que se le ha otorgado el cuidado o custodia[29].

Similar situación acontece en Argentina, en donde ya desde el 2019 a través de Disposición N° 520 la Dirección Nacional de Migraciones, se permitía el ingreso a ciudadanos venezolanos con documento de identidad vencidos (cédula o pasaporte) y con la sola partida de nacimiento para el caso de niños y niñas menores de nueve años. Es, sin embargo, mediante Disposición N° 1891 de 2021 que la Dirección Nacional de Migraciones establece un mecanismo especial de protección dirigido a NNA migrantes, aprobando el denominado "Régimen Especial de Regularización para Niños, Niñas y Adolescentes Migrantes Venezolanos".

El mentado Régimen da cuenta entonces de la realidad migratoria de los NNA migrantes venezolanos que encontrándose en territorio argentino no contaren con los documentos necesarios para acceder a la residencia legal, así como de la obligación de otorgar una protección reforzada. Con ello, el art. 2 establece la eximición de contar con documento de identidad vigente, así como también la necesidad de legalizar la partida de nacimiento para obtener la

---

[29] Incluso cuando no se pueda acreditar dicho documento, la resolución permite que en el Prerregistro Virtual se informe por qué no se cuenta con ese documento, siendo la autoridad migratoria la que defina las acciones a seguir en el marco del interés superior del niño/a. En efecto, en caso de detectar alguna vulneración o amenaza deberá acudir a la autoridad competente, el Instituto Colombiano de Bienestar Familiar.

residencia temporaria, sin perjuicio de su exigencia frente al cambio de categoría migratoria o la obtención de residencia permanente[30].

Las experiencias de Colombia y Argentina se adecuan a lo manifestado por la Comisión Interamericana de Derechos Humanos y la Organización de Estados Americanos, que partiendo de la realidad que afrontan las personas venezolanas en el contexto de movilidad humana, han instado a los Estados a ampliar los canales que promuevan una migración regular, segura y accesible. En este sentido, enfatizan la necesidad de incorporar trámites "(...) accesibles en términos económicos y jurídicos, lo cual incluye asegurar que sean accesibles también para personas venezolanas que por razones ajenas a su voluntad no cuenten con la documentación usualmente requerida para estos trámites" (2018), No. 6.

Dicha obligación se intensifica frente a NNA, en tanto la consideración de su interés Superior demanda la adopción de medidas diferenciales, prioritarias y flexibles que propicien, a través de todos los mecanismos, la regularización migratoria de todo NNA en contexto de movilidad.

VI. COMENTARIOS FINALES

Los NNA en situación migratoria irregular se encuentran en una situación de vulnerabilidad interseccional, que exige a los Estados una protección reforzada. Esa protección se manifiesta, entre otras, en la prohibición de aplicación de medidas sancionatorias o punitivas ante la infracción de medidas migratorias, el acceso sin discriminación a los derechos fundamentales como salud y educación y la regularización migratoria.

En Chile, la migración de NNA por pasos no habilitados es un fenómeno progresivo y creciente, que exige una respuesta con enfoque de derechos humanos y de infancia y adolescencia. Aunque se evidencian algunos avances como la no aplicación de sanciones por la infracción de medidas migratorias y la habilitación de la visa de

---

[30] Dirección Nacional de Migraciones (2021a), arts. 2- 6

NNA que ingresan por paso no habilitado en la plataforma digital, persisten obstáculos que impiden una protección integral.

Así, es necesario advertir que la exigencia de ciertos documentos —como pasaporte y documentos apostillados o legalizados— son de facto imposibles de conseguir para una gran mayoría de NNA que ingresan por paso no habilitado. Entonces, la normativa desconoce la realidad migratoria y se transforma en letra muerta para miles de NNA que se encuentran en territorio chileno, condenándolos a una irregularidad indefinida.

Ciertamente, existe una relación intrínseca entre la regularidad migratoria y el acceso efectivo a derechos, especialmente cuando hablamos de NNA. Por tanto, las medidas adoptadas por el Gobierno Chileno resultan provisorias, limitadas e ineficaces para garantizar la eliminación de las barreras que enfrentan NNA en contexto de movilidad.

Es entonces fundamental reconocer que los Estados deben abstenerse de responsabilizar a NNA por los efectos adversos de la migración irregular, considerando además que la misma es, generalmente, fruto de crisis humanitarias y en las que no opera la voluntad de los NNA. Por lo tanto, siendo la regularización migratoria la base para la protección de NNA dentro del territorio nacional, resulta fundamental la creación de procesos no restrictivos, no formalistas y con enfoque de niñez.

BIBLIOGRAFÍA CITADA

ASENSIO SÁNCHEZ, Miguel Ángel, *Patria potestad minoría de edad y derecho a la salud*, Madrid, Editorial Dykinson, 2012.

CILLERO BRUÑOL, Miguel, "El interés Superior del Niño en el marco de la Convención Internacional sobre los derechos del Niño", en: GARCÍA MÉNDEZ, Emilio (Ed.), *Infancia, Ley y Democracia en América Latina*, Bogotá, Editorial Temis, pp. 70-85.

COMISIÓN INTERAMERICANA DE DERECHOS HUMANOS Y ORGANIZACIÓN DE ESTADOS AMERICANOS, *Resolución 2/18 migración forzada de personas venezolanas*, 2018. Disponible en: https://www.oas.org/es/cidh/decisiones/pdf/Resolucion-2-18-es.pdf (Consultado: el 12 de agosto de 2023).

COMITÉ DE LOS DERECHOS DEL NIÑO, *Report of the 2012 Day of General Discussion: the rights of all children in the context of international migration, del 28 de septiembre de 2012*. Disponible en: https://www.ohchr.org/sites/default/

files/Documents/HRBodies/CRC/Discussions/2012/DGD2012ReportAndRecommendations.pdf (Consultado: el 10 de agosto de 2023).

Comité de los Derechos del Niño, *Observación general conjunta N° 22, sobre principios generales relativos a los derechos humanos de los niños en el contexto de la migración internacional, del 16 de noviembre de 2017*, 2017a. Disponible en: https://www.plataformadeinfancia.org/wp-content/uploads/2021/09/observacion-general-22-sobre-principios-generales-derechos-humanos-de-ninos-en-contexto-de-migracion-internacional.pdf (Consultado: el 10 de agosto de 2023).

Comité de los Derechos del Niño, *Observación general conjunta N°. 23, sobre las obligaciones de los Estados relativas a los derechos humanos de los niños en el contexto de la migración internacional en los países de origen, tránsito, destino y retorno, de 16 de noviembre de 2017*, 2017b. Disponible en: https://www.refworld.org.es/pdfid/5bd788294.pdf (Consultado: el 10 de agosto de 2023).

Corporación Colectivo Sin Fronteras y Coordinadora Nacional de Inmigrantes de Chile, *Niñez migrante en contexto de ingreso irregular y sus derechos. Informe de la Campaña por una Niñez con Derechos Sin Fronteras, 2021-2022.* Santiago, Editorial Aún creemos en los sueños, 2022.

Díaz Pantoja, Juliana Salomé, "La aleatoriedad de la condición de víctimas y/o victimarios de la infancia y adolescencia en el conflicto armado colombiano", *Revista CES Derecho*, Vol. 10, N° 2, 2019, pp. 566-590. https://doi.org/10.21615/cesder.10.2.2.

Díaz Pantoja, Juliana Salomé y Lucero Pantoja, Jairo, "Interés Superior del Niño/a en la nueva regulación migratoria en Chile. Desafíos en las medidas de expulsión, reconducción y retorno asistido", en: Bobadilla Toledo, María Loreto (Ed.), *Niñez en Clave Migratoria*, Santiago de Chile, Ediciones Jurídicas de Santiago, 2022, pp. 83-106.

Dirección Nacional de Migraciones Argentina, *Régimen Especial de Regularización para Niños, Niñas y Adolescentes Migrantes Venezolanos*, 2021a. Disponible en: https://www.argentina.gob.ar/sites/default/files/infoleg/disp1891.pdf (Consultado: el 10 de agosto de 2023).

Dirección Nacional de Migraciones Argentina, *Disposición 1891/2021*, 2021b. Disponible en: https://www.argentina.gob.ar/normativa/nacional/disposici%C3%B3n-1891-2021-351916/texto (Consultado: el 10 de agosto de 2023).

Greene Pinochet, Tomás, *Identidad y filiación para evitar vulneraciones de niños, niñas y adolescentes que ingresan a Chile por pasos no habilitados*, El mostrador, 2022. Disponible en: https://www.elmostrador.cl/destacado/2022/10/14/identidad-y-filiacion-para-evitar-vulneraciones-de-ninos-ninas-y-adolescentes-que-ingresan-a-chile-por-pasos-no-habilitados/#:~:text=Debemos%20tener%20en%20cuenta%20que,les%20exige%20contar%20con%20ellos (Consultado: el 22 de agosto de 2023).

INFOMIGRA, *Habilitada solicitud de residencia temporal para menores de edad que hicieron ingreso por paso no habilitado al país*, 2022. Disponible en: https://www.infomigra.org/habilitada-solicitud-de-residencia-temporal-para-menores-de-edad-que-hicieron-ingreso-por-paso-no-habilitado-al-pais/ (Consultado: el 10 de agosto de 2023).

INSTITUTO NACIONAL DE ESTADÍSTICAS y DEPARTAMENTO DE EXTRANJERÍA Y MIGRACIONES, *Estimación de personas extranjeras residentes habituales en Chile al 31 de diciembre de 2020 Informe de resultados: desagregación regional y comunal*, 2021. Disponible en: https://www.ine.cl/docs/default-source/demografia-y-migracion/metodologias/migraci%C3%B3n-internacional/estimaci%C3%B3n-poblaci%C3%B3n-extranjera-en-chile-2020-regiones-y-comunas-metodolog%C3%ADa.pdf?sfvrsn=b7374294_9 (Consultado: el 10 de agosto de 2023).

MONDACA MIRANDA, Alexis, "Algunos problemas de los niños, niñas y adolescentes migrantes", en: Illanes, Alejandra y Mondaca, Alexis (Ed.), *Lecciones de derecho de la infancia y adolescencia*, Valencia, Tirant lo Blanch, 2021, pp. 221-242.

PELACANI, Gracy, "Niñez migrante en Colombia: grises del aclamado estatuto temporal de protección", *Foro Revista de Derecho*, N° 37, 2022, pp. 33-51.

RATHA, Dilip y SHAW, William, *South-South migration and remittances*, Washington, World Bank, 2007. Disponible en: https://openknowledge.worldbank.org/bitstream/handle/10986/6733/400060PUB0REPL00Box317534B00PUBLIC0.pdf?sequence=5&isAllowed=y (Consultado: el 10 de agosto de 2023).

RAVETLLAT BALLESTÉ, Isaac, "Niños, niñas y adolescentes migrantes en Chile: Comentarios críticos a la Ley de Migración y Extranjería", *Anuario Mexicano de Derecho Internacional*, N° 22, 2022, pp. 647-678.

RAVETLLAT BALLESTÉ, Isaac y MONDACA MIRANDA, Alexis, "Niños, niñas y adolescentes migrantes ¿También primeros en la fila?", en: MONDACA MIRANDA, Alexis e ILLANES VALDÉS, Alejandra (Edit.), *Lecciones de derecho de la infancia y la adolescencia*, Valencia, Editorial Tirant Lo Blanch, 2021, pp. 197-219.

SERVICIO JESUITA MIGRANTE, *Balance de la Movilidad Humana en Chile 2018 - 2022*, 2021. Disponible en: https://www.fundacioncolunga.org/wp-content/uploads/2022/08/583070231-ANUARIO-2022-Compressed-1.pdf

THAYER, Luís Eduardo, "La represión fronteriza, la crisis de la democracia y el interés del empresariado", *Revista Palabra Publica*, N° 9, 2018, pp. 56-60.

LEGISLACIÓN CITADA

Ley N° 21.325, de Migración y Extranjería. Diario Oficial, de 20 de abril de 2021.

Ley N° 21.091, sobre Educación Superior. Diario Oficial, de 29 de mayo de 2018.

Orden N° 915, del Ministerio de Educación, que complementa oficios Ords. N° 894 de 2016 y 329 de 2017, ambas de la Subsecretaria de Educación, en el sentido que se indica. Diario Oficial, de 28 de noviembre de 2018.

Orden N° 329, del Ministerio de Educación, que complementa oficio ORD. N° 894, de 7 de noviembre de 2016 de la Subsecretaria de Educación, en materias que se explicitan. Diario Oficial, de 26 de septiembre de 2017.

Resolución N° 971, de la Unidad Administrativa Especial Migración Colombia, por la cual se implementa el Estatuto Temporal de Protección para Migrantes Venezolanos adoptado por medio de Decreto N° 216, de 1 de marzo de 2021. Diario Oficial, de 29 de abril de 2021. Disponible en: https://www.cancilleria.gov.co/sites/default/files/Normograma/docs/pdf/resolucion_uaemc_0971_2021.pdf (Consultado: el 15 de diciembre de 2022).

Decreto N° 216, de la Presidencia de la República de Colombia, por medio del cual se adopta el Estatuto Temporal de Protección para Migrantes Venezolanos. Diario Oficial, de 1 de marzo de 2021. Disponible en: https://www.funcionpublica.gov.co/eva/gestornormativo/norma_pdf.php?i=159606 (Consultado: el 15 de diciembre de 2022).

Jurisprudencia citada

Corte Suprema de Justicia de Chile, Rol N° 2246-2009 (Casación). Resolución N° 21707 de

Corte Suprema, Sala Cuarta (Mixta) de 6 de Julio de 2009. Disponible en: https://app.vlex.com/#vid/60054103 (Consultado: el 15 de diciembre de 2022).

Menores no acompañados en situación de "espera" en Francia: razones jurídicas y administrativas

DANIEL SENOVILLA HERNÁNDEZ
IR CNRS-MIGRINTER
Université de Potiers
daniel.senovilla@univ-potiers.fr

"Aquí en Francia hay que tener paciencia con las solicitudes. Debemos ser pacientes y positivos"
S., (SENOVILLA, 2019)

I. INTRODUCCIÓN

La obligación de esperar se ha convertido en un imperativo ineludible de los procedimientos administrativos y judiciales relativos a los extranjeros que solicitan un estatuto de protección o que les autorice a residir en el territorio de un Estado. Desconocida e imprevisible, tal espera condiciona la vida cotidiana de los migrantes afectados, que deben integrarla como una prueba más a superar en su viaje.

Expresada como una forma de inmovilidad, la espera podría estar presente ya en diferentes etapas del itinerario migratorio antes de llegar a Europa. Puede ser motivada por la necesidad de obtener información y/o recursos financieros para continuar el viaje, o de reponer fuerzas y prepararse para las siguientes etapas. También puede ser el resultado de obstáculos relacionados con la aplicación de un marco jurídico, que puede ser también fluctuante en función de la etapa del viaje. En nuestras conversaciones con jóvenes migrantes que conocemos durante nuestro trabajo de campo, estos aspectos están bien representados en sus relatos: la casi permanente necesidad de esperar para negociar las siguientes etapas del viaje con pasadores[1] o compañeros migrantes y, sobre todo, para remunerar u obtener una reducción del coste del pasaje, o a veces incluso el pasaje gratuito[2]; son períodos de inmovilidad en una zona de tránsito, ya sea bajo coacción o de forma más o menos voluntaria.

En las fronteras de la Unión Europea o una vez en Europa, la dimensión jurídico-administrativa de la espera se impone. En los enclaves españoles de Ceuta y Melilla, en los "hotspots" de las islas griegas o en los "campos" sicilianos, la espera forma parte de la vida cotidiana de las personas migrantes, ya sean adultas o menores, solicitantes de asilo o menores no acompañados. Durante una investigación en Ceuta en marzo de 2018, tuvimos la oportunidad de visitar el CETI, un centro de residencia temporal para inmigrantes que llegan a esta frontera europea. Allí los migrantes se encuentran administrativamente en territorio de la Unión Europea, pero en su imaginario siguen estando en África. El CETI es la única puerta de entrada posible a la España peninsular para los inmigrantes que llegan a Ceuta. Adultos y menores que han auto-declarado su mayoría de edad para poder continuar su viaje, mujeres solas y familias, todos se amontonan en este espacio del extrarradio de la ciudad autónoma, que se asemeja a un centro de internamiento.

El tiempo de espera antes de un traslado en territorio peninsular es variable y depende de la nacionalidad, el grado de vulnerabilidad, la situación migratoria, el grado de ocupación del centro y la capacidad de acogida de otros territorios españoles. En 2021, el periodo medio de permanencia en el CETI de Ceuta era de 5 meses, aunque algunas personas pueden permanecer durante periodos más largos[3]. Algunos de los jóvenes que conocimos durante nuestro trabajo de campo en Ceuta nos contaron que habían permanecido en

---

1 Optamos por el término 'pasador' en detrimento de 'traficante' para hacer referencia en sentido amplio a las personas, formando parte o no de organizaciones clandestinas, que facilitan el viaje migratorio y en particular en paso de fronteras a cambio de una retribución financiera. A diferencia de las lenguas inglesa y francesa en las que existen términos bien diferenciados, el término 'traficante' habitualmente utilizado en España resulta ambiguo y amalgama situaciones de facilitación de viaje migratorio con situaciones de explotación o tráfico de seres humanos.

2 SENOVILLA y UZUREAU (2018); SENOVILLA y ROBIN (2010).

3 CEAR (2022).

este espacio post-fronterizo hasta casi diez meses. Estos centros de estancia temporal - específicos para los enclaves de Ceuta y Melilla y gestionados por el Gobierno español suelen estar saturados: si en 2022 el CETI alcanzaba mínimos de ocupación (350 personas para 512 plazas)[4] en febrero de 2017, la ocupación era de 1.141 personas, lo que representa el 223% de su capacidad[5].

En el contexto francés, la consolidación y creciente visibilidad de la categoría jurídico-administrativa de los denominados "menores no acompañados"[6] ha coincidido precisamente con los sucesivos cambios en su tratamiento y gestión. Existe una gran similitud con el tratamiento de los solicitantes de asilo, basado en una gestión administrativa y judicial que implica largos periodos de espera para obtener una respuesta definitiva[7]. Desde los años noventa hasta 2010, aunque las prácticas variaban en Francia, los menores no acompañados (término utilizado entonces por las instituciones y los medios de comunicación) eran acogidos rápidamente en el marco de la protección de la infancia, alegando su minoría de edad y que su situación entraba en el ámbito del artículo 375 del Código Civil francés (situación de peligro). En ocasiones, se realizaban pruebas de minoría de edad, en particular pruebas forenses o evaluaciones documentales, una vez que el joven había sido protegido por los servicios departamentales de protección, lo que podía dar lugar a que se levantara su protección posteriormente.

La presión política de varios departamentos condujo a la aplicación gradual del sistema de evaluación (inicialmente en París desde finales de 2011, y progresivamente en todo el país a partir de junio de 2013) que se aplica en la actualidad[8]. Este procedimiento consolidará la restricción de la espera en diferentes etapas y bajo diferentes formas, perturbando profundamente la vida cotidiana de los solicitantes de reconocimiento de la condición de menor no acompañado. En las siguientes secciones, examinaremos en detalle la instauración

---

4 El Faro de Ceuta, 19 de julio de 2022.

5 CEAR (2017).

6 Hasta 2016, el término utilizado a nivel institucional y asociativo era el de "menores extranjeros aislados" (*mineurs isolés étrangers*)

7 Kobelinsky (2010).

8 Bailleul y Senovilla (2016).

de la obligación de espera como mecanismo administrativo y judicial de control de la migración de las personas que se declaran menores no acompañados en Francia.

II. ACCESO AL PROCEDIMIENTO DE EVALUACIÓN DE LA CONDICIÓN DE "MENOR NO ACOMPAÑADO

Una de las primeras pruebas a las que debe enfrentarse cualquier joven que pretenda beneficiarse en Francia de la protección de la infancia como "menor no acompañado" es el acceso al procedimiento de evaluación. Aplicada por la Circular de 31 de mayo de 2013, confirmada por la Ley de Protección de la Infancia de 14 de marzo de 2016 (artículo 48) y precisada por el Decreto de 24 de junio de 2016 y otras normas reglamentarias posteriores, la evaluación de la minoría de edad y de la condición de "no acompañado" comienza con una entrevista denominada "social" con un servicio de evaluación directamente dependiente del Consejo Departamental o de una asociación autorizada para esta misión por el mismo organismo público.

En ocasiones el acceso de los jóvenes inmigrantes a este procedimiento se ve bloqueado por diferentes causas.

Por una parte, existen distintos filtros pre-procesales establecidos por los servicios de evaluación: guardias de seguridad que filtran el acceso al servicio, no asignación de una cita para una entrevista de evaluación a raíz de las preguntas formuladas en ventanilla o durante una entrevista preliminar de admisión, etc. Por otra parte, está el hecho de que los servicios de evaluación no siempre son capaces de identificar a los jóvenes en cuestión. A este respecto, Noémie Paté registró un porcentaje significativo (195 casos de 720 expedientes estudiados, lo que supone un 27%) de jóvenes que se presentaban a un servicio de evaluación de la región de París y que no eran finalmente evaluados, bien porque se les consideraba como "no incluidos en el ámbito de aplicación del dispositivo" (101 casos), bien porque abandonaban el procedimiento ellos mismos[9]. En París se han observado situaciones similares, como señaló el "*Défenseur des Droits*"

---

9 PATÉ (2018), p. 180; y PATÉ (2023), pp. 99-100.

(institución equivalente al defensor del pueblo español) en una resolución de 21 de julio de 2016. Según el *Défenseur*, estas denegaciones se explican por el aspecto físico del joven y son más frecuentes en periodos de gran afluencia.

Por otra parte, el no acceso al procedimiento puede ser el resultado de decisiones institucionales —formales o informales— de suspender temporalmente la atención a esta población. Tras la primera iniciativa adoptada en 2011 por el departamento de Seine-Saint-Denis, un buen número decretará públicamente, o simplemente aplicará, interrupciones similares de la protección[10].

La denegación directa de atención a menores no acompañados es una práctica ilegal. El artículo L226-3 del Código de Acción Social y de las Familias establece la responsabilidad del Presidente del Consejo Departamental de recoger, procesar y evaluar, "*en cualquier momento y de cualquier fuente, la información preocupante relativa a los menores en peligro o en riesgo de estarlo*". La exclusión explícita del público de los menores extranjeros infringiría también el artículo 2 de la Convención de las Naciones Unidas sobre los Derechos del Niño, que prohíbe toda discriminación en el trato de los menores por motivos de nacionalidad, entre otros.

Lógicamente, estas prácticas de denegación de la protección pueden generar una gran inseguridad jurídica y una mayor vulnerabilidad de los menores afectados: la voluntad de los servicios de organizar correctamente sus servicios de protección de la infancia nunca debe ir en detrimento de las necesidades de protección de un menor abandonado.

Las nuevas características del procedimiento de evaluación introducidas por el Decreto de 30 de enero de 2019 añaden una capa más de complejidad e inseguridad jurídica potencial a la población de jóvenes migrantes que se declaran menores no acompañados. La norma se presenta "*con el objetivo de garantizar mejor la protección de los niños y luchar contra la entrada y residencia ilegales de extranjeros en Francia*". En la práctica, supondrá una clara injerencia del derecho de extranjería (y por tanto del Estado central) en el ámbito de la protección de la infancia (de competencia descentralizada). El

---

10 Bailleul y Senovilla (2016), p. 54.

procedimiento de evaluación permite al Prefecto, desde el inicio del procedimiento, participar en la identificación de la persona en cuanto a su minoría de edad y condición de "no acompañado", en particular mediante la comprobación de sus huellas dactilares. Los servicios de evaluación solicitarán a su discreción (en ocasiones de forma sistemática) esta visita a la Prefectura, donde se introducirán los datos de la persona en el expediente Visabio (para comprobar que la persona en cuestión no ha solicitado un visado como adulto), el expediente AGDREF2 (Aplicación de gestión de expedientes de solicitantes extranjeros en Francia, creada por el Decreto de 11 de diciembre de 2018) y el expediente AEM (Apoyo a la evaluación de la minoría de edad).

La particularidad que introduce el nuevo Decreto de 30 de enero de 2019 es que una posible denegación en vía administrativa relativa a la protección como menores no acompañados será susceptible de colocar a los jóvenes afectados en una situación de vulnerabilidad jurídica considerable. Hasta ahora, tal denegación en vía administrativa daba a los jóvenes la esperanza de que su minoría de edad fuera reconocida por los tribunales en fase de recurso. A partir de ahora, una denegación tras la entrevista de evaluación será comunicada automáticamente por el departamento a la Prefectura y, dado que el joven ya será conocido por las autoridades de inmigración, probablemente dará lugar a la emisión de una orden de abandonar el territorio francés (OQTF). Naturalmente, los jóvenes podrán negarse a pasar por la Prefectura, lo que podrá sin duda interpretarse por las autoridades como una ratificación implícita de su no-minoría de edad y, por tanto, de su exclusión de la protección.

En resumen, el Decreto de enero de 2019 constituye una ingeniería legislativa de control de la migración que corre el riesgo de poner a los auténticos menores no acompañados que no tienen pruebas suficientes de su identidad en riesgo de una situación de gran vulnerabilidad. El número de menores no acompañados que se nieguen a pasar por la Prefectura será sin duda elevado, lo que supondrá una reducción significativa del número de jóvenes tutelados.

III. UNA EVALUACIÓN "SOCIAL" INSPIRADA EN EL MODELO BRITÁNICO, PERO CLARAMENTE INADECUADA

Desde la puesta en marcha de la Circular dictada por el Ministerio de Justicia el 31 de mayo de 2013, cuyo contenido se incorporó posteriormente a la reforma de la protección de menores en marzo de 2016 y a otros textos normativos, en particular en 2016 y 2019, el legislador ha introducido un procedimiento común para valorar la minoría de edad de las personas que alegan estar no acompañadas y que solicitan protección al estar en situación de riesgo.

Siguiendo el ejemplo de los mecanismos utilizados con los solicitantes de asilo, la coherencia de la narración ha adquirido un papel predominante en este procedimiento. Tras la verificación de los elementos de información sobre la identidad del solicitante de conformidad con las recomendaciones del Decreto de 30 de enero de 2019, en la siguiente etapa de este procedimiento de evaluación a nivel administrativo se "*analiza la coherencia de los elementos recopilados durante una o más entrevistas (…). Estos elementos constituyen un conjunto de pruebas que permiten evaluar si la persona es un menor privado temporal o permanentemente de la protección de su familia*" (artículo 3 de la Instrucción de 17 de noviembre de 2016 y artículo 4 de la Instrucción de 20 de noviembre de 2019). Así pues, las instituciones encargadas de la protección de la infancia (o las asociaciones bajo su mandato) deciden en primera instancia la calificación de la persona como menor no acompañado (y el acceso a los derechos asociados), en función de la supuesta coherencia de las respuestas de los jóvenes solicitantes sobre seis puntos: estado civil e identidad, composición familiar, condiciones de vida en el país de origen, motivos de salida y ruta migratoria, condiciones de vida en Francia y proyecto personal.

Noémie Paté[11] ha revelado en su tesis doctoral que este modelo de evaluación francés se inspiró en el modelo británico. France Terre d'Asile, una asociación especializada a nivel nacional, había coordinado un estudio europeo entre 2010 y 2012, en el que se ponía de relieve este modelo británico de evaluación de la edad basado en

[11] PATÉ (2018), p. 155 y ss.

entrevistas, e implementado siguiendo las recomendaciones de una decisión del Tribunal Superior británico de 14 de julio de 2003[12]. El modelo de entrevista y los diversos aspectos que se abordan y analizan en la misma en el Reino Unido son muy similares a los que se iban a aplicar en Francia unos años más tarde: presentación física y personal, presentación emocional y social; composición e historia familiar; historia social y comunitaria; educación; capacidad para vivir de forma independiente; evaluación médica; viaje migratorio; pruebas documentales. La guía de entrevista propuesta en el contexto británico incluye una sección que recoge los comentarios del joven sobre la evaluación y su declaración de edad, una sección que, en nuestro conocimiento, no se ha mantenido en el modelo francés previsto en las Instrucciones de 17 de noviembre de 2016 y de 20 de noviembre de 2019.

Al comparar estos dos contextos nacionales, cabe destacar dos diferencias sustanciales en cuanto a la aplicación de tal modelo de evaluación y de sus consecuencias: (1) El número y el porcentaje de denegaciones de reconocimiento de minoría de edad es mucho menor en el Reino Unido que en Francia; (2) Los jóvenes que no sean reconocidos como menores no acompañados en el sistema británico no tendrán que afrontar una situación de desamparo y consiguiente precariedad: simplemente serán ubicados en los recursos de acogida previstos para los solicitantes de asilo adultos.

En Francia, las estimaciones a nivel nacional del porcentaje de denegaciones del reconocimiento de la minoría de edad se sitúan en torno al 50% de las solicitudes[13]. En el primer informe de la Misión

---

12 ADCS (2015).

13 Según el informe de la *Mission de réflexion bipartite sur les mineurs non accompagnés* de 15 de febrero de 2018 (IGA et al, 2018), los departamentos de Francia afirman haber realizado alrededor de 54.000 evaluaciones de personas que se declaran menores no acompañados en 2017, considerando no obstante que esta cifra incluye probablemente reevaluaciones sin que sea posible cuantificarlas (p. 3, p. 23). Según cifras del Ministerio de Justicia (DPJJ, Rapport d'activité 2017 de la Mission MNA), ese mismo año 14.908 menores fueron confiados a los departamentos por orden judicial. Esta última cifra correspondería al 27,6% de las evaluaciones realizadas. El informe bipartito de la Misión releva datos de otra fuente, la Agence des Services et Paiements, declarando una tasa de reconocimiento de minoría del 52% de los jóvenes evaluados (2018, p. 23).

MNA del Ministerio de Justicia para su primer año de actividad, el organismo estimó la tasa de denegación precisamente en torno al 50% de las solicitudes[14]. Los informes posteriores de esta Misión no han mencionado el porcentaje de denegaciones, limitándose a especificar el número total de menores no acompañados reconocidos sin indicar el número total de solicitudes. Según los datos publicados por la Misión MNA[15], 11.315 menores no acompañados fueron confiados a la ASE por decisión judicial en 2021 (9.524 en 2020, 16.760 en 2019, 17.022 en 2018, 14.908 en 2017 y 8.054 en 2016). Si extrapolamos la tasa de denegación estimada de al menos el 50%, podemos considerar que entre 2016 y 2021 cerca de 80.000 personas (unas 13.000 al año) no fueron reconocidas como menores no acompañados y permanecieron excluidas temporal o definitivamente de la protección de menores[16].

En el Reino Unido, en cambio, el porcentaje de personas no reconocidas como menores es mucho menor que en Francia. Si tomamos los datos entre 2021 y 2016, encontramos que no se inician procedimientos de evaluación de la edad de forma sistemática como ocurre en Francia, sino en un porcentaje más limitado de casos. En 2021, sobre un total de 3762 solicitudes de menores no acompañados, se resolvieron 2295 expedientes de evaluación de la edad, de los cuales 1.127 fueron considerados adultos (30,67%). Este porcentaje de denegaciones es significativamente el más alto de los últimos años (13,12% en 2020; 8,05% en 2019; 14% en 2018; 16% en 2017 y 17,5% en 2016) en un contexto en el que el número anual de llegadas se incrementó de nuevo con respecto a los años precedentes[17]. Considerando el periodo analizado (2016-2021), hubo 3.833 personas autodeclaradas como menores que fueron consideradas adultas (frente a las algo menos de 80 mil de Francia).

---

14 DPJJ (2014).

15 DPJJ (2022).

16 Estas cifras son estimativas y no se pueden excluir potenciales solapamientos. Es posible que una persona que haya sido denegada como menor no acompañado en fase administrativa en 2020, aparezca reconocida en fase de recurso judicial en 2021.

17 Home Office (2023).

Más allá de las cifras, hay una segunda gran diferencia entre los dos modelos. El modelo británico combina la protección de la infancia con el hecho de que una persona que afirme ser menor no acompañado presente una solicitud de asilo. En la práctica, esto significa que las personas rechazadas como menores no acompañados podrán acceder a un alojamiento para solicitantes de asilo adultos, lo que incluye un centro de acogida o un lugar de vida independiente y una asignación monetaria diaria. Estas condiciones difieren mucho de la situación en la que se encuentran los jóvenes rechazados en el procedimiento de evaluación en los distintos departamentos franceses, ya sea viviendo en la calle, dependiendo de la solidaridad pública o de sus propias redes comunitarias o, en contados casos, beneficiándose de los servicios sociales para adultos. Las condiciones de vida muy precarias y la situación administrativa de los "mijeurs" (término *ad hoc* que hace referencia a las personas con documentos que declaran su minoría de edad pero a las que la protección de la infancia ha denegado la atención) han sido documentadas por un gran número de autores en diferentes contextos[18].

Estas grandes diferencias entre Francia y el Reino Unido en el número absoluto y en el porcentaje de casos en los que se deniega la condición de menor no acompañado ponen en entredicho la aplicación en el país continental de un sistema de evaluación de la minoría basado en una entrevista "social" y —en caso de denegación por vía administrativa— la progresiva judicialización (con un reparto de competencias muy difuso entre Juez de Menores, Juez de Familia y Tribunal administrativo) para determinar el acceso de esta población a la protección de la infancia[19]. Procedemos a examinar a continuación el contenido y desarrollo de tales entrevistas.

---

18 BAILLEUL y SENOVILLA (2016); CARAYON et al. (2018); PATÉ (2018); PERROT (2017); y LE BERRE (2017).

19 CARAYON et al. (2018), pp. 34-35.

IV. LA FORMA Y DESARROLLO DE LAS ENTREVISTAS DE EVALUACIÓN

Como decíamos más arriba, el contenido de la entrevista de evaluación —ya introducido por la Circular de 31 de mayo de 2013— ha sido bien concretado por la Orden de 17 de noviembre de 2016, texto recientemente modificado por una nueva Orden de 20 de noviembre de 2019 relativa a las modalidades de valoración de los menores temporal o permanentemente privados de la protección de su familia. El artículo 7 de este texto normativo establece que "*el evaluador o evaluadores se asegurarán de que el aspecto físico de la persona evaluada, su comportamiento, su capacidad de autonomía e independencia, su capacidad de raciocinio y de comprensión de las preguntas que se le formulen, sean confrontadas con la edad que se alega*".

Por lo tanto, la norma establece criterios altamente subjetivos y otorga un elevado poder discrecional a quienes llevan a cabo la evaluación, basando su juicio en la coherencia y credibilidad del discurso del joven migrante, así como en valoraciones vagas y altamente aleatorias relacionadas con la apariencia, la madurez de expresión, el comportamiento, etc. Esto se hace, en la mayoría de los departamentos, en el espacio de una única entrevista, que tiene lugar en circunstancias altamente estresantes para los jóvenes migrantes que no están acostumbrados a este tipo de ejercicio.

Se pueden esgrimir diversos argumentos para rebatir la pertinencia jurídica de este sistema de evaluación:

- En primer lugar, la falta de coherencia y de correspondencia entre el objeto de la evaluación (determinar si la persona entrevistada es menor de 18 años y si está privada de la asistencia moral y material de sus padres o tutores)y los aspectos abordados e información recopilada durante la entrevista (situación y antecedentes familiares, motivos de la salida, itinerario migratorio, llegada a Francia y acceso a los servicios de protección).
- La flagrante contradicción que existe entre la precisión que se exige a los jóvenes sobre los elementos objetivos de su relato migratorio (fechas precisas, medios de transporte utilizados, coste económico de las distintas etapas del viaje, etc.) y la gran dificultad que tienen la mayoría de los jóvenes evaluados para rememorar esta información. Los jóvenes nos confirman a

menudo estas dificultades y nos dicen lo poco familiarizados que están con esta información, a veces limitándose apenas a recordar los nombres de los países por los que han viajado:

> "*¡Cómo quieren que recuerde los nombres de las regiones por las que he pasado!*".
> M. (SENOVILLA, 2019)

> "*Dices: 'He estado en Malí' y te preguntan: '¿En qué ciudad?' Dices que no lo sabes y te preguntan en qué región, yo no lo sé*".
> P. (SENOVILLA, 2019)

– Estos obstáculos se ven agravados por las situaciones traumáticas a las que pueden haberse enfrentado los jóvenes durante su viaje. En particular, varios estudios han puesto de relieve los efectos negativos de las experiencias traumáticas en su posterior reconstrucción narrativa, lo que sitúa a los solicitantes de asilo, a las víctimas de la tráfico de seres humanos y a los menores no acompañados en una situación de desventaja cuando son evaluados como tales. Las incoherencias y lagunas en sus narrativas son un síntoma absolutamente común entre las personas que sufren estrés postraumático, como lo señalan Herlily y Turner[20].

A estos aspectos hay que añadir las interferencias políticas e institucionales, de gran impacto en las actividades de los servicios de evaluación. En su investigación doctoral, Noémie Paté recogió diversos testimonios de profesionales de los servicios de evaluación, de responsables institucionales de protección de la infancia y de magistrados, demostrando que el procedimiento de evaluación, ya sea a nivel administrativo o judicial, responde a una lógica de gestión de flujos ("*tratamiento de stock*") basada en la capacidad logística y financiera de cada departamento para acoger a menores no acompañados[21]. En su estudio, por ejemplo, una responsable de un servicio de evaluación gestionado por una asociación declaró que el endurecimiento de sus decisiones de evaluación había mejorado las condiciones de diálogo

20 HERLILY y TURNER (2015).

21 PATÉ (2018), pp. 237-238; PATÉ (2023), p. 155.

y de cooperación con los actores institucionales, en particular con los servicios de protección de la infancia de la Infancia y la Fiscalía[22]. Un extracto de entrevista con una Juez de Menores confirma estos aspectos: "*en las evaluaciones de FTDA* (asociación encargada en el departamento en cuestión) *se ha pasado de 80% de menores a solo 20% en unos meses. Es, a mi juicio, el efecto de un endurecimiento bajo presión del Consejo departamental (diputación) y Fiscalía. Es el problema de depender de una financiación, ya que FTDA no quiere perder esta misión (…)*"[23].

Para gestionar el flujo de admisiones mencionado, el modelo de entrevista social ofrece varias posibilidades. Si los evaluadores deben recopilar información factual para determinar la edad (documentos de identidad, informes escolares, carnés de estudiante, licencias de clubes deportivos, etc.), existen dos elementos principales de apreciación discrecional que justifican la subjetividad de estas decisiones:

- El aspecto físico es un elemento utilizado repetidamente: en el estudio de Carayon et al[24]., en 110 informes de evaluación consultados por los autores (el 36% de un total de 305 expedientes) se hacía referencia explícitamente al aspecto físico del joven, la mayoría de las veces para señalar que este aspecto no correspondía con la edad declarada. La complexión muscular, el crecimiento del vello, los restos de maquillaje o el afeitado son factores utilizados por los evaluadores para justificar una decisión negativa[25]. Esta atención prestada al aspecto físico durante las entrevistas de evaluación —validada por la Orden de 20 de noviembre de 2019— ha suscitado fuertes críticas por parte de las asociaciones de apoyo al colectivo de jóvenes menores extranjeros.
- Como ya se ha mencionado, la coherencia y la precisión de la narración constituyen el núcleo de los criterios de evaluación aplicados (53% de los 305 expedientes estudiados por Carayon et al., 2018). La Orden de 20 de noviembre de 2019 sitúa el análisis de la coherencia en el centro de la misión de evalua-

[22] Paté (2018), p. 319.

[23] Paté (2023), p. 160.

[24] Carayon et al. (2018), pp. 39 y ss.

[25] Adjie (2013).

ción, especificando en su artículo 4: "*el evaluador o evaluadores analizan la coherencia de los elementos recogidos durante una o varias entrevistas, con un intervalo mínimo de 24 horas, solicitando si es necesario la asistencia de profesionales de otras especialidades. Estos elementos constituyen un conjunto de pruebas que permiten evaluar si se trata de un menor que ha sido privado temporal o permanentemente de la protección de su familia*".

Pero la coherencia que se exige no está en concordancia con las condiciones en que se desarrolla la entrevista. Los jóvenes evaluados no pueden prepararse con antelación y, conscientes de lo que está en juego, vivirán esta prueba con incertidumbre y ansiedad. Dificultades lingüísticas (muchas de las entrevistas se realizan en francés, que no es la lengua materna de los jóvenes entrevistados); falta de comprensión de la tecnicidad lingüística y de los conceptos abstractos utilizados por los evaluadores; falta de confianza con el adulto que realiza la entrevista… son factores que pueden llevar a los jóvenes evaluados a cometer errores al reconstruir su historia, y que podrán utilizarse posteriormente para alegar la falta de coherencia que se les exige.

Los jóvenes que consultamos eran conscientes de estas vicisitudes y, en general, expresaron un cierto grado de negatividad sobre el resultado de la entrevista que habían realizado.

> *"Aunque hagas la entrevista, y vean tus papeles y todo, te esperas una decisión negativa. Estoy esperando los resultados, pero espero un rechazo porque sé que no me van a aceptar. Estoy indignado. No podemos hacer nada.*
> R., (SENOVILLA, 2019)

> *"No nos consideran al 100%* (menores) *porque la forma en que se comportan con nosotros, incluso la comida que nos dan, no nos hace sentir cómodos*".
> I., (SENOVILLA, 2019)

A veces, se utilizan estrategias adicionales para presionar a los jóvenes, buscando desestabilizarlos y llevarlos a expresar incoherencias que resultan contraproducentes. En el departamento de La Vienne, los jóvenes con los que nos reunimos fueron unánimes al señalar la imposibilidad de obtener una decisión positiva cuando eran interrogados por uno de los evaluadores del equipo. Estos jóvenes denunciaron la intimidación y la presión a la que les sometió esta persona, obligándoles a realizar la entrevista con las ventanas abiertas y sin abrigo en pleno invierno, acusándoles desde el principio de mentir sobre sus documentos o su identidad, o haciéndoles preguntas intempestivas y fuera de contexto con el objetivo de desestabilizar y acusarles de incoherencia o de mentir[26]. El testimonio de M., expresa en términos similares lo expuesto por la gran mayoría de los jóvenes contactados a lo largo de los años:

> "*Depende de con quién te entrevistes. Aquí* (en Poitiers) *si haces la entrevista con R., sabes que te va a decir que tienes más de 18 años*".
> M., (Senovilla, 2019)

Lógicamente, todas las prácticas reseñadas —y en general la concepción del modelo de entrevista social practicado en los distintos departamentos franceses— estarían en disconformidad con las diferentes recomendaciones que llevan a cabo los organismos internacionales con respecto a los procedimientos de evaluación de la edad.

El Consejo de Europa aboga por que toda entrevista con el niño en el contexto de un procedimiento de determinación de la edad ha de ser realizada por profesionales cualificados en un entorno adecuado. Las preguntas formuladas como parte de la entrevista deben ser abiertas y requerir un relato libre, evitando preguntas capciosas u otras formas de influir en el relato del niño[27].

La Oficina Europea de Apoyo al Asilo (EASO) reporta que a los menores entrevistados a menudo les preocupa ser percibidos como mentirosos. Los representantes institucionales que están en contacto con ellos deben recibir formación sobre técnicas de entrevista adaptadas. Se debe informar adecuadamente al candidato antes de la en-

---

26 Varios jóvenes nos contaron que este evaluador les había hecho preguntas aritméticas (simples restas o sumas, por ejemplo) a las que habían respondido no sin cierta sorpresa. Luego, al cabo de diez o quince minutos, el mismo evaluador les preguntaba de repente qué edad tenían en la fecha exacta de un acontecimiento mencionado en su relato. Si el joven vacilaba en la respuesta, el evaluador veía en ello un indicio de incoherencia o de mentira.

27 Consejo de Europa (2017), párr. 110.

trevista para desarrollar una actitud de colaboración y establecer una relación de confianza. La carga de la prueba debe recaer en las autoridades: los menores no pueden explicarse de la misma manera que un adulto, y esta limitación puede acentuarse en el caso de menores procedentes de una cultura diferente en la que la edad no es tan importante como en las sociedades occidentales[28].

Por último, el Comité de los Derechos del Niño de la ONU sostiene que el interés superior del menor debe ser un principio rector a la hora de determinar la prioridad de las necesidades de protección que deben aplicarse a los menores no acompañados o separados de su familia. En el proceso inicial de evaluación de la edad "*no sólo debe tenerse en cuenta el aspecto físico del individuo, sino también su madurez psicológica. Además, la evaluación deberá realizarse con criterios científicos, seguridad e imparcialidad, atendiendo al interés del menor y a consideraciones de género, evitando todo riesgo de violación de su integridad física, respetando debidamente su dignidad humana, y, en caso de incertidumbre, otorgando al individuo el beneficio de la duda, de manera que, en la hipótesis de que se trate de un menor, se lo trate como tal*"[29].

En resumen, nuestro análisis de la legislación y de las prácticas observadas reafirma el carácter político del procedimiento de evaluación de la minoría de edad de los menores no acompañados en Francia a nivel administrativo e incluso judicial. Los distintos intereses institucionales (en particular, la gestión de los flujos migratorios y la gestión presupuestaria de la protección de la infancia) priman sobre los intereses de los menores migrantes, lo que contradice claramente el principio jurídico del interés superior del menor consagrado por el derecho internacional. A continuación, examinaremos las consecuencias (graves) de una denegación administrativa del estatuto de menor no acompañado, así como las posibilidades de recurso judicial existentes.

---

28 EASO (2018), p. 29 y 48.

29 COMITÉ DE LOS DERECHOS DEL NIÑO (2005), párr. 31.

V. DENEGACIÓN ADMINISTRATIVA Y RECURSO ANTE EL JUEZ DE MENORES: NUEVAS EXPECTATIVAS, NUEVOS ESCOLLOS

Tras la entrevista social y la posible incoación de la autoridad judicial para comprobar la autenticidad de los documentos de identidad de la persona menor de edad (no sistemática en la fase administrativa), los jóvenes solicitantes que hayan declarado ser menores no acompañados recibirán —en un plazo más o menos prolongado— una primera respuesta de la autoridad administrativa. En un gran porcentaje de los casos esta respuesta es negativa (ver porcentajes estimados en sección anterior), lo que significa que los jóvenes afectados tienen que abandonar el sistema de acogida casi inmediatamente (en el mejor de los casos, se autorizan una o dos noches más) y tienen que encontrar una solución de alojamiento alternativa o, en su defecto, volver a la vida en la calle durante el tiempo que estén en disposición preparar un recurso ante el Juez de Menores.

Un primer obstáculo para los jóvenes a los que se deniega la protección de menores puede estar constituido por la falta de motivación jurídica de las decisiones administrativas denegatorias, lo que lógicamente dificulta sus posibilidades de preparar un recurso. Aun así, el artículo 9 de la Orden de 17 de noviembre de 2016 (y artículo 10 de la Orden de 20 de noviembre de 2019) obligaba al Consejo departamental a notificar al interesado "*la resolución denegatoria con respecto a la protección de forma motivada, con mención de las vías y plazos de recurso aplicables*". La Orden de 20 de noviembre de 2019 (artículo 9) permite solicitar el informe y dictamen motivado del proceso de evaluación.

A pesar del carácter opaco de las decisiones administrativas[30] y de los posibles obstáculos al derecho de acceso a la justicia que ello implica, el joven migrante seguiría teniendo la posibilidad de depositar un recurso ante la autoridad judicial. En línea con el análisis de Carayon et al[31]., la opción más lógica sería presentar un recurso ante un Tribunal administrativo. Sin embargo, en una decisión de 1 de

---

30 Senovilla (2019).

31 Carayon et al. (2018).

julio de 2015 (confirmada en una decisión de 13 de julio de 2017), el *Conseil d'Etat* (máximo Tribunal a nivel administrativo) dictaminó que este tipo de recurso por parte de un menor era inadmisible porque existía otro medio de recurso ante el Juez de Menores[32].

Otra posibilidad sería incoar al Juez de Asuntos Familiares, con el fin de constatar la presencia de un menor en ausencia de sus representantes legales y ordenar la tutela por el Presidente del Consejo Departamental, a falta de otra persona capaz de asumir esta tarea. Esta opción, utilizada en el pasado en algunos departamentos (Ile-et-Vilaine, por ejemplo), sigue estando muy infravalorada.

La opción más utilizada es por tanto remitir el caso al Juez de Menores en virtud del artículo 375 del Código Civil francés. Como consecuencia, se va a producir un nuevo período de espera antes de que el asunto pueda elevarse a la autoridad judicial, periodo durante el cual los jóvenes se organizan y obtienen ayuda financiera, bien para ponerse en contacto con la familia o parientes en el país de origen que podrían enviarles sus documentos de identidad, bien para legalizarlos u obtener documentos adicionales en las representaciones consulares de sus países de origen en Francia. A este respecto, J. comenta

> *"Mi abogado me dijo que necesito una tarjeta consular y un certificado de nacimiento legalizado para poder llevar mi caso ante los tribunales"*.
> J., (SENOVILLA, 2019)

Esta espera adicional implica lógicamente una prolongación de la precaria situación en la que ya se encontraban los jóvenes tras la decisión de denegación inicial. La obtención de documentos de estado civil o su legalización ante las autoridades consulares son trámites complejos que muchos jóvenes migrantes, especialmente los más jóvenes y vulnerables, no pueden realizar sin apoyo legal y/o

---

32 "Cuando el departamento se niega a someter el asunto a la autoridad judicial tras la evaluación mencionada en el punto anterior, la existencia de un recurso ante el Juge des enfants mediante el cual el menor puede obtener la admisión a la asistencia social hace inadmisible el recurso interpuesto ante el juez administrativo contra la decisión del departamento", CONSEIL L'ÉTAT, 13 de julio de 2017, N° 412134- 412135.

económico. La información sobre las prácticas consulares es confusa y difícil de obtener. Además del coste del viaje a las ciudades donde se encuentran las misiones consulares, la obtención de documentos de estado civil representa un gasto financiero considerable que la mayoría de los jóvenes migrantes —sin medios— no pueden permitirse. La ayuda y el apoyo prestados a este respecto por el sector del voluntariado y por algunos particulares han resultado cruciales para evitar que esta población se vea abocada a una situación de inexistencia legal especialmente peligrosa.

Una vez obtenidos sus papeles, con mucha dificultad y esfuerzo, los jóvenes migrantes no comprenden por qué en ocasiones el juez puede impugnar su validez. Como decía L:

> *"Cuando tienes tu partida de nacimiento, y es una partida de nacimiento real, llevas tus papeles contigo y sabes exactamente que eres menor. Y te van a decir que tus papeles están falsificados y que eres mayor de edad"*.
>
> L., (Senovilla, 2019)

Cabe reseñar por último que un porcentaje significativo de jóvenes cuyas solicitudes son rechazadas en la fase administrativa son considerados definitivamente "menores no acompañados" por decisión judicial. Al tratarse de menores potencialmente en peligro, han tenido sin embargo que soportar un periodo de espera incierta y a menudo desproporcionada, recurriendo a la solidaridad del público en general y de las asociaciones para paliar su situación de exclusión y precariedad.

VI. ORGANIZAR EL ALOJAMIENTO Y LA ESCOLARIZACIÓN DE LOS "MIJEURS": LA NECESIDAD DE APOYO DE LA SOCIEDAD CIVIL

Utilizado inicialmente en el contexto parisino a finales de 2011, el término "mijeur" se refiere a una persona que afirma ser menor de edad y que dispone de documentos de identidad para demostrarlo, pero cuya minoría es cuestionada por los servicios de protección de la infancia y/o el sistema de justicia de menores. Por lo tanto, son personas que quedan excluidas de cualquier protección como menores en situación de riesgo, pero que cuando intentan acceder a los servicios sociales para adultos, también son excluidas debido a su supuesta condición de menores[33].

Sin embargo, como ya se señaló en un informe anterior, el limbo jurídico asociado a esta "categoría" no debería producirse. La legislación francesa (artículo L112-3 del *Code de l'Action Sociale et des Familles*) prevé medidas de protección para todos los adultos menores de 21 años que experimenten "*dificultades susceptibles de comprometer gravemente su equilibrio*". El artículo L222-5 del mismo Código establece que "*los menores emancipados y los adultos menores de 21 años que experimenten dificultades de inserción social por falta de recursos suficientes o de apoyo familiar también podrán ser acogidos temporalmente por el servicio de protección de la infancia*"[34].

Pero si no se aplican estas normas, o si no se flexibilizan las condiciones de acceso a la escolarización y al trabajo, los jóvenes migrantes a los que se ha denegado la protección de la infancia se ven obligados a soportar su exclusión de cualquier apoyo institucional, por lo que siguen corriendo el riesgo de exclusión social, explotación o desviación hacia actividades ilícitas o delictivas. Durante nuestra reunión con una jueza de menores en septiembre de 2017, expresó su sorpresa y asombro por el hecho de que esta población, a pesar de la precariedad de su situación, solo muy excepcionalmente deriva hacia actividades desviadas.

La solidaridad de la sociedad civil y de una parte del sector asociativo ha sido y sigue siendo decisiva y fundamental para evitar la lacra de la exclusión que engendran inexorablemente los procedimientos institucionales de gestión de la protección de la infancia y de la migración[35]. La importancia de estas redes informales de solidaridad en el proceso de reconstrucción de una vida ordinaria por parte de los jóvenes migrantes fue destacada por B. durante uno de nuestros talleres de grupo[36]. En concreto, dijo que la ansiedad y la angustia provocadas por la decisión de denegarle la protección por ser me-

---

33 PERROT (2017), p. 70.

34 BAILLEUL y SENOVILLA (2016), p. 94 y ss.

35 FERNIER y SENOVILLA (2021).

36 KOHLI (2005); y KOHLI (2014).

nor se disiparían gracias a su integración en una familia de acogida voluntaria:

> *"No podía imaginar que sería capaz de vivir con franceses que me dan tanto cariño. Así que no me tomo a mal mi rechazo* [de la evaluación], *porque me ha permitido descubrir otro mundo (…) Si la ASE (protección de la infancia) me hubiera reconocido como menor, hoy estaría viviendo en un hotel; así que creo que fue una oportunidad para conocer a esta familia*".
> B., (Senovilla, 2019)

Al igual que la espera que conllevan los procedimientos de asilo y los sentimientos de ansiedad y pérdida de control que puede provocar[37], la espera impuesta por los procedimientos administrativos y judiciales para el reconocimiento de la condición de minoría de edad también genera un sentimiento de abandono, ansiedad e incomprensión en los jóvenes migrantes, lo que necesariamente repercute en su salud mental y lleva a algunos de ellos a desarrollar diferentes estrategias en busca de resiliencia. Afortunadamente, las redes de solidaridad ciudadanas y el sector asociativo, con su apoyo incondicional a estos jóvenes excluidos por la institución, les acompañan y apoyan para que puedan progresivamente salir adelante y cumplan el principal objetivo de su proyecto migratorio: (re) construir una nueva vida en un contexto de exilio.

Bibliografía citada

ADCS, *Age Assessment Guidance*, ADCS Leading Children's Services, 2015.

ADJIE, "Permanence d'accueil et d'orientation des mineurs isolés étrangers (PAOMIE): une moulinette parisienne pour enfants étrangers", *Journal du droit des jeunes*, Vol. 328, N° 8, 2013, pp. 6-9.

Bailleul, Corentin y Senovilla Hernández, Daniel, *Dans l'intérêt supérieur de qui? Enquête sur l'interprétation et l'application de l'article 3 de la Convention Internationale des Droits de l'Enfant dans les mesures prises à l'égard des mineurs isolés étrangers en France*, Poitiers, MIGRINTER, 2016.

Carayon, Lisa et al, "Soyez cohérent, jeune homme! ». Enjeux et non-dits de l'évaluation de la minorité chez les jeunes étrangers isolés à Paris", Revue française de science politique, Vol. 68, N° 1, 2018, pp. 31-52.

---

[37] Kobelinsky (2010); Refugee Action (2018).

CEAR, *Informe 2022: las personas refugiadas en España y Europa, Madrid,* Comisión Española de Ayuda al Refugiado- CEAR, 2022.

CEAR, *Refugiados y migrantes en España. Los muros invisibles tras la frontera sur,* Madrid, Comisión Española de Ayuda al Refugiado- CEAR, 2017.

COMITÉ DE LOS DERECHOS DEL NIÑO, *Observation générale N° 6 relative au traitement des enfants non accompagnés et des enfants séparés en dehors de leur pays d'origine,* 2005. CRC/GC/2005/6.

CONSEIL DE L'EUROPE, *Détermination de l'âge: Politiques, procédures et pratiques des états membres du Conseil de l'Europe respectueuses des droits de l'enfant dans le contexte de la migration,* Division Droits de l'Enfant, Conseil de l'Europe, 2017.

DIRECTION DE LA PROTECTION JUDICIAIRE DE LA JEUNESSE - DPJJ, *Rapport d'activité du dispositif national de mise à l'abri, d'évaluation et d'orientation des mineurs isolés étrangers,* Ministère de la Justice, 1er juin 2013- 31 mai 2014.

DIRECTION DE LA PROTECTION JUDICIAIRE DE LA JEUNESSE - DPJJ, *Rapport annuel d'activité 2021,* Mission Mineurs Non Accompagnés, Ministère de la Justice, juin 2021.

EUROPEAN ASYLUM SUPPORT OFFICE, *Practical guide on age assessment,* second edition, 2018.

FERNIER, Louis y SENOVILLA HERNÁNDEZ, Daniel, *Migración Positiva: aspectos positivos de la experiencia migratoria,* Observatorio de la Migración de Menores y MIGRINTER, 2021.

HERLILY, Jane y TURNER, Stuart, "Untested assumptions: psychological research and credibility assessment in legal decision-making", *European Journal of Psychotraumatology,* 2015.

HOME OFFICE (2023), *Immigration statistics,* Bex Newell, 2023.

INSPECTION GENERALE DE L'ADMINISTRATION; INSPECTION GENERALE DES AFFAIRES SOCIALES; INSPECTION GENERALE DE LA JUSTICE; y ASSEMBLÉE DES DEPARTMENTS DE FRANCE, *Rapport de la mission bipartite de réflexion sur les mineurs non accompagnés,* 2018.

KOBELINSKY, Carolina, *L'accueil des demandeurs d'asile. Une ethnographie de l'attente,* Editions Le Cygne, 2010.

KOHLI, Ravi KS., "The sound of silence: Listening to what unaccompanied asylum-seeking children say and do not say", *British Journal of Social Work,* Vol. 36, N° 5, 2005, pp. 707-721.

KOHLI, Ravi KS., "Protecting asylum seeking children on the move, in Mineurs en Migration: enjeux juridiques, politiques et sociaux", *Revue Européenne des Migrations Internationales,* Vol. 30, N° 1, 2014, pp. 83-104.

LE BERRE, Rozen, *De rêves et de papiers: 547 jours avec les mineurs isolés étrangers,* Éditions la Découverte, 2017.

PATE, Noémie, *L'accès - ou le non accès - à la protection des mineures isolées en situation de migration,* Thèse pour l'obtention du grade de Docteure en Sociologie, Paris Nanterre, 17 décembre 2018.

Pate, Noémie, *L'épreuve de l'évaluation des mineurs non accompagnés*, Collection Le Sens Social, Presses Universitaires de Rennes, 2023.

Perrot, Adeline, *Les mineurs exilés à l'épreuve du jugement: une ethnographie des frontières d'âges et de statuts*, Thèse pour l'obtention du grade de Docteure en Sociologie, Ecole d'Hautes Etudes en Sciences Sociales- EHESS, 7 décembre 2017.

Refugee Action, *Waiting in the dark: how the asylum system dehumanizes, disempowers and damages*, 2018.

Senovilla Hernández, Daniel y Robin, Nelly, "The migration of unaccompanied and separated Senegalese children to Spain", en Kanics, Jyothi; Senovilla Hernández, Daniel; y Touzenis, Kristina (Coords.), *Migrating alone: unaccompanied and separated children's migration to Europe*, Paris, UNESCO Publishing, 2010, pp. 143-154.

Senovilla Hernández, Daniel y Uzureau, Océane, "Children's voices: listening to young African migrants in France", in Bhabha, Jacqueline; Senovilla Hernández, Daniel; y Kanics, Jyothi (eds.), *Research Handbook on Child Migration*, Edward Elgar Publishing, 2018, pp. 478-495.

Senovilla Hernández, Daniel, *L'attente subie par les mineurs non accompagnés dans le département de la Vienne: raisons et réponses, Résultats 2017-2019 du projet REMIV*, Poitiers, MIGRINTER, 2019.

Menores migrantes no acompañados en Italia o cómo analizar la situación de los menores extranjeros no acompañados en Italia

GABRIELLA ARGENTO
Prof. de Trabajo Social
Universidad de Palermo (Italia)

BELÉN BLÁZQUEZ VILAPLANA
Prof. Titular de Ciencia Política y de la Administración
Universidad de Jaén
bblazquez@ujaen.es

I. INTRODUCCIÓN

Con la Primavera Árabe en 2012 y la masacre de Lampedusa en octubre de 2013, el flujo de migrantes a través del Mar Mediterráneo hacia Europa se ha convertido en centro del discurso político, nacional y social. A día de hoy, Italia es uno de los Estados miembros de la Unión Europea (UE) que recibe un mayor número de menores extranjeros, migrantes, no acompañados, en su territorio, lo que ha llevado a planificar medidas para identificar intervenciones adecuadas y eficaces[1]. A pesar de que el fenómeno ha adquirido características recurrentes y ya no episódicas, el sistema de acogida y las políticas internacionales, nacionales y locales tienden a cristalizar su alcance de emergencia y a abordarlo de manera constantemente problemática[2].

---

1 Aunque a lo largo del texto se harán algunas apreciaciones sobre el concepto utilizado y las razones de ello, hemos optado por usar el acrónimo de MENAS (menores extranjeros no acompañados) aún a sabiendas de las limitaciones y críticas que el mismo despierta en algunos sectores de la academia y de la sociedad civil. En Italia, el acrónimo utilizado es MSNA (*minore straniero non accompagnato*).

2 ATTANASIO (2016).

Italia, se encuentra en una encrucijada cultural ante la dificultad de metabolizar la transformación de una tierra de emigrantes (que todavía es muy corriente) a un país de asilo, en una larga transición marcada por la recepción de desembarcos de Albania (desde 1990), de Crisis de los Balcanes, de la «temporada de desembarco», de las revoluciones árabes. En particular, en las regiones del sur de Europa el movimiento migratorio ha adquirido numerosas y significativas peculiaridades en comparación con los países del norte de Europa, tanto que algunos estudiosos han adoptado un marco interpretativo único que se refiere a un «modelo Mediterráneo de inmigración»[3]. Los elementos distintivos del modelo Mediterráneo de migración se identificarían con la relativa falta de preparación jurídica y política de los países de acogida para prever y acomodar los movimientos migratorios a través de formas eficaces de gobernanza; en ausencia de políticas activas de contratación en el mercado laboral; en la inserción espontánea y desregularizada de migrantes en sectores ocupacionales caracterizados por una pobre estructura regulatoria; en la colocación predominante de la mano de obra extranjera en el sector agrario, sobre todo en el caso de los hombres, y en el sector de los servicios, especialmente en el cuidado y la asistencia personal de las mujeres inmigrantes; en la alternancia entre fases de pleno empleo y de desempleo; finalmente, en el empleo de los inmigrantes en trabajos poco cualificados, mal pagados e indeseables ya que ya no tienen una correspondencia adecuada con los trabajadores nativos[4].

En este sentido, Italia, en su mayor parte ha tenido un cambio entre la tolerancia pasiva y la integración sin recepción con una tendencia general a diversificar a nivel local los servicios y principales recursos puestos a disposición de los migrantes, con amplios márgenes de autonomía en comparación con las opciones reclamadas a nivel nacional. Dicha realidad muestra cómo las políticas de redes a nivel local, así como las diferentes fuerzas impulsoras de las asociaciones de inmigrantes en diferentes realidades nacionales[5] y europeas, pueden afectar la promoción del bien colectivo. La ambigüedad bá-

---

3 PUGLIESE (2002).

4 AMBROSINI (2005).

5 CONSOLI; D'AGOSTINO; y MAGRO (2009).

sica que caracteriza la presencia extranjera en las sociedades de la Europa mediterránea hace que, por un lado, los migrantes se vean relegados a una condición de debilidad estructural que, acompañando su estatus legal y acceso al trabajo, los somete constantemente a chantajes. Por otro lado, la necesidad de personas dispuestas a realizar trabajos, años después aún definibles por lo que Ambrosini llama las cinco P (definidas como pesadas, peligrosas, precarias, mal pagadas, socialmente penalizadas) favorece los grandes espacios de «puertas de entrada». Desde este punto de vista, el contexto social y político en el que se producen los nuevos movimientos migratorios es el resultado de una paradoja que, como dicen Ambrosini y Buccarelli[6], ve al extranjero como un recurso intocable para la economía, pero muy desagradable para la sociedad.

Cabe señalar que, en Italia, antes de los años ochenta, la presencia extranjera «despertaba curiosidad y no generaba aprensión, también porque eran números irrelevantes, entonces se extendía una escasa conciencia del fenómeno, que luego se convirtió, en la segunda parte de los años ochenta, en una emergencia"[7]. En 1981 en Italia, el primer censo ISTAT (Instituto Nacional de Estadística) para la sección de extranjeros calculó la presencia de 321.000 extranjeros, de los cuales aproximadamente un tercio eran «estables» y el resto «temporales». Un año más tarde, en 1982, se propuso un primer programa de regularización para los inmigrantes indocumentados, mientras que en 1986 se aprobó la primera ley en la materia (Ley N° 943 de 30 de diciembre de 1986), con el objetivo de garantizar a los trabajadores extracomunitarios los mismos derechos que a los italianos. En 1991, el número de extranjeros residentes se había duplicado hasta alcanzar los 625.000[8]. Ante un fenómeno que ya no es despreciable desde el punto de vista cuantitativo, en esos años los actores institucionales comenzaron a considerar la migración como un problema social, respecto del cual la intervención se consideraba necesaria y urgente: «el extranjero comienza a ser percibido como individuo cuya presencia comprometería los equilibrios sociales y

---

6 Ambrosini y Buccarelli (2009).

7 Cesáreo (2014), p. 26.

8 Baldi y Balducci (2006).

económicos preexistentes, agrandaría las áreas de marginación y desviación y no proporcionaría ninguna contribución al país, cobrando en su lugar costos económicos y sociales innecesarios»[9].

Desde el punto de vista estadístico, según fuentes oficiales, a 31 de diciembre de 2020, había 5.171.894 ciudadanos extranjeros que residían legalmente en Italia, lo que equivale al 8,45% del total de la población residente (59.641.488 individuos), esencialmente sin cambios con respecto al año anterior (+0,87%, o 43.479 individuos). El aumento de la población extranjera residente a lo largo de los años se debe tanto a un saldo migratorio positivo entre inmigrantes y emigrantes, como a un saldo natural positivo entre nacimientos y defunciones: por lo que respecta a lo primero, las nuevas llegadas de inmigrantes extranjeros han disminuido durante varios años (desde 530.456 durante 2007 a 250.026 durante 2015), pero siguen superando en número a los extranjeros emigrados (44.696 en 2015); en cuanto al saldo natural, durante 2015 se produjeron 72.096 nacimientos extranjeros (el 14,8% de los nacimientos, también en descenso respecto a los dos años anteriores) frente a 6.497 que murieron[10].

En relación al tema que aquí nos interesa analizar, hay que destacar que no solo los adultos experimentan la migración, especialmente en las últimas décadas, las filas de los migrantes se han visto engrosadas por un grupo que hoy se ha convertido en realidad en un sujeto activo del proceso migratorio, el de los/as menores extranjeros no acompañados. El Alto Comisionado de las Naciones Unidas para los Refugiados (ACNUR) estima que el número actual de personas que huyen de conflictos militares y disturbios políticos es el más alto desde la Segunda Guerra Mundial y los niños y adolescentes son un componente importante de estos flujos migratorios. De hecho, en los últimos 10 años, la presencia de menores solitarios en las migraciones humanas se ha convertido en un factor común a nivel mundial. Según datos de ACNUR, los menores hoy representan desde un mínimo del 4% hasta un máximo del 15% de la población que solicita asilo en los países de destino[11].

---

9 VALTOLINA (2011), p. 155.

10 ISTAT (2021).

11 ACNUR (2020b).

Los movimientos migratorios de estos menores se producen principalmente hacia Europa, América del Norte y, en general, hacia países más ricos; en particular, los factores clave para comprender mejor este fenómeno son:

- Alto crecimiento demográfico en los países de origen;
- Un crecimiento urbano generalizado, especialmente en los últimos años (con una notable aceleración en África en comparación con otras áreas);
- Conflictos armados que tienen un efecto devastador especialmente en los sectores más vulnerables, en primer lugar, el de los niños y niñas;
- La pobreza estructural de muchos países.

El de los/as menores migrantes no constituye un universo homogéneo sino, por el contrario, es precisamente un conjunto de caminos, historias de vida, condiciones legales que hacen inútil cualquier reflexión generalizada sobre el tema. En este sentido, podemos distinguir tres tipos de menores:

- Los/as que denominaríamos de Segunda Generación;
- Aquellos que llegan por una Reagrupación Familiar;
- Los/as No acompañados/as.

En las siguientes páginas nos detendremos en este último caso, concretamente en aquellos y aquellas que llegan a un país perteneciente a la Unión Europea, Italia, con una serie de elementos que los caracterizan, a saber: la dificultad de identificar a estos menores; la edad de llegada (que ronda los 15-17 años); la preponderancia masculina del fenómeno; la visión común de Italia, y especialmente de Sicilia, como punto de desembarco más cercano a las costas africanas y la prevalencia de las regiones del centro-norte de Italia y a menudo de otros países europeos como zona de destino. También hay elementos que, en cambio, nos muestran cómo algunos aspectos de este fenómeno han evolucionado y cambiado a lo largo del tiempo, entre estos: la reducción en el número de llegadas de menores albaneses (que en los noventa representaban la mayoría de menores extranjeros no acompañados presentes en Italia); la expansión en el número de países de origen y distancias y el aumento de las solicitudes de asilo, la novedad en este caso está representada por el número de llegadas desde Afganistán, Bangladesh y Pakistán.

II. DEFINICIÓN DE MENOR EXTRANJERO NO ACOMPAÑADO (MENA) EN ITALIA

La introducción del fenómeno de la migración de menores no acompañados inició un debate en relación a cuál debía ser la denominación más adecuada para referirse al mismo, ello, de acuerdo con la atención que se ha prestado a los distintos elementos que conforman este fenómeno. Así, en 1997, el Consejo de la Unión Europea definió a estos menores como "menores no acompañados". Ese mismo año, el Alto Comisionado de las Naciones Unidas para los Refugiados subrayó la dificultad de definir unívocamente situaciones de naturaleza muy diferente. Según Senovilla (2007), la denominación que adquieren estos menores en cada contexto nacional al que llegan refleja las especificidades de ese país en la gestión de la migración en general y en la protección de la infancia, en particular. Como consecuencia de ello, en muchos países europeos (países escandinavos, Reino Unido, Austria, Grecia, Portugal, Alemania), donde existe una tendencia generalizada a limitar las intervenciones y la gestión de la migración, el sistema normativo generalmente aplicado en la regulación de la concesión del derecho de asilo, orienta la denominación de la migración de los migrantes y los define como menores no acompañados solicitantes de asilo *(unaccompaneid asylum seeking minors)* o como menores no acompañados refugiados (*unaccompaneid refugee minors*).

En Italia, la primera definición utilizada aparece en 1999. Según el Decreto del Presidente del Consejo de Ministros (generalmente conocido por el acrónimo DPCM), n. 535/1999[12], art. 1, c. 2, la definición de MENA sigue la establecida a nivel internacional: "menor extranjero no acompañado presente en el territorio del Estado ", en lo sucesivo denominado "menor presente no acompañado". Con ello se hace referencia al menor que no tiene la ciudadanía italiana u otra de la Unión Europea que, al no solicitar el asilo, se encuentra por cualquier motivo en el territorio del Estado sin asistencia y representación de los padres u otros adultos legalmente responsables de él de acuerdo con las leyes vigentes en el sistema legal italiano.

---

12 Modificaciones al acto consolidado según decreto legislativo N° 286, y otras disposiciones relativas medidas para la protección de menores extranjeros no acompañados.

La evolución del concepto alcanzó una mayor integridad con la Ley 47/2017, conocida como la Ley Zampa[13] que por primera vez hizo que la categoría de MENA fuese más homogénea: el menor extranjero no acompañado está, por su naturaleza, protegido por el sistema italiano y tiene el derecho de solicitar un permiso para menores, así como también poder solicitarlo para obtener protección internacional donde existan las condiciones específicas (art. 10). La legislación italiana es, en este sentido, peculiar con respecto al panorama europeo que no tiene una obligación regulatoria para que los Estados miembros acepten y otorguen permisos a estos menores, sino que simplemente establece que, al decidir el destino de estos, prestan atención a situaciones duraderas que protegen al supremo interesado. En el artículo 2 esta ley establece que:

> Un menor extranjero no acompañado presente en el territorio del Estado significa el menor que no tiene la ciudadanía italiana o de la Unión Europea que, por cualquier motivo, se encuentra en el territorio del Estado o que está sujeto a la jurisdicción italiana, sin asistencia y representación de los padres u otros adultos legalmente responsables de él de acuerdo con las leyes vigentes en el sistema legal italiano. (Art. 2, l. 47/2017).

La ley establece que la categoría de los MENAS incluye:

- Menores que llegaron a Italia con el objetivo de reunirse con padres que emigraron antes que ellos, pero que no tienen los requisitos legales para llevar a cabo la reunificación familiar;
- Menores víctimas de trata o explotación, para quienes se prevén medidas especiales de protección social;
- Menores que ingresan a Italia ilegalmente;
- Menores que buscan protección internacional o humanitaria.

Los tres elementos clave que caracterizan el estado de los MENAS son:

1. La condición de "menor": la cuestión de minoría de edad no es una naturaleza dada, sino una determinación legislativa. En Italia, la ley 39/1975 establecía que esto debía terminar a los dieciocho años; asimismo, sancionan algunos actos internacionales importantes como la Convención de los Derechos del

---

13 La Ley 47/2017 toma el nombre de la ley Zampa, del nombre de la senadora Sandra Zampa, primera firmante de la disposición.

Niño de 1989 y la Convención de La Haya de 1996. Todos los estados miembros de la Unión Europea están alineados con el mismo umbral de registro y es este umbral el que generalmente también está en la ley de inmigración nacional y europea.

2. "Extranjero": este término se refiere únicamente al ciudadano no perteneciente a la Unión Europea (UE) y, por lo tanto, tiene la ciudadanía de un país que no es miembro de dicha organización.
3. "No acompañado": la legislación europea asigna a los Estados miembros la tarea de definir cuándo un menor debe considerarse abandonado y, por lo tanto, en una condición que conlleve una protección especial por parte del Estado en el que se encuentra. En el sistema legal italiano, la definición en el artículo 1 del Decreto del Primer Ministro 535/1999 no proporciona indicaciones específicas a este respecto, sino que se refiere a las leyes que rigen la responsabilidad parental, o tutorial del sistema legal italiano: de esta manera, por lo tanto, se hace una igualación entre menor italiano y menor extranjero no acompañado.

Por tanto, en Italia la definición de MENA es una consecuencia lógica de la condición de "doble vulnerabilidad" que caracteriza al sujeto en cuestión: la condición vulnerable que resulta de ser menor no acompañado prevalece en comparación con la de un extranjero y, por lo tanto, entre las diferencias culturales y personales, los menores mismos. De hecho, la vulnerabilidad es una condición del MENA que lo pone en un estado de mayor riesgo o peligro, vinculado a su propia naturaleza. El peligro es concreto porque el sujeto ya está en situación de sufrir una lesión y el sistema legal reconoce el deber de protegerlo. En esta protección generalizada y homogeneizadora de la categoría de los MENAS, es interesante resaltar los aspectos, la multiplicidad y también las dificultades para definir quién es un menor extranjero no acompañado (Lunardini, 2020).

Con respecto a la identificación de los MENAS, la Ley 47/2017 ha introducido un procedimiento único, con el objetivo de estandarizar las diferentes prácticas a nivel nacional. El proceso de identificación, que según la ley debe concluirse en un plazo de diez días, establece, en primer lugar, que los profesionales cualificados de la primera instalación de recepción lleven a cabo, con la ayuda de un mediador intercultural, una entrevista con el menor, con el objetivo de profundizar en su historia personal y familiar y sacar a relucir cualquier otro elemento útil para su protección. Con respecto a la edad del registro y su evaluación, Italia reconoce la importancia de proceder con un enfoque multidisciplinario a través de pruebas socio-sanitarias que respeten el principio de invasividad progresiva para el menor.

Este método para determinar la edad tiene como objetivo evitar el riesgo de que los MENAS que se acercan a la edad adulta se identifiquen como adultos después de las pruebas auxológicas exclusivamente, lo que conlleva un margen de error de más o menos 2 años (generalmente llamado variabilidad biológica) y, en consecuencia, se incluyan en sistemas reservados para adultos.

En cuanto a la recepción de los MENAS, el sistema actual es el resultado de una evolución regulatoria que comenzó en 2014 y ahora está regulada por la Ley N° 47/2017. En octubre de 2017, el "Plan Nacional de Integración para titulares de protección internacional" destacó las medidas necesarias para aumentar el sistema de acogida y mejorar la integración socioeconómica a través de la mejora completa de los instrumentos legislativos existentes. Para estos fines, se requiere una colaboración activa de diferentes actores en el área: los servicios sociales y de salud locales, el Tribunal de Menores y el juez del Tribunal ordinario, la sede de la policía, las agencias de educación pública, las escuelas de todos los niveles y grados, incluidos los centros provinciales de educación de adultos (en italiano conocido por el acrónimo CPIA[14]) y los centros de empleo (en italiano conocido por el acrónimo CPI[15]).

---

14 Los CPIA son escuelas públicas establecidas por el Ministerio de Educación, Universidad e Investigación, que colaboran en una red territorial con otras escuelas secundarias a nivel provincial, ofreciendo la posibilidad a estudiantes italianos y extranjeros de asistir a la escuela media y secundaria. Dentro de los CPIA, los MENA que acaban de llegar a Italia y que tienen más de 16 años pueden asistir a talleres de italiano L2 en cualquier momento del año escolar. Los MENA están obligados a aprobar el examen estatal de primer ciclo de educación en un CPIA territorial, si quieren continuar sus estudios o buscar trabajo. Después de aprobar este examen se puede inscribir regularmente en una institución de educación secundaria; muchos optan por una escuela nocturna o una escuela profesional.

15 Los centros CPI son estructuras públicas coordinadas por las Regiones o Provincias Autónomas. Facilitan la adecuación de la oferta y la demanda de trabajo

La Ley 47/2017 por primera vez solicitó a las autoridades locales que privilegiaran la custodia familiar en lugar de ubicarla en una estructura de recepción (art. 7) y que implementaran acciones de sensibilización específicas dirigidas a los ciudadanos para la difusión del acogimiento familiar.

III. SITUACIÓN NORMATIVA DE LOS MENAS EN ITALIA

En la legislación italiana, el menor, extranjero o no, está protegido en primer lugar como individuo por el artículo 2 de la Constitución que dice: "La República reconoce y garantiza los derechos inviolables del hombre, tanto como individuo como en las formaciones sociales donde su personalidad toma lugar, y exige el cumplimiento de los deberes imperativos de solidaridad política, económica y social". Este artículo, junto con los artículos 3, 29, 30, 31 y 37 de la Constitución, nos hace entender que el texto constitucional considera al menor como un sujeto digno de protección específica en las diferentes dimensiones de su persona, como ser humano, en particular como un hijo. Estos artículos, sin embargo, protegen al menor en su generalidad, dentro del constructo social que es la familia y establecen los derechos en relación con las relaciones familiares identificándolo, así, como menor.

En general, las leyes italianas relativas a los MENAS han sufrido numerosos cambios desde 1998, debido a diversas intervenciones normativas del Parlamento y del Gobierno; sin embargo, esto no ha simplificado la situación, sino que, por el contrario, la ha hecho aún más compleja, dando lugar a la manifestación de diversos problemas, como la coordinación entre las normativas y las diferentes prácticas adoptadas por los organismos públicos y las autoridades de seguridad pública. Estos problemas están relacionados con diferentes elemen-

---

y promueven las intervenciones activas de política laboral. Los destinatarios de las actividades de los centros de empleo son principalmente: ciudadanos desempleados y empleados que buscan un nuevo empleo; trabajadores que reciben ayudas a los ingresos mientras siguen trabajando y corren el riesgo de quedarse sin empleo; ciudadanos extranjeros con residencia legal que buscan un nuevo empleo; empresas y otros empleadores que buscan personal.

tos: la identificación del sujeto, la custodia, la protección, la acogida y la autorización de estancia o retorno[16].

La segunda normativa a la que se hace referencia en materia de protección de menores extranjeros es la contenida en la Ley consolidada de inmigración 286/98[17] y en concreto a los artículos:

- 28 párrafo 3, relativo al derecho a la unidad familiar, en el que se reitera que toda medida debe tomarse siempre en relación con la protección del "interés superior del niño".
- 29 párrafo 6, relativo al derecho a la reagrupación familiar, que prevé la concesión de un permiso especial al progenitor en caso de necesidad de asistencia al menor;
- 31 apartados 1, 2, 3, relativos a disposiciones a favor de menores. Este artículo permite, derogando el texto íntegro de la Ley Consolidada de inmigración, el ingreso y permanencia de los familiares del menor en caso de que existan motivos graves relacionados con el desarrollo psicofísico del menor;
- 33, quien fundó el Comité de Menores Extranjeros, con funciones supervisoras sobre las modalidades de estancia de menores temporalmente admitido en el territorio nacional.
- 38, relativo a la educación de extranjeros y la educación intercultural.

Como se desprende de lo anterior, las intervenciones regulatorias habían creado un sistema diferenciado para la recepción y protección del derecho a la unidad familiar de los menores solicitantes de asilo frente a los MENAS que no solicitaron protección. Las competencias se dividieron entre las autoridades administrativas y judiciales y dentro de estas últimas se identificó que tanto el Tribunal Tutelar como el Tribunal de Menores tenían jurisdicción en diversas capacidades. Todo ello, evidentemente, generó una diferencia en la práctica en el territorio nacional que diferenciaba profundamente las op-

---

16 Moyerson y Tarzia (2002).

17 Decreto Legislativo 25 de julio de 1998, n. 286. "Texto refundido de las disposiciones relativas a las normas y reglamentos de inmigración sobre la condición del extranjero".

ciones de aplicación relativas a la división de competencias entre las autoridades judiciales ordinarias y de menores.

Desde 2013, debido al aumento del flujo de inmigrantes, que en consecuencia también provocó un aumento en el número de MENAS en el territorio italiano, fue necesario revisar la legislación relativa a la protección de estos sujetos. Hasta ahora, de hecho, los casos relacionados con los MENAS no eran tratados como casos específicos, sino que estaban regulados por la misma norma que regulaba los casos de menores abandonados y esto conducía a la falta de herramientas legales y administrativas específicas para la protección de una categoría de migrantes entre los más vulnerables.

Las dificultades encontradas estaban relacionadas con la falta de un procedimiento uniforme en el territorio italiano para identificar a los menores y determinar su edad; la variabilidad del tiempo de nombramiento del tutor según los territorios y a los largos periodos de estancia en instalaciones de primera recepción que pudiesen dificultar los caminos de integración.

El primer paso hacia la armonización y homogeneización de las normas relativas a los MENA se da con el Decreto Legislativo N° 142 del 18 de agosto de 2015, que entró en vigor el 15 de septiembre de 2015. El Decreto es una implementación de la Directiva 2013/33/EU y tuvo el mérito de haber introducido importantes innovaciones y de haber aclarado la atribución y competencias entre jurisdicción y administración. El Decreto se refiere a los MENA en el artículo 19 con el que se regula su recepción, distinguiendo dos fases: la primera recepción en estructuras activadas por el Ministerio del Interior de acuerdo con las Autoridades Locales y gestionadas por el propio Ministerio y la segunda recepción a realizarse en las estructuras del Sistema de protección para solicitantes de asilo y refugiados (la SPRAR) independientemente de la solicitud de protección. Con el párrafo 7, en cambio, se hace hincapié en el derecho del menor a la unidad familiar, cuya protección se asegura mediante la activación oportuna de las iniciativas necesarias para localizar a los familiares de los MENAS que soliciten protección internacional también a través de la estipulación de convenios, desde parte del Ministerio del Interior con organismos internacionales, intergubernamentales y humanitarios en cumplimiento de los recursos disponibles del Fondo Nacional para políticas y servicios de asilo. Si bien este Decreto sienta las bases para una sistematización de los procedimientos de acogida de los MENAS y su protección, recién en 2017 se logra una mejora mayor del sistema de acogida y protección de estos.

En octubre de 2013 se depositó en el Parlamento el proyecto de ley relativo a la nueva ley de protección de los MENAS, que fue aprobado en la Cámara el 26 de octubre de 2016 y definitivamente el 29 de marzo de 2017. El 6 de mayo de 2017 finalmente entra en vigor la mencionada Ley 47/2017, "Menores extranjeros no acompañados, nuevas disposiciones en materia de protección", con el objetivo principal de fortalecer las herramientas de protección garantizadas por la ley a favor de los menores extranjeros.

Antes de la aprobación de la denominada ley Zampa, en Italia no existía una legislación específica al respecto. Las decisiones se tomaron sobre la base de normas nacionales y supranacionales destinadas a proteger los derechos de los menores en general. Además, el principio consagrado en el artículo 3 de la Convención sobre los Derechos del Niño (el interés superior del niño) también se considera una piedra angular en el ordenamiento jurídico italiano, demostrando ser un criterio de referencia para superar cualquier dificultad en la interpretación de las normas individuales.

La nueva ley concierne a todo el recorrido del menor extranjero, desde su llegada al territorio del Estado, pasando por la implementación de medidas para su inclusión social hasta la implementación de cualquier medida para regresar al país de origen. Las innovaciones en el texto de la nueva ley se mueven en dos direcciones: primero, el fortalecimiento de las herramientas de protección existentes y luego una mayor homogeneidad en la aplicación de las disposiciones relativas a los MENAS presentes en el territorio nacional.

El objetivo con el que nació la Ley 47/2017, de hecho, es precisamente el de dar una mejor implementación a los principios establecidos por el Grupo de Trabajo de la Convención sobre los Derechos del Niño, conocido con el acrónimo CRC[18], y de la Adolescencia y

[18] El acrónimo CRC hace referencia al "Grupo de Trabajo de la Convención sobre los Derechos del Niño y del Adolescente" nacido en diciembre de 2000. Es una red integrada actualmente por 91 sujetos del tercer sector que se ocupan de la promoción y protección de los derechos del niño y adolescentes, coordinado

proteger a los MENAS como menores, promoviendo su igualdad de trato con el resto de menores y aportando una mayor homogeneidad en todo el territorio nacional en materia de protección, acogida e integración.

La Ley 47/2017, tal como establece el artículo 1, se aplica a los menores no acompañados presentes en la frontera o en el territorio que, como tales, sean titulares de derechos en materia de protección de los menores en igualdad de trato con los demás. También establece que las protecciones previstas por la ley pueden aplicarse a los MENA presentes en el territorio de otros estados pertenecientes a la Unión Europea en relación a sus condiciones de mayor vulnerabilidad; la primera novedad que aporta la ley radica precisamente en la definición de MENA, categoría a la que también se vinculan los menores solicitantes de protección internacional, hasta ahora no considerada competencia del Comité de Menores Extranjeros.

IV. PRINCIPALES PUNTOS Y NOVEDADES DE LA LEY 47/2017

La nueva ley se estructura esencialmente en 5 puntos importantes y fundamentales que modifican y renuevan parcialmente lo previsto hasta 2017 en Italia para el sistema de protección de los MENAS.

En primer lugar, el artículo 3 prevé explícitamente la prohibición de expulsión hacia los menores en cualquier circunstancia, salvo, no obstante, la previsión de una única excepción por razones de orden público y seguridad del Estado, siempre que no exista la posibilidad de que se produzcan riesgos graves para la vida del MENA; en este caso, la decisión de expulsión puede ser adoptada por el Tribunal de Menores a petición del fiscal. Además, se diseñan centros específicos de primera acogida-identificación para los MENAS, donde podrán

---

por *Save the Children Italia* y creado con el objetivo principal de preparar el Informe sobre la implementación de la "*Convention on the right of the child (CRC)*". El objetivo actual del grupo es conseguir una mayor y eficaz aplicación en Italia de la CRC y sus protocolos opcionales a través de un sistema de seguimiento independiente, permanente, compartido y actualizado sobre la aplicación de la CRC.

permanecer un máximo de 30 días antes de ser trasladados al sistema de segunda acogida en los centros adheridos al Sistema para Solicitantes de Asilo y Refugiados (SPRAR), actualmente redefinido como SIPROIMI, existentes en todo el territorio nacional, cuya capacidad debe establecerse en relación con el número real de menores presentes en el territorio.

Los MENAS que temen ser perseguidos en su país (según razones de raza, religión, nacionalidad, pertenencia a un grupo social específico y por sus propias opiniones políticas) tienen derecho a solicitar asilo. Esta solicitud será examinada por la Comisión para el reconocimiento de la condición de refugiado que escuchará al menor y su tutor. Los menores extranjeros no acompañados tienen derecho a obtener un permiso de residencia para menores por el simple hecho de ser menores de edad[19]. Este tipo de permiso de residencia no le permite trabajar y no se puede convertir en un permiso de residencia para estudiar a la edad de 18 años. Los menores en posesión de un permiso de residencia tienen entonces derecho a la asistencia sanitaria, de hecho, están inscritos obligatoriamente en el Servicio Nacional de Sanidad, en Italia conocido por las siglas SSN.

Con referencia a la evaluación de la edad e identificación de los menores, se introducen estándares homogéneos. De hecho, la ley fija en 10 días el plazo máximo de identificación del menor extranjero una vez que ha entrado en el territorio italiano[20]. Además, se prevé un método de identificación único que implica una entrevista a la que el menor deberá ser sometido por personal cualificado y en la que podrá ser asistido por un mediador cultural[21]. En este sentido, es importante el "Protocolo multidisciplinar para determinar la edad de los MENAS", adoptado a través de la Conferencia Unificada entre el Consejo de Ministros, las Regiones y las Autoridades Locales, el 9 de julio de 2020. Hasta la entrada en vigor de este nuevo Protocolo, el último documento de referencia para el trabajo de los equipos sanitarios era el "Protocolo para la identificación y evaluación multidisciplinar holística de la edad de los menores no acompañados", apro-

---

19 Cascone (2017).

20 Tassinari (2019).

21 Tassinari (2019).

bado por la Conferencia en 2016. Otros documentos importantes sobre el tema de la evaluación de la edad son el informe del Consejo Superior de Sanidad de 2009 ("Evaluación de la edad de los menores no acompañados") y las recomendaciones del ACNUR de 2014 ("Evaluación de la edad de los menores extranjeros no acompañados y separados en Italia")[22].

El último procedimiento aprobado prevé los mismos pasos que el definido en 2016, connotándolos en todo caso de forma "secuencial e incremental", teniendo en cuenta además la información recogida. El carácter secuencial confirma así el orden de sucesión entre entrevista social, examen psicológico/neuropsiquiátrico y examen pediátrico-auxológico. Cada paso del proceso debe ser apoyado por el mediador. El examen psicológico examinará, en particular, el grado de madurez del sujeto y la coherencia con las declaraciones realizadas en el momento de la identificación. En esta fase, el neuropsiquiatra y/o el psicólogo pueden sugerir al pediatra cualquier circunstancia que desaconseje una exploración física para certificar el desarrollo puberal. El protocolo, en la parte explicativa relativa a la exploración del pediatra, reconoce que esta tercera fase es necesaria para averiguar la edad del menor sólo si persisten dudas fundadas por parte de los profesionales que han evaluado a la persona en las fases anteriores.

La evaluación debe completarse en un plazo de 3 días a partir de la solicitud de evaluación de la edad por parte del Tribunal de Menores y el resultado debe emitirse en un plazo de 20 días a partir de la evaluación y aunque preferiblemente la conclusión se exige en un plazo de 10 días. Cada figura elabora un dictamen, mientras que la evaluación final será colegiada y objeto de un informe final multidisciplinar. El menor debe tener comunicación del informe multidisciplinar de forma congruente con su madurez y nivel de alfabetización, en una lengua que comprenda. El protocolo detalla las directrices para cada fase de la evaluación que se utilizarán como esquema para la realización del procedimiento multidisciplinar[23].

---

22 RINALDI (2021); y IARRERA (2021).

23 CESPI (2020).

La tercera novedad introducida por la Ley Nº 47/2017 se refiere a la protección del interés del MENA que se salvaguarda mediante el establecimiento de reglas más claras para el nombramiento de tutores voluntarios para lo cual se establecen listas de tutores voluntarios en el Tribunal de Menores. Podrán incorporarse a la lista los ciudadanos particulares que, después de una cuidadosa selección y adecuada formación por parte de las Autoridades Regionales y Provinciales de Protección de la Infancia y la Adolescencia, se muestren disponibles para asumir la tutela de un MENA.

Para evaluar el interés superior del menor se le debe escuchar, teniendo en cuenta su edad, su madurez y su desarrollo personal, para, entre otras cosas, conocer las experiencias anteriores y evaluar el riesgo de que el niño sea víctima de la trata de seres humanos, así como la posibilidad de reunificación familiar, siempre que sea en el interés superior del mismo. Solo se permiten dos tipos de permisos de residencia (para menores y por motivos familiares) que podrán ser solicitados directamente por la comisaría de policía competente incluso en ausencia de un tutor. Siempre, para proteger el interés superior del menor, se prefiere el cuidado de crianza temporal a la colocación en un centro de recepción; en el caso de que se opte por la reunificación familiar en el país de origen, el tribunal de menores adoptará la disposición pertinente. Además, el artículo 9 de la Ley 47/2017 establece que el personal cualificado del establecimiento de acogida, luego de haber realizado la entrevista con el menor, tendente a profundizar en su historia personal y familiar y sacar a la luz cualquier otro elemento útil para su protección, elabora un expediente social especial, destacando los elementos útiles para determinar la mejor solución a largo plazo en beneficio del MENA. El expediente social se transmite a los servicios sociales del municipio de destino y a la Fiscalía del Tribunal de Menores. El registro de los datos personales y sociales declarados por el MENA tiene por objeto proteger su interés superior y sus derechos y, en particular, su derecho a la protección[24].

En cuanto al derecho a la salud, la Ley 47/2017 la considera fundamental y, por tanto, se garantiza a través de medidas encaminadas

---

24 Ministerio del Interior y ASGI (2019).

a superar los impedimentos burocráticos que anteriormente no permitían que los menores solitarios lo disfrutaran plenamente. En este sentido, la ley prevé el registro obligatorio de los MENAS en el Sistema Nacional de Salud, incluso en ausencia del nombramiento de tutor y la activación de medidas para el cumplimiento de la educación y formación obligatorias. Además, es posible apoyar a los MENAS, una vez cumplidos los 18 años, hasta los 21 años si estos requieren un camino de integración más largo.

Finalmente, a todo MENA que se encuentre en Italia se le concede el derecho de audiencia en los procedimientos administrativos y judiciales que les conciernen y a la asistencia jurídica. Se establece que el menor siempre debe ser informado de su derecho a nombrar un abogado de confianza, incluso en ausencia de un tutor, y a acogerse a la asistencia jurídica gratuita a cargo del Estado. Las asociaciones inscritas en el registro correspondiente tienen entonces la legitimidad para intervenir en las sentencias relativas a menores y para recurrir en la jurisdicción administrativa para llevar a cabo la nulidad de actos ilegítimos. Mencionar, además, como en el Ministerio de Trabajo y Políticas Sociales se prevé el establecimiento de un Sistema Nacional de Información (SIM) para Menores Extranjeros No Acompañados. Se trata de un sistema de información censal destinada a registrar la entrada de menores en el territorio nacional y a controlar su posterior trayectoria de acogida. Además, para las menores víctimas de trata y solicitantes de protección internacional, se prevé una protección especial que consiste en un programa de atención específico que debe garantizar condiciones adecuadas de acogida y asistencia psicosocial, sanitaria y jurídica, proporcionando una solución a largo plazo incluso más allá de la finalización de la mayoría de edad. El artículo 20 del Decreto Legislativo 220/2017 promueve entonces la cooperación:

> […] mediante convenios bilaterales y el financiamiento de programas de cooperación al desarrollo en los países de origen, con el fin de armonizar la normativa legal, internacional y nacional, del sistema de protección de menores extranjeros no acompañados, promover un enfoque integrado de las prácticas para garantizar la plena protección del interés superior de los menores (Art. 20, Decreto legislativo, 22 de diciembre de 2017 N° 220).

V. PRINCIPALES CARACTERÍSTICAS Y CLASIFICACIONES DEL FENÓMENO DE LOS MENAS EN ITALIA

Tras la exposición de la legislación que se aplica a los MENAS en Italia, es el momento de conocer algunas de los elementos que los caracteriza. En este sentido, la migración de los MENAS es una forma de circulación en un contexto globalizado marcado por la migración de adultos con un significado polisémico. Hay tres interpretaciones principales de estas prácticas: la primera, de carácter económico, entiende la circulación de niños como una forma de compartir la carga de criar y educar a los niños; la segunda, se refiere al intercambio de niños como una estrategia para fortalecer los lazos en la familia extendida; la tercera, explica la circulación como una forma de ascenso social[25].

En los últimos años, los análisis del flujo migratorio hacia Italia muestran (como se ha mencionado anteriormente) que ha habido un aumento significativo de menores extranjeros no acompañados que han ingresado o que han intentado ingresar al país. Según las encuestas realizadas por el Ministerio de Trabajo y Políticas Sociales, el número de menores presentes y registrados en el territorio nacional ha tenido un crecimiento rápido y notable desde 2013 en adelante, alcanzando un pico numérico de 17.373 menores a fines de 2016[26]. Hasta ahora, como consecuencia de la caída general de las admisiones, el número de menores que ingresan también ha disminuido, mientras que permanece proporcionalmente constante en comparación con el total.

Como ya fue mencionado, la característica que distingue a estos menores, y que los connota con necesidades y expectativas específicas, es el hecho de experimentar la experiencia migratoria solos, sin familiares o adultos de referencia como compañeros de viaje. Se trata de menores que abandonan su país para escapar de situaciones de guerra y persecución o porque buscan nuevas perspectivas laborales enviados por familias o por una elección autónoma, con el mito de

---

25 Jiménez (2015).

26 Ministerio de Trabajo y Políticas Sociales (2020).

los estilos de vida occidentales y debido a la deconstrucción familiar y grupo de pares como consecuencia de las altas tasas de emigración[27].

En cuanto a las motivaciones, hay quienes vienen a buscar trabajo y mejores oportunidades educativas y para escapar de la pobreza; a menudo se enfrentan a una situación familiar compleja y están destinados a afrontar los riesgos y las penurias de la migración precisamente para ayudar a los familiares que han permanecido en el país de origen. Se convierten en la única esperanza para que toda la familia que queda en su país de origen cambie (o al menos mejore) su vida, pero el sentido de responsabilidad que experimentan estos menores es fuerte y muchas veces insoportable.

También hay menores que han llegado a un nuevo país para reencontrarse con sus padres que se encuentran en situación irregular o sin los requisitos para iniciar un reencuentro regular; menores errantes ya en sus países de origen o menores explotados por organizaciones criminales e insertados en circuitos ilegales de prostitución o narcomenudeo.

Finalmente, cabe destacar que, en los últimos años, se ha incrementado el número de menores que huyen por problemas políticos, persecuciones y conflictos armados en sus países de origen, hambrunas y desastres naturales; en este caso son principalmente las guerras en Afganistán, Irak, Siria o la inestabilidad política que siguió a la Primavera Árabe.

No siempre es fácil distinguir a los menores que migran por grandes problemas económicos de la familia de los que migran por empuje directo de la familia que de esta forma espera salvarlos de los riesgos de una sociedad en profunda crisis, en este caso. La fuerte presión que ejercen las familias y los padres para que el niño emigre deriva de la preocupación vivida en relación al peligro que representa el caos social, de la apatía en la que caen muchos niños en el país de origen donde faltan perspectivas y planes de vida. En este segundo caso, para los padres la decisión de hacer emigrar a sus hijos a Italia constituye una vía alternativa de educación y formación profesional con respecto a la del país de origen, ya que creen que en el país de

27 GIOVANNETTI (2016).

destino se pueden encontrar más oportunidades de formación y trabajo y un contexto social menos degradado y anómico.

Según Campani, Lapov y Carchedi, los MENAS que llegan a Italia se pueden dividir en 4 grupos[28]:

– Menores que vienen a Italia para reunirse con sus padres, que a menudo no tienen los requisitos para iniciar procedimientos destinados a la reunificación familiar regular (los llamados "menor extranjero no acompañado parcial");
– Menores explotados por organizaciones criminales, por lo tanto, vinculados a la prostitución, la mendicidad, el trabajo infantil, el transporte o el tráfico de drogas, a menudo también con el consentimiento de las familias de origen y, por lo tanto, a menudo víctimas de la trata de personas;
– Menores de edad que llegan ilegalmente a Italia, pero por razones laborales utilizan los canales de tráfico administrados por el crimen organizado y que llegan con un proyecto específico de migración económica que tiene que ayudar a la familia a pagar la deuda contraída para que se vayan;
– Menores solicitantes de asilo o solicitantes de protección humanitaria o temporal.

Giovannetti, con respecto a las razones que llevan a los menores a elegir la migración, proporciona varias clasificaciones y con referencia al proyecto de migración identifica 4 categorías, que son más diversas de las reportadas anteriormente[29]:

- En el primer grupo encontramos menores que huyen de guerras o violencia, en los que el país de llegada a menudo es aleatorio y el proyecto de migración no está bien delineado.
- Un segundo grupo se refiere a menores que buscan oportunidades de trabajo, a menudo dejadas a instancias de los padres y condicionadas por las experiencias de familiares y conocidos.
- El tercer grupo está formado por menores que se van a experimentar con un "nuevo modelo y estilo de vida", incluso este grupo a menudo está condicionado por las experiencias

---

28 Campani; Lapov; y Carchedi (2002).

29 Giovannetti (2006).

de otros inmigrantes o simplemente por la influencia de los medios de comunicación.

- El cuarto y último modelo es el de los menores que se van a una "deconstrucción social", es decir, se supone que los menores se ven obligados a irse debido a la ausencia de otros pares en el país de origen y este vacío significa que los menores restantes también se sienten obligados a irse.

Sin embargo, está claro que las diferentes motivaciones pueden estar entrelazadas significativamente: el atractivo de los estilos de vida occidentales es obviamente alimentado por representaciones de la migración ofrecida en su propio contexto cultural, lo que puede motivar a las propias familias a invertir en la migración del hijo soltero. El conocimiento de estas dinámicas representa un prerrequisito indispensable para cualquier intervención social y educativa hacia el MENA[30].

Según los datos estadísticos del Ministerio de Trabajo y Políticas Sociales, desde 2014 a 2017 hubo un aumento significativo en la presencia de los MENAS en Italia: al 31 de diciembre de 2017, estaban presentes 18.303 menores, con un crecimiento del 53,5% en comparación con las presencias de 2015. Sin embargo, a partir de 2018 hay una inversión de la tendencia con respecto a las llegadas: al 31 de diciembre de 2018, los MENAS que llegaron a Italia son 10.787 con una disminución del 43.9% en comparación con el mismo período del año pasado; y nuevamente en comparación con diciembre de 2017, esta disminución se situó en - 66.9% (Ministerio de Trabajo y Políticas Sociales, 2020). En el año 2019, se produjo un drástico descenso de la presencia de MENAS como consecuencia del sustancial freno de las llegadas, atribuible a las políticas restrictivas internacionales y nacionales. Estas condiciones se vieron agravadas por la condición de pandemia del año 2020, con las consiguientes restricciones a la circulación de personas, junto con el agravamiento de la crisis económica y el empeoramiento de las ya precarias condiciones de vida en los países de salida provocado así por la pandemia. La variación cuantitativa entre 2019 y 2020 es bastante pequeña (en valor absoluto: + 1026), para luego registrar un incremento sustancial en

---

30 PAVESI (2020).

2021 con 12.284 presencias de los MENAS, cifra que está en línea con las registradas en 2015 y que supone un incremento del + 73,5% respecto a 2020 y del 102,9% respecto al año 2019.

Tabla 1. Número de MENAS en Italia desde 2011 hasta 2019 (valor absoluto)

Años	2011	2012	2013	2014	2015	2016	2017	2018	2019	2020	2021
Presencia MENAS	5.959	5.821	6.319	10.536	11.921	17.373	18.303	10.787	6.054	7.080	12.284

Fuente: Ministerio de Trabajo y Políticas Sociales (varios años). Elaboración propia.

La situación de la presencia de los MENAS refleja la tendencia decreciente en la llegada de estos jóvenes; la disminución de desembarques comienza a manifestarse en 2017: si de hecho en 2016 hubo 25.846 llegadas de menores no acompañados, en 2017 disminuyeron en un 40% (igual a 15.731).

Estos datos decrecientes se registran a partir del segundo semestre de 2017: si hasta julio de 2017 el número de migrantes desembarcados fue de 12.583, de agosto a diciembre se redujo a 3.148. Esta disminución también caracterizó 2018 (3.536 MENAS desembarcados) y se registró una nueva reducción en 2019, en el que llegaron un total de 1.680 MENAS.

Sin embargo, aunque hay una disminución numérica significativa en términos absolutos, el porcentaje de MENA sobre el número total de personas que llegan por mar se ha mantenido casi constante: en 2016 representó 14.2%, el 13.2% (2017), el 2018 incluso sube el número hasta el 15.1% y en 2019 esta cifra registró una reducción (13%).

A principios de 2000, aumentó la presencia de menores de Marruecos y Albania y comenzaron a llegar menores de Afganistán y de algunos países de la zona subsahariana del continente africano. Con el inicio de la llamada "emergencia del Norte de África", primero en 2010, y luego con la "*Primavera Árabe*" en 2012, se produjo un fuerte aumento de los MENAS procedentes de la zona del Magreb, desembarcados en las costas sicilianas o recuperados en alta mar como parte de las operaciones de rescate "Mare Nostrum[31]".

---

31 La operación *Mare Nostrum* fue una vasta misión de rescate en el mar de los migrantes que intentaban atravesar el estrecho de Sicilia desde la costa líbica hasta

La proporción de los que llegaron a Italia durante el 2019, a través de desembarcos en el mar, fue minoritaria: entre el valor mínimo en febrero (13 menores) y el valor máximo registrados en noviembre (255 MENAS equivalen al 39,3% del número total de recién llegados).

Figura 1. Representación gráfica Presencia de MENAS en Italia desde 2011 hasta 2021

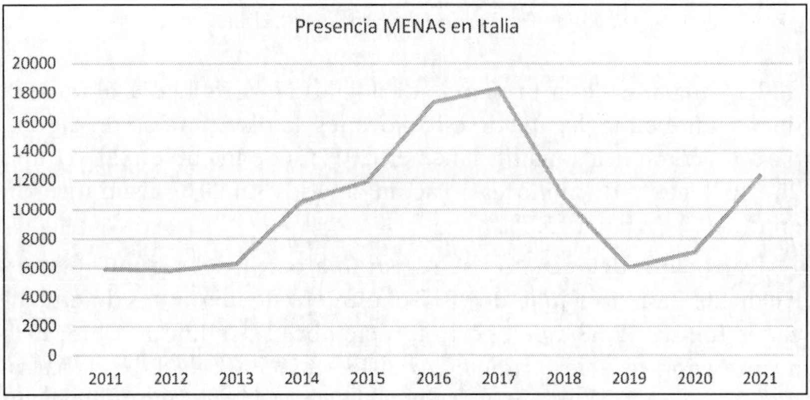

Fuente: Ministerio de Trabajo y Políticas Sociales (varios años). Elaboración propia.

Surge la pregunta necesaria ¿por qué se reducen tan drásticamente las cifras? Y ¿por qué, si consideramos los datos en valor absoluto, hay una tendencia similar a lo largo de los años analizados? La reducción de las llegadas por vía marítima sería un hecho positivo si reflejara mejoras en las condiciones en los países de salida y tránsito, pero la realidad es bastante diferente. Basta pensar en la situación en Libia, uno de los países de donde parten la mayoría de los migrantes que transitan por la ruta del Mediterráneo central, donde persisten un conflicto armado interno y condiciones inhumanas y degradantes en los centros de detención en los cuales se encuentran confinados los migrantes. La disminución de las llegadas desde Libia está vinculada al tratado firmado por Italia en 2017, en continuidad con los

---

el territorio italiano y maltés, llevada a cabo entre el 18 de octubre de 2013 y el 31 de octubre de 2014 por las fuerzas de la Marina y la Fuerza Aérea italianas.

anteriores, el paso desde la frontera nordeste de Italia o el cruce del Mar Adriático.

En este sentido, se destaca que los acuerdos con Libia tenían como objetivo frenar los flujos provenientes de la ruta del Mediterráneo central, sin considerar las condiciones de salida y regreso dentro de un territorio en guerra en el que no se garantiza ninguna protección de los derechos humanos[32].

Otro factor que contribuye a determinar la disminución en el número de menores es su edad: cada año, alrededor del 60% está representado por jóvenes de 17 años, que al año siguiente saldrán del cálculo de menores, a medida que hayan alcanzado la mayoría de edad.

En este sentido se hace una breve referencia, respecto a la artificialidad de la distinción entre "menores" y "adultos". Esta distinción presenta unos problemas críticos porque no tiene debidamente en cuenta el carácter procesal de convertirse en adultos, de las diferencias culturales y sociales que afectan este proceso, así como de las vulnerabilidades a las que esta categoría de migrantes está expuesta. El proceso de crecimiento y desarrollo de estos jóvenes está así condicionado por el concepto de edad y sus implicaciones en la legislación italiana que, en la protección del interés superior del menor, concentra todo el sentido en la diferente condición jurídica y sobre todo del reconocimiento de los derechos de los menores frente a los adultos legalmente reconocidos[33].

Si consideramos el hecho de la tendencia casi constante de desembarcos sobre el total de llegadas, esto se debe a que la ruta marítima es solo una de las que se utilizan, por lo tanto, hay que tener en cuenta que la ruta marítima es solo una de las que utilizan los MENAS para llegar a Italia. En este sentido, se especifica que las tres principales rutas marítimas utilizadas por los migrantes son la ruta del Mediterráneo oriental, central y occidental. Cada una de ellas se divide en varias etapas que muchas veces corresponden a la llegada a la ciudad de recogida desde la que continuar y cada ruta se remonta a distintas nacionalidades de origen. En detalle, la ruta migratoria oriental ve como protagonistas a los procedentes de Eritrea, Egipto,

---

32 Borderline Sicilia (2020).

33 Save the Children (2019).

Somalia y Sudán; los de Níger, Nigeria y Ghana en cambio recorren la ruta migratoria central y finalmente la ruta migratoria occidental representa el espacio atravesado por jóvenes migrantes de Senegal, Gambia, Costa de Marfil y Mali[34]. Sin embargo, como ya se mencionó en las páginas anteriores, en comparación con las llegadas por vía marítima, las cifras oficiales muestran un descenso generalizado en 2018, en el que hay una reducción del 78% respecto a 2017[35].

En particular, la afluencia de los Balcanes sigue una trayectoria que, aunque cambiante, ha involucrado a Italia de manera fluctuante y con diferentes formas desde la crisis eslava de los años noventa. Se hizo cada vez más consistente tras el estallido del conflicto sirio en 2011, disminuyó después del cierre de las fronteras en 2016 (de Macedonia, Serbia, Hungría y Croacia) pero continuó manteniendo su consistencia en términos de presencia. No es casualidad que la presencia de solicitantes de asilo y los MENAS de Albania, Pakistán, Bangladesh, Kosovo y Afganistán hayan sido siempre una constante en Italia, especialmente en los últimos cuatro años. Con referencia al año 2019, según un informe elaborado por la Región de Friuli a finales de 2019, los MENA presentes son 939, en su mayoría hombres, con edades comprendidas entre 14 y 17 años y las principales nacionalidades presentes son las de Afganistán, Pakistán, Bangladesh, Kósovo y Albania[36].

Para los que llegan por la ruta del Mediterráneo, su proyecto migratorio se caracteriza por una profunda inestabilidad y, por tanto, en constante evolución. Una investigación realizada por la Organización Internacional de las Migraciones muestra que, de una muestra de 754 menores entrevistados, el 43% declaró que a la salida tenían Italia como destino específico, el 18% Europa en general y el 14% pensaba quedarse en Libia para trabajar. Una vez en Italia, el 79% eligió Italia como su destino final, el 4% dijo que quería mudarse a Alemania, el 3,8% Francia y el 3,6% el Reino Unido. También según esta investigación, el viaje descrito por los estudiantes estuvo lleno de dificultades: el 32% permaneció en Libia durante más de un año, el

---

34 Save the Children (2017a).

35 ACNUR (2019).

36 Save the Children (2020).

36% dijo haber cruzado cuatro o más países antes de llegar a Italia. La mayoría de los menores (80%) reportaron haber estado expuestos a prácticas de explotación (trabajo no remunerado, trabajos forzados, detenciones ilegales, matrimonio concertado) y haber sufrido violencia física (88%); finalmente, una parte significativa declaró haber sido sometido a amenazas de carácter sexual (30%)[37].

El mismo documento afirma que en la segunda mitad de 2018 un número creciente de los MENAS llegó a Italia a través de la ruta de los Balcanes Occidentales en comparación con años anteriores, en su mayoría procedentes de Pakistán, Afganistán y Bangladesh. La cuestión de los Balcanes, además, es muy compleja, ya que en los Estados de esa región hay, además del MENA en tránsito, es decir, aquellos jóvenes que, una vez en Italia, viajan ilegalmente a otros a través de rutas ilegales hacia otros países de la Unión Europea, también los que se van, debido a las condiciones de pobreza severa y vulnerabilidad en las que se encuentran los menores de estos países[38].

La condición en la que se encuentran estos MENAS se caracteriza por Caritas Italia[39]:

- fugacidad, ya que ninguno de ellos tiene la intención de detenerse en los Balcanes;
- agravación de condiciones estresantes: la duración del viaje realizado y sobre todo la permanencia en los centros de acogida y / o detención, que en muchos países balcánicos no dispo nen de tramos especiales para menores, obligándolos a compartir espacios con adultos, se encuentran en hecho una causa de estrés adicional y / o trauma;
- exposición al riesgo de abuso y chantaje: muchos caen en manos de los traficantes. Las víctimas de trata que llegan a los Balcanes necesitan asistencia médica, comida, ropa, calzado, pero sobre todo descanso y apoyo psicológico. Muchos se encuentran sin dinero y lo necesitan desesperadamente para continuar su viaje y, por lo tanto, son presa fácil de los traficantes;

---

37 OIM (2018).

38 Pavesi (2020).

39 Caritas Italia (2018).

- ausencia de sistemas educativos y de bienestar;
- aumento del estigma y la xenofobia: con el crecimiento de los muros y los rechazos, también han aumentado los prejuicios contra los migrantes en general.

Los MENAS son mayoritariamente varones y la distribución por género no ha variado a lo largo de los años; sin embargo, aunque la presencia de niñas sigue siendo muy limitada, en los últimos años se ha producido un aumento constante hasta 2018 y después un descenso progresivo. En concreto, se pasó de un 4,6% en 2015, a un 7,5% en 2018, para luego ir disminuyendo de manera gradual en los últimos tres años registrando un porcentaje del 5,2% en 2019, del 3,6% en 2020 y del 2,7% en 2021[40].

Tabla 2. MENAS en Italia según su sexo durante varios años

Años	Mujeres		Hombres		Total
	v.a.	%	v.a.	%	v.a.
2015	550	4,6	11.371	95,4	11.921
2016	1165	6,7	16208	93,3	17.373
2017	1247	6,8	17016	93,2	18.303
2018	787	7,5	10000	92,5	10.787
2019	317	5,2	5737	94,8	6.054
2020	252	3,6	6.828	96,4	7.080
2021	333	2,7	11.951	97,3	12.284

Fuente: Ministerio de Trabajo y Políticas Sociales (varios años). Elaboración propia.

El origen de estos menores muestra diferentes tendencias a lo largo de los años considerados. Si bien en el año 2017 hubo una clara prevalencia de menores de origen nigeriana, tanto en valor absoluto (v.a. 501) como en términos porcentuales, seguidas por las eritreas (v.a. 233; 17,9%) y las marfileñas y somalíes (ambas 7,7%), en 2018 esta tendencia comienza a cambiar sustancialmente. En concreto, ya en 2018 se produjo una reducción de los ingresos tanto en valor absoluto (v.a. 237) como en porcentaje (30,14%); esta reducción regis-

40 MINISTERIO DE TRABAJO Y POLÍTICAS SOCIALES (2015-2022).

tra un nuevo freno en 2019, especialmente en lo que respecta al valor absoluto con el nº 77 de origen nigeriana (24,3%), que continúa para 2020 (v.a. 23; 9,1%) y para 2021 (v.a. 26; 7,8%). Por otro lado, a partir de 2019, se produce un incremento, tanto en valor absoluto como en porcentaje, de la presencia de las menores procedentes de Costa de Marfil, Somalia y Guinea, que respectivamente para el año 2021 registran los siguientes valores porcentuales: 19,5%, 12,9% y 6,3%. De nuevo para el periodo considerado, se observa que la presencia de las menores de origen marroquí presenta cifras muy limitadas que en valor absoluto alcanzan el nivel más alto en 2018 (v.a. 31) y el más bajo en los años 2020-2021 con 14 presencias. Por otro lado, no se dispone de datos específicos sobre la presencia de las MENAS de origen tunecina, lo que demuestra que estos números son muy limitados y que contrastan con la presencia de menores varones, que se encuentra entre los principales, así como con la presencia de la comunidad tunecina en general en Italia; los tunecinos que residen legalmente en Italia, de hecho, son 94.246 a uno de enero de 2021, una cifra que sitúa a la comunidad en la duodécima posición en cuanto a número entre las principales comunidades de ciudadanía no comunitaria. Sin embargo, al mismo tiempo, existe un desequilibrio de género bastante marcado, especialmente si se compara con el conjunto de la población no comunitaria: de hecho, las mujeres representan el 39,6% y los hombres el 60,4% restante, mientras que el conjunto de las mujeres no comunitarias alcanza el 49,5%[41].

La cuestión de las menores extranjeras adquiere a menudo aspectos complejos. Un tema recurrente en la mayoría de los testimonios de las jóvenes es la violencia de género en muchas de sus formas y facetas. La violencia de género, y no sólo en forma de trata, es uno de los factores que impulsan el viaje ya sea como intento de huida o como mujeres gravemente maltratadas por sus familias de origen y, en algunos casos, por sus maridos. Los testimonios informan de que algunas niñas han sobrevivido a matrimonios precoces o han escapado a otras formas de abuso dentro de estos circuitos[42]. Cabe señalar que, según un informe de 2017 de la Organización Interna-

---

41 Ministerio de Trabajo y Políticas Sociales (2021).

42 Fundación ISMU (2020).

cional para las Migraciones (OIM) en Italia, se estima que el 80% de las MENAS que llegan de Nigeria son víctimas potenciales de la trata con fines de explotación sexual. Entre 2014 y 2017, Italia registró un aumento de seis veces en las víctimas femeninas de la trata; la mayoría eran nigerianas de entre 15 y 17 años. En 2018, otro informe de la OIM reveló que las niñas de Costa de Marfil eran cada vez más víctimas de la trata[43]. A menudo, las propias MENAS pueden ser obligadas o instruidas por los traficantes o contrabandistas para que afirmen ser mayores de edad, por ejemplo, mediante el uso de documentos falsos que indiquen una edad superior a la real o inventando historias para evitar ser identificadas como menores.

El objetivo es alejarlas de los mecanismos de protección dedicados a los MENAS y, en el peor de los casos, mantenerlas firmemente en manos de los traficantes[44]. Otra situación es que las jóvenes migrantes evitan ser identificadas como menores, para escapar a la separación de sus maridos y a la colocación en alojamientos separados, o para poder continuar su viaje con el fin de reunirse con sus familias. Un error común entre los profesionales se refiere al hecho de que muy a menudo la mera circunstancia de estar casadas, estar embarazadas o tener hijos puede llevar a los diversos actores a registrarlas como adultas, en lugar de como menores no acompañadas que, de hecho, necesitan apoyo urgente también como esposas y madres menores de edad.

Tabla 3. Distribución de las principales nacionalidades MENAS mujeres

Principales nacionalidades	Año 2017		Año 2018		Año 2019		Año 2020		Año 2021	
	v.a	%	v.a	%	v.a	%	v.a	%	v.a	%
Albania	85	6,4	82	10,43	51	16,1	44	17,5	27	8,1
Costa de Marfil	98	7,7	70	8,89	37	11,7	43	17,1	65	19,5
Nigeria	501	42,8	237	30,14	77	24,3	23	9,1	26	7,8
Somalia	99	7,7	57	7,22	18	5,7	23	9,1	43	12,9
Eritrea	233	17,9	151	19,18	19	6,0	7	2,8	33	9,9
Marruecos	26	2,0	31	3,9	17	5,4	14	5,6	14	4,2

43 OIM (2017); y OIM (2018).

44 UNICEF (2020).

Principales nacionalidades	Año 2017		Año 2018		Año 2019		Año 2020		Año 2021	
	v.a	%	v.a	%	v.a	%	v.a	%	v.a	%
Afganistán	Datos no disponibles		Datos no disponibles		0	0	2	0,8	12	3,6
Guinea	Datos no disponibles		Datos no disponibles		8	2,5	13	5,2	21	6,3
Otros	190	13,6	146	18,6	88	27,8	73	29,0	76	22,8
Total	1.247	100	787	100	317	100	242	100	317	100

Fuente: Ministerio de Trabajo y Políticas Sociales (varios años). Elaboración propia.

Si dejamos a un lado el análisis con perspectiva de género y nos centramos en la distribución por edades, se observa una importante prevalencia del grupo de edad correspondiente a los 17 años, que varía en términos porcentuales desde un máximo del 66,9% en 2020, hasta un valor inferior del 54% en 2015. La presencia de los de 16 años es significativa, mostrando una cierta persistencia a lo largo de los años examinados, alcanzando un porcentaje máximo del 32,1% en 2021. Asimismo, los menores de 15 años registran un porcentaje que fluctúa entre un mínimo del 6,6% en 2020 y un nivel máximo en 2021 (12,9%). El grupo de edad de 7 a 14 años registra porcentajes bajos, con un máximo en 2015 (27,2%) y un mínimo del 4,2% en 2020. Cabe destacar que la presencia de menores desde 0 hasta los 6 años se mantiene constante a lo largo de los años analizados y es inferior al 1%.

Tabla 4. MENAS en Italia clasificados por grupo de edad y año

Año / Grupo de edad	2015 (%)	2016 (%)	2017 (%)	2018 (%)	2019 (%)	2020 (%)	2021 (%)
0-6 años	0,4	0,3	0,6	0,8	0,7	0,4	0,2
7-14 años	27,2	7,4	6,1	6,2	4,5	4,4	6,8
15 años	11,0	9,8	9,6	8,00	7,2	6,6	12,9
16 años	27,2	26,0	23,4	24,80	26,1	21,8	32,1
17 años	54,0	56,6	60,3	60,2	61,5	66,9	48,0
Total	100	100,00	100,00	100,00	100,00	100,00	100,00

Fuente: Ministerio de Trabajo y Políticas Sociales (varios años). Elaboración propia.

Figura 2. Representación gráfica MENAS en Italia clasificados por grupo de edad y años

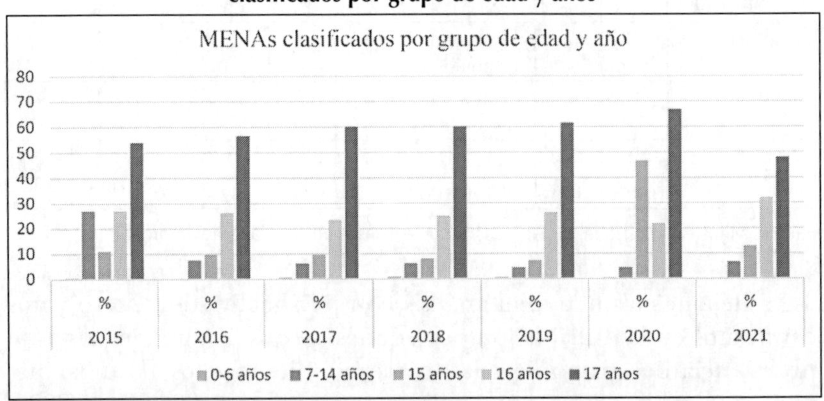

Fuente Ministerio de Trabajo y Políticas Sociales (varios años). Elaboración propia.

VI. ASPECTOS CRÍTICOS DEL SISTEMA ACTUAL DE PROTECCIÓN DE LOS MENAS EN ITALIA

La implementación de la ley de Zampa no se ha llevado a cabo de manera homogénea y uniforme en todo el país y en particular en lo que respecta a las diversas innovaciones introducidas por la propia legislación. La figura del tutor es de hecho el aspecto de la legislación que ha tenido mayor impulso; entre 2017 y finales de 2019 había más de 3.000 tutores formados, 450 de los cuales solo en Sicilia, región que hasta 2019 acogía alrededor del 40% de menores extranjeros no acompañados presentes en Italia[45].

También en lo que se refiere a la evaluación de la edad de los menores, existen importantes diferencias en la aplicación de la ley según el territorio. Según la organización Save the Children[46], de hecho, si en general esta legislación ha revolucionado las prácticas de evaluación de la edad, poniendo orden en lo que antes era un caos manejado por la discreción de cada uno de los organismos implica-

45 UNICEF (2020).

46 SAVE THE CHILDREN (2018).

dos, el hecho es que en algunas zonas, incluso con una alta presencia de MENAS, no se aplican las principales nuevas protecciones previstas; en primer lugar, la que establece que en caso de duda persistente sobre la edad del menor, a pesar de las pruebas aportadas y/o los exámenes realizados, es obligatorio que se le siga considerando menor y se le coloque en un programa de atención especial.

Otro aspecto en el que la implementación sigue siendo bastante fluctuante es el necesario carácter multidisciplinario de los procedimientos de evaluación de la edad. En algunas provincias, el examen radiológico exclusivo de la muñeca ya no se considera suficiente y válido para el resultado exitoso del procedimiento, o se han estipulado protocolos específicos que prevén un equipo multidisciplinar al frente de estos procedimientos en cumplimiento de lo establecido en la legislación de 2017: todo ello debe tener como objetivo último la superación definitiva del uso exclusivo de reconocimientos médicos como la radiografía de muñeca (práctica más común) y la arcada dentaria[47].

Por otra parte, la solicitud de protección internacional, que presentan muchos jóvenes por lo que han sufrido durante su viaje y por las dificultades burocráticas que conlleva la obtención de un permiso de residencia para menores, suele aceptarse en presencia del responsable del centro de acogida (tutor temporal), aunque la aplicación de este aspecto sigue siendo desigual. Por ejemplo, algunos centros continúan, sin embargo, exigiendo la presencia necesaria del tutor para la formalización de la solicitud. Si bien estos aspectos han experimentado un impulso considerable, aunque con diferencias territoriales, otras innovaciones previstas por la legislación no han recorrido el mismo camino: de hecho, la participación de los Tribunales de Menores en los procedimientos es bastante escasa.

En cuanto a los permisos de residencia, algunas provincias continúan solicitando los documentos de identidad de los menores para obtener un permiso de residencia a pesar de las indicaciones que proporciona una Circular del Ministerio del Interior de 24/03/2017, donde se recoge que la Questura (Jefaturas de Policía) puede expedir el permiso para menores incluso en ausencia del pasaporte u otro

---

47 SAVE THE CHILDREN (2010).

documento del menor, si éste no está disponible inmediatamente. A falta de un documento que acredite la edad del menor, se puede solicitar un certificado médico resultante de una evaluación de la edad.

En el contexto del derecho a la salud de los MENAS, se espera una situación que sea, de ser posible, menos uniforme y caracterizada por un retraso generalizado en su implementación. El registro en el Servicio Regional de Salud se permite después de la emisión del permiso de residencia, a menudo por razones principalmente burocráticas, como la imposibilidad de obtener el código fiscal antes del permiso. Durante este período, los menores están en posesión del código STP (en italiano conocido como Extranjero Temporalmente Presente) provisto para migrantes irregulares. Esto significa que los menores quedan suspendidos en el limbo, sin posibilidad de acceder a la atención médica necesaria para un niño de esa edad[48].

Los obstáculos más importantes se refieren a la estructura del sistema nacional de acogida y sus procedimientos. Aunque el número de llegadas de menores ha disminuido considerablemente en los últimos años, el número de plazas disponibles en los centros de acogida sigue siendo insuficiente y la duración de la estancia supera los límites impuestos por la ley. De hecho, la estancia en los centros de primera acogida dura mucho más de los 30 días previstos, mientras que el acceso a los centros de segunda acogida sigue siendo minoritario. La insuficiente capacidad de los centros de segunda acogida obliga cada vez más a trasladar a los MENAS de los centros de primera acogida a los llamados "CAS menores[49]". Estos últimos, que por ley deben representar una solución residual y temporal, pueden tener una capacidad máxima de 50 plazas, en claro contraste con la legislación sobre centros de acogida de menores, que prevé centros de capacidad reducida (8-10 plazas como máximo). Además, existe una concentración de estos menores en determinadas zonas del territorio nacional —en particular en Sicilia, donde hay más del 40% del total de MENAS recibidos en Italia—, con una distribución bas-

---

48 CORNICE Y RIZZO (2019).

49 De acuerdo con el art. 19, párrafo 3 bis del Decreto Legislativo 142/2015, los centros extraordinarios de la prefectura (en italiano conocido como CAS - Centros de Acogida Extraordinaria - Minori) están dedicados a MENA de edad no inferior a 14 años.

tante desigual que acaba cargando a algunos municipios, con consecuencias negativas en la calidad de los servicios de protección e integración prestados.

Otro elemento crítico es la conversión del permiso de residencia al alcanzar la mayoría de edad. Al cumplir los 18 años, la mayoría de los MENAS se ven obligados a abandonar los centros de acogida, interrumpiendo así el camino de acogida e inclusión emprendido. En presencia de requisitos específicos, entre ellos la posesión de un pasaporte y la obtención de un dictamen positivo de la Dirección General de Inmigración del Ministerio de Trabajo y Políticas Sociales (se aplica la regla del consentimiento tácito), el nuevo adulto aún puede solicitar la conversión del permiso de residencia para menores de edad en un permiso de estudio, trabajo o espera de empleo. Sin embargo, en la práctica hay varios obstáculos en el momento de la conversión: muchos jóvenes no tienen pasaporte, mientras que a menudo las Questuras no aplican el principio de consentimiento silencioso previsto por la Ley Zampa. Esta Ley, además, preveía que para aquellos que necesitaran un apoyo prolongado, las medidas de ayuda a la acogida podrían extenderse hasta que cumplieran los 21 años. En consecuencia, teniendo en cuenta que el 85% de los MENAS en Italia pertenecen al grupo de edad entre 16 y 17 años, la situación es bastante crítica: de hecho, en un par de años habrá un número importante de jóvenes que, al verse obligados a abandonar su camino de integración iniciado en los centros de acogida y arriesgarse a ser expulsados debido a las políticas migratorias cada vez más represivas, se verán obligados a elegir el camino de la marginación, la explotación y la participación en actividades ilegales.

Con el Decreto n. 113/18, conocido como Decreto Salvini, esta posibilidad dejó de estar disponible y los MENAS se vieron obligados a abandonar el sistema de atención y, por tanto, corrían el riesgo de dejar de tener derecho a permanecer en Italia, a menos que lograsen obtener una forma de protección internacional. Este Decreto, convertido en ley por la Ley N° 132/18, introdujo una serie de cambios normativos que, aunque no se refieren específicamente a los MENAS, tienen un impacto muy relevante en su estatus, especialmente después de alcanzar la mayoría de edad y modificaba profundamente el sistema de protección internacional, tanto en el reconocimiento de solicitudes como en la recepción.

El texto del decreto reúne dos textos que originalmente debían separarse: el decreto de seguridad y el decreto de inmigración. El Decreto 113/2018 interviene en diversos ámbitos como: la acogida de migrantes, sus derechos y su integración en la sociedad italiana, la seguridad pública y la lucha contra el crimen organizado. Los cambios en el camino en Italia también se derivan de la abolición de la protección humanitaria, que fue reconocida para muchos menores y vecinos en consideración a su vulnerabilidad. Bajo el sistema actual, todos aquellos que no entran dentro de la definición de refugiado, protección subsidiaria o en los casos limitados de protección especial, corren el riesgo de que se les niegue su solicitud de protección, incluso si son vulnerables.

Se excluyó la aplicación de la norma de "silencio-consentimiento", que permitía a la Questura convertir el permiso de residencia "para menores", a la edad de 18 años, en un permiso de estudio, trabajo o espera de empleo incluso en caso de retraso de la opinión esperada del Ministerio de Trabajo, salvaguardando a los jóvenes de largas esperas en una condición de limbo. Se trataba de una garantía introducida por la Ley 47/2017 de protección de menores no acompañados y su anulación lamentablemente devuelve este aspecto de la protección de menores a la situación existente antes de esta ley.

La derogación del permiso de residencia por motivos humanitarios obliga a los tutores y operadores que trabajan con menores extranjeros no acompañados a evaluar con aún más atención para cada menor qué camino es preferible, entre la solicitud de protección internacional y la solicitud de permiso para menores de edad, y apoyar al menor en la transición a la mayoría de edad con más cuidado que en el pasado[50]. Algunos de los aspectos más importantes que introducía eran:

✓ derogación del permiso de residencia por razones humanitarias. El artículo 1 establece la eliminación del permiso de residencia por motivos humanitarios y prevé una serie de casos especiales de permiso de residencia temporal por necesidades humanitarias. Debido a calamidades excepcionales, que no permiten regresar y permanecer seguros en el país de origen

---

50 GIOVANNETTI (2019).

tiene una duración de 6 meses y se puede renovar por otros 6 meses; por explotación particular del trabajador extranjero, por actos de especial valor civil, por casos de no aceptación de la solicitud de protección internacional, dada la imposibilidad de devolución a un Estado donde el sujeto pueda ser víctima de persecución.

- ✓ detención de solicitantes de asilo en puntos críticos durante un período máximo de 30 días con el fin de determinar su identidad. El artículo 3 también establece que en los casos en que no haya sido posible determinar su identidad, la detención puede tener lugar en los centros de detención de repatriación (en italiano conocido por las siglas CPR) por un período adicional de 180 días.
- ✓ detención de extranjeros para ser expulsados también en estructuras diferentes y adecuadas en la disponibilidad de seguridad pública 149 (artículo 4), en caso de indisponibilidad de plazas en el CPR;
- ✓ validez de la prohibición de reingreso del extranjero expulsado no solo en Italia sino en todo el espacio Schengen;
- ✓ ampliación de la gama de delitos por denegación y revocación de la protección internacional (artículo 7), incluidos los casos penales de alarma social;
- ✓ terminación de la protección internacional debido al regreso, incluso temporalmente, del titular al país de origen;
- ✓ introducción de un proceso inmediato ante la comisión territorial (artículo 10) para: quienes sean sometidos a procesos penales por determinados tipos de delitos y para las personas condenadas, aunque no definitivamente;
- ✓ posibilidad, para la comisión territorial, de suspender el examen de la solicitud de protección internacional, cuando el solicitante se encuentre en proceso penal por uno de los delitos que, en caso de condena definitiva, conduciría a la denegación de la protección internacional y si cumplen las condiciones de peligro. En este caso el solicitante está obligado a abandonar el territorio nacional dentro de los 12 meses siguientes a la sentencia firme de cualquier absolución, el interesado podrá solicitar la reapertura del procedimiento, pero si no llega en-

tonces la comisión competente declara la terminación del mismo;

- ✓ reserva de recepción en el sistema SPRAR solo para titulares de protección internacional y para MENA (artículo 12), los excluidos de la misma serán trasladados a los centros de recepción ordinarios donde esperarán la respuesta a su solicitud sin poder realizar ninguna actividad de integración ni cursos de formación.
- ✓ revocación de la ciudadanía a quienes la hayan obtenido por haber nacido y residido legalmente en Italia hasta la edad de 18 años, cónyuge de un ciudadano italiano, hijo extranjero de italiano, extranjero adoptado por italiano, extranjero que haya servido al estado, extranjero residente en la UE durante 4 años, apátrida durante 5 y extranjero durante 10 (artículo 14) en el caso de que estos sujetos sean declarados definitivamente culpables de determinados delitos graves, además, se modifica el plazo para la conclusión de los trámites para el otorgamiento de la ciudadanía (de 24 a 48 meses);
- ✓ aumento moderado de los fondos de repatriación, para que se puedan realizar con mayor rapidez[51] (ASGI, 2018).

En octubre de 2020, mediante la aprobación del Decreto Ley 130/2020, el gobierno italiano reintroduce algunas formas de protección humanitaria las cuales prácticamente habían desaparecidos con la anterior normativa, el mencionado Decreto Salvini. Estas nuevas medidas permitirían a aquellos inmigrantes que se encontrasen en riesgo de sufrir “tratos inhumanos o degradantes” o “violación al derecho al respeto de su vida privada y familiar” poder solicitar asilo en Italia. Además, se ampliaron los casos en los cuales los permisos de residencia podían convertirse en permisos de trabajo y se eliminaban las multas a aquellas ONG que asistieran a inmigrantes que se encontrasen en peligro en alta mar, siempre que se actuase respetando las indicaciones de las autoridades competentes para búsqueda y salvamento.

---

[51] ASGI (2018).

VII. ¿QUÉ OCURRE TRAS CUMPLIR LOS DIECIOCHO?

Para los MENAS, cumplir 18 años significa, en primer lugar, abandonar la condición de protección específica prevista por la legislación italiana para estos y encontrarse con un profundo cambio de estatus como migrante adulto. Esto último implica la realización de complicados procedimientos administrativos, en particular la conversión del permiso de residencia, durante los cuales se corre el riesgo de ralentizar y detener la continuidad del proceso de integración llevado a cabo hasta ese momento, perdiendo así lo conseguido hasta entonces[52].

En el caso italiano, como se ha referido anteriormente al hacer mención a conocida como Ley Zampa, el artículo 13 de la misma establece la posibilidad, en algunos casos, de garantizar una prórroga en el acogimiento hasta los 21 años[53]. Así, se introduce la figura de la "continuidad administrativa", a través de la cual se perfila la posibilidad de que el Tribunal de Menores ordene, con un decreto motivado, la custodia de un joven adulto a los servicios sociales hasta la edad de 21 años, esto en el caso en que el MENA haya iniciado un camino de inclusión social y necesite un apoyo prolongado para lograr su autonomía. La razón de ser es garantizar la protección social a los jóvenes de 18 años que se encuentran sin vivienda ni trabajo y tienen que interrumpir drásticamente su trayectoria de estudios o formación profesional por falta de recursos[54]. El artículo 13, co. 2 de la Ley 47/2017 establecía que los servicios sociales, a los que se encomendaba un joven adulto en "continuidad administrativa", tenían la obligación de garantizar la continuación del itinerario de inclusión iniciado y la acogida del joven, aunque la legislación no especificaba el tipo de acogida y asistencia garantizadas. Sin embargo, el legislador no ha previsto el establecimiento de un permiso de residencia a conceder al menor de edad que ha pasado a ser mayor de edad, beneficiario de una medida de continuidad administrativa, sino que parece que ha pensado en identificarlo puntualmente en los tipos de permiso de residencia por estudio o de residencia por trabajo, según

52 Cukani (2019).

53 Cascone (2017).

54 Morozzo (2017).

las modalidades concretas del proyecto, ambos renovables al final del propio proyecto[55], con todas las consecuencias negativas relacionadas con el mismo. Por último, un problema adicional parecía ser la financiación de la misma continuidad administrativa. En cuanto a las actuaciones de acompañamiento hacia la mayoría de edad y la integración de larga duración, la Ley 47/2017 (artículo 13) había establecido que el hecho de que la Dirección General de Políticas de Inmigración e Integración del Ministerio de Trabajo no se pronuncie positivamente para la conversión de la autorización de residencia de los menores extranjeros al cumplir los dieciocho años no puede legitimar la denegación de la renovación de la autorización. También se establece que el vencimiento del plazo procesal se considera silencio en el sentido de la Ley 241/1990 (artículo 20, apartados 1, 2 y 3). Ambas novedades fueron primero derogadas por el Decreto-Ley Nº 113/2018 y luego restablecidas por el Decreto-Ley Nº 130/2020.

Estas novedades, en 2018, fueron inicialmente derogadas por el D.L. N° 113/2018 y luego reactivadas por el D.L. N° 130/2020[56]. La nueva legislación establece que no en todos los casos el menor después de alcanzar la mayoría de edad tiene derecho a la acogida y, en el caso de que tenga derecho a ella, es necesario verificar en qué tipo de estructura y durante cuánto tiempo. Para verificar la situación de cada MENA, hay que examinar tres elementos:

- Si, antes de cumplir los 18 años, el menor ha sido inscrito en el SAI/SIPROIMI;
- En relación con el estatus legal del nuevo adulto, es decir, qué tipo de permiso de residencia ha recibido, si tiene estatus de refugiado, etc;
- Si el Tribunal de Menores ha tomado medidas administrativas contra el menor.

Así, se producen tres situaciones diferentes:

a) Los jóvenes adultos para los que no se ha ordenado la continuidad administrativa y que no han sido incluidos en el SAI/SIPROIMI durante su minoría de edad;

---

55 MOROZZO (2017).

56 SPERINDÈ; CHIURCO; y ROSSI (2020).

b) Los migrantes que hayan alcanzado la mayoría de edad y para los que no se haya ordenado la continuidad administrativa y que, mientras sean menores de edad han sido colocados en el SAI/SIPROIMI;

c) Los jóvenes adultos para los que no se ha ordenado la continuidad administrativa y que fueron incluidos en el SAI/SIPROIMI durante su minoría de edad[57].

En la primera situación, los menores eran colocados en comunidades o en centros educativos dirigidos por los Ayuntamientos, como los centros de primera acogida FAMI, los CAS para menores, etc. Por lo tanto, los MENAS que alcanzan la mayoría de edad y que forman parte de esta categoría pueden permanecer en la estructura específicamente dedicada a los menores sólo hasta que alcancen la mayoría de edad y, después de este hito, se abren diversas posibilidades, que varían en función del estatus legal del nuevo mayor de edad. Si ha solicitado asilo y está a la espera de que la Comisión Territorial decida, o si ha presentado un recurso después de que se haya tomado la decisión. Mientras espera el resultado del recurso tiene la posibilidad de ser transferido a un CAS para adultos donde tiene derecho a permanecer hasta que la Comisión Territorial decida o hasta que reciba el resultado del recurso. Por otra parte, el joven adulto puede ser acogido durante seis meses en una estructura de SAI/SIPROIMI para adultos en caso de que obtenga la protección subsidiaria o el estatuto de refugiado; en esta última hipótesis, modificada por el Decreto Ley N° 113/18, por circunstancias de carácter extraordinario y relacionadas con itinerarios específicos de integración ya iniciados (por ejemplo, necesidad de finalizar cursos de formación, escolarización, prácticas, etc.) o por razones de salud comprobadas, el período de acogida puede prolongarse, previa autorización del Servicio Central, por otros seis meses o por períodos más largos, en función de las necesidades personales reales. En el segundo caso, en cambio, los jóvenes que apenas alcanzan la mayoridad de edad, habiendo sido ingresados en el SAI/SIPROIMI durante su minoría pueden permanecer en ese sistema de menores por un nuevo período de seis meses después de haber alcanzado la mayoría de edad; una vez finaliza-

---

57 ASGI (2019).

do este período, dependiendo de la situación jurídica del joven que acaba de alcanzar la mayoría de edad, pueden darse tres situaciones (Decreto Ley Nº 113/2018, convertido por la Ley Nº 132/18, artículo 12, párrafo 5 bis):

- Si el joven ha solicitado asilo y está a la espera de que la Comisión Territorial decida, o si ha presentado un recurso después de la decisión, mientras aguarda el resultado puede permanecer en el SAI/SIPROIMI hasta que se define su situación, generalmente en estos casos el traslado se realiza al SAI/SIPROIMI para adultos.
- Si recibe el estatuto de refugiado, o la protección subsidiaria, puede permanecer en el SAI/SIPROIMI durante seis meses a partir de la fecha de notificación de la decisión, tras lo cual se realizan los mismos trámites que en el caso anterior.
- Si se le concede lo que antes era una protección humanitaria o si ha solicitado la conversión del permiso de minoría de edad en un permiso de estudio/trabajo/espera de empleo, no hay continuación de la acogida en el SAI/SIPROIMI y no hay garantía de que sea aceptado en un centro de adultos fuera del SAI/SIPROIMI. Ello con la excepción de los titulares de protección humanitaria que el 5 de octubre de 2018 ya se encontraban en el SPRAR (o para los que, en cualquier caso, ya se había autorizado la inclusión en el SPRAR), que podrán permanecer en él hasta que expire el plazo previsto en las disposiciones de aplicación sobre el funcionamiento del SPRAR y, en cualquier caso, no más allá de la expiración del proyecto de acogida (Decreto Ley 113/18, art. 12, apartado 6).

Otra hipótesis es que los jóvenes adultos en posesión de un permiso de residencia para casos especiales, tratamientos médicos, catástrofes o actos de especial valor cívico puedan ser incluidos en el SAI/SIPROIMI para adultos. Este último caso, por el contrario, se refiere a los jóvenes para los que se ha decretado la continuidad administrativa, cuya duración se puede concertar hasta que cumplan los 21 años, tal y como se especifica en la Circular del Ministerio del Interior de 03 de enero de 2019 sobre la aplicación del Decreto-Ley 113/18. Por lo indicado por el Ministerio, se entiende que los jóvenes adultos en continuidad administrativa tienen la posibilidad de continuar su trayectoria de acogida en el SIPROIMI hasta que concluya la medida ordenada por el Tribunal de Menores, por tanto, también hasta los 21 años, independientemente del tipo de permiso de residencia que se tenga (ASGI, 2019). Estos indicios dejan dudas en cuanto a su interpretación, ya que no está claro si se atribuyen exclusivamente a los MENAS incluidos en el SIPROIMI durante el periodo de minoría de edad, o si también incluyen a los que fueron excluidos sólo por falta de disponibilidad de plazas. Sobre la base de una interpretación constitucionalmente orientada de la disposición, los MENAS que no fueron incluidos en el SIPROIMI durante su minoría de edad también deben ser incluidos, si hay un lugar disponible en ese sistema después de alcanzar la mayoría de edad. La Ley 47/2017 especificó que la continuidad administrativa puede ser ordenada en todos los casos en los que un menor extranjero no acompañado, al alcanzar la mayoría de edad, aunque haya emprendido un camino de integración social, necesite un apoyo prolongado destinado a completar con éxito ese camino orientado a la autonomía (art. 13, párr. 2).

Dicha solicitud debe ser formulada por los servicios sociales o el tutor del menor antes de alcanzar la mayoría de edad ante la Fiscalía del Tribunal de Menores. Si la solicitud no es presentada por los actores mencionados, el menor, representado legalmente, tiene la posibilidad de solicitarlo directamente al Tribunal de Menores. Es aconsejable que la solicitud vaya acompañada de documentación sobre el proceso de inclusión social del menor y, en su caso, de un informe de los servicios sociales. Los solicitantes deben pedir que en la resolución del Tribunal de Menores se haga constar expresamente que el acogimiento del menor, si es posible, se garantice dentro del proyecto de SIPROIMI del municipio al que se confía el menor o, alternativamente, en el proyecto de SIPROIMI más cercano, siempre que el traslado no comprometa la continuidad del itinerario de acogimiento del menor y siempre teniendo en cuenta el interés superior del menor, que es el principio en el que debe basarse toda decisión de acogimiento y otras cuestiones.

También recuerda el derecho del MENA a poder participar, a través de su representante legal, en todos los procedimientos judiciales y administrativos que le afecten, incluidos los relativos a la acogida, y en particular su derecho a ser informado y escuchado; esto es acorde con el principio de participación y respeto a la opinión del menor

(Art. 12, CDN), que consagra el derecho de las niñas, niños y adolescentes a ser escuchados y a que su opinión sea debidamente tenida en cuenta.

Aunque la legislación no especifica el tipo de acogida y asistencia que debe garantizarse al MENA en la continuidad administrativa, los servicios sociales a los que haya sido encomendado, deben garantizar la continuación del itinerario de inclusión iniciado y su acogida. Por último, hay que tener en cuenta que en caso de que no se coloque en un SIPROIMI o CAS, será el Ayuntamiento el que tendrá el deber de hacerse cargo de los gastos de acogida con sus propios fondos. En estos casos, no hay reembolso de los municipios por parte de la Prefectura; sólo se prevé un reembolso de 45 euros al día en el caso de que un MENA sea acogido en una estructura que no forme parte ni del SIPROIMI ni del CAS, y sólo hasta que alcance la mayoría de edad (Ministerio de Trabajo y Política Social, 2020). El Decreto Ley 130/2020 introduce en el apartado 1 bis del artículo 32 del Decreto Legislativo 286/98 la siguiente frase "la no emisión del juicio solicitado no puede legitimar la denegación de la renovación del permiso de residencia. Se aplica el artículo 20, apartados 1, 2 y 3, de la Ley de 7 de agosto de 1990, Nº 241", que reintroduce el instituto del silencio-consentimiento en el procedimiento de emisión del dictamen necesario para la conversión del permiso de residencia por razones de estudio, acceso al empleo, trabajo por cuenta ajena o por cuenta propia a la mayoría de edad. En el caso de que los MENAS no obtengan un permiso de residencia válido antes de alcanzar la mayoría de edad, sin perjuicio de la posibilidad de una prórroga relativa de la protección, todo el conjunto de garantías definidas para ellos corre el riesgo de derrumbarse de la noche a la mañana[58].

Aunque esta sería la parte normativa, no hay nunca que olvidar que los MENAS de nueva edad entran en la categoría de sujetos que en inglés se definen como *care leavers*; con este concepto, se definen como aquellos jóvenes que abandonan (o han abandonado) el sistema de atención residencial porque han alcanzado la edad a partir de la cual ya no pueden beneficiarse de la atención, protección y tutela garantizadas por el organismo público según la legislación nacional.

---

[58] TOMASI (2020).

Es evidente que, a diferencia de los demás menores *care leavers*, los MENAS tienen una situación de desventaja adicional, a saber, el hecho de ser inmigrantes y estar "no acompañados".

La mayoría de los MENAS que llegan a Italia tienen entre 16 y 17 años, un periodo relativamente corto para prepararles para la autonomía. Otro aspecto es la cuestión del idioma puesto que suelen llegar sin ningún conocimiento de la lengua italiana y, por tanto, tienen que aprenderla para poder comunicarse. Otra desventaja se refiere a las diferencias culturales, por lo que es necesario adquirir y comprender un nuevo modo de vida con prácticas y costumbres diferentes a las propias. Además de esta primera distinción, otro elemento que caracteriza a estos jóvenes es que no pueden contar con un posible retorno a sus familias al final de su estancia en el país de acogida, sino que deben valerse por sí mismos sin la posibilidad de recibir apoyo de sus familias de origen o de otros parientes. En otras palabras, se requiere que los MENAS se activen y sean autónomos en una etapa temprana, ya que son los autores de su propio destino.

No podemos olvidar que la migración es un viaje que hay que sostener en sus etapas, que parecen sencillas cuando se realizan las oportunidades de conquista, mientras que resultan problemáticas durante las pausas, ya que para la mayoría de sus protagonistas supone, sobre todo, esfuerzos adicionales, obstáculos y retos que superar. Entre estos se encuentran los y las menores y adolescentes extranjeros y extranjeras, los cuales, añaden a esta experiencia vital un plus de vulnerabilidad debido a que experimentan la migración solos, sin tener familiares ni adultos de referencia como compañeros de viaje. Los países europeos que los acogen deben dotarse de un sistema normativo que analice las crisis migratorias como un proceso global y sistémico, donde las respuestas públicas deben gestionarse desde los principios del interés superior del menor y la defensa de los derechos humanos. El tiempo corre en contra de estos/as menores, porque al dejar de serlo entran en una vorágine administrativa de la que normalmente nunca son beneficiarios o, en muchas ocasiones, porque ni siquiera pudieron llegar al país de destino.

BIBLIOGRAFÍA CITADA

ACNUR, *L'accertamento dell'età dei minori stranieri non accompagnati e separati in Italia,* 2014. Disponible en: https://www.unhcr.it/wp-content/uploads/2016/01/accertamento.pdf. (Consultado: 26 de agosto de 2023).

ACNUR, *Rapporto sulla protezione internazionale in Italia 2017,* 2017. Disponible en: https://www.unhcr.org/it/wp-content/uploads/sites/97/2020/07/Rapporto-protezione-internazionale-2017.pdf (Consultado: 26 de agosto de 2023).

ACNUR, *Manuale Operatori Centri di accoglienza per minori stranieri non accompagnati,* 2020a. Disponible en: https://www.unhcr.org/it/wp-content/uploads/sites/97/2020/07/Manuale-Operatori-Centri-di-accoglienza-per-minori-stranieri-non-accompagnati.pdf (Consultado: 26 de agosto de 2023).

ACNUR, *Global Trends Forced Displacement In 2019,* 2020b. Disponible en: https://www.unhcr.org/globaltrends2019/ (Consultado: 26 de agosto de 2023).

AMBROSINI, M., *Sociologia delle migrazioni,* Il Mulino, 2005.

AMBROSINI, M. y BUCCARELLI, F., *Ai confini della cittadinanza. Processi migratori e percorsi di integrazione in Toscana,* FrancoAngeli, 2009.

ASSOCIAZIONE PER GLI STUDI GIURIDICI SULL'INMIGRAZIONES (ASGI), *La tutela dei minori stranieri non accompagnati. Manuale giuridico per l'operatore,* 2018. Disponible en: *https://www.asgi.it/wp-content/uploads/2020/01/Manuale-per-Operatori-ASGI-2018.pdf* (Consultado: 26 de agosto de 2023).

ATTANASIO, L., *Il bagaglio. Migranti minori non accompagnati: il fenomeno in Italia, i numeri, le storie.* Albeggi Edizioni, 2016.

BALDI, S. y BALDUCCI, P., *La penna del diplomatico. I libri scritti dai diplomatici italiani dal dopoguerra ad oggi.* FrancoAngeli, 2006.

BORDERLINE, Sicilia, *Vite ai margini. I MENA in Sicilia, tra esigenze di tutelae miraggi di protezione,* 2020. Disponible en: https://drive.google.com/file/d/1QbvmuoA9i99evI5blvAVsLaJhdEBYc0j/view (Consultado: 26 de agosto de 2023).

CABEDO MALLOL, Vicente, *Menores no acompañados, los otros inmigrantes: cuestiones jurídicas: actividades docentes e investigadoras,* Valencia, Tirant lo Blanch, 2015.

CAMPANI, G.; LAPOV, Z.; y CARCHEDI, F., L*e esperienze ignorate. Giovani migranti tra accoglienza, indifferenza e ostilità.* FrancoAngeli, 2002.

CARITAS ITALIANA, "Minori migranti, maggiori rischi. Pericoli e problematiche dei minori non accompagnati che migrano verso l'Unione Europea", *Dossier con dati e testimonianze,* N° 42, diciembre 2018. Disponible en: http://www.caritasitaliana.it/materiali/Europa/ddt42_balcani2018.pdf (Consultado: 26 de agosto de 2023).

CASCONE, C., "Brevi riflessioni in merito alla legge n. 47/17 (disposizioni in materia di misure di protezione dei minori stranieri non accompagnati): luci ed ombre", *Diritto, immigrazione e cittadinanza,* N° 2, 2017, pp. 1-35.

CESÁREO, V., *Vent'anni di migrazioni in Italia, in Fondazione Ismu, Ventesimo Rapporto sulle migrazioni: 1994-2014.* FrancoAngeli, 2014.

CENTRO DE ESTUDIOS DE POLÍTICA INTERNACIONAL (CESPI), *Primo Rapporto. Osservatorio Minori Stranieri Non Accompagnati in Italia,* 2020.

CENTRO DE ESTUDIOS DE POLÍTICA INTERNACIONAL (CESPI), *Secondo Rapporto: Osservatorio Nazionale Sui Minori Stranieri Non Accompagnati In Italia 2021,* 2022. Disponible en: https://www.cespi.it/sites/default/files/documenti/rapporto-osservatorio-msna-2021-def-light.pdf (Consultado: 26 de agosto de 2023).

CONSOLI, T; D'AGOSTINO, C; y MAGRO, R., "Le comunità immigrate, i percorsi ed i servizi sul territorio", en CONSOLI, T. (Edit.), *Il fenomeno migratorio nell'Europa del Sud. Il caso siciliano tra stanzialità e transizione.* FrancoAngeli, 2009.

CORNICE, A y RIZZO, A., "Scenari normativi in materia di immigrazione dopo il decreto sicurezza", *Inapp Paper,* N° 19, 2019. Disponible en: https://oa.inapp.org/xmlui/handle/20.500.12916/448 (Consultado: 26 de agosto de 2023).

CUKANI, E., "Soggetti vilnerabili e tutela dei diritti: il caso dei minori stranieri non accompagnati", *Consulta on line.* Fasc. II, 2019, pp. 257-270 Disponible en: https://giurcost.org/contents/giurcost//studi/cukani3.pdf (Consultado: 26 de agosto de 2023).

DI ROSA, R.T.; GUCCIARDO, G.; ARGENTO, G.; y LEONFORTE, S., *Leggere. scrivere. esserci. Minori stranieri non accompagnati: bisogni formativi e processi di inclusione.* FrancoAngeli, 2019.

DI ROSA, R., "I minori stranieri non accompagnati in Italia: accoglienza, protezione, inclusione", en DURAN RUIZ, F. J. y MARTINEZ CHICON, R. (Dirs.), *Migrantes menores y juventud migrante en España y en Italia,* Madrid, Comares, 2019, pp. 166-184.

FONDAZIONE ISMU, *A un bivio. La transizione alla vita adulta dei minori stranieri non accompagnati in Italia,* 2019. Disponible en: https://www.ismu.org/wp-content/uploads/2020/12/A-unbivio_Report_LONG_ITA_BouRE.pdf (Consultado: 26 de agosto de 2023).

GIOVANNETTI, M., *I comuni e le politiche di accoglienza. Un'analisi longitudinale a guida dei percorsi futuri,* VI rapporto. Anci Cittalia, 2016.

GIOVANNETTI, M., *La frontiera mobile dell'accoglienza per richiedenti asilo e rifugiati in Italia. Vent'anni di politiche, pratiche e dinamiche di bilanciamento del diritto alla protezione,* 2019. Disponible en: https://www.dirittoimmigrazionecittadinanza.it/archivio-saggi-commenti/saggi/fascicolo-n-1-2019-1/357-la-frontiera-mobile-dell-accoglienza-per-richiedenti-asilo-e-rifugiati-in-italia-vent-anni-di-politiche-pratiche-e-dinamiche-di-bilanciamento-del-diritto-alla-protezione. (Consultado: 26 de agosto de 2023).

IARRERA, S., *Migraciones por el Mediterráneo: itinerarios de menores inmigrantes y dispositivos de acogida en los lugares de tránsito. El caso de la ciudad de Milazzo.* Tesis Doctoral. Programa de Estudios Interuniversitarios en Estudios Migratorios. Universidad de Granada, 2021.

INSTITUTO DE ESTADÍSTICA (ISTAT), *Censimento della popolazione*, 2021a. Disponible en: http://dati.istat.it/Index.aspx?QueryId=18460# (Consultado: 26 de agosto de 2023).

INSTITUTO DE ESTADÍSTICA (ISTAT), *X Rapporto Annuale gli stranieri nel mercato del lavoro in Italia. A cura della Direzione Generale dell'Immigrazione e delle Politiche di Integrazione*, 2021b. Disponible en: https://www.lavoro.gov.it/documenti-e-norme/studi-e-statistiche/Documents/Undicesimo%20Rapporto%20Annuale%20-%20Gli%20stranieri%20nel%20mercato%20del%20lavoro%20in%20Italia%202021/XI-Rapporto-MdL-stranieri-REV-22072021.pdf (Consultado: 26 de agosto de 2023).

JIMÉNEZ ÁLVAREZ, M., "Autonomous child migration at the southern European border", en LAOIRE, C.N, et al. (Eds.), *Movement, mobilities and journeys*, Springer, 2015.

LUNARDINI, M., *Tutori volontari per Minori Stranieri Non Accompagnati: una definizione innovativa, Approfondimento* CESPI, 2020. Disponible en: https://www.cespi.it/sites/default/files/osservatori/allegati/approf._2_-tutori_volontari_per_minori_stranieri_non_accompagnati_def.pdf (Consultado: 26 de agosto de 2023).

MINISTERIO DEL INTERIOR Y ASOCIACIÓN DE ESTUDIOS JURÍDICOS SOBRE INMIGRACIÓN (ASGI) (2019). *La tutela dei minori stranieri non accompagnati, manuale giuridico per l'operatore.* Italia. Disponible en: https://www.retesai.it/wp-content/uploads/2019/11/La-tutela-dei-minori-stranieri-non-accompagnati-%E2%80%93-Manuale-giuridico-per-l%E2%80%99operatore.pdf (Consultado: 26 de agosto de 2023).

MINISTERIO DE TRABAJO Y POLÍTICA SOCIAL, *Report di monitoraggio*, 2019.

MINISTERIO DE TRABAJO Y POLÍTICA SOCIAL, *Report di monitoraggio dati al 31 dicembre 2020, I minori stranieri non accompagnati in Italia*, 2020.

MOYERSON, J y TARZIA, G., "L'evoluzione della normativa sui minori stranieri non accompagnati", *Cittadini in Crescita*, N° 3-4, 2002, pp. 7-22. Disponible en: https://www.minoriefamiglia.org/images/allegati/moyersoentarzia.pdf (Consultado: 26 de agosto de 2023).

ORGANIZACIÓN INTERNACIONAL PARA LAS MIGRACIONES (OIM), *Rapporto: La tratta di esseri umani attraverso la rotta del mediterraneo centrale: dati, storie e informazioni raccolte dall'organizzazione internazionale per le migrazioni*, 2017. Disponible en: https://www.osservatoriointerventitratta.it/wp-content/uploads/2017/07/RAPPORTO_OIM_Vittime_di_tratta_0.pdf (Consultado: 26 de agosto de 2023).

Organización Internacional para las Migraciones (OIM), *Migrant children in Italy,* 2018. Disponible en: file:///C:/Users/UJA/Downloads/IOM_Italy_Briefing_2018_Dec_.pdf (Consultado: 26 de agosto de 2023).

Pavesi, N., *La scuola incontra i Minori stranieri non accompagnati: soggetti, compiti e diritti.* Guida Ismu, 2020.

Pugliese, E., *L'Italia tra migrazioni internazionali e migrazioni interne.* Il Mulino, 2002.

Rinaldi, P., *Menores migrantes no acompañados en España e Italia. La aplicación de principio del interés superior del menor.* Tesis Doctoral. Programa de Estudios Interuniversitarios en Estudios Migratorios. Universidad de Granada, 2021.

Save The Children, *Analisi e posizione di Save the Children Italia sul protocollo su determinazione dell'età dei minori non accompagnati,* 2010. Disponible en: https://legale.savethechildren.it/wp-content/uploads/wpallimport/files/attachments//_DatasImport/pdf/Posizione_Protocollo_Ascone_giugno_2009_Set10_FINALE.pdf (Consultado: 26 de agosto de 2023).

Save the Children, *Minori migranti: in viaggio attraverso la rete. Rischi e opportunità di internet dalla voce degli adolescenti stranieri che arrivano in Italia da soli,* 2016. Disponible en: https://s3.savethechildren.it/public/files/uploads/pubblicazioni/minori-migranti-viaggio-attraverso-la-rete.pdf (Consultado: 26 de agosto de 2023).

Save the Children, *I flussi migratori verso l'Italia,* 2017. Disponible en: https://www.savethechildren.it/sites/default/files/files/Analisi%20Sbarchi%20Gen-Dic_2017.pdf (Consultado: 26 de agosto de 2023).

Save The Children, *Atlante minori stranieri non accompagnati in Italia. Crescere lontano da casa, Roma,* 2018. Disponible en: https://s3.savethechildren.it/public/files/uploads/pubblicazioni/atlante-minori-stranieri-non-accompagnati-italia_0.pdf (Consultado: 26 de agosto de 2023).

Senovilla Hernández, Daniel, *Situación y tratamiento de los menores extranjeros no acompañados en Europa,* Observatorio Internacional de Justicia Juvenil, 2007.

Tassinari, F., "La identificación de los MENAS y el tutor voluntario en Italia: ¿un modelo a asumir por la Unión Europea?", *Cuadernos de Derecho Transaccional,* Vol. 11, N° 1, 2019, pp. 545-570.

Tomasi, M., "Verso la definizione di uno statuto giuridico dei minori stranieri non accompagnati in Europa? Modelli astratti e concreti di tutela della vulnerabilità", *Rivista AIC- Associazione Italiana Costituzionalisti,* N° 1, 2020, pp. 519-560.

UNICEF; ACNUR; y CIR, *Supporto tra tutori volontari per minori stranieri non accompagnati: il peer to peer,* 2020. Disponible en: https://www.cir-onlus.org/wp-content/uploads/2020/04/UNICEF-20-peertopeer-esecutivo-web-200420-1.pdf (Consultado: 26 de agosto de 2023).

VALTOLLINA, G.G., “Gli italiani e l’immigrazione”, en FONDAZIONE ISMU (Coord.), *XVII Rapporto sulle migrazioni*, FrancoAngeli, 2011, pp. 155-168.

LEGISLACIÓN CITADA

Circular del Ministerio del Interior N° 10337 de 24 de marzo de 2017. Permiso de residencia para menores. Exclusión de la obligación de presentar un pasaporte u otro documento equivalente, si no se dispone de él.

Convención de los Derechos del Niño. Asamblea de las Naciones Unidas, de 29 de noviembre de 1989.

Convención de La Haya de 19 de octubre de 1996 sobre la competencia, la ley aplicable, el reconocimiento, la ejecución y la cooperación en materia de responsabilidad parental y de medidas de protección de los menores. Aplicada por el Gobierno italiano con la Ley Nº 101 de 18 de junio de 2015.

Constitución de la República Italiana (1 de enero de 1948).

Decreto del Presidente del Consejo de Ministros (DPCM) Nº 535 de 9 de diciembre de 1999, Reglamento sobre las tareas del Comité de Menores Extranjeros, de conformidad con el artículo 33, párrafos 2 y 2-bis, del decreto legislativo Nº 286 de 25 de julio de 1998. (DO Serie General n. 19 de 25-01-2000).

Decreto Legislativo 25 de julio de 1998, n. 286: “Texto refundido de las disposiciones relativas a las normas y reglamentos de inmigración sobre la condición del extranjero”.

Decreto Legislativo 18 de agosto de 2015, n. 142. Implementación de la Directiva 2013/33/UE que contiene normas relativas a la recepción de solicitantes de protección internacional, así como la Directiva 2013/32/UE, que establece procedimientos comunes para el reconocimiento y retiro del estatus de protección internacional.

Decreto Legislativo Nº 220 de 22 de diciembre de 2017. Disposiciones complementarias y correctoras del Decreto Legislativo Nº 142, de 18 de agosto de 2015, por el que se aplica la Directiva 2013/33/UE por la que se establecen normas para la acogida de los solicitantes de protección internacional y la Directiva 2013/32/UE sobre procedimientos comunes para la concesión y retirada del estatuto de protección internacional.

Decreto Ley N° 113, de 4 de octubre de 2018. Disposiciones urgentes en materia de protección internacional e inmigración, seguridad pública, así como medidas para la funcionalidad del Ministerio del Interior y la organización y funcionamiento de la Agencia Nacional de Administración y Destino de Bienes Incautados y Confiscados al Crimen Organizado (18G00140) (D.O. Serie General nº 231 de 04-10-2018). Entrada en vigor de la medida: 05/10/2018. Decreto Ley convertido con modificaciones por la Ley Nº 132 de 1 de diciembre de 2018 (en D.O. 03/12/2018, nº 281).

Decreto Ley 130/2020, Disposiciones urgentes sobre la inmigración, la protección internacional y complementaria, las modificaciones de los artículos 131-bis, 391-bis, 391-ter y 588 del Código Penal, así como medidas sobre la prohibición de acceso a los establecimientos públicos y a los lugares de detención pública, sobre la lucha contra la utilización distorsionada de la web y sobre la disciplina del Garante Nacional de los derechos de las personas privadas de libertad (20G00154) (DO Serie General nº 261 de 21-10-2020). Entrada en vigor de la medida: 22/10/2020.

Directiva 2013/33/Eu Del Parlamento Europeo y del Consejo del 26 de junio de 2013, normas para la acogida de los solicitantes de protección internacional (refundición).

Ley Nº 943 de 30 de diciembre de 1986. Normas sobre el empleo y el trato de los trabajadores inmigrantes extracomunitarios y contra la inmigración ilegal.

Ley Nº 47 de 7 de abril de 2017. Disposiciones sobre medidas de protección de menores extranjeros no acompañados (17G00062) (D.O. Serie General n. 93 del 21-04-2017). Entrada en vigor de la medida: 06/05/2017.

Ley N° 132, de 1 de diciembre de 2018, Conversión en ley, con modificaciones, el Decreto-Ley N° 113, de 4 de octubre de 2018, por el que se dictan disposiciones urgentes en materia de protección internacional e inmigración, seguridad pública, así como medidas para la funcionalidad del Ministerio del Interior y la organización y funcionamiento de la Agencia Nacional de Administración y Destino de Bienes Incautados y Confiscados al Crimen Organizado. Delegación de facultades al Gobierno sobre la reorganización de las funciones y carreras del personal de la Policía y las Fuerzas Armadas (18G00161) (D.O. Serie General nº 281 de 03-12-2018).

Niñez en movimiento en el contexto de las Naciones Unidas

PABLO CERIANI CERNADAS
Comité sobre los Derechos de Todos los Trabajadores Migratorios y de sus Familiares
Naciones Unidas
Pablo.ceriani@gmail.com

I. INTRODUCCIÓN

Básicamente, el presente capítulo tiene que ver con cuáles han sido lo que nosotros llamamos estándares internacionales, sobre los cuales vamos a realizar una breve explicación, que hemos desarrollado a partir de la experiencia surgida desde diferentes organismos de Naciones Unidas en materia de Derechos de la niñez y la adolescencia en contexto de migración. Efectivamente, se trata del trabajo realizado conjuntamente entre el Comité sobre los Derechos de Todos los Trabajadores Migratorios y de sus Familiares y el Comité de los Derechos del Niño. Así, lo que hicimos ambos Comités (conocidos como órganos de tratados de Naciones Unidas), fue trabajar conjuntamente para establecer estándares sobre derechos de la niñez en contexto de migración.

II. ESTÁNDARES INTERNACIONALES EN MATERIA DE MOVILIDAD HUMANA DE NIÑOS, NIÑAS Y ADOLESCENTES

Tanto el Comité de los Derechos del Niño como el Comité sobre los Derechos de Todos los Trabajadores Migratorios y de sus Familiares ostentan el mandato de supervisar el cumplimiento de su respectiva Convención. Son tratados aprobados 33 años atrás (Convención sobre los Derechos del Niño) o 32 años atrás (Convención sobre los Derechos de Todos los Trabajadores Migratorios y de sus Familiares). Ambo textos se aprobaron casi al mismo tiempo, con sólo un año de diferencia. Ahora bien, la gran diferencia se encuentra en que la Convención sobre los Derechos del Niño fue ratificada por prácticamente todos los países del mundo; sin embargo, la Convención sobre los Derechos de Todos los Trabajadores Migratorios y de sus Familiares sólo ha sido ratificada hasta ahora por 58 países de los casi 200 Estados Miembros de las Naciones Unidas. Es decir, que a día de hoy, sólo 58 Estados, 32 años después, han ratificado el mentado tratado internacional. ¿Qué quiere decir ratificar este Tratado Internacional que aprobaron todos los Estados en la Asamblea General de las Naciones Unidas 33 o 32 años atrás? Ello implica que pase a ser obligatorio para cada país, para que tenga como mínimo el valor de una ley obligatoria como cualquier otra; digo como mínimo, porque en casi todos los países los tratados internacionales tienen una jerarquía superior a las leyes; es decir, que la leyes tienen que adecuarse a lo que dicen los tratados y en muchos países además esos tratados tienen incluso jerarquía constitucional, por ejemplo, como la Constitución Política de España. Entonces, ratificar un tratado es, que pase a ser obligatorio automáticamente en ese país y de ahí se deriva el deber de adaptar leyes, políticas, programas, y la toma de decisiones —a nivel de ayuntamiento, una comunidad o a nivel estatal—, así como en las decisiones que adopta un Tribunal de Justicia.

Entonces, el Comité sobre los Derechos de Todos los Trabajadores Migratorios y de sus Familiares tiene, por un lado, que velar por el cumplimiento del contenido de la Convención por parte de los Estados que la ratificaron; y, de otro, debe interpretarla, o, mejor dicho, ofrecer a los Estados herramientas de interpretación. En otras palabras, la clave es dotar a los Estados de las herramientas necesarias para traducir el articulado de la Convención a la realidad práctica que viven las personas migrantes, en particular los niños, niñas y adolescentes. Para eso se necesita lo que llamamos la letra chica, que es agarrar un párrafo de una convención o de una constitución o de una ley y redactar una política, un plan de acción, definir objetivos, presupuestos, instituciones que la van a implementar, etc. Pues bien, cuando hablamos de la Convención sobre los Derecho del Niño, o de la Convención sobre los Derechos de Todos los Trabajadores Migratorios y de sus Familiares, ese tipo de letra chica que va desmenuzando un tratado de derechos humanos es lo que denominamos como estándares internacionales.

¿Por qué? Porque tenemos el mandato justamente de interpretarlo y decirle a los Estados miren, este artículo que dice que todo niño tiene derecho a ser escuchado, cuando se trata un procedimiento migratorio, implica esto, esto, esto, esto, esto, esto, esto, y aquello. Y eso es precisamente lo que los Estados nos han dicho que tenemos que hacer, o sea, no lo inventamos, no llueven los estándares ni hacemos nada raro, sino que los Estados, al crear la Convención sobre los Derechos del Niño, han dicho, bueno está la convención con los derechos de todos los niños y niñas, y está este comité, que va estar integrado por dieciocho personas, a ser elegidas de tal manera, y cuya función es darnos esas herramientas, es decir, interpretar la Convención para decirnos cómo hacer traducir este texto internacional, el cual contiene todo un catálogo de derechos de los que deben gozar niños, niñas y adolescentes, es decir, cómo traducirla a la realidad. Entonces, los estándares son básicamente eso, herramientas para la aplicación de los tratados.

¿Y por qué desarrollamos estos estándares? En buena medida, por el contexto en el que estamos. Cuando un comité o un tribunal europeo de derechos humanos, etc. trabaja un tema, por lo general ese tema lo trae la propia realidad, y la realidad es que, en el contexto de las migraciones, en las últimas dos o tres décadas la presencia de niños y niñas, solos con familia, con parte de la familia, con otra persona adulta con la que viaja etc. ha cambiado enormemente. No es que los niños y las niñas no migraran hace 100 años, por ejemplo cuando hubo mucha migración española hacia el continente americano. Sí emigraban familias, emigraban niños y niñas, migraban incluso adolescentes solos. Ahora bien, estadísticamente hablando, el cambio es muy notable en los últimos 30 años, pues aparece una clara sobrerepresentación de los niños y niñas en procesos migratorios y ese cambio se da especialmente con dos aspectos muy específicos que lo acompañan: uno, cada vez más niños y niñas migran solos, y migran cada vez más jóvenes. Durante varios años me tocó trabajar con niños Centroamericanos que atravesaban México y que terminaban en cárceles migratorias. En las estadísticas, la mayoría de estos niños tenían 17 años, hoy las estadísticas indican que un % creciente de niños tienen menos de 12 años, migrando solos o acompañados. Mientras que uno de los cambios refiere a una mayor presencia de esos niños, el segundo tiene que ver con una característica hoy casi estructural de la movilidad humana, tal vez con la con algunas excepciones, como puede ser el caso de Ucrania, la gran mayoría de los desafíos en todo el mundo en materia migratoria de niños y niñas migrados tiene que ver con las condiciones en las que emigran las personas que salen de sus países en mayor condición de vulnerabilidad, es decir, las personas que salen en mayor situación de pobreza o escapando de formas de violencia, entre otras, que ya tienen ciertos indicadores de exclusión o de falta de oportunidades en su país de origen. Estas personas son las que tienen menos oportunidades de obtener una visa, de comprarse un ticket de avión y migrar de un país a otro sin ningún problema.

Un caso paradigmático es el de Venezuela. De este modo, por la situación que ha vivido este país en los últimos años han migrado millones de personas de todas las capas sociales, muchas de ellas se han tenido que ir lamentablemente pero han tenido la posibilidad de contar con recursos, de comprar un ticket de avión y viajar a España, a Estados Unidos, México, Argentina, Chile u otros países. Por su parte, quienes se han ido de Venezuela con mayor situación de vulnerabilidad —incluyendo un millón de niños y niñas— lo han hecho caminando, atravesando un continente como América del Sur o cruzando la selva que separa Colombia de Panamá (el Tapón del Darién), y luego el resto de Centroamérica atravesando México para llegar a Estados Unidos.

Por ello; me refiero a que los mayores problemas o desafíos de protección de derechos a los niños, niñas y adolescentes en contexto de migración, tienen que ver con quienes salen en situación de vulnerabilidad y ese salir en esas condiciones es salir a través de lo que llamamos migración irregular, sin los permisos necesarios ni las posibilidades para tener un visado, comprar un ticket y volar o ir en un barco con toda la seguridad. Entonces, lamentablemente, quienes necesitan hoy salir de un país, están saliendo en condiciones muy riesgosas enfrentando muchísimos peligros, redes de crimen organizado, diferentes formas de violencia, violencia sexual contra chicas y chicos sobre todo adolescentes, enfrentar rutas peligrosas, atravesar el mar Mediterráneo, o parte del mar Atlántico para llegar a las Islas Canarias, la selva, como dije recién, el desierto de Arizona hacia Estados Unidos, o el Océano Índico con destino a Australia. En este contexto, lo que tenemos es un crecimiento de niños y niñas migrando muchos de ellos solos y por las rutas más peligrosas del mundo y enfrentándose a cárteles del narcotráfico por ejemplo, que luego los secuestran y los obligan a pasar droga de un lugar a otro, entre muchos otros riesgos.

Este escenario es sumamente complejo y es en ese contexto donde el tema de sus derechos nos llega a organismos como los nuestros, de forma permanente cuando, por ejemplo, el Comité de Derechos del Niño evalúa la situación en España o en México, Argentina, Chile, Colombia, Japón o en muchos otros países, este tema empieza a aparecer cada vez más y más. Es a partir de esa realidad que se nos presenta permanentemente que empezamos a armar esto que se llama estándares, a darle esa letra chica a los Estados sobre cómo diseñar políticas, cómo adoptar una ley para visibilizar la problemática de la infancia migrante en este contexto.

III. OBSERVACIONES GENERALES DE LOS COMITÉS DE NACIONES UNIDAS EN MATERIA DE NIÑEZ Y ADOLESCENCIA MIGRANTE

Esta es la información básica a lo que nos estábamos refiriendo, se llaman observaciones generales. Las mismas son reglas de interpretación que nos ofrecen los Comités de las Naciones Unidas y que se refieren a diferentes temas relativos a derechos humanos reconocidos en los tratados internacionales. El Comité de los Derecho del Niño ha redactado hasta ahora 26, sobre diferentes temas, como la niñez y su derecho a la educación, o recientemente, los derechos de la infancia en los entornos digitales y, como ya se mencionó con anterioridad, dos sobre niñez migrante.

Ahora, ¿qué dicen estas directrices que fueron hechas, como decía, para guiar a los Estados sobre cómo abordar el tema de la infancia migrante? Lo primero, y que refleja mucho de los problemas, es que la respuesta y el trato a estos niños y niñas tienen que estar basado en que son niños y niñas, no en el hecho que son migrantes de determinada nacionalidad, o que les falta tal o cual papel, que entró al país nadando, o en un barco, etc. ¿qué quiere decir esto? Es algo bien simple, pero sumamente importante: la Convención sobre los Derechos del Niño se aplica plenamente a esos niños y niñas. El deber de garantizar todos estos derechos no cambia en modo alguno por ser migrante, por venir de tal o cual país, por el origen étnico, el color de la piel etc. Es casi como una toma de posición, pero básicamente esto es lo que dice la Convención sobre los Derechos del Niño, y por lo tanto, tenemos que hablar de la primacía de los derechos en las políticas migratorias. Se subraya entonces la importancia de los derechos al fijar unas reglas en una frontera, al establecer un procedimiento de acogida, al adoptar decisiones en cada caso, etc. En definitiva, hay que aplicar la Convención sobre los Derechos del Niño, plenamente, a toda la infancia en contexto migratorio.

Otras cuestiones también que están en estas directrices que los Estados tienen que seguir, y que a nosotros nos parecen imprescindibles, responden a preguntas básicas ¿Estamos hablando de niños y niñas? Sí, ¿Niños y niñas con derechos? Sí. De esta suerte, si los niños y niñas migrantes son niños, esas autoridades de protección y bienestar de la infancia también tienen que ocuparse de esos niños y tienen que tener una función rectora, ¿Qué quiere decir rectora? Que no es la autoridad migratoria la que primero tiene que tener el mandato de ocuparse de estos niños y decidir qué tienen que hacer estos niños, sino que es la autoridad de infancia. En el caso de un niño de 14 años o una niña de 12 años que llega al territorio, donde hay una autoridad que tiene que velar por los derechos de las personas menores de 18 años, es ésta la que se tiene que ocupar del caso.

Igualmente, las autoridades que se ocupan de temas migratorios que trabajan en una frontera, también deben incorporar los derechos de la infancia cuando van a adoptar una decisión que puede impactar en una persona menor de 18 años. Otro aspecto fundamental es la articulación entre las instituciones ¿qué quiere decir esto? Acoger a un niño o niña no acompañado implica un montón de cosas: entre otras, la inserción en materia educativa, la atención en el ámbito sanitario, programa de acogimiento familiar, puede haber temas de justicia porque el niño o la niña puede haber sido víctima de trata de personas u otro tipo de delito. Entonces, es importante que el abordaje a cada caso sea incluya una cooperación, una articulación entre incluso diferentes niveles de gobierno, a nivel local, de ayuntamiento, a nivel provincial, entre las autoridades que son competentes para tratar cada uno de los casos.

De otros estándares generales fijados en la Observación General sólo digo dos cosas para no hacerlo muy largo; hablamos de políticas de protección de la infancia, y bienestar de la infancia. Como cualquier otra política pública es clave que haya presupuesto. Sin presupuesto, y lo decían también en la mesa de apertura, prácticamente es imposible que esas políticas lleguen a las personas para las cuales se han elaborado, que cumplan sus objetivos. Capacitación, el fortalecimiento de las autoridades e instituciones que se ocupan de estos temas, es también fundamental. Como el tema de la infancia migrante, el cual, aunque no empezó ayer, es relativamente novedoso. Las características y las condiciones en las que se están dando en muchos lugares del mundo, conlleva la necesidad de capacitar a las distintas autoridades y a equipos técnicos, de un ayuntamiento o de otras áreas del gobierno para justamente hacer las cosas bien, para cumplir las metas de la una política municipal o del organismo que se trate.

Quienes trabajan en temas de infancia saben muy bien que la Convención sobre los Derechos del Niño se aplica, como toda herramienta normativa, junto a principios de interpretación. La Convención tiene 4 principios que son fundamentales, que se consideran unánimemente como la médula de la Convención: uno, es el interés superior del niño y de la niña, otro es el principio no discriminación, el tercero es el derecho a ser oído, el ser escuchado y a participar, y finalmente, el que alude al derecho a la vida a la supervivencia del desarrollo. Son como los cuatro ejes centrales de la convención y que van acompañando la interpretación de cada uno de los derechos que contiene: educación, salud, acceso a la justicia, etc. Entonces, como estos son principios claves de la Convención, de alguna manera el trabajo que hicimos al elaborar estas directrices fue cruzarlo con el contexto migratorio. Es decir, cómo garantizar la no discriminación para la infancia migrante o en contexto de migración, cómo aplicar el interés superior del niño en estas circunstancias, o el derecho a ser oído, etc.

1. El Principio de no discriminación

El principio de no discriminación es la regla que acompaña a los derechos que tenemos como personas, la regla más importante de los derechos humanos desde el año 1948 en adelante, cuando se aprobó la Declaración Universal de los Derechos Humanos. El principio de no discriminación ya no es solo que tenemos un derecho a la igualdad, y a no ser discriminados, sino que cada uno de nuestros derechos que tenemos, por ejemplo a circular, a trabajar, a estudiar, a vivir con una familia, a no ser objeto de violencia o maltrato, etc. etc. está acompañado del principio de no discriminación. Esto no es casual, que sea el eje del sistema de Derechos Humanos, de los derechos que tenemos por ser personas desde el origen de lo que denominamos Derecho Internacional de los Derechos Humanos.

Como ustedes saben muy bien en la Segunda Guerra Mundial se justificó el exterminio de millones de personas por diferentes razones: una por su religión, comunidad judía, otra por su origen étnico el pueblo gitano o romaní, por su orientación sexual, en tanto las personas homosexuales también fueron masacradas masivamente, por cuestiones de salud físico mental, personas con discapacidad asesinadas masivamente, o por participación política, ya que todos los grupos opositores al nazismo también políticos fueron llevados a los campos de exterminio. O sea, 6 razones fueron que se usaron para justificar un exterminio masivo, y es por eso desde el origen de este sistema que tenemos que nos reconoce todos los derechos por personas que el principio no discriminación es tan central. Por lo tanto, el ser migrante, el haber nacido en otro país, el tener otra nacionalidad, el no tener un papel, no es justificación válida para que ese niño o esa niña no pueda ejercer todos los derechos que tiene como tal; y eso tiene que estar incorporado en todos los temas. Además, luego hay que interpretar los derechos de manera interseccional. ¿Saben lo que es la interseccionalidad? Se refiere a garantizar la no discriminación no sólo por ser niño, sino digo el abordaje específico que hay que tener respecto por ejemplo de una persona, niña y con determinado género o una persona con discapacidad o por el origen étnico o racial, nacionalidad, condición migratoria, entre otras, en tanto distintas variables que hay que tener en cuenta para tratar en la diferencia a todas las personas por igual en términos de ejercicio de derechos.

2. *El Principio del interés superior del niño y de la niña*

Este principio fundamental ha sido analizado e interpretado hasta la eternidad en el ámbito de los derechos de la infancia, pero lo importante es que básicamente, es un principio de interpretación, cuyo objetivo es la garantía efectiva de todos los derechos de la infancia. Un aspecto clave para comprender qué significa esto es a través de lo qué ha dicho el comité de derecho de niños al respecto, que ha resaltado el triple carácter: Primero, es un derecho, un derecho a que el interés superior del niño sea considerado en cada decisión, en cada política, en cada programa de acción que va a afectar a la infancia. Luego, es un principio como decía con el de no discriminación, es decir, que cada vez que hablamos de un derecho, derecho a la educación, hay que pensarlo, aplicarlo y garantizarlo basado en el interés superior del niño. Y tercero, también es una regla de procedimiento. Por ello, los procesos de toma de decisiones deben adaptarse a la infancia. Por ejemplo, cuando se va a seguir un proceso para decidir sobre la acogida de los niños que llegan, o qué hacemos con su proceso de integración, ¿Cómo hacemos para escucharlo para ver por qué se fue de su país? ¿Tiene familia o no tiene familia aquí?, ¿En qué contexto está? Para poder buscar una solución adecuada a cada uno de esos casos esa forma de proceder esas etapas de toma de decisiones también tienen que estar pensadas, desarrolladas y diseñadas desde el principio del interés superior del niño. Es decir, asegurando que tenemos todas las herramientas, incluso técnicas y de especialistas, para escuchar a la persona con base en su edad y en otras circunstancias que pueden estar en cada caso. Se trata de pensar el procedimiento ya no de forma adulto-céntrica, si no pensarlo de otra manera, diseñarlo de una manera como por lo general no estamos acostumbrados a hacerlo.

Entonces, si el interés superior de niño y de la niña es tan importante y tiene que estar garantizado en temas de inmigración, ¿Qué quiere decir eso? Cómo aplicarlo en la práctica por ejemplo en una frontera cuando llega un niño o un grupo de niños no acompañados en una patera que arriban a Canarias, a Motril o a otro lugar de Andalucía etc. Lo primero es la prohibición de rechazo, pensar que el interés superior del niño en ese contexto no valida una regla clásica en materia migratoria, usted no tiene los documentos para entrar, usted no entra y listo. Si esta es la regla que nos puede pasar a toda persona adulta —con diversas excepciones vinculadas al derecho al asilo, entre otros— que llega a un aeropuerto y no tenemos la documentación que se nos exige, en el caso de un niño no acompañado esta regla no vale, ¿Por qué? Porque de hacerlo estaríamos poniendo otro aspecto o interés por encima de sus derechos y de una situación de vulnerabilidad que expresa que el hecho que un chico con 14 años esté solo en una frontera a lo mejor a cientos o miles de kilómetros de su casa que atravesó un mar, todos esos elementos indican condición de vulnerabilidad. ¿Por qué? Porque ese niño debería estar creciendo con todos sus derechos en su comunidad de origen y que en todo caso si está viajando que esté viajando en las condiciones por ejemplo de privilegio de las que muchos de nosotros gozamos cuando podemos viajar con nuestra familia. Entonces, ese indicador de vulnerabilidad implica pensar y repensar una política en una frontera desde una lente de infancia y de protección de sus derechos y fija este principio: "usted no puede rechazar un niño en la frontera".

Y de ahí se deriva otra cuestión o estándar fundamental: la intervención de autoridades de infancia. En los casos de este niño o esta niña o este grupo de chicos que están solos en la frontera, la detección de esos niños, en primer lugar, y el canalizarlos al sistema de protección de infancia, es segundo, es imprescindible, para luego empezar a adoptar algunas medidas inmediatas de protección, por ejemplo, si ese niño pudiera estar en una situación de calle inmediatamente quedarse en un lugar donde pueda contar con una primera acogida, o porque puede haber situaciones graves de salud mental, o puede haber sufrido abusos tanto en origen como la ruta migratoria. A muchas personas que hemos trabajado en lugares de recepción nos ha tocado, por ejemplo, ver a niños que han llegado a Canarias, y han llegado en una patera después de viajar 10 días, tiempo en el cual, por ejemplo, un niño de 12 años vio cómo fallecían decenas de personas, incluyendo amigos o familiares. Imaginen en esos casos la necesidad de contar con especialistas en salud mental desde casi el primer día de llegada de ese niño a Canarias, Lampedusa u otro lugar de la frontera sur de Europa, o a Estados Unidos, etc.

3. *El derecho del niño y la niña a ser escuchados*

Todos estos procedimientos, desde la acogida, luego ver bueno qué pasa con ese niño, ¿por qué se fue? ¿Debería ser reconocido como refugiado porque viene escapando una situación de guerra u otro tipo de persecución? ¿Qué posibilidades de acogida hay? ¿Tiene familia? Su familia está, por ejemplo, en el caso de niños que llegan al sur de Europa, ¿en otro país europeo? ¿Se quedó en su país de origen? ¿Su familia vive? Digamos, todo este tipo de datos que necesitamos, que precisan ser recogidos y analizados en un procedimiento donde se escucha a ese niño, y no le puede escuchar cualquier persona. Hay personas especializadas que estudian, que se preparan para escuchar un niño de determinada edad y que a lo mejor puede estar viviendo una situación traumática, entonces digo ahí la importancia de garantizar esto de participar y adoptar decisiones sobre la base de esta escucha y de la información que se va recogiendo, y a través de las personas con los conocimientos adecuados.

4. *Derecho a la vida y la supervivencia*

Hablaba del derecho a la vida, del derecho al desarrollo en contexto migratorio. Hay dos temas centrales en materia de derecho a la vida y del derecho al desarrollo, al desarrollo integral de un niño. Uno de ellos tiene que ver con los diferentes riesgos, violencias, abusos que un niño o una niña viven en contexto de migración. Muchas veces, como origen o disparador del proceso migratorio: violencia en el ámbito familiar, violencia en el ámbito social, el fenómeno de miles y miles de niños no acompañados que salen de Honduras, de Guatemala por ejemplo, del Salvador, que salen escapando de la violencia en su barrio, de un contexto de pandillas donde las principales víctimas de la violencia que ejercen esos niños y sobre todo niñas. Luego, están todos los peligros en las rutas migratorias a los que referían me refería al comienzo: diferentes formas de trata, de explotación, violencia, secuestros, reclutamiento forzoso por grupos armados. Hay toda una serie de situaciones ahí, y ahí la importancia que los Estados aborden este tema, adopten medidas de prevención y luego de protección, de acceso a la justicia, de acompañamiento y protección, y reparación integral a las víctimas que sufren distintas formas de violencia, violencia basada en género, violencia sexual, entre otras. También tiene que ver también con la protección la prohibición de devolver a un niño o niña a un país en el cual se presuma que pueda correr riesgo de diferentes formas de violencia o de tortura u otro tipo de trato cruel, u otro tipo de abuso grave a un niño a una niña; es un principio clave. Para quien conoce algo de refugiados, sabe que este principio —non refoulement— viene del Derecho Internacional de Refugiados, y exige no devolver a alguien a un país al que pueda ser sometido a tortura o asesinada, privada arbitrariamente de su libertad, etc. Este principio, a través de la interpretación de los tratados de derechos humanos, se aplica a toda persona, independientemente si ha solicitado asilo o si ha sido reconocida como refugiada.

La segunda cuestión relativa al derecho al desarrollo de la infancia radica en la importancia de garantizar lo que llamamos derechos sociales: el derecho a la salud, a la educación, a la protección social, y a la vivienda o alguna forma de acogida. Entonces, como temas importantes en ese sentido está, por ejemplo, todo lo relativo a las condiciones de ejercicio del derecho a la educación de los niños y niñas migrantes acogidos, la prevención de la xenofobia en el aula, es decir, del bullying xenófobo en la escuela. Si en sociedades receptoras de población migrante La española claramente es una, hace 30 años por lo menos y donde su tejido social va cambiando permanentemente a partir de procesos migratorios(no sólo estos procesos complejos y peligrosos para las personas migrantes, sino toda la migración que llega regularmente por avión a Barajas o donde fuere), esto implica un cambio en las aulas, las aulas de España hoy no son las aulas de 1980; las de Francia hoy, no son las aulas de 1940 o las de Inglaterra en 1940, y así muchas otras sociedades. Ese proceso que acompañarlo de transformación de tejido social, donde los niños y niñas y adolescentes, en la escuela, en los ámbitos educativos, en el barrio, en la comunidad, trabajan a partir de políticas o comparten esos espacios con políticas que tienen que justamente pensar en un futuro diferente, con una suerte de antídotos contra la xenofobia. De lo contrario, lo que tendremos son futuros niveles de conflictividad social y violencia sobre la base o de color de piel o del lugar donde vinieron sus padres o donde vinieron sus abuelos. No tengo tiempo para detenerme en este punto, pero estoy seguro que conocen muchas realidades actuales o anteriores incluso pensando en contexto de conflictividad social y violencia en, por ejemplo, Francia, que se vinculan con un abordaje insuficiente de temas en el aula, en el barrio y con situaciones de discriminación y exclusión social que luego, lamentablemente derivan en violencia.

Y si hablamos de derechos sociales de los niños y de la infancia migrante, también es clave que los padres y madres o personas adultas a cargo también pueden ejercer esos derechos. Por lo tanto, tener el permiso para trabajar. La Convención sobre los Derechos del Niño es un tratado muy especial porque al mismo tiempo de darle obligaciones a los Estados, le dan obligaciones a los padres o personas tutoras o responsables de los niños. Es casi el único convenio de Derechos Humanos que establece obligaciones para particulares. Ahora, luego, le dice al Estado: usted tiene que adoptar las políticas necesarias para que los padres puedan cumplir con eso. Si los padres no tienen permitido trabajar porque están indocumentados en situación migratoria irregular hace 5, 10, 20, 30 años, ese desarrollo integral de sus niños y niñas se ve mermado, se ve restringido a partir de un elemento integrador y de desarrollista tan clave como el empleo y lo que genera el tener un trabajo y de tener un trabajo en condiciones adecuadas y con protección social. Entonces también como directrices en ese sentido para pensar en la importancia que tiene eso en la niñez y su desarrollo.

Quisiéramos ahora al menos mencionar algunos temas puntuales porque muchos de los problemas que en ámbito de Derechos Humanos que se suelen plantear en materia de derechos de la infancia en contexto migratorio tienen que ver con el impacto que tiene para la infancia lo que la gran mayoría de los Estados ha desplegado en cuanto a políticas de control migratorio, políticas que intentan que no ingresen inmigrantes sin los debidos permisos o solicitantes de asilo etc. Entre otras cosas, todo lo que se ha generado son los centros de detención en muchos países, en España se conocen como (CIE) centros de internamiento de extranjeros. En otros lugares, tienen nombres bastante más caracterizados por su nivel creativo de eufemismos porque se les ha denominado centros de acogida, centros de bienvenida, estaciones migratorias, etc. Estos espacios son cárceles con todos los elementos que tiene un ámbito de privación de la libertad, pero se le dan estos tipos de nombre y en muchos lugares esos niños son detenidos o son deportados, o son rechazados en una frontera. Entonces, parte de las directrices o estándares que desarrollamos los dos Comités tienen que ver con esto: ¿cómo asegurar que los derechos de los niños en el marco de esas políticas? Esto que decíamos respecto de la no devolución ni rechazo, del deber de canalizarlo a autoridades de infancia, que puedan ingresar al territorio para que se evalúen los motivos por los cuales esos niños y niñas están migrando solos y en esas condiciones.

Ello incluye el deber de realizar lo que se llama una evaluación del interés superior del niño, un análisis de cada caso. No hay respuestas generales y colectivas para todos. Como apuntamos con anterioridad, lamentablemente todavía muchos países privan de la libertad a chicos de un año, de 5, de 8, de 12, por falta de un papel, por estar en situación migratoria irregular. Aún en países donde, por ejemplo, adolescentes de menores de 16 años en el ámbito penal, acusados de un delito no pueden ser nunca privados de la libertad, esa realidad convive con niños de 5 años solos o con su mamá o su papá privado de la libertad días, semanas, meses o años por la falta del papel necesario para ingresar o para permanecer en un territorio. Esto es lamentablemente lo que ha ido pasando en los últimos años, lo cual evidentemente afecta de manera profunda los derechos de cada niño y niña que se privado de la libertad. Y por eso los Comités señalamos lo mismo que la Corte Interamericana de Derechos Humanos en su Opinión Consultiva N° 21/2014, y en su momento hubo algunas decisiones parecidas del tribunal europeo de derechos humanos. Nos referimos al estándar que subraya que no hay justificación alguna para que un niño una niña o un grupo familiar este privado de la libertad por un tema administrativo (la carencia de un papel) no es válido, ni un día, ni medio día. No hay razón válida para la detención migratoria de niños y familias. Es una práctica que, sin excepción, viola los derechos de los niños y niñas, y su interés superior, y por lo tanto los Estados tienen que adoptar medidas para erradicar toda forma de privación de la libertad de la infancia y de la familia por razones migratorias.

Entonces, si los niños o niñas y familias migrantes no tienen que estar detenidos, ¿Dónde tienen que estar? Y ahí también hay unas directrices sobre medidas de acogida, de protección, de cuidado, lo que es un programa de acogimiento familiar, la autonomía progresiva. No es lo mismo poner un programa de acogimiento o en un centro de recepción y atención a la infancia un niño de 2 años que ya a niños o adolescentes de 16 o 17 años, donde se puede pensar un proceso más autónomo para que justamente llega la mayoría de edad y ya tenga herramientas para estar en un proceso de integración en la sociedad acogida, como se comentaban también en la mesa de apertura. Ahí también se observa la importancia de que esos centros de acogida tengan una serie de herramientas, hablaba de especialistas en salud mental pero también especialistas en temas jurídicos: a lo mejor ese niño puede haber sido víctima de violencia, víctima de trata, y claramente tiene derecho a la justicia, a la reparación por el delito que ha podido sufrir.

Los Consulados de los países de origen tienen una función específica de brindar asistencia y protección a sus nacionales menores de edad en otros países y ahí es importante y muchas veces cuando una autoridad de infancia incluso esté llevando un caso para ver qué medidas de acogimiento puede haber, porqué ese niño se fue, quién es ese niño a lo mejor no tiene ningún papel. Ahí está el rol de los consulados que debería con la celeridad que requiere este tipo de casos, con la primacía que requiere este tipo de casos, tratar de articular país de origen y país de destino para, por ejemplo, proveer documentación de identidad, o para localizar a la familia, si es importante en cada caso localizar a la familia y no es algo que pudiera ir contra su interés superior en un caso determinado.

Cuando se determina el retorno migratorio de un niño en algunos contextos, en realidad están hablando de expulsión. Por eso es tan importante la realización de una evaluación del interés superior del niño o de la niña. En ciertos países el retorno se adopta sin esos procedimientos, invocando únicamente que en el país de origen estaría su familia y eso es lo mejor. Sin embargo, se omite considerar, entre otros aspectos, que no hay elementos que garanticen condiciones adecuadas, que no hay riego de violencia y otros abusos, y una serie de elementos que hay que analizarlos con profundidad. Efectivamente, si se decidiera un retorno como resultado de un procedimiento de determinación del interés superior del niño (única razón, según los Comités para esa clase de medidas), luego tiene que haber un seguimiento de parte de las autoridades de ese país de origen para que esa reintegración sea adecuada para asegurarse que no hay violencia, que no hay riesgos, etc.

El derecho a la vida familiar de los niños y las niñas; es un derecho muy importante que tenemos en casi todos los tratados de derechos humanos, el derecho de cada uno y cada una de nosotros a tener una vida en familia y qué ésta sea protegida. En el caso de los niños, este es un derecho central por el rol que puede tener la familia en su desarrollo, bienestar, para la protección de la niñez. En contexto migratorio hay varios temas que se suelen dar: uno es el derecho de la no separación, ¿Cuándo se da esto? Cuando a lo mejor un país quiere deportar por ejemplo por la falta de un permiso de residencia, a un papá o una mamá de un niño que a lo mejor nació en ese país. Esto es una realidad que pasa muy a menudo en números países. Tal vez el país cuantitativamente donde más se da es los Estados Unidos. Se estima que allí residen millones de personas sin permiso de residencia y muchas de ellas están hace 2, 3 o 4 décadas. La mayoría ha formado una familia y sus hijos son estadounidenses por nacer ahí, es el derecho de nacionalidad por lugar de nacimiento. Esos niños no pueden ser deportados, son estadounidenses, pero lo que hay es una política o ha habido ya hace décadas una política de deportar a sus padres, separando a los niños y niñas de su familia, es decir, privilegiar la sanción por no tener el documento, la Green Card o lo que fuere, frente al derecho de ese niño a estar con su papá o con su mamá y al no ser separado, según lo establece el artículo 9 de la Convención.

Por eso, los Comités han puesto el énfasis que la prioridad es la no separación, en la unidad familiar, por lo que supone para los derechos, para la vida de ese niño, de esa niña. El segundo aspecto del derecho a la vida familiar es el de la reunificación. Muchas veces la migración se produce de manera desmembrada, viaja primero un papá o una mamá o viaja el niño no acompañado, este y lo que está después en juego es el derecho a la reunificación. Esto requiera que haya políticas para que en algún momento esa familia se pueda volver a reunir. En la Unión Europea hay directiva sobre reunificación familiar, muy compleja y restrictiva en algunos aspectos.

IV. REGULARIZACIÓN MIGRATORIA DE NIÑOS, NIÑAS Y ADOLESCENTES Y DE SUS FAMILIAS

Nos queremos detener aquí, en la cuestión de la regularización porque, como decíamos, lamentablemente hoy la irregularidad migratoria, esta forma de emigrar sin los permisos necesarios, que es casi la única vía que tienen muchas personas para ejercer un derecho que tenemos, que es el derecho humano a salir de un país, de tu propio país, un derecho que está reconocido desde 1948 en adelante, ahora muchas personas no pueden tener los papeles para ejercer ese derecho de manera regular y sólo lo `pueden hacer cruzando fronteras sin los permisos necesarios. También está la situación de las personas que viajan de manera regular, tienen un permiso de residencia de meses o de un año, etc. y no pueden renovarlo y se quedan en una situación migratoria irregular.

Para los niños estar en una situación migratoria irregular, es un indicador de desprotección, de exclusión, de riesgo, de abusos, de todo tipo de riegos y por lo tanto, la regularización es una herramienta central para protegerlos, para que ese niño o niña salga de esa situación de vulnerabilidad que supone no tener un permiso para estar donde tiene que estar o que la familia no tenga, por ejemplo, autorización para trabajar o para prevenir que trabajen en condiciones de explotación. Hay una relación muy directa entre facilitar el acceso en la residencia y proteger al niño. No hay ningún lugar del mundo que evidencie que países que regularizan a las personas que ya viven ahí en su territorio genere más migración, que verifique el denominado "efecto llamada" de medidas como la regularización o el reconocimiento de derechos. Es decir, no vienen más migrantes porque quienes están acá tienen los documentos. Si eso fuera así, yo digo nadie iría a Estados Unidos donde no hay ninguna regularización desde el año 1986. Ingresan millones de personas de manera irregular cada año, a pesar de que supone cruzar uno de los países más peligrosos del mundo, México, de cruzar una frontera muy compleja, y tener casi cero perspectiva de que van a tener el documento.

V. ALGUNAS CONCLUSIONES

Si tratamos de infancia y adolescencia hablamos de derechos, si hablamos de migración, es clave volver al punto de partida, que es que muchos niños y niñas migran porque sus derechos no son respetados, estaríamos hablando de otra cosa sobre infancia y migración si cada niño y niña pudiera ejercer sus derechos en el lugar de origen. ¿Cuántas personas migran en condiciones dignas, o migramos o nos trasladamos para trabajar en otro lugar? Algunos o algunas migran unos años para estudiar, pero no todos tienen esas posibilidades y muchos tienen que irse, sea porque no tuvieron oportunidades en su país de origen, ni la posibilidad de emigrar de forma regular y quedarse en esas condiciones en el país de destino. En cualquier caso, siempre hay que volver al origen para que, de una vez por todas, se aborden estas causas, es decir, para que cada niño y niña pueda vivir con dignidad y desarrollarse íntegramente en su comunidad. Entonces, la plena vigencia de Convención sobre los Derechos del Niño en cada país nos daría otro tipo de contexto para hablar sobre infancia y movilidad, infancia y migración o familia, pero lamentablemente la realidad nos indica que muchas personas están migrando porque justamente estos derechos tan básicos reconocidos a todo niño y niña no están siendo efectivamente protegidos y garantizados.